Multicultural society and education

다문화사회와 교육

| 이기용 강정숙 권하정 신재한 공저 |

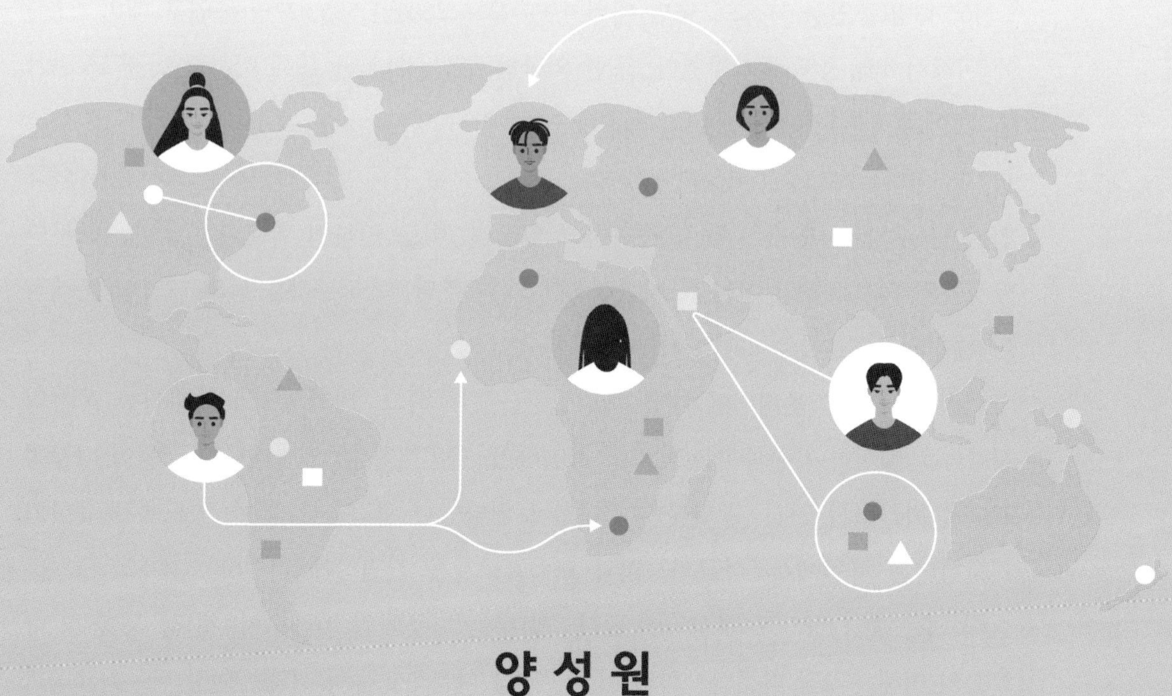

양 성 원

머리말

현대사회는 글로벌 사회 내지는 글로벌화로 지칭되고 있다. 이 글로벌화는 자본, 기술, 정보 및 국경 등을 초월한 사람들의 통합으로서, 어떤 의미에서는 단일 글로벌 시장이 포함된 지구촌(global village)을 말하며, 급속한 사회변화와 과학기술의 발달로 인해 국가차원을 벗어나 국가 간에 밀접한 상호교류를 통하여 삶의 장을 더 큰 세계로 넓혀 나가는 것을 의미한다. 이러한 글로벌 사회 및 다문화사회를 맞이하여 한국 사회에서도 다양한 인종 및 민족 집단의 유입이 점차적으로 증가하고 있다. 즉, 국제결혼의 증가로 인하여 다문화가족 자녀들이 많이 출생되고 있으며, 한국에서 공부하기 위해 많은 유학생이 입국하여 거주하는 상황이 나타나고, 특히 한국 사회에서 일하고자 하는 외국인 근로자들이 급격히 증가하고 있는 실정이다.

행정안전부 발표 자료(2020년 11월 1일 기준)에 의하면, 국내 외국인 주민 수는 2,146,748명(총인구 51,829,136명 대비 4.1%)으로 2006년 536,627명(총인구 대비 1.1%)에 비해서 4배 정도 증가하였다. 또한 외국인 주민 자녀 만 18세 이하의 학생 266,321명 중에서 만 6세 이하 미취학 아동이 105,939명(39.8%), 초등학생(만 7~12세)은 107,265명(40.3%), 중·고등학생은 53,117명(19.9%) 등이었다. 이처럼 국내 거주 외국인 주민 수와 자녀 수가 점차 증가하고 있으며, 이로 인하여 학교현장에서는 다문화 학생들의 의사소통의 어려움, 시험성적에 대한 부담, 학교부적응 등의 다양한 문제점이 제기되고 있다.

이러한 다양한 문제점에 대한 해결방안을 탐색하고, 대학생으로서 다양한 국가의 사람들을 배려하고 존중하는 태도를 함양하며, 사범대학 및 일반대학 학생들이 다문화교육을 바라보는 인식 및 다문화에 대한 보편타당한 관점을 가질 수 있도록 교육하고 지도한다는 차원에서『다문화사회와 교육』교재를 집필하게 되었다.

이 책은 총 12장으로 구성되어 있다. 제1부는 다문화의 이해로서, 제1장 문화 및 다문화의 이해, 제2장 다문화사회의 이해, 제3장 다문화교육의 이해, 제4장 다문화교육과 다문화 역량 등 네 개의 장이며, 제2부는 다문화교육 관련 법규 및 정책으로서, 제5장 다문화 관련 법규 및 제도, 제6장 한국의 다문화 교육정책, 제7장 외국의 다문화 교육정책 등 3개의 장이며, 제3부는 다문화교육의 실제로서, 제8장 다문화 교육과정과 교수 · 학습 프로그램, 제9장 다문화 교육과정 운영의 실제, 제10장 다문화 학생을 위한 외국어교육, 제11장 다문화 학생을 위한 상담, 제12장 다문화교육 프로그램의 실제 등 다섯 5개 장이다.

이 책을 준비하는 과정에서 다문화 및 다문화교육 관련 내용을 최근의 실제적인 자료를 업데이트하는 데 있어서 다소 어려움이 있었으며, 막상 이 책을 출간하려고 하니 처음 의도했던 것과 차이가 있어서 다소 아쉬움이 많이 남는다. 하지만 앞으로 계속적인 수정 및 보완을 통해 다문화사회에서 요구되고 변화하는 다양한 이론 및 현황을 지속적으로 개정하려고 노력할 것이다. 『다문화사회와 교육』이라는 책을 통해 대학생 및 독자 여러분이 다문화사회 및 다문화교육에 대한 다양한 인식의 변화가 있기를 바라며, 한국 사회에서 모든 사람이 함께 배려하고 공존하는 데 미력하나마 기여하기를 기대해 본다.

끝으로, 이 책을 끝까지 수정하고 보완해 주신 공동 집필진인 신재한 교수님, 권하정 박사님, 강정숙 박사님께 감사드리며, 이 책을 집필할 수 있도록 기꺼이 출판해 주신 양성원 강철원 대표님과 보다 좋은 책을 출판하기 위해 노력해 주신 양성원 가족 여러분께 진심으로 감사드린다.

2022년 2월

안동대학교 사범학관에서 이기용 올림

차 례

PART 2 다문화교육 관련 법규 및 정책

PART 3 다문화교육의 실제

PART 1

다문화의 이해

Chapter

01

문화 및 다문화의 이해

1. 문화와 다문화의 의미
2. 다문화 이론
3. 다문화에 대한 다양한 견해

Chapter 01

문화 및 다문화의 이해

이 장에서는 문화 및 다문화를 탐색하고 학습하는 데 초점을 두며, 주요 내용인 문화와 다문화의 의미, 다문화 이론인 용광로 이론, 모자이크 이론, 샐러드 볼 이론, 문화생태 이론, 다문화에 대한 다양한 견해인 Banks의 민족 정체성 발달, Bennett의 고정관념 회피, Nathan Glazer의 우리는 모두 다문화인 등에 대하여 살펴보고자 한다.

1 문화와 다문화의 의미

현대사회를 다른 의미로 사용하는 용어 중의 하나가 바로 글로벌 사회로 지칭되며, 이러한 글로벌 사회에서는 한 국가의 울타리를 뛰어 넘어 전 세계 속에서 다양한 교육 및 활동이 이루어진다. 글로벌화(globalization)는 국제화나 세계화와 비슷한 용어이며, 글로벌화는 자본, 기술, 정보 및 국경을 초월한 사람들의 통합으로서, 어떤 의미에서는 단일 글로벌 시장이 포함된 지구촌(global village)을 말한다. 이 글로벌화는 우리 사회의 중요한 문화적 · 사회적 · 환경적 · 정치적 영향을 미치게 된다(NCATE, 2006). 즉, 글로벌화라는 것은 급속한 사회변화와 과학기술의 발달로 인해 하나의 국가차원을 벗어나서 사람들이나 국가 간에 밀접한 상호교류를 통해 삶의 장을 더 큰 세계로 넓혀 나가는 것을 의미한다.

이러한 세계화를 추구하는 글로벌 사회의 특징을 살펴보면(박재윤, 2008), 첫째, 글로벌 사회는 지역적 · 정치적 경계의 붕괴(deterritorialization) 혹은 탈영토화와 관련되어 있다. 이 의미는 사회적 활동이 참여자의 지역적 위치에 관계없이 일어난다는 것이며, 지구적 사건들은 텔레커뮤니케이션, 컴퓨터, 시청각 자료 등을 통해 동시적으로 일어난다. 둘째, 글로벌 사회에서는 지역적 · 정치적 경계를 넘어서 '사회적 상호연계(social interconnectedness)'가 증가한다. 즉, 먼 지역의 사건이 다른 지역에 영향을 주는 점에서 상호 연계된다고 볼 수 있다. 셋째, 글로벌 사회에서는 사회적 활동의 '속도와 회전율(speed and velocity)'의 증가와 관련되어 있다. 경계붕괴 및 상호연계가 공간과 관련된 것이라면 속도와 회전율은 시간과 관련된 것이다. 넷째, 글로벌 사회는 비교적 장기간에 걸친 과정이다(long-term process). 다섯째, 글로벌 사회는 '여러 갈래(multi-pronged)'의 과정으로 이해되어야 한다. 이러한 경계붕괴, 상호연계, 속도증가 등은 서로 관련성이 있기는 하지만 어느 정도 자율성도 지니면서 전개된다. 따라서 글로벌 사회에 적응하기 위해서는 글로벌 마인드를 가지는 것이 중요하다. 글로벌 마인드는 다양한 사회 · 문화 · 제도적 환경에 처한 개인이 보유하고 있는 타인이나 집단 및 조직에 영향을 미치는 일련의 태도를 의미한다.

글로벌 사회에서 통용되는 문화의 개념을 고찰하면, 문화(culture)는 개념이나 특징 및 유형 등이 다양한 학자에 의해서 정의되어 왔으며, 문화는 한 나라의 역사와 전통과 밀접한 관련성이 있다. 네이버지식백과사전(2021)에서 제시된 문화는 한 사회의 개인이나 인간 집단이 자연을 변화시켜 온 물질적 및 정신적 과정의 산물이라 정의될 수 있으며, 서양에서의 문화는 경작이나 재배 등을 뜻하는 라틴어 'colore'에서 유래되었다. 즉, 문화는 자연 상태의 사물에 인간의 작용을 가하여 그것을 변화시키거나 새롭게 창조해 낸 것을 의미한다. 또한 넓은 의미의 문화는 자연에 대립되는 말이라 할 수 있으며, 인류가 유인원의 단계를 벗어나 인간으로 진화하면서부터 이루어 낸 모든 역사를 담고 있다고 볼 수 있다. 여기에는 법과 제도, 정치나 경제, 도덕, 문학과 예술, 종교나 풍속 등 모든 인간의 산물이 포함되며, 이는 인간이 속한 집단에 의해 공유된다.

Greertz(1973)에 의하면, 문화는 '역사적으로 전달된 상징에 의해 채택된 의미의 형태이고, 사람들의 소통과 교류의 도구로 쓰인 상징의 형태 안에 표현되어 계승된 개념이며, 영속되고 발전된 그들의 삶에 대한 지식과 태도'라고 정의하였다. LeVline(1986)은 문화를 '공동사회 안에서 지식, 도덕, 미의 판단에서 널리 사용되는 기준과 의사소통의 도구들을 포함하는 공유된 생각의 조직'으로 제안하였다. Taylor(1871)는 문화를 '도덕, 법률, 관습, 예술, 종교, 지식 등 인간이 사회의 구성원으로서 획득한 능력 또는 습관의 총체'라고 정의하였다.

또한 문화는 다양하게 정의되고 있는 데, 이러한 문화의 공통된 속성은 다음과 같다. 첫째, 문화는 학습된다는 점이다. 둘째, 문화는 공유된다는 점이다. 셋째, 문화는 누적된다는 점이다. 넷째, 문화는 변화한다는 점이다. 다섯째, 문화는 통합된 전체라는 점이다(정금희 외, 2012). 즉, 문화는 오랜 세월 동안 인간이 만들어 낸 지식과 기술 및 태도의 총체이며, 세대 간 전수되어 온 것으로 자연적인 것이라기보다는 다소 인공적인 것이라 볼 수 있다. 이러한 이유로 문화는 광범위하고 복합적이다(Prichard & Buxton, 1973).

한편, 문화는 공유하는 집단에 따라 구분할 수 있다. 예를 들어, 한국 문화라면 한국인이라는 집단이 공유하는 문화이며, 미국 문화는 미국인이 공유한 문화가 된다. 한 사회에서 집단을 구분하는 기준은 성, 인종, 민족, 종교, 세대, 계층, 지역 등으로 다양하다. 이러한 다양한 기준에 의해 수많은 집단이 만들어지며, 이들은 각기 독특한 자기 문화를 공유한다. 한 문화 내의 하위집단의 문화를 하위문화(subculture)라 하는데, 결국 문화는 수많은 하위문화의 총체라 볼 수 있다(네이버지식백과사전, 2021). 서종남(2012)에 의하면, 문화는 자율적인 체계나 독자적인 영역을 갖는 정치, 경제, 종교 등과는 달리 한 민족의 생활양식에 대한 총체적인 의미이며, 공통된 생활양식으로 인해 다른 민족과 구분되어 변화하고 발전되는 것이라 볼 수 있다.

문화는 한 사회의 모든 구성원이 공유하는 주류문화와 사회 구성원 중 일부만이 공유하는 하위문화로 구분할 수 있다. 즉, 어느 특정 사회를 형성하고 있는 구성원 중 일부분이 그들만 향유하는 문화를 가지고 있을 때, 이러한 문화를 하위문화라 칭할 수 있으며, 그 문화의 실례가 한국의 다문화라 볼 수 있다. 이에 반해, 주류문화는 이 하위문화가 속해 있는 사회 전체가 향유하는 문화를 의미하며, 하위문화의 구성원이 반드시 주류문화를 거부하는 것은 아니지만, 그들은 자신들의 문화를 타당하고 중요한 것으로 생각한다(송병순 외, 2007).

이상을 종합하면, 문화는 법과 제도, 정치나 경제, 도덕, 문학과 예술, 종교나 풍속 등 한 사회 구성원이 공유하는 생활양식의 총체이며, 한 사회의 개인이나 집단이 자연과 사회를 변화시켜 온 물질적 및 정신적 유산의 모든 산물을 의미한다. 이러한 문화에는 주류문화와 비주류문화인 하위문화로 구성된다.

다양한 문화가 공존하는 다문화(multiculture)는 인종, 민족, 언어, 종교, 예술, 성, 장애 등을 포괄하는 개념이며, 여러 유형의 이질적인 문화가 하나의 제도권 안에서 상호 교류를 통하여 형성되어 왔다. 다문화는 1941년 미국의 『Herald Tribune』 7월호의 서평에서 소개된 '다문화적 생활양식(a multicultural way of life)'이라는 표현의 등장과 더불어 대중성을 가지게 되었다. 본질적인 문화의 다양성을 의미하는 다문화는 이질적인 문화에 대한 인정과 존중이라는 의미를 내포하게 되면서 민족주의에 근거한 편견을 지양해야 한다는 의도의 표명과 함께 사용되었다(이경윤, 2012).

다문화가 형성된 사회는 미국과 캐나다처럼 태생부터 다양한 민족과 문화를 공유하여 국가를 이루어 왔으며, 독일, 영국, 이탈리아 및 프랑스 등의 국가에서는 국제화 및 세계화로 인하여 부족해진 노동력을 외국인 근로자로 대체하는 과정에서 많은 외국인이 유입되면서 다문화사회가 형성되었다. 특히 한국 사회도 유럽국가들과 비슷한 경향이라 볼 수 있다. 우리나라의 다문화사회는 외국 노동력의 유입으로 인한 외국인 이주근로자와 더불어 1990년대 이후 결혼이민자의 증가로 인하여 형성되었다(서종남, 2012). 또한 2000년대 이후에 우리나라 사회도 전 지구화와 함께 진행된 국제이주의 물결이 급속도로 밀려들면서 인구 구성에 급격한 변화를 가져왔다. 외국인 이주노동자와 국제결혼 이주여성의 증가로 인해 우리나라 사회는 다문화사회로 규정되는 경향이 있었으며, 다문화 관련 학계 및 시민사회뿐만 아니라 우리나라 정부가 앞장서서 다문화사회로 이행하는 데 필요한 다양한 다문화정책을 입안하여 추진하여 왔다(한경구, 2008).

이와 같이, 전 세계적으로 사회 전반에 걸쳐 강조가 되는 다문화는 다양한 인종 및 민족, 종교, 예술, 언어, 성 등이 공존하는 문화라고 볼 수 있다. 한편, 장영희(1997)에 의하면, 다문화는 문화 간에 생기는 여러 유형의 문제를 조화롭게 극복하고자 하는 의도에서 개념화된 용어로서, 글로벌화 시대에 여러 나라의 문화를 연결시키고 반영하며 적용하는 것으로서, 근본적으로는 각 문화의 차별화를 강조함과 동시에 문화의 다양성을 추구하는 것이라 제안하였다. 한석실(2008)은 다문화를 '세계화로 인하여 서로 다른 문화가 부딪치고 영향을 주고받는 기회가 증가하게 되면서, 여러 문화를 연결시키고 조화롭게 적용하고자 하는 사회적 필요성에 의해 생겨난 것'이라 제안하였다. Baker(1994)의 제안에 의하면, 다문화는 인종, 민족, 성별, 사회 · 경제적 수준, 개인차, 연령, 능력, 신체적 조건 등에 있어서 다른 개인과 여러 집단 간의 다양성까지 모두를 포함하는 광의의 개념이라고 보았다. 결론적으로, 다문화는 여러 나라의 문화를 연결시켜 반영하고 적용하는 것으로서, 각 문화의 차별화를 강조하고 문화의 다양성을 추구하는 것이다(김성혁 외, 2019).

다문화 관련 개념에 대한 내용을 몇 가지 제시하면 다음과 같다.

첫째, 다문화는 다양한 집단의 다양성이 존중되어야 한다는 이념적 표현이기도 하다. 다양성 존중에 있어서의 차이와 다름으로 인한 갈등을 적절하게 조정 및 화해하며, 공존을 모색하는 방법의 차원에서 사용되는 용어이다(김미윤, 2004).

둘째, 다문화는 기술적 측면의 개념으로 다양한 특성을 가진 집단이 존재한다는 현실을 반영하며, 민족적 · 문화적 다양성의 존재 자체를 의미한다(김미윤, 2004).

셋째, 다문화는 정치적 지향성의 의미를 가지며, 국가나 사회 내의 정치적 이데올로기, 제도적 장치 등과 결부되어 있다(김유경 외, 2008).

이상에서 볼 때, 다문화는 문화 중 하위문화로서 인식되고 취급되는 경향이 있다. 이러한 다문화는 다양한 인종 및 민족, 종교, 예술, 언어, 성 등이 공존하는 생활양식이며, 다양한 사고의 존중 및 배려, 다양한 집단의 존재, 정치적 이데올로기, 다양한 종교의 양립 등이 포함되는 국가적 및 사회적 필요성에 의해서 만들어진 문화라고 볼 수 있다.

2 다문화 이론

그동안 연구되고 개발된 다문화 이론은 다양하게 정의되고 있다. 이 절에서는 대표적으로 알려진 다문화 이론으로 용광로 이론, 모자이크 이론, 샐러드 볼 이론, 문화생태 이론 등의 네 가지를 고찰하고자 한다.

가. 용광로 이론

18세기에서 19세기부터 정립되기 시작한 용광로 이론(Theory of melting pot)은

'melting pot'이라는 용어로서 미국의 다양한 인종과 민족의 문화를 흡수하는 사회라는 개념으로 사용되어 왔다. 이 이론은 각기 다른 문화적 및 역사적 배경에서 아메리칸 드림을 가지고 유입되었던 이민자들을 미국이라는 매개체를 중심으로 하나로 단합시키기 위해 정립되었다(서종남, 2012). 또한 그 당시 미국 사회는 이민자 수가 증가함에 따라 미국 사회를 통합하기 위하여 다문화 관련 이론의 필요성이 부각되었다. Ramsey 등(1989)은 제1차 세계대전 동안의 동화주의적 이데올로기를 용광로 이론으로 설명하였으며, 각 민족문화의 차이를 그대로 두기보다는 하나의 문화로 통합하는 것이 필요하다는 관점에서 용광로 이론이 정립되었다(장인실 외, 2013).

이러한 용광로 이론은 19세기 말 미국에서 이민자가 급증하던 시절 계몽주의 사상, Darwin의 진화론 및 백인주류문화(White Anglo-Saxon and Protestant: WASP)를 바탕으로 형성되었다. 또한 미국이라는 사회를 하나의 거대한 용광로로 보고, 수많은 이민자를 철광석에 비유하였으며, 그들이 미국 사회에 정착하는 과정에서 주류인 WASP 문화에 용해되어 미국인이라는 새로운 인종으로 바뀐다는 것이다. 이는 문화일원화주의인 동화교육이라고도 지칭된다(서종남, 2012). 이 이론은 여러 나라의 문화를 용광로에 녹여 북아메리카 문화도, 프랑스 문화도, 영국 문화도, 동양 문화 등도 아닌 동화된 하나의 새로운 동질 문화를 형성하려는 이상주의적 개념을 내포하고 있다(장인실 외, 2013).

용광로 이론의 한계점으로는, 첫째, 문화적 다양성에서 오는 가치를 염두에 두지 않으며, 둘째, 문화를 단순히 물질로 치부하는 지나친 이상주의적 이론이며, 셋째, 실제로는 소수민족의 문화가 주류민족의 문화에 흡수되는 것을 유도하는 동화주의적 측면을 내포한 것이라 볼 수 있다(박혜숙 외, 2021).

이러한 관점에서 볼 때, 우리나라에서도 용광로 이론을 바탕으로 다문화사회가 형성되었으며, 미국 사회와 같이 외국인들의 흡수 및 통합을 다문화의 기본 이념으로 취급하는 경향이 있어서 그동안 많은 비판을 받아 왔다. 하지만 점차 시간이 지남에 따라 다문화 관련 다양한 문제점을 해결하기 위한 노력의 결과로서, 국가 및 사회적 차원에서 많은 인식의 변화를 가져왔다(이기용, 2018). 다시 말해서, 우리나라 사회에서의 용광로 이론은 동화주의 교육의 관점에서 자국의 문화에 흡수 및 통일시키려는 경향을 보였으며, 우리나라의 문화에 동화되는 문화일원주의라고 볼 수 있다.

나. 모자이크 이론

미국에서 정립된 용광로 이론에 대응하기 위하여 형성된 모자이크 이론은 최초로 캐나다에서 제안되었다. 이 모자이크 이론(Theory of mosaic)은 캐나다의 Gibson이 1938년에 『캐나다식 모자이크(Canadian Mosaic)』라는 책에서 처음으로 소개한 것이 출발점이라 볼 수 있다. Gibson(1996)은 미국의 용광로 이론을 미국이 이민자들의 뿌리를 없애려고 시행한 정책이라고 비판하였으며, 반면 그는 일찍이 이민자들의 문화적 특성을 인정하고 더불어 살아가는 이상적인 다문화사회의 모습으로 모자이크 캐나다식 이론을 제안하였다.

이 모자이크 이론은 다양한 여러 색상의 조각이 모여서 하나의 아름다운 모자이크가 완성된다는 점에서 그 의의가 있다. 이 이론은 용광로 이론을 보완하기 위해 만들어졌지만, 다문화 이론이 서구문화를 근간으로 한 모자이크로 설명하기에는 부분적인 한계점이 있다고 볼 수 있다.

또한 다양한 국가 소수민족의 문화를 적극적으로 수용하여 공존하는 관점은 샐러드 볼 이론, 다문화주의, 문화다원주의 등과 유사한 개념이다. 이 모자이크 이론은 다양한 색채를 가진 조각들이 퍼즐처럼 모여 조화로운 하나의 모자이크로 완성된다고 보았지만, 최근에는 그 밑바탕이 주류집단의 문화를 기본으로 하고 있다는 비판을 받아 왔다. 즉, 다양한 이민자가 누리는 문화를 주류집단의 문화로 인정한 상태에서 부수적으로 소수 이민자들의 문화를 허용하기 때문에, 소수 이민자들의 문화는 주류집단의 문화에서 소외되어 있는 주변문화로 전락하게 된다는 문제를 안고 있다(서윤호, 2010).

다. 샐러드 볼 이론

미국과 호주 등 이민자가 많은 나라에서 1970년대에 활발히 논의되면서 세계적인 다문화 이론으로 자리잡게 된 것이 바로 샐러드 볼 이론이다. 이 샐러드 볼 이론(Theory of salad bowl)은 미국에서 형성된 이론으로서, 1970년대 미국의 사회학자들은 용광로라는 개념이 다문화주의의 성향과는 맞지 않다는 시대착오적 개념이라고 비판하였다. 특히 Vertovec(1996)은 다문화주의를 몇몇 소수집단의 문화가 주류사회의 문화를 배경으로 작은 모양의 무늬가 박혀 있는 모자이크가 아니라, 다양한 사회구성원이 상호공존하며 각각의 색깔과 향기를 지니고 조화로운 통합을 만들어 내는 샐러드 볼을 제안하였다.

이 샐러드 볼 이론은 동화주의적인 용광로 이론과는 달리 이민자들이 자신의 모국문화와 언어를 유지하면서도 새로운 정주 국민으로서 미국인의 일원으로 살아갈 수 있도록 하자는 데 초점을 두었다(서종남, 2012). 또한 이 이론에서의 샐러드는 재료를 그대로 먹지 않고 볼 안의 야채나 과일을 드레싱과 함께 섞어 먹는 것이다. 캐나다의 드레싱과 함께 먹으면 캐나다식 샐러드가 되고, 미국의 드레싱과 함께 먹으면 미국식 샐러드가 되며, 프랑스의 드레싱과 함께 먹으면 프랑스식 샐러드가 되고, 한국의 드레싱과 함께 먹으면 한국식 샐러드가 될 것이다. 이처럼 다양한 샐러드는 각각의 정체성을 살리기보다는 어우러지는 경향을 띤다는 장점을 가진다.

이상과 같이, 샐러드 볼 이론은 20세기 후반 글로벌화 시대로 진입하면서 제안된 다문화교육 이론이며, 인종 및 민족, 국가의 경계를 허물면서 이민자들의 정체성을 지니게 하려는 데 큰 의의가 있다. 또한 다양하고 고유한 문화의 특성을 살릴 뿐만 아니라 스스로 문화를 선택할 수 있는 문화다원주의를 토대로 하고 있다. 다시 말해서, 샐러드 볼 이론은 샐러드 볼 안에 담긴 다양한 재료의 개성을 살리고 존중함으로써 국가 전체의 사회통합을 이루려는 것이며, 한 국가에 다양한 인종 및 민족이 함께 공존한다는 측면에서는 새로운 관점의 다문화 이론이라 볼 수 있다.

라. 문화생태 이론

문화생태 이론(Theory of eco-cultures)은 약육강식의 세계가 아닌 공생의 세계를 설명하며, 배타하지 않고 포용하여 모두가 더불어 행복하게 살아가는 세상이야말로 우리가 지향해야 할 다문화사회의 미래이다(서종남, 2012). 문화생태 이론을 의미하는 'eco-cultures'는 생태계(ecosystem)에서 나온 용어이며, 생태계는 어떤 지역 내에서 식물, 동물, 인간 등이 무기적 환경에 의해 제어되는 복합체계를 의미한다. 또한 문화생태 이론은 서로 다른 문화적 배경을 가진 인간 사회를 둘러싼 제반 환경에 의해서 적절히 균형 관계가 유지될 수 있다는 하나의 체계로 정의하는 이론이다. 더 나아가, 문화생태 이론은 인위적인 것에서 벗어나 자연처럼 있는 그대로 더불어 살아가는 아름다운 공생의 실현으로서, 인간의 존엄성과 생존권을 보장하는 문화적 총체를 의미한다.

이러한 문화생태 이론은 약육강식의 세계가 아니라, 공생의 세계를 담고 있으며, 우리가 지향해야 할 다문화사회의 미래는 모두가 함께 즐겁고 행복하게 살아가는 세상이라는 점이다(서종남, 2012). 또한 문화생태 이론, 즉 eco-cultures는 서로 다른 문화적 배경을 가진 사람들이 상호 균형을 유지하며, 함께 살아가는 생태계와 같은 모습을 의미한다. 이 이론에서 추구하는 참다운 사회는 다양한 문화와 인종이 서로 다르다는 그 자체를 인정하며, 차별하지 않는 대자연의 아름다움 모습과 같이 더불어 살아가는 이상적인 세상을 추구한다고 볼 수 있다.

이상에서와 같이, 문화생태 이론은 여러 인종과 민족이 함께 더불어 살아가는 자연 그대로의 아름다운 공생을 실현하며, 다양성과 차이, 다름 등의 인정, 대자연의 섭리 인정, 상호 존중과 배려 등이 존재하는 이상적인 사회를 추구한다.

3 다문화에 대한 다양한 견해

가. Banks의 민족 정체성 발달

Banks(1988)는 Bennett(2007)의 이론과 민족적 행위를 관찰하는 연구 수행을 통해 민족 정체성 발달 이론을 6단계로 유형화하였으며, 이 이론은 모든 집단과 학교교육에 적용될 수 있다고 제안하였다. 민족 정체성 발달 이론의 6단계를 제시하면(Banks, 1988; 서종남, 2012) 다음과 같다.

첫째, 1단계는 심리적으로 속박된 민족성으로서, 이 단계의 사람들은 자신이 속한 민족집단에 대한 사회의 부정적인 관념을 내면화하며, 자존감이 낮고 자신의 민족 정체성을 우수하게는 생각하지 않는다. 그 실례로서, 백인처럼 보이려고 노력하는 흑인, 양심의 가책 때문에 흑인 공동체에 들어가려는 백인, 자신의 나라 이름을 부끄럽게 생각하여 미국식 이름으로 바꾸는 다양한 계통의 미국인 등을 들 수 있다.

둘째, 2단계는 폐쇄적인 민족성으로서, 이 단계의 사람들은 민족 배타성 및 분리의 특성을 나타내고, 자신이 속한 민족 공동체에만 참여하며, 자신이 속한 민족 집단이 우월하다고 믿는다. 이 단계에서는 자신이 속한 민족 · 인종 집단의 우월성, 다른 민족 집단과 인종의 열등성 등에 대해 주류사회의 신화를 내면화한다.

셋째, 3단계는 민족정체성을 명료화하는 단계로서, 이 단계의 사람들은 자신과 자신의 정체성에 대하여 긍정적으로 인식하며, 민족적 정체성에 대한 자신의 태도를 분명하게 하는 단계이다. 이 단계의 사람들은 민족적 자부심을 가지는 동시에 다른 민족 집단도 존중하는 경향이 있다.

넷째, 4단계는 이중민족성으로서, 이 단계의 사람들은 자신의 민족 정체성에 대해 건전한 사고를 가지며, 자신의 민족 문화뿐만 아니라 다른 민족의 문화 체험에도 참여한다. 또한 두 민족 문화 모두에서 효율적인 역할을 하고 싶어 하는 강한 욕망을 가지는 이중민족성이 나타나는 단계이다. Rosenthal(1987)에 의하면, 청소년에 대한 연구에서 자녀에게 두 문화에 적응하도록 양육하는 것은 백인 가정보다 아프리카계 및 멕시코계 미국인의 가정이 더 많았다고 제안하였다.

다섯째, 5단계는 다민족성으로서, 이 단계의 사람들은 최소한 여러 민족의 사회 · 문화적 환경에서 다양한 역할을 할 수 있으며, 여러 민족 문화의 가치 · 제도를 이해하고 존중하여 공유할 수 있는 단계이다. 이 단계의 다민족적 관점과 정서는 보다 풍성한 삶을 영위할 수 있도록 하며, 개인적 및 공적인 문제들을 보다 창의적이고 고차원적으로 해결하는 데 도움을 준다고 볼 수 있다.

여섯째, 6단계는 세계화와 세계화 역량 단계로서, 이 단계의 사람들은 긍정적인 민족적 · 국가적 · 세계적 정체성을 가지며, 다른 나라 문화 및 자국 안에 있는 민족 문화 내에서 역할을 수행하는 데 필요한 지식, 기술, 태도, 능력 등을 지닐 뿐만 아니라 민족적 · 국가적 · 세계적 정체성, 헌신, 이해, 행동 등에서 균형을 유지할 수 있다.

이상과 같이, Banks(1988)의 민족 정체성 발달 이론은 한 민족 집단 내 사람들 간의 사회심리적 차이점을 설명하는 데 많은 기여를 하였다. 어느 학교에서든지 각 민족 집단의 학생들에게서 전 과정이 나타나고 있는 것이라 그 설득력을 가지고 있으며, 민족적 고정관념을 배제하는 데 도움을 주기도 한다. 또한 이 이론은 반드시 1단계에서 6단계로 이어지는 것이 아니며, 개인적 경험이나 주관에 따라 어느 단계로 옮겨

갈 수 있고 바뀔 수도 있다. 특히 5단계의 다민족성과 6단계의 세계화와 세계화 역량 단계를 이상적인 다문화 관련 교육의 목표가 될 수 있다.

나. Bennett의 고정관념 회피

Bennett(2007)은 고정관념 회피 이론을 제안하였다. 이 이론에 의하면, 특정 민족 및 국가 집단의 시각을 이해하려 할 때 고정관념에 빠질 위험이 있으며, 국가나 민족 구성원들 간에는 서로 다른 점이 존재한다고 보았다. 한 국가나 민족 집단의 내부에서도 출신지, 사회계급이나 계층, 성 등의 여러 요소에 따라 사회적 갈등과 견해 차이가 있었다. 어떤 사람은 주류문화에 동화되고, 어떤 사람은 자신의 민족적 정체성을 더 강화하며, 어떤 사람은 두 문화를 양립시킴으로써 인류의 정체성까지도 가질 수 있다고 볼 수 있다.

또한 Bennett(2007)은 한 집단의 시각에 대한 이해와 더불어 민족 집단과 국가 집단에서 다양한 의식이 어떻게 생성될 수 있는지를 다음과 같이 제안하였다.

첫째, 특정 민족 집단이나 국가 안에서 다양한 의식이 어떻게 생성될 수 있는지에 대한 제안이다.

둘째, 집단 간 상호작용 등을 포함한 그 집단 내의 다양성을 묘사할 방안을 구성할 것을 제안할 수 있다.

셋째, 사회적 쟁점 등에 대한 토론 시 여러 민족 집단과 국가 내부에 존재하는 서로 다른 시각을 반영할 수 있도록 다양한 의견을 포함하여야 할 것이다.

넷째, 학생들에게도 서로 다른 인종, 태도, 의견, 사회 · 경제적 요소의 특징을 파악할 수 있게 하는 것이 중요하다.

다섯째, 학교에 있는 각 민족 집단에게도 다양한 역할 모델을 제시하고, 학생집단을 편성할 때 편성된 집단 내부에 민족의 다양성이 확보되도록 배치할 것을 제안하였다.

Bennett(2007)이 제안하는 견해에 대한 의의를 제시하면, 어떤 민족 집단을 이해하려고 할 때 고정관념에 빠지지 않는 방안의 강구가 중요하며, 서로 다른 특성이 존재한다는 사실의 인식이 중요하다고 보았다. 다시 말해서, 출신지, 사회계급이나 계층, 민족적 정체성 등의 인식은 다문화사회에서의 다양성을 이해하는 데 매우 중요한 요소임을 인식해야 할 것이다.

다. 유네스코의 주류문화와 비주류문화

UNESCO(1995)가 제안하는 비주류문화(非主流文化) 또는 소수문화(少數文化)라는 용어는 일반적으로 서로 다르거나 지배적인 문화 이데올로기, 즉 주류문화(主流文化)를 가진 다수 인구의 그늘에 가려진 채 삶을 살고 있는 소외집단이나 취약집단의 문화를 의미한다. 비주류집단이 지배적인 위치를 차지하지 못하는 이유는 수적 열세 때문이 아니라 그 비주류집단이 지니고 있는 특수한 문화·사회·경제적 특성과 관련된 질적인 차원에서 기인하기도 한다. 소수집단의 특성으로 인하여 보다 우월적인 위치에 있는 사회 계층의 가치체계나 생활방식과는 매우 다르게 나타나며, 심지어 공존이 불가능한 소수집단만의 가치체계가 생성되기도 한다(UNESCO, 1995; 서종남, 2012).

UNESCO(1995)의 보고에서의 비주류라는 용어는 서로 다른 네 가지 범주의 집단을 지칭하기 위해 사용되는 용어이며, 이 비주류에는 첫째, 한 국가 안에서 토착민족의 혈통을 이어받은 원주민, 둘째, 일정한 영토 안에서 오랜 문화전통을 이어 오고 있는 소수자 및 소수집단, 셋째, 특정한 영토에 속하지 않은 소수자나 유목민 및 소수집단, 넷째, 이민자 등이 포함된다.

UNESCO(1995)의 보고에 의하면, 주민은 정부의 경제, 문화, 통신, 교육정책 등에 잘 순응해 오고 있으며, 이들 정책이 좋은 의도에 의해 마련되었다고 할지라도, 결국에는 원주민의 물질적 생활기반을 약화시켰음에도 그러한 경향이 있다. 원주민에 대한 몇 가지 판별 요건을 제시하면 다음과 같다(UNESCO, 1995; 서종남, 2012).

첫째, 원주민이라 불리는 사람들이 지닌 특수한 사회, 문화, 경제적 생활 환경
둘째, 원주민들의 신분과 지위를 규정해 줄 수 있는 고유한 사회적, 경제적, 문화적, 정치적 제도 및 관습과 전통의 존재 여부
셋째, 세계관
넷째, 다른 사람들로부터 원주민으로 인식되었는지의 여부
다섯째, 스스로 자신을 원주민으로 인식하고 있는지의 여부
여섯째, 특정 지역이나 영토 안에 속해 있는지의 여부 및 자연현상이나 토양과의 특별한 관계 여부

오늘날 원주민들이나 다른 비주류 집단은 일정한 지역에서 자신들이 지켜 온 오랜 역사적 전통을 고찰해 볼 수 있지만, 증가하는 인구 이동은 문화적으로 나누어진 도시형이나 준도시형 사회를 계속 만들어 내는 경향이 있다. 이러한 현상으로 인하여 다문화 교육정책을 수립하는 데 많은 어려운 점이 나타나고 있다.

다양한 다문화 관련 교육제도는 원주민이나 이주민 등의 모든 소수 집단들이 당면한 특수한 교육적 필요성에 부응할 수 있어야 한다. 많은 어려움을 해결한다는 차원에서 비주류 집단을 위한 다양한 다문화교육 프로그램을 개발하여야 할 것이며, 이러한 다문화교육 프로그램의 적용을 통해 주류 집단뿐만 아니라, 비주류 집단 소수자들이 잘 적응할 수 있도록 국가적 차원에서의 행·재정적 지원이 절실히 필요한 실정이다.

라. Nathan Glazer의 우리는 모두 다문화인

이 절에서 제안하는 내용은 Glazer(1997)의 『We Are All Multiculturalists Now』에서 발췌한 내용을 정리하여 제시하면 다음과 같다.

앞서 제시한 책에서 Hollinger는 "민족을 중심으로 사고하던 시대 이후의 새로운 관점에서 자발적으로 참가하고, 자신들의 지역사회에 애착을 느끼면서 새로운 사회와 개인이 참여할 가능성을 열어 주는 정신적 균형을 유지하며, 다양한 인종과 민족적 배경을 가진 사람들을 폭넓게 포용하는 동시에 그들 간의 단결을 도모할 수 있는 것"이어야 한다고 제안하였다. 즉, 모든 인류의 보편적 가치를 인정하고, 특정 그룹과 문화의 전유물이었다는 역사적 사실을 인정할 수 있어야 한다는 것이다.

한편, Glazer(1997)는 Hollinger가 제안한 내용을 모두 지지하였으며, "우리는 이제 모두가 다문화인이다"라고 선언하였다. 그는 다문화주의가 교과목, 학교 및 문화적 분야에서 사회적인 분리를 촉진시키는 문제가 내부에서 해결될 수 있는 것이 아니라고 보았으며, 우리가 경험하고 있는 '문화전쟁(culture wars)'은 여러 가지 현상을 반영하고 있다고 제안하였다. 즉, 이러한 현실의 변화를 통해서만 다문화주의는 미국이란 사회가 여러 인종과 민족의 갈래로부터 시작되어 지금까지 걸어 온 복잡한 역사 속에서 조용히 흘러가게 될 것이라고 보았다.

"이제 우리는 모두 다문화인이다"를 통해 Glazer는 Hollinger의 민족 중심에서 다양한 인종과 민족을 포용하여야 한다는 주장에 대해 지지하고 있다. 미국의 교육계 종사자들은 대부분 다문화주의자이며, 그렇지 않은 경우에는 많은 어려움에 직면할 것이다. 이에 미국 사회 변화의 필요성을 제기하였으며, 다문화사회에 대한 적응력을 키워야 하는 것이 앞으로의 중요한 과제라고 볼 수 있다.

Chapter

02

다문화사회의 이해

1. 다문화사회의 의미 및 현황
2. 다문화사회의 특징
3. 다문화사회의 전망과 과제

Chapter 02

다문화사회의 이해

이 장에서는 다문화사회를 탐색하고 학습하는 데 초점을 두며, 주요 내용인 다문화사회의 의미 및 현황(총인구 대비 내국인 및 외국인 인구수, 외국인 주민 증가 추이, 외국인 주민의 지역별 및 유형별 현황, 외국인의 주요 국적별 현황, 한국 국적을 취득한 자의 출신 국가별 현황 등), 다문화사회의 특징, 다문화사회의 전망과 과제 등을 살펴보고자 한다.

1 다문화사회의 의미 및 현황

현재 한국의 다문화사회는 우리 사회에 거주하고 있는 소수민족 및 출신국가가 다양해지고 있으며, 해외 노동력의 유입 및 국제결혼의 증가로 인하여 다문화가정 자녀가 많이 증가하고 있다. 이와 동시에 한국에서 공부하기 위해 많은 유학생이 입국하여 거주하는 사회적 상황의 특징이 부각되고 있다. 이렇게 다문화가족이 증가하는 다문화사회는 다양한 사회문제에 대처하고 예방하기 위하여 법과 제도를 만들고, 다문화가족을 위해 제공하는 다양한 시설이 마련되어야 함을 의미한다(김범수 외, 2010). 다문화사회는 문화의 다양성 수용과 세계 공동체를 위한 각기 다른 역할을 수행하며, 다문화적 가치와 태도의 형성, 구성원의 공통점과 고유한 특성의 인식, 공존과 협력 등을 강조한다(김영옥 외, 2008; 이기용, 2018). 즉, 다문화사회는 다양한 문화가 공존하며, 차별성이 인정되는 사회이다.

한편, 한국 사회에도 1990년대부터 종래의 학교 규모, 이주 사유 등에 있어서 많은 차이를 보이는 외국인의 유입이 증가하였다. 1980년대 후반부터 산업현장의 노동력 부족으로 외국인 노동자들이 개별적으로 입국하였으며, 1992년 문민정부의 세계화 추진 이후에는 제도적 마련으로 외국인 노동자들이 많이 입국하기 시작하였다. 이는 저출산 및 고령화로 인한 노동인구의 감소와 소위 3D 업종에 대한 한국 사람들의 기피현상에 기인하였으며, 글로벌화 및 세계화의 흐름이 한국 사회에도 나타나는 경향을 보였다(서범석, 2010).

최근 행정안전부의 발표에 의하면, 국내 외국인 주민 수는 초기인 2006년(536,627명, 총인구의 1.1%) 이후 급속하게 증가하여 2020년에는 총인구 51,829,136명 대비 2,146,748명(4.1%)으로 14년 동안 4배 정도 증가하였다. 또한 외국인 주민 자녀 수는 266,321명(12.4%)이었으며, 이들 중에서 만 6세 이하 미취학아동은 105,939명(39.8%), 초등학생(만 7~12세)은 107,265명(40.3%), 중 · 고등학생은 53,117명(19.9%) 등이었다(행정안전부, 2021). 이처럼 국내 거주 외국인 주민 수와 자녀 수도 점차 증가하고 있으며, 이로 인해 학교교육 현장에서는 다문화가정 학생들의 한국어 관련 의사소통의 어려움, 다양한 스트레스 및 학교생활 부적응, 시험성적에 대한 부담 등의 많은 문제점이 부각되고 있는 실정이다.

또한 우리 사회가 다문화사회로의 급격한 변화를 가져왔다는 구체적인 내용을 제시하면, 총인구는 조사 시점 2020년 11월 1일을 기준으로 하였으며, 총인구수는 대한민국 영토 내에 상주하는 내국인과 외국인을 합산한 인구로 주민등록인구와 달랐다. 구체적인 내용을 정리하여 제시하면 〈표 2-1〉과 같다.

〈표 2-1〉 총인구 대비 내국인 및 외국인 인구수

(단위: 명)

주민등록인구 (2020. 11. 1.)	총인구(①+②) (2020. 11. 1.)	내국인(①) (한국 국적)	외국인(②) (외국 국적)
51,652,704	51,829,136	49,682,388	2,146,748

출처: 행정안전부(2021). 2020년 지방자치단체 외국인 주민 현황 통계 발표(2020. 11. 1. 인구 총조사 기준).

2020년 11월 1일 기준 외국인 주민은 2,146,748명으로, 2019년 2,216,612명에 비해 69,864명, 3.3% 감소하였다. 이렇게 감소한 이유는 코로나 상황으로 인하여 한국 입국 외국인이 줄어들었음을 의미한다. 또한 성별로는 남자가 1,112,552명, 여자가 1,034,196명으로, 2019년에 비해 남자는 71,624명(6.0%) 감소, 여자는 1,760명(0.2%) 증가하였다. 구체적인 외국인 주민 수에 대한 증가 추이를 제시하면 [그림 2-1]과 같다.

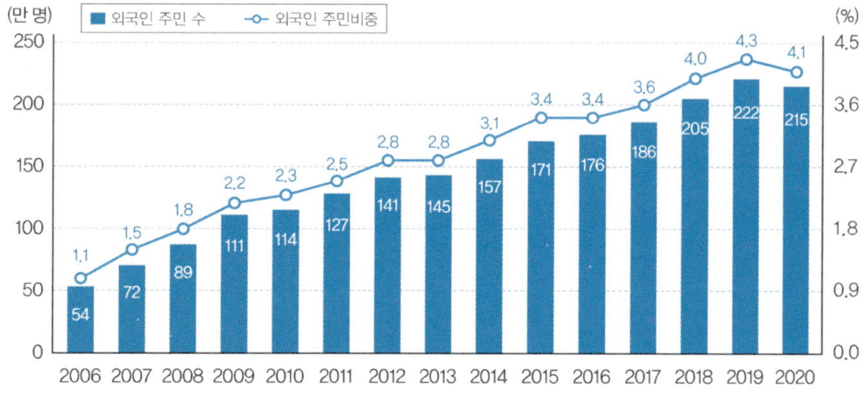

[그림 2-1] 외국인 주민 증가 추이

외국인 주민 유형별 현황을 제시하면, 한국 국적을 가지지 아니한 자(외국인 근로자, 외국 국적 동포, 결혼이민자 등) 1,695,643명(79.0%), 한국 국적을 취득한 자 199,128명(9.3%), 외국인 주민 자녀(출생)가 266,321명(12.4%)으로 나타났다.

외국인 주민을 유형별로 살펴보면, 장기 체류 외국인인 한국 국적을 가지지 않은 외국인(외국인 근로자, 결혼이민자, 외국 국적 동포, 유학생 등)이 1,695,643명(79.0%), 한국 국적 취득자가 199,128명(9.3%), 외국인 주민 자녀(출생)가 266,321명(11.7%) 등으로 나타났다. 이에 대한 구체적인 내용은 〈표 2-2〉와 같다.

〈표 2-2〉 외국인 주민의 유형별 현황 (단위: 명)

구분		외국인 주민 합계			한국 국적을 가지지 않은 자						한국 국적 취득자	외국인 주민 자녀
		계	남	여	계	외국인 근로자	결혼 이민자	유학생	외국 국적 동포	기타 외국인		
'20년		2,146,748	1,112,552	1,034,196	1,695,643	455,287	173,756	142,569	345,110	578,921	199,128	266,321
	구성비		(51.8%)	(48.2%)	(79.0%)	–	–	–	–	–	(9.3%)	(11.7%)
'19년		2,216,612	1,184,176	1,032,436	1,778,918	515,051	173,882	160,610	303,245	626,130	185,728	251,966
	구성비		(53.4%)	(46.6%)	(80.3%)	–	–	–	–	–	(8.4%)	(11.4%)
증감		Δ69,864	Δ71,624	1,760	Δ83,275	Δ59,764	Δ126	Δ18,041	41,865	Δ47,209	13,400	11
		(Δ3.2%)	(Δ6.0%)	(0.2%)	(Δ4.7%)	–	–	–	–	–	(7.2%)	–

2020년 기준 한국 국적을 가지지 않은 자는 1,695,643명으로, '19년 1,778,918명에 비해 83,275명(4.7%) 감소하였으며, 유형별로는 외국인 근로자(26.9%), 외국 국적 동포(20.4%), 결혼이민자(10.2%), 유학생(8.4%) 등의 순으로 나타났다(상기 유형에 속하지 않은 체류자격 등 기타 외국인은 34.1%임). 외국 국적 동포(41,865명 증가)를 제외한 모든 유형이 '19년 대비 감소하였으며, 외국인 근로자 59,764명(11.6%), 유학생 18,041명(11.2%), 결혼이민자 126명(0.1%), 기타 47,209명(7.5%) 등이 감소하였다. 한국 국적을 가지지 아니한 자에 대한 유형별 비율은 [그림 2-2]와 같다.

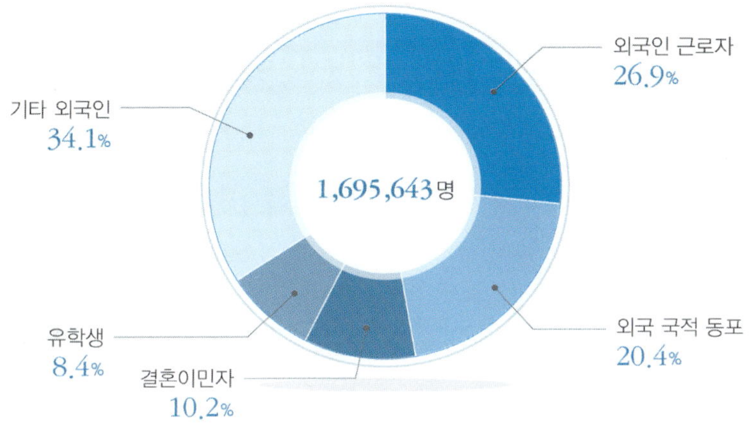

[그림 2-2] 한국 국적을 가지지 아니한 외국인의 유형별 비율

시 · 도별로 보면, 경기도 715,331명(33.3%), 서울 443,262명(20.6%), 인천 130,845명(6.1%), 경남 125,817명(5.9%), 충남 122,826명(5.7%) 등의 순으로 외국인 주민이 많이 거주하고 있는 것으로 나타났다. 또한 시 · 군 · 구 별로는 경기 안산(93,639명)에 가장 많은 외국인 주민이 거주하며, 경기 수원(66,490명), 경기 화성(63,493명), 경기 시흥(62,397명), 서울 구로(54,878명) 등의 순으로 나타났다. 외국인 주민이 10,000명 이상이거나 인구 대비 5% 이상 거주하는 시 · 군 · 구는 88개 지역이며, 경기 23개, 서울 18개, 경북 8개, 충남 7개, 인천 · 경남 6개 지역 등이다. 이에 대한 구체적인 내용은 [그림 2-3]과 같다.

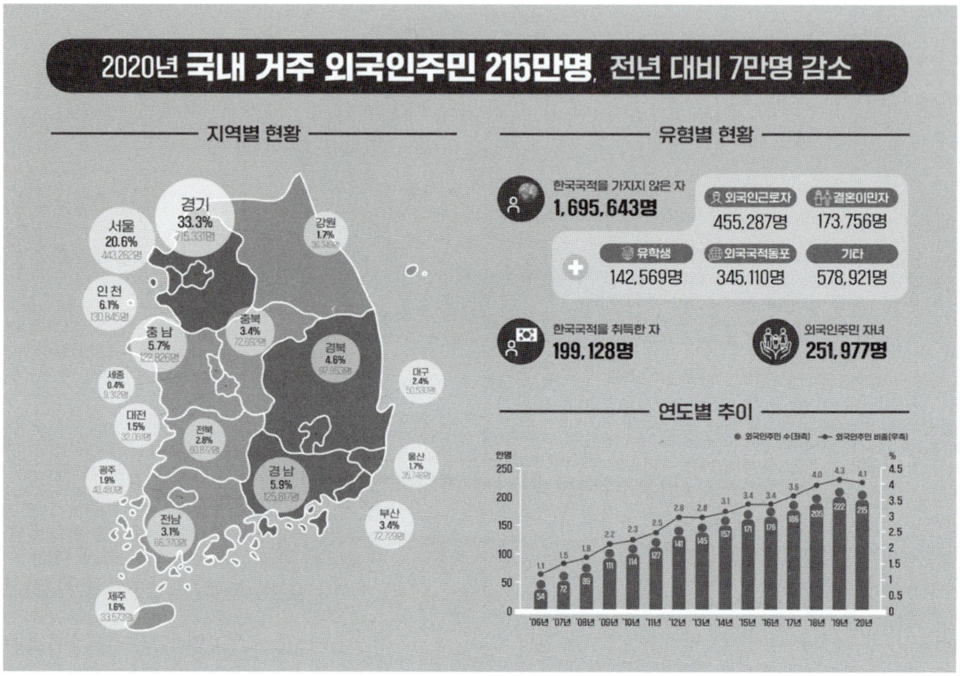

[그림 2-3] 외국인 주민의 지역별 및 유형별 현황

주요 국적별로는 중국 출신이 44.2%(749,101명)를 차지하고 있으며, 그다음으로 베트남(11.8%), 태국(9.8%), 미국(3.5%) 등의 순으로 나타났으며, 구체적인 내용은 〈표 2-3〉과 같다.

〈표 2-3〉 외국인의 주요 국적별 현황 (단위: 명, %)

중국(한국계)	중국	베트남	태국	미국	우즈베키스탄	필리핀	캄보디아
541,337	207,764	199,950	165,511	59,646	58,000	43,455	40,718
31.9	12.3	11.8	9.8	3.5	3.4	2.6	2.4

또한 한국 국적을 취득한 자(2020. 11. 1. 기준)는 199,128명으로 '19년 185,728명에 비해 13,400명(7.2%) 증가하였으며, 주요 출신 국가는 중국(한국계) 91,392명(45.9%), 베트남 42,597명(21.4%), 중국 37,048명(18.6%), 필리핀 9,388명(4.7%), 캄보디아 4,409명(2.2%), 대만 3,952명(2.0%) 등 순이었다. 국적 취득 후 경과 기간이 5년 이상인 자는 73.1%로, 10년 이상인 자 43.7%, 5년 이상 10년 미만인 자 29.4%이었다. 구체적인 내용을 정리하여 그래프로 제시하면 [그림 2-4]와 같다.

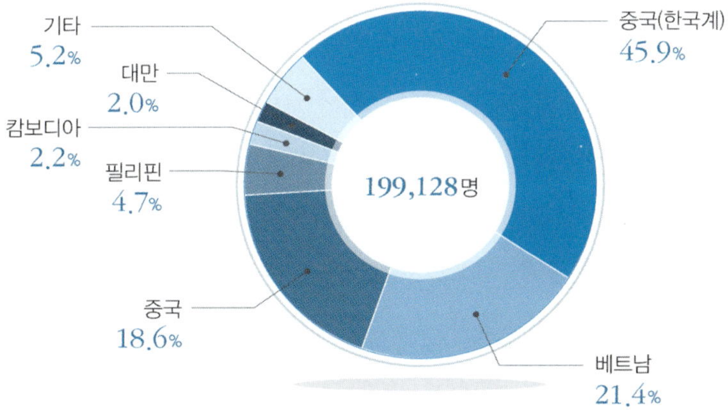

[그림 2-4] 한국 국적을 취득한 자의 출신 국가별 현황

이상에서 볼 때, 그동안 우리나라의 외국인은 지속적으로 증가하였으며, 다문화사회로의 급격한 변화를 가져왔다. 이러한 특징 중 두드러진 점은 국제결혼의 증가, 노동력 부족으로 인한 이주 노동자의 유입 및 유학생의 증가 등이 주된 원인이었으며, 외국인들이 우리 사회에 정착하면서 우리나라 문화의 급격한 변화에 지대한 영향을 미쳤다고 볼 수 있다.

2 다문화사회의 특징

우리나라의 외국인 주민 현황을 고려한 차원에서의 다문화사회의 특징을 제시하면 다음과 같다(이기용, 2018).

첫째, 우리나라 다문화사회의 주요 특징 중의 하나는 주류문화가 혈연적으로 단일민족이라는 점이며, 사실 유럽이나 미국 계통의 외국인이 함께하는 다문화사회가 아니다. 즉, 그동안의 한국 국적을 취득한 자의 출신국가로 중국(한국계), 중국, 베트남, 필리핀, 대만, 캄보디아 등의 아시아계통의 출신들이 주류를 이루었으며, 이러한 사실은 아시아라는 동질적인 문화가 하위문화로 유입되면서 우리나라 사회에 동화주의적 측면에서 다문화사회가 형성되었다.

둘째, 우리나라 다문화사회는 다양성과 특수성이 양립하는 특징을 갖는다. 이러한 다문화사회는 시민이나 국민으로서 누릴 수 있는 사회적·경제적 및 문화적 권리를 취득하고 향유하는 데 있어서 인종이나 민족이 차별의 근거가 되지 않는 사회이다(김혜순, 2008). 또한 다문화사회는 이민자, 이주민 등 다양한 인종이 유입됨으로써 다양한 민족, 인종, 문화가 존재할 뿐만 아니라, 학교교육, 가족 형태, 성, 연령, 신체, 지역사회, 직장 등에 있어서 다양성과 특수성이 존재한다는 점이다(신재한 외, 2014). 즉, 우리나라 다문화사회는 한국이라는 특수한 민족적 특성을 바탕으로 글로벌 사회의 국제적 교류 증가로 나타난 다양한 나라 사람들의 문화가 복합된 특수성과 다양성이 양립하는 특성을 갖는다.

셋째, 국제결혼의 증가 및 외국인 근로자들의 유입, 외국 유학생의 증가, 한류열풍 등으로 인하여, 우리나라 다문화사회에 대한 정체성 형성이 진행되고 있다는 점이다. 실제 다문화사회에서 나타나는 기존의 유입집단에 의해 새로 유입되는 집단에 대한 고정관념이 형성되고 존재한다는 점, 문화적 차이로 인한 갈등, 외국인 근로자들의 대우, 국제결혼의 증가로 인한 문화적 갈등 등이 부각되어 왔다(이기용, 2018).

이상에서 볼 때, 우리나라에서는 국가적 · 사회적 및 개인적 차원에서 다양한 해결방안을 모색하여 적용하고 있다. 시간이 지남에 따라 우리의 문화만을 강조하는 용광로 이론을 적용하는 것이 아니라, 다른 나라의 문화도 존중하려는 샐러드 볼 이론이나 문화생태 이론을 적용하려는 방향으로 나아가고 있다. 즉, 문화다원주의를 존중한다는 차원에서 다양한 국가적인 노력을 통해 우리나라 사회가 점점 더 긍정적인 방향으로 변화되고 있으며, 국민적 의식의 변화도 일어나고 있다. 향후 이러한 노력으로 우리나라 사회에서는 다문화가 함께 공존하는 방향으로 그 정체성을 형성해 나갈 것이라 기대해 볼 수 있다.

3 다문화사회의 전망과 과제

우리 사회는 다문화사회로 접어들면서 다문화가족도 증가하고 있으며, 다문화가족의 아동 및 청소년에 대한 관심도 높아지고 있다. 이러한 다문화가족들에 대한 관심과 지원방안이 적극적으로 마련되어야 할 것이다.

다문화가족이란 광의의 개념으로는 한 가족 내에 다양한 문화가 공존하고 있는 가족을 의미한다. 이러한 다문화가족의 형태는 한국인 남성과 결혼한 이주여성가족, 한국인 여성과 결혼한 이주남성가족, 이주민가족(노동자, 유학생) 등이 있다. 협의의 개념으로 다문화가족은 결혼을 통해 형성된 가족만을 의미하며, 2008년에 제정된 「다문화가족지원법」에는 다문화가족을 협의의 개념으로 사용하고 있다(여성가족부, 2021).

이러한 다문화가족이나 다문화가정에서 가족들이 겪게 되는 어려움을 제시하면 다음과 같다(윤은영, 2015).

첫째, 문화차이로 인해 발생되는 다양한 문제이다. 결혼이주여성은 한국인 배우자에게 문화차이를 느끼는 경우가 더 높게 나타났는데, 이는 결국 자녀와의 관계에도 영향을 미치게 될 것이다.

둘째, 자녀양육 문제이다. 우리 사회는 보편적으로 자녀양육과 가정 살림에 대한 책임과 역할을 여성에게 많이 부담하게 하고 있다. 한국의 언어, 문화 및 식습관까지 적응해야 하는 결혼이주여성에게 자녀양육에 대한 책임까지 떠넘겨져 이들의 적응에 많은 어려움이 있다. 더욱이 결혼이주여성이 자녀양육에 필요한 정보나 도움을 받는 것에도 다소 한계점을 갖는다.

셋째, 의사소통의 어려움으로 인해 발생하는 문제이다. 모국어가 따로 있는 결혼이주여성에게 한국어 활용 능력은 부족할 수밖에 없다. 대부분의 결혼이주여성은 결혼과 동시에 한국어를 습득하는데, 한국인 배우자 대다수가 아내의 모국어를 알지 못하기 때문에 부부간의 의사소통 문제가 발생한다. 의사소통이 제대로 이루어지지 않으면 부부간의 작은 갈등도 점점 더 큰 문제가 되어 결혼생활에 심각한 어려움이 발생될 수 있다.

넷째, 이혼가정의 증가와 경제적 어려움의 문제가 있는 것으로 나타났다. 특히 최근 들어, 우리 사회는 이혼율이 증가하고 있으며, 이러한 상황과 비슷하게 다문화가정에서도 이혼율이 지속적으로 증가하고 있다. 이로 인해 다문화가정 학생들이 많은 어려움을 겪게 되는 결과를 가져왔다.

이러한 다문화가정 가족들이 겪는 어려움에 대한 다문화가족 지원방안 몇 가지를 제안하면 다음과 같다.

첫째, 다문화가족 중 결혼이주 어머니의 문화적 적응지원 방안이 요청된다.

둘째, 직장으로 인하여 자녀와 함께하는 시간이 적다는 점이다. 이는 자녀의 언어지도, 학업지도, 생활지도 및 정서함양 등과도 직결된다. 이에 이를 위한 체계적인 지원 방안의 마련이 필요할 것이다.

셋째, 다문화가족 학생들이 학교생활과 사회생활을 잘할 수 있도록 동료 학생은 물론이고 일반인들의 인식 변화도 뒤따라야 할 것이다.

그동안 고찰한 내용을 토대로 하여 향후 다문화사회에 대한 전망 및 과제를 제시하면 다음과 같다.

첫째, 다문화가정의 가족 및 일반국민들이 다문화사회에 잘 적응할 수 있도록 다양한 교육기관에서 다문화교육을 체계적으로 실행할 필요가 있으며, 다문화사회에서 발생하는 다양한 문제점을 해결한다는 차원에서 다문화정책을 체계적으로 수립하여 시행해야 할 것이다. 먼저, 교육부 차원에서의 다문화교육은 유치원 및 초·중등학교에서 다문화 관련 교육을 잘 실현할 수 있도록 다양한 시범학교인 다문화교육 중점학교, 다문화 예비학교, 다문화교육 거점학교, 다문화교육 연구학교 등을 체계적으로 운영할 필요가 있으며, 여성가족부 및 고용노동부 차원에서는 이주여성 및 다문화가족에 대한 다문화교육 및 일 배움 연계 교육, 국비 직업훈련교육 등에 초점을 두어야 할 것이다. 또한 법무부 차원에서는 이주 노동자 및 여성에 대한 다문화교육뿐만 아니라 생활적응, 직업교육 등에 초점을 두어야 하며, 기획재정부는 다문화 관련 정책 및 사업에 대한 체계적인 분석을 통하여 예산의 분배 및 운영의 효율화, 효과성에 초점을 두어야 할 것이다.

둘째, 다문화교육의 내용적인 측면에서 보면, 학교교육 현장에서 차이, 다름, 평등, 존중 및 배려 등과 관련된 내용을 체계적으로 반영하려는 노력이 요구된다. Bennett(2011)은 다문화교육의 개념으로 교육과정 개혁, 평등교육, 다문화적 역량, 사회정의를 향한 교육 등을 제안하였으며, Banks(2008)는 다문화교육의 개념적 특성으로 내용통합, 지식구성, 평등교육, 편견감소, 자발적 학교문화 형성 등을 제안하였다. 이와 같이, 다문화교육의 내용에 평등교육, 다문화 역량, 편견 및 차이, 사회정의 실현, 교육과정 개혁 등을 포함하여 다양한 차원에서 다문화교육이 수행될 필요가 있을 것이다.

셋째, 최근 들어 우리나라는 이주근로자, 결혼이민자, 유학생의 증가 등으로 인하여 파생되는 인권이나 자녀교육 문제 등으로 이주민과 우리 국민 간의 갈등이 고조되고 있으며, 사회 부적응 이주민들 중에서 우울증에 시달리고 있는 사람들이 많이 생겨나고 있는 실정이다. 이에 우리나라 정부에서 사회통합을 이끌어 내기 위해서는 이민정책과 교육정책을 보다 개선할 필요가 있으며, 인권이 보호될 수 있도록 법적 및 제도적 장치를 마련해야 할 것이다. 또한 다문화사회로의 이행은 소수 이주자들의 권리를 위한 집단적 노력, 국가의 정책적 지원, 정부와 NGO 간의 역할 분담 및 협력 체제의 확립 등이 그 무엇보다 중요할 것이다(이기용, 2018).

넷째, 우리나라 사회가 점차적으로 경제적 및 사회적 발전이 가속화됨에 따라 새로운 산업인력 충원이 필요하다. 이 필요한 부분을 충원하기 위해서는 아시아, 아프리카, 유럽 등의 나라에서 다양한 사람이 우리나라로 유입되는 것은 자명한 사실이다. 이러한 유입으로 인하여 우리나라 다문화사회는 점점 더 다양해질 것이며, 특수한 상황들이 나타날 것이다. 이에 우리나라에서는 범국가적 차원에서 다문화사회에서 나타날 수 있는 제반 문제점들을 분석한 후, 그에 대한 해결방안을 마련하여야 하며, 정부 관련 부처별(기획재정부, 교육부, 여성가족부, 법무부, 고용노동부 등) 다문화사회 대응 관련 기획, 운영, 평가 등의 체제를 갖추어야 할 것이다(이기용, 2018).

이상과 같이, 최근 다문화사회, 글로벌화 사회, 세계화 사회 등의 용어는 우리가 흔히 접하는 용어들이며, 많은 부분에서 우리 사회에서도 일반화되는 경향이 있다. 이제 우리가 한국에서 살 수도 있고, 아니면 다른 국가에서도 살 수 있다고 가정한다면, 우리나라에 다양한 인종 및 민족, 국적의 사람들이 와서 살더라도 그들이 편안하고 행복하게 생활할 수 있도록 사회적 지원체제를 구축해야 할 것이다. 특히 우리나라 정부 및 국민들이 새로운 다원주의적 관점에서 새롭게 시작할 수 있도록 국가적 차원에서 새로운 교육 및 새로운 운동이라는 슬로건으로 다문화사회를 구축하고 준비해 가야 하는 것이 지금의 사명이라 볼 수 있다.

Chapter

03

다문화교육의 이해

1. 다문화교육의 의미
2. 다문화교육의 필요성
3. 다문화교육의 영역 및 유형
4. 다문화교육의 운영 실제

Chapter 03

다문화교육의 이해

이 장에서는 다문화교육을 탐색하고 학습하는 데 초점을 두며, 주요 내용인 다문화교육의 의미, 다문화교육의 필요성, 다문화교육의 영역 및 유형, 다문화교육의 운영 실제 등에 대하여 살펴보고자 한다.

1 다문화교육의 의미

다문화(multiculture)라는 용어의 사전적 정의를 살펴보면, 단절된 문화들을 연결하고 번영하고 적용하는 것(Webster, 1993)으로 정의되어 있다. 이는 다양한 문화가 서로 갈등하거나 상충하는 상황이 전제된 가운데 사용되어 온 것으로서, 다문화 용어는 사회적인 필요성에 의하여 생긴 용어이다. 다문화사회는 자신과 집단의 정체성을 형성하고 평등과 다양성을 기초로 편견에서 벗어나 다양한 문화를 인식하고 세계가 함께 협력하는 이상을 추구한다(박찬옥 외, 2011). Banks(2004)는 미국 다문화교육의 역사가 소수 인종 및 민족문제에 주목하던 단계를 지나 여성과 장애인 및 그 외 소수집단들까지 관심 범위가 확장되는 방향으로 발전해 왔다고 설명하였다. Sleeter와 Grant(2007)가 제안한 바와 같이, 다문화교육은 현재 인종, 민족, 언어, 계층, 성, 장애 등 한 사회의 다양한 영역과 연관된 문제들을 모두 아우르는 매우 포괄적인 개념으로 정의되고 있다(구정화 외, 2014).

> 다문화교육은 인종, 문화, 언어, 사회계층, 젠더 및 장애 등을 포함하는 광의의 개념으로 발전해 왔다. 비록 많은 교육자가 여전히 다문화교육의 범위를 인종으로 제한하기도 하지만 여러 차원의 다양성을 포괄하기 위해 가장 빈번하게 확장되는 용어가 바로 다문화교육이다(Sleeter & Grant, 2007).

현재 우리 사회는 세계화 및 국제화로의 진입과 함께 급속하게 변화함에 따라 20세기 후반부터 본격적으로 여러 요인에 의해 다양한 문화를 가진 구성원의 출현이 이루어졌다. 다문화(多文化, multiculture)라는 용어에 대한 분석과 법령에 기초한 개념의 정의, 국내·외 주요 학자들이 정의한 다문화교육의 개념을 제시하면 다음과 같다.

다문화교육은 하나의 복합명사로서 전문용어이며, '다문화교육'은 기본적으로 '다'라는 접두사(接頭辭)와 '문화', '교육'이라는 명사가 결합한 복합명사이다. 다문화교육이라는 전문용어를 이해하는 데 단편적인 시각에서 분해하는 것은 무리가 따르지만, 거쳐야 할 과정으로 볼 수 있다.

다문화교육 = 다(多) + 문화(文化) + 교육(敎育)

표준국어대사전(국립국어원)에서는 다음과 같이 다문화교육을 정의하고 있다.

다(多): 「접사」(일부 명사 앞에 붙어)
– '여러' 또는 '많은'의 뜻을 더하는 접두사

문화(文化): 「명사」
– 자연 상태에서 벗어나 일정한 목적 또는 생활 이상을 실현하고자 사회 구성원에 의하여 습득, 공유, 전달되는 행동양식이나 생활양식의 과정 및 그 과정에서 이룩해 낸 물질적 · 정신적 소득을 통틀어 이르는 말. 의식주를 비롯하여 언어, 풍습, 종교, 학문, 예술, 제도 등을 모두 포함한다.

교육(敎育): 「명사」
– 지식과 기술 따위를 가르치며 인격을 길러 준다. 즉, 개개인이 가진 잠재가능성이나 적성을 밖으로 끄집어내어 발현되도록 하는 것이다.

다문화교육은 자기 문화에 대한 성찰 없이 문화적 다양성이나 타 문화에 대한 이해를 부가적으로 추구한다. 문화적 다양성은 기존 문화 체제를 손상하지 않는 범위 내에서 인정되며, 다문화교육의 목적은 소수문화가 지배문화에 동화 및 포섭되는 것을 전제로 하고 있다. 이른바 '용광로(melting pot)' 이론에 속한다. 이에 비해 타 문화들이 가지고 있는 상대적인 가치들을 인정하면서 자문화의 가치와 전통에 대하여 비판적 성찰을 해 나가도록 하는 것이 비판적 다문화교육이다. 이러한 다문화교육은 학습자로 하여금 다른 정체성을 가진 사람들을 존중하게 하여 자문화 중심주의에서 벗어나게 할 수 있다는 '탈중심성'의 측면을 갖는다(김미윤, 2005). 이른바 '샐러드 볼(salad bowl)' 이론에 속한다. 샐러드 볼 이론은 다양한 구성요소가 상호 공존하며 고유 특성을 유지하면서도 서로 조화되어, 또 다른 통합성을 이루어 내는 것을 의미한다. 이는 다양한 문화 간의 이해와 존중, 관용, 대화 등의 신뢰를 바탕으로 하는 다문화적 정체성을 형성하는 것이다(강휘원, 2006).

한편, 다문화교육은 한 사회 내 문화적 소수민족의 평등 문제에 관심을 가지며, 특정 지역에서 서로 공존하는 여러 문화권 사람들이 조화롭게 살아가기 위한 교육이다(김범수 외, 2010). 또한 다문화교육은 다양한 문화를 존중하고 학생 스스로 자아정체성 형성, 사회적 관계 형성 등의 과정에서 자신들의 문화뿐만 아니라 다양한 문화의 필요성에 대한 인식에서 출발한다(김선미, 2000). 이러한 관점에서 다문화교육은 각기 다른 인종과 성, 언어, 계층 등을 이해하고 존중하도록 유도하여 다양한 문화의 세계에서 공동의 목표를 지향하며, 다른 문화를 가진 사람들과 의사소통할 수 있는 지식, 기술, 태도 등을 준비하는 교육이다(김영옥, 2002). 이상의 내용을 정리하여 제시하면 〈표 3-1〉과 같다.

〈표 3-1〉 다문화교육에 대한 개념

연구자(연도)	다문화교육의 개념
구정화 외 (2014)	• 현재 인종, 민족, 언어, 계층, 성, 장애 등 한 사회의 다양한 영역과 연관된 문제들을 모두 아우르는 매우 포괄적인 개념
김영옥(2002)	• 다른 인종과 성, 언어, 계층 등을 이해하고 존중하도록 유도하여 다양한 문화의 세계에서 공동의 목표를 지향하며, 다른 문화를 가진 사람들과 의사소통할 수 있는 지식, 기술, 태도를 준비하는 교육
강휘원(2006)	• 다양한 문화 간의 이해와 존중, 관용, 대화의 신뢰 등을 바탕으로 하는 다문화적 정체성 형성을 위한 교육
김선미(2000)	• 다양한 문화를 존중하고, 학생 스스로 자아정체성 형성, 사회적 관계 형성 등의 과정에서 자신들의 문화 및 다양한 문화의 필요성에 대한 인식에서 출발하는 교육
김미윤(2005)	• 학습자로 하여금 다른 정체성을 가진 사람들을 존중하게 하여 자문화 중심주의에서 벗어나게 할 수 있다는 '탈중심성'의 측면을 강조하는 교육

연구자(연도)	다문화교육의 개념
김범수 외(2010)	• 한 사회 내 문화적 소수민족의 평등 문제에 관심을 가지며, 특정 지역에서 서로 공존하는 여러 문화권 사람들이 조화롭게 살아가기 위한 교육
박찬옥 외(2011)	• 자신과 집단의 정체성을 형성하고, 평등과 다양성을 기초로 편견에서 벗어나 다양한 문화의 인식 및 세계가 함께 협력하는 이상을 추구하는 교육
이기용(2014)	• 다양한 사회계층, 인종적 · 민족적 집단의 학생들에 대한 평등교육, 교육과정 및 교육제도 개혁, 사회정의 실현 등의 핵심요소로 구성될 수 있으며, 다양한 민족 및 인종 집단의 언어, 대화 습관, 성, 계층 등을 이해하고 상호 존중하며 의사소통할 수 있도록 준비하는 교육
Banks(2004)	• 소수 인종 및 민족문제에 주목하던 단계를 지나 여성과 장애인 및 그 외 소수 집단들까지 관심 범위가 확장되는 방향으로 발전해 왔다는 교육
Sleeter & Grant(2007)	• 인종, 문화, 언어, 사회 계층, 젠더 및 장애 등을 포함하는 광의의 개념으로 발전해 왔다. 비록 많은 교육자가 여전히 다문화교육의 범위를 인종으로 제한하기도 하지만 여러 차원의 다양성을 포괄하기 위해 가장 빈번하게 확장되는 교육
Webster(1993)	• 단절된 문화들을 연결하며, 번영하고 적용하는 교육

이상에서 볼 때, 다문화교육의 개념은 시대와 학자에 따라 강조하는 부분이 다양하게 정의되어 왔다. 다문화교육은 다양한 사회계층, 인종적 · 민족적 집단의 학생들에 대한 평등교육, 교육과정 및 교육제도 개혁, 사회정의 실현 등의 핵심요소로 구성될 수 있으며, 다양한 민족 및 인종집단의 언어, 대화 습관, 성, 계층 등을 이해하고 상호 존중하며 의사소통할 수 있도록 준비하는 교육이다(이기용, 2014). 따라서 다문화교육은 소수민족의 편견이나 동등한 가치를 인식하여 스스로 자아 정립, 삶의 방식 및 사회적 관계를 형성하며 극복해 나갈 수 있도록 다문화 관련 역량을 함양하는 교육이라 볼 수 있다.

2 다문화교육의 필요성

글로벌 시대를 맞이하여 다양한 국적의 외국인 노동자 및 유학생, 국제결혼 등으로 국내에 거주하는 외국인 수가 증가함에 따라 인종 및 민족 문화가 공존하는 다문화사회로 접어들고 있다. 다양한 인종 및 민족이 한국 사회에 유입되면서 인구의 구성 측면뿐만 아니라, 문화적 차원에서도 다양성이 증가되고 있는 실정이다. 하지만 한국 사회의 소수집단을 형성하고 있는 다문화가정은 한국 사회에 적응하는 데 많은 어려움을 겪고 있으며, 대다수가 낮은 경제적 지위에 있어 편견, 차별, 인권침해 등을 경험하고 있다(최충옥 외, 2012).

또한 오늘날은 다양성의 가치가 존중되는 사회이며, 사회구성원의 다양성을 인정하고 타 인종과 타 문화를 편견 없이 받아들일 수 있는 다문화적 역량을 갖춘 사람이 필요한 시대이다. 하지만 단일민족을 긍지와 자부심으로 여겨 왔던 한국 사회는 그동안 다문화사회를 맞을 준비나 대비가 거의 없었다. 이러한 결과로 소수집단의 문화를 이해하기보다는 일방적으로 한국 문화를 주입하고, 이들을 동화시키려고 함으로써 충돌을 빚어 왔다(조원탁 외, 2014). 최근에 와서 여러 기관에서는 현대 사회의 다문화적 상황을 합리적으로 인식하고 대처할 수 있는 태도를 취할 수 있도록 다문화교육을 실시하고 있다. 다문화교육을 통해 자신이 소속된 집단의 문화는 물론 다양한 하위집단의 문화를 비판적으로 성찰하고 재조명할 수 있는 능력을 배양하기 위해 노력하고 있다(차윤경, 2008).

문화적 다양성에 대한 진보적 입장에서의 다문화교육은 우리 사회의 다양한 문화가 존재한다는 것을 인정하고, 이러한 차이가 없어야 한다는 것이 아니라 가치 있는 것임을 인식하도록 교육하는 것이다. 또한 다문화교육은 사회정의를 촉진함으로써 학교와 사회에서 나타나는 모든 형태의 차별에 도전하는 것이다. 따라서 다문화교육은 사회정의를 실현함으로써 학교 교육과정에서 인종차별, 성차별, 계급 차별, 언어 차별, 장애인 차별, 연령 차별, 동성애자 차별, 종교적 불관용, 외국인 혐오 등과 관련된 이슈를 직접적으로 다룬다(조경자, 이주옥, 2010). 실제적인 측면에서 다문화교육의 필요성을 제안하면 다음과 같다(이정선 외, 2010).

첫째, 결혼이주여성, 외국인 근로자 등의 유입이 급증하고 있으며, 인종적, 언어적, 문화적 배경의 다양성을 이해하기 위해 다문화교육이 필요하다.

둘째, 인종적, 민주적, 문화적, 종교적 다양성의 증가로 인하여 다문화가정이 봉착하고 있는 여러 가지 문제가 증가함에 따라 다양한 문제를 해결하기 위해 다문화교육이 필요하다.

셋째, 글로벌 시대의 도래에 따른 전 지구적으로 상호 연계되어 있는 위협적인 문제 해결, 세계화된 무역과 경제발전에 참여하기 위해서는 전 지구적 협력이 필수 불가결하며, 이를 위해서는 일정 수준의 문화 간 이해를 가진 사람들의 화해를 위해 다문화교육이 필요하다.

넷째, 평등과 민주주의적 가치의 실현으로서, 인간의 기본권, 사회정의, 대안적 삶에 대한 존중, 만인에 대한 동등한 가치를 부여하기 위해서는 인종, 성, 계층 등의 차별로부터 보호받을 수 있는 방법을 학습하기 위한 다문화교육이 필요하다.

다섯째, 다문화가정 학생의 특성을 고려한 맞춤형 교육 지원을 하기 위한 다문화교육이 필요하다.

여섯째, 다문화에 대한 이해 및 사회적 인식 제고의 일환으로 단일민족이나 순혈주의의 극복을 위한 체계적인 다문화교육이 필요하다.

이러한 다문화교육을 통해 인권의 측면에서 다문화 배경 학생 개인에게는 교육 · 학습권을 보장하여 민주적 가치관과 태도를 길러 줄 수 있을 뿐만 아니라 사회 전체로의 갈등을 줄이고 사회통합에 기여할 수 있도록 한다. 더 나아가 한국 사회에서 문화적 다양성이 더욱 건강하고 새로운 문화 창조의 기회를 제공받아야 할 것이다(이순배 외, 2014). 특히 다음 세대를 이끌어 갈 청소년들이 자문화중심주의, 배타주의 및 편견을 극복하고, 다문화적 자질을 함양하도록 하는 것이 다문화 시대의 당면 과제일 것이다(모경환, 황혜원, 2007; 설규주, 2004). 즉, 자신에 대한 자아정체감과 자신을 위한 사회적 지지가 자문화에 대하여 거부감을 줄이고, 자존감을 가질 수 있는 사회적응에 큰 영향을 미친다고 볼 수 있다. 따라서 다른 문화에 대한 고정관념이나 편견, 차별이 다른 사람에게 미치는 부정적 영향을 인식하고, 다른 문화에 대한 긍정적 수용과정을 통하여 상황에 맞게 인지하고 이해하는 과정으로 성숙한 민주문화시민이 되도록 교육할 필요가 있다.

이와 관련하여 은지용(2009)은 Sue와 Sue(2008), Bennett과 Bennett(2004), Banks(2006) 등의 제안을 제시하였다. 첫째, Sue와 Sue(2008)의 제안은 각기 특정한 인종적 · 문화적 배경을 가진 여러 집단 구성원이 자신이나 타인에 대하여 갖게 되는 가치나 신념 · 태도의 발달과정을 설명하였다. 둘째, Bennett과 Bennett(2004)의 제안은 둘 이상의 문화적 집단 사이에서 나타나는 문화적 차이에 대하여 개인들이 반응하면서 형성된 인지적 및 정서적 특성이나 행동 정향의 발달을 제안하였다. 셋째, 지속적으로 다문화교육을 주장해 온 Banks(2006)에 의하면, 개인이 인종, 성, 언어, 지역, 성적 정향, 장애 등의 다양한 문화집단에 속하게 되면서 다양한 문화적 정체성을 가지며, 문화 정체성은 바로 자신이 속한 문화적 집단과의 연관성 속에서 파악되는 개인의 주관적인 자아 개념으로 볼 수 있다고 제안하였다. 이러한 자아개념이 어떻게 변해 가는지를 설명하는 것이 문화 정체성 발달 이론이라고 설명하였다.

문화 정체성 발달 이론에 대한 구체적인 내용은 다음과 같다.

첫째, Sue와 Sue(2008)의 문화 정체성 발달로서, 이는 주류문화 사회에 살아가는 소수집단의 개인이 경험하는 문화 정체성 발달과정을 설명하였으며, 〈표 3-2〉와 같은 5단계의 문화 정체성 발달 단계를 거친다(구정화 외, 2014).

〈표 3-2〉 Sue와 Sue(2008)의 문화 정체성 발달 단계

단계	단계별 특징	문화를 보는 관점
순응	• 자신이 속한 문화보다 주류집단의 문화에 대한 선호가 강한 상태이며, 자신이 속한 소수집단의 문화에 대하여 부정적인 태도를 보이는 상태	문화 사대주의
부조화	• 개인들이 가진 문화적 가치와 신념에 대한 충돌 경험을 함 • 자신이 속한 문화집단과 다른 소수 문화집단, 주류문화집단 구성원에 대한 긍정적 관점과 부정적 관점의 충돌이 존재함을 인지	문화 사대주의와 자문화 중심주의의 혼란
저항과 몰입	• 자신이 속한 소수집단의 문화적 관점을 채택하여 주류 집단의 문화에 대한 거부, 혐오감 등의 감정을 갖게 됨 • 자신이 속한 소수집단과의 강한 연대의식을 형성하기도 함	자문화 중심주의
자기 성찰	• 주류문화 집단에 대해 가졌던 분노의 감정은 털어내고 자신이 속한 소수 문화집단에 대한 이해를 추구하는 시기임 • 자신이 속한 집단 이외의 문화에 대해서 긍정적인 측면과 부정적인 측면에 대한 이해와 더불어 그들의 태도에 대해서도 이해하려는 노력이 나타남	문화 상대주의
통합적 인식	• 모든 문화에 대하여 긍정적인 측면과 부정적인 측면을 이해하려는 노력이 나타남 • 자신과 타인의 문화 정체성과 관련하여 다양한 문화적 층위를 이해하게 됨	문화 상대주의

이러한 문화 정체성 발달 단계는 모든 사람에서 나타나는 것이 아니라, 문화적으로 소수의 위치에 있는 문화집단에 속한 개인들이 주류의 위치에 있는 문화에 속한 집단과의 관계에 대해 이해하면서 자신의 문화 정체성을 확립하는 과정을 보여 준다. 이 발달 단계는 어떤 과정을 통해 발달이 이루어지는지, 예를 들어 단순히 성숙에 의한 결과인지 등에 대한 명확한 설명은 없었지만, 소수집단의 문화 정체성 형성의 과정을 이해하는 데는 도움이 될 수 있다.

둘째, Bennett과 Bennett(2004)의 간문화적 감수성 발달로서, 이는 둘 이상의 문화가 존재하는 사회에서 문화적 차이를 경험하면서 다양한 문화에 대하여 한 개인이 문화적

차이에 대한 감수성을 어떻게 발달시키는가에 초점을 두고 있다. 6단계에 의한 간문화적 감수성 발달을 설명하였으며, 구체적인 내용은 〈표 3-3〉과 같다.

〈표 3-3〉 Bennett & Bennett(2004)의 간문화적 감수성 발달 단계

단계	단계별 특징	문화를 보는 관점
문화차이 부정	• 문화적 차이를 전혀 느끼지 않으며 자신의 주류적 문화 위치를 우월하게 느낌 • 다른 문화에 대해서는 이방인으로 취급	자문화 중심주의
문화차이 방어	• 문화적 차이는 인식하지만 자신의 문화를 우월한 것으로 인식함 • 다른 문화에 대해서 자신의 문화 정체성을 위협하는 존재로 보고 방어 전략을 사용할 수 있음	자문화 중심주의
문화차이 최소화	• 문화적 차이를 '인정' 하지만 여전히 주류집단이 제도권 내에서 문화적 우월성을 발휘하는 것을 특권으로 인식하지 않고 당연한 것으로 여김	자문화 중심주의
문화차이 수용	• 다양한 문화권에서 말하는 가치, 신념, 행동에 대하여 맥락적인 차이를 인정함 • 자신의 문화권에서의 가치체계 등이 문화적 맥락에 따라 가능한 여러 입장 중 하나라고 봄	문화 상대주의
문화차이 적용	• 자신의 인지적 틀을 바꾸어 다른 문화의 관점에서 사고하고 행동할 수 있는 간문화적 능력이 형성됨	문화 상대주의
문화차이 통합	• 문화적으로 어떤 특정 문화를 고려하지 않으면서도 개별문화들에서 나타나는 고유성이 주변화된 채로 상호 독립성을 가지면서도 공존할 수 있음을 인식함 • 문화적 맥락의 안과 밖을 유연하게 넘나들면서 다양한 문화에 대하여 통합적인 인식을 함	문화 상대주의

이러한 간문화적 감수성 발달은 기본적으로 문화적 차이에 대해 부정하는 단계에서 통합하는 단계로 나아가는 과정을 통해 한 사회에서의 주류집단 문화나 주류집단의 문화적 위치에 있는 사람들의 다문화적 인식 과정을 설명하는 데 유용하다고 볼 수 있다.

셋째, Banks(2006)의 문화 정체성 발달 이론으로서, 이는 두 개 이상의 다문화에 속한 개인의 문화 정체성이 어떻게 형성되는지를 설명하였으며, 문화 정체성 발달을 6단계로 제안하였다. 구체적인 문화 정체성 발달의 내용은 〈표 3-4〉와 같다.

〈표 3-4〉 Banks(2006)가 설명하는 문화 정체성 발달 단계

단계	단계별 특징	문화를 보는 관점
문화적 · 심리적 속박	• 자신이 속한 문화집단에 대한 부정적 태도나 믿음을 내면화하는 시기임	문화 사대주의
문화적 고립	• 자신이 속한 문화집단에만 참여하려 하며, 이에 따라 자기 집단의 문화에 대한 우월성이 높은 편임	자문화 중심주의
문화 정체성 명료화	• 자신이 속한 문화집단에 대한 긍정적 태도를 드러내면서 자신이 속하지 않은 집단의 문화에 대해서도 긍정적으로 반응함	문화 상대주의
이중문화주의	• 자신이 속한 문화집단에 대하여 존중하면서 다른 문화집단에 대해서도 긍정적으로 수용함 • 두 문화 속에서 효과적인 역할 수행이 가능함	문화 상대주의
다문화주의 및 반성적 국가주의	• 인간 존엄성과 정의의 측면에서 국가적 이상, 신념, 가치 등에 대하여 반성적으로 숙고할 수 있음 • 한 국가 내에 존재하는 여러 하위 문화가 다양성을 인정하고 공유하는 다문화적 관점을 가지게 됨	문화 상대주의
세계주의 및 세계적 역량	• 인류의 보편적인 가치와 원리를 내면화하게 됨 • 세계 여러 나라의 다양한 하위문화를 이해함	문화 상대주의

〈표 3-4〉에서와 같이, Banks(2006)가 제안한 문화 정체성의 6단계 발달 이론도 다문화사회에서의 소수 문화집단에 속한 한 개인이 자신의 문화를 부정하다가 문화에서의 다양성을 인정하고, 이들 다양한 문화의 공존적인 상태로 나아가는 것을 인정하면서 자신의 문화를 성찰하고 타인의 문화를 이해하기 위해 문화에 대하여 숙고하는 능력을 키워 가는 과정을 보여 준다.

지금까지 다문화사회를 인식하여 개인이 다문화적 상태에서 어떤 인식의 변화가 일어나는지를 살펴보았다. 결론적으로, 다문화교육은 세계화 추세에 따라 급속하게 스며들고 있는 한국 사회의 문제점을 고려할 때, 외국 문화의 역할, 수용 자세 등에 대한 체계적인 교육이 이루어지지 않으면 가치판단의 결여에 따른 무의식적 문화의 동화현상이나 자국 문화 상실 현상이 나타나 가치 혼란에 의한 사회적 혼돈이 야기될 수 있다. 따라서 주체적인 문화가치 교육이 필요하며, 특히 자라나는 청소년을 위한 다문화교육이 필수적이라 볼 수 있다.

3 다문화교육의 영역 및 유형

다문화교육 유형의 여러 특성은 현재 다문화교육의 여러 관심 영역에 반영되어 있다. Banks(2002)와 Bennett(2007) 및 Bennett(2011)이 제안한 다문화교육의 다양한 영역을 제시하면 다음과 같다.

가. 다문화교육의 영역

1) Banks가 제안한 다문화교육의 영역

Banks(2002)는 다문화교육의 영역으로 내용통합, 지식 구성 과정, 편견감소, 평등한 교수법, 학교문화 개선 등의 다섯 가지를 제안하였으며, 구체적인 내용은 다음과 같다.

첫째, 내용통합(content integration)의 영역은 교육과정 및 교과서를 구성하거나 교육 자료를 선정할 때 다양한 문화 및 집단과 관련된 사례와 내용을 추출하여 활용하는 것과 관련된 영역이다. 즉, 내용통합은 사회의 다양한 집단, 역사, 문화 등의 내용을 교육과정에 반영한다.

둘째, 지식 구성 과정(knowledge construction process)의 영역은 암묵적 및 문화적 관점이나 편견들이 지식이 구성되는 과정에 영향을 미친다는 사실을 이해시키고 지식에 대한 비판적 해석 능력을 개발하는 것과 관련된 영역이다.

셋째, 편견감소(prejudice reduction)의 영역은 교수법과 자료를 활용하여 학생들이 다른 문화집단에 대해 긍정적이고 우호적인 태도와 가치를 발달시키도록 돕는 것과 관련된 영역이다. 예를 들어, 다른 인종이나 종족의 얼굴 모양의 다양성을 인지시키거나 비주류 인종 집단의 피부색에 대한 선호를 강화시키는 방법, 소수집단과 관련된 내용을 교육과정에 포함시키며, 인종적 및 민족적으로 이질적인 집단을 구성하여 협동학습을 시키는 전략들이 대표적이다(박윤경, 2006).

넷째, 평등한 교수법(equity pedagogy)의 영역은 소수집단 학생들의 학업성취를 돕기 위해 교사가 자신의 교수법을 수정하는 것과 관련된 영역이다. 즉, 평등한 학업성취를 위한 교수법이다.

다섯째, 학교문화 개선(empowering school culture and social structure)의 영역은 학교의 문화와 조직을 재구조화하는 과정으로서, 학교 구조적 변화의 기본 단위로 설정한다. 학교가 다문화적인 공간으로 변화하기 위해서는 ① 교직원의 태도, 인식, 신념 및 행동, ② 공식적인 교육과정 및 교과 내용, ③ 학교가 선호하는 교수학습 방법, ④ 학교 언어, ⑤ 교수학습 자료, ⑥ 평가 절차, ⑦ 학교문화와 잠재적 교육과정, ⑧ 상담 프로그램 등에 대한 점검과 개선이 필요할 것이다(Banks, 2002).

2) Bennett이 제안한 다문화교육의 영역

Bennett(2007)은 다문화교육의 영역으로 평등 교수법, 교육과정 개혁, 다문화 역량, 사회정의 교육 등의 네 가지를 제안하였다.

첫째, 평등 교수법(equity pedagogy)의 영역에서는 모든 학생에게 공평하고 동등한 교육 기회를 제공하는 것에 초점을 둔다. 교사는 소수집단 학생들에게 교육 기회를 공평하게 제공하기 위해 긍정적인 교실 분위기를 만들고 학생들의 문화에 적합한 교수 방법을 사용하기 위해 노력해야 한다.

둘째, 교육과정 개혁(curriculum reform)의 영역에서는 주류집단 중심적인 교육과정의 문제점을 파악하고 변화시키는 데 초점을 둔다. 교육과정의 내용을 변화시키는 것은 물론 내용을 주류와 비주류를 포함한 다양한 집단의 문화적 차이, 역사, 사회적 공헌 등에 대한 이해를 모든 학생들에게 가르치는 것까지를 목표로 삼는다.

셋째, 다문화 역량(multicultural competency)의 영역에서는 학생들이 다양한 문화 속에서 다양한 방식으로 생각하고, 사고하고, 행동할 수 있는 능력을 개발하는 데 초점을 둔다. 자기 문화에 대한 정체성을 가지고 있으면서도 문화적 특성이 다른 구성원들과 상호작용하는 방법을 배우고, 동시에 다른 문화적 환경에서도 유능하게 활동할 수 있는 능력을 신장시키고자 한다.

넷째, 사회정의 교육(teaching toward social justice)의 영역에서는 일상생활에서 인종차별, 성차별, 계급차별 등 각종의 차별에 대항하는 행동 능력을 키우는 데 초점을 둔다. 특정 집단에 대한 편견과 고정관념을 제거하고, 인간의 기본적인 동질성을 강조하며, 차별적 사고와 행위의 근원을 이해시키는 데 주안점을 둔다.

그다음으로 다문화교육의 주요 구성요소를 제시하면, 첫째, 미국 민주주의 이상인 정의, 평등, 인권의 실현 관련 이데올로기이며, 둘째, 모든 학생에게 동등한 교육기회를 제공하는 것을 목적으로 하는 교육개혁 운동이며, 셋째, 민주주의적 이상, 학교 및 사회적 실제 간의 불일치가 항상 존재함에 대한 지속적인 개혁의 과정이다(Banks, 2008). 이러한 다문화교육은 평등성, 사회정의 실현 등에 초점을 두고 있으며, Bennett (2011)은 다문화교육에 대한 개념을 좀 더 구체화하기 위해 다문화교육의 개념에 입각한 영역을 제안하였다. 이에 대한 구체적인 내용을 제시하면 [그림 3-1]과 같다.

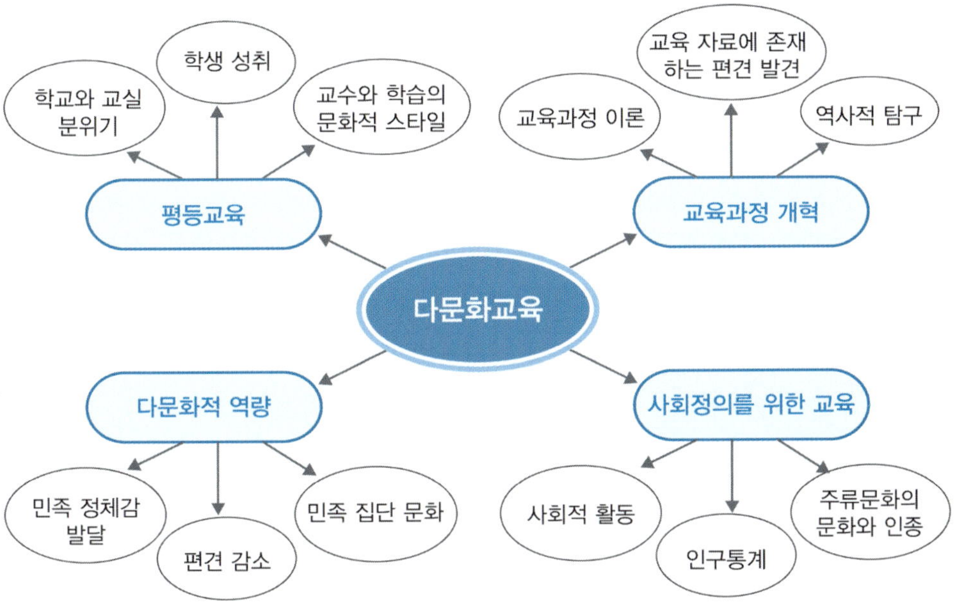

[그림 3-1] 다문화교육의 개념에 따른 영역

[그림 3-1]에서와 같이, 다문화교육에 대한 개념도에 나타난 다문화교육의 영역으로는 평등교육, 교육과정 개혁, 다문화적 역량, 사회정의를 위한 교육 등의 네 가지이다. 이에 대한 구체적인 다문화교육의 개념에 따른 영역 및 내용을 제시하면 다음과 같다.

첫째, 평등교육은 다문화교육의 가장 핵심적이고 중요한 철학적 개념이며, 이 평등교육은 사회적 소외계층인 저소득층, 소수민족, 학교 퇴학 · 정학 · 제적 등의 불리한 조건의 학생들에게 공평하고 동등한 교육의 기회를 제공하는 것을 목적으로 한다(이기용, 2018). 평등교육의 내용 및 하위영역은 학교와 교실 분위기, 학생 성취, 교수와 학습의 문화적 스타일 등이다. 특히 교육과정의 평등은 Coleman의 교육평등 4단계인 교육기회의 허용적 평등, 교육기회의 보장적 평등, 교육조건의 평등, 교육결과의 평등에서 교육조건의 평등과 교육결과의 평등이 복합된 개념이라 볼 수 있다. 교육기회의 허용적 평등은 모든 사람들에게 교육받을 기회가 보장되도록 법이나 제도상으로 허용되지만, 능력에 따라 기회가 주어지는 것이라고 보는 관점이다. 즉, 교육과정의 평등은 모든 사람이 같은 결과에 도달하는 것이 목적이 아니라 각자의 잠재능력을 발휘하도록 교육조건의 평등을 보장해야 함을 의미한다.

둘째, 교육과정 개혁은 평등교육을 실현하기 위한 핵심 영역으로서, 전통적인 교육과정에 대한 재인식이나 변혁의 의미를 내포하고 있다. 기존의 전통적인 관점에 의해 무시당하거나 억압받아 온 지식의 특정 영역이나 관점을 재조명하는 것으로서, 지식의 고정성을 부인한다. 이러한 지식에 대한 다차원적인 관점의 탐구를 통한 발견과정에 의해 본질적으로 가진 지식의 생성력을 의미하는 변형력이 있는 지식을 창출하거나 수용하는 것을 의미한다(이기용, 2018; 장인실 외, 2013). 교육과정 개혁의 내용 및 하위영역은 교육과정 이론, 교육 자료에 존재하는 편견 발견, 역사적 탐구 등이다. 이 중에서 교육 자료에 존재하는 편견 발견 및 제거하기 등에는 교육과정과 교재의 편견 및 오류, 교재에 대한 내용 분석, 이주국가 관련 문학에 대한 조명 등을 포함한다.

셋째, 다문화적 역량은 다문화사회에서 요구되는 개인의 역량, 개인의 발달 및 본질 등을 의미하며, 이 역량은 학교와 교실의 분위기, 교수 전략, 학습의 간접적인 영향력과 연합된 개인의 인지적 · 사회심리학적 변수에 의해 영향을 받는 경향성을 갖고 있다(이기용, 2018; 장인실 외, 2013). 다문화적 역량의 내용 및 하위영역은 민족 정체감 발달, 편견 감소, 민족 집단 문화 등이 포함되며, 다문화적 능력은 인종과 문화적 편견 타파, 세계적인 관점에 대한 지식, 민족 집단 간의 다양성 인정, 개방된 마음 등과 관련된 역량이나 수행할 수 있는 방법을 안다는 의미이다.

넷째, 사회정의를 위한 교육은 사회의 공평한 접근, 참여, 성취 측면을 강조하며, 사회정의의 실현을 위해서는 사회적 불평등에 대한 지식과 인식을 발전시키고 개혁에 적극적으로 참여해야 한다(장인실 외, 2013). 사회정의를 위한 교육의 내용 및 하위영역은 사회적 활동, 인구 통계, 주류문화의 문화와 인종 등을 포함한다(Bennett, 2011).

이상에서와 같이, 다문화교육은 평등교육, 교육과정 개혁, 다문화적 역량, 사회정의를 위한 교육 등의 영역을 포함하며, 다문화교육은 교육철학인 동시에 교육개혁 운동으로서 평등교육의 목표를 달성하기 위하여 교육과정 개혁을 통한 학교 및 사회개혁을 실현하는 교육이라 볼 수 있다.

나. 다문화교육의 유형

다문화교육의 유형은 가장 대표적인 Gibson(1996), Sleeter와 Grant(2007) 등이 제안한 내용을 중심으로 제시하면 다음과 같다.

1) Gibson이 제안한 다문화교육의 유형

Gibson(1996)은 다문화교육의 유형을 소수집단 학생 교육, 문화차이 이해 교육, 문화 다원주의 교육, 두 문화교육, 일상적인 인간 경험으로서의 다문화교육 등의 다섯 가지 유형을 제안하였으며, 구체적인 내용은 〈표 3-5〉와 같다(이기용, 2018: 구정화 외, 2014).

〈표 3-5〉 Gibson의 다문화교육 유형

구분	주요 특징
소수집단 학생 교육	• 소수집단 학생들에게 동등한 학습 기회 제공 • 소수집단 학생들이 주류집단의 문화가 지배하는 학교에서 겪는 어려움에 관심 • 소수집단 학생들과 가정을 변화시키기보다 학교문화 개선에 초점 • 소수집단 학생들의 학업성취의 향상
문화차이 이해 교육	• 모든 학생에게 문화 차이와 다양성의 가치교육 • 주류 집단으로서의 동화와 소수집단의 분리에 반대 • 인종차별 및 편견 감소 및 사회정의 증진에 기여 • 다수 집단과 소수집단에 속한 모든 학생 대상 • 문화 차이의 이해, 다양성 존중, 차별과 편견의 감소
문화 다원주의 교육	• 소수집단 학생들의 권한 강화 및 문화 다원주의 보존, 확장 • 한 사회 내에서 문화 다양성을 유지하는 것은 특정 소수집단의 생존을 위해 필수적임 • 소수집단의 문화 보호 및 권한 증대 • 주류집단 구성원 권한의 약화 및 변화
두 문화 교육	• 학생들이 두 개의 문화 속에서 성공적으로 생활하도록 교육 • 동화 및 융합의 관점에 반대 • 소수집단 학생과 주류집단 학생에게 적용 • 모든 학생을 대상으로 자신이 속한 문화와 그 이외의 문화 속에서 성공적으로 살아갈 수 있는 능력 배양
일상적인 인간 경험으로서의 다문화교육	• 모든 사회 구성원에게 한 사회의 다양한 문화를 충분히 누릴 수 있는 역량 강화 • 종족 정체성에 따라 획일화하지 않으며, 다른 민족 집단 학생들 사이의 차이점과 유사성 탐색 • 소수 문화와 주류문화의 내분화된 도식에 반대 • 모든 학생이 자신이 발휘할 수 있는 문화적 역량의 범위 인식 및 문화 다양성을 충분히 누릴 수 있도록 돕기

〈표 3-5〉에서와 같이, Gibson(1996)이 제안하는 다문화교육의 유형에 따른 주요 내용은 다음과 같다.

첫째, 소수집단 학생 교육 유형이 목표로 하는 것은 소수집단 학생들의 학업성취도를 향상시키는 것이다.

둘째, 문화차이 이해 교육 유형이 목표로 하는 것은 다수집단과 소수집단에 속한 모든 학생을 대상으로 하며, 문화 차이 이해, 다양성 존중, 차별과 편견감소 등을 목표로 한다.

셋째, 문화다원주의 교육 유형이 목표로 하는 것은 단기적으로는 소수 종족 집단의 문화를 보호하고 소수집단의 권한을 증진시키고자 노력하지만 궁극적으로는 주류집단 구성원의 권한을 약화시키고 변화시켜야 한다.

넷째, 두 문화 간 교육 유형이 목표로 하는 것은 모든 학생을 대상으로 자신이 속한 문화와 그 외의 문화 속에서 성공적으로 살아 갈 수 있는 능력을 키워주 고자 한다.

다섯째, 일상적인 인간 경험으로서의 다문화교육 유형이 목표로 하는 것은 모든 학생이 자신이 발휘할 수 있는 문화적 역량의 범위를 인식하고, 문화 다양성을 충분히 누릴 수 있도록 돕고자 한다.

2) Sleeter와 Grant가 제안한 다문화교육의 유형

Sleeter와 Grant(2007)는 다문화교육의 유형으로 소수집단 학생을 위한 교육, 인간관계 접근법, 단일집단 접근법, 다문화교육, 다문화사회 정의 교육 등의 다섯 가지를 제안하였으며, 구체적인 내용은 〈표 3-6〉과 같다.

〈표 3-6〉 Sleeter와 Grant의 다문화교육 유형

구분	특징
소수집단 학생들을 위한 교육	• 능력 및 인종, 종족의 특성이 다른 소수집단 학생들이 주류 사회에서 효과적으로 성공할 수 있도록 돕기 • 소수집단 학생들이 가정문화와 학교문화 차이로 인해 학교에서 어려움을 겪고 있기 때문에 학교가 문화적 차이를 수용하기 • 소수집단 학생들에게 주류집단 학생들과 동일한 인지적 기능과 지식 교육 • 소수집단 학생들의 문화적 차이를 반영한 교수법 사용하기
인간관계 접근법	• 모든 학생을 대상으로 소수집단에 대한 편견과 고정관념을 감소시키고, 이질집단 학생들 사이의 긍정적 감정 증진하기 • 모든 학생에 대한 긍정적인 감정, 집단 정체성 증진, 소수집단 학생들의 자부심, 고정관념 감소, 편견과 차별의 제거 등와 관련된 교육활동에 초점 • 개인 간 차이와 유사성, 다양한 집단의 사회적 기여, 소수집단에 대한 정확한 정보 등의 교육내용 • 타자에 대한 수용을 돕기 위한 협동학습 역할놀이, 직접 및 간접경험을 활용하여 정의적 영역의 변화 강조
단일집단 접근법	• 소수집단 학생들이 자신의 집단을 존중하고, 사회적 지위를 향상시키는 데 필요한 자식과 신념 획득 • 소수집단을 다수집단에 적응시키기보다 주류사회의 변화 강조 • 토론 및 자기성찰의 방법을 통해 주류집단의 시각과 다른 소수집단의 관점에서 현상을 인식할 기회 제공
다문화교육	• 학교가 다양성을 수용하고 학생들에게 동등한 교육기회 제공 • 인종, 언어, 문화, 성, 장애, 사회계층 등과 관련시킴 • 억압받는 집단에 대한 편견과 차별 감소, 모든 집단의 동등한 기회 보장, 사회정의를 위한 행동, 집단 간 동등한 권력 분배, 모든 학생에게 도움이 되는 방향으로 학교교육과정 개선 • 학교교육 전반에 있어서 다양한 반성과 성찰
다문화사회 정의 교육	• 학생들이 인종, 계층, 성, 능력 등에서 소수집단에 속한 사람들의 이익을 위해 사회적 행동에 참여하도록 준비 • 억압 및 사회 구조적 불평등에 대한 문제를 직접적인 교육내용으로 교육 • 다문화교육 접근법을 사회적 행동의 차원으로 확장하기

Sleeter와 Grant(2007)가 제안한 다문화교육의 다섯 가지 유형은 서로 중첩되거나 차별화된 특성을 지니고 있다. 이 다섯 유형의 특징을 목표, 대상, 성격을 중심으로 비교하여 제시하면 〈표 3-7〉과 같다.

〈표 3-7〉 다문화교육의 유형별 특징 비교

구분	핵심목표	대상	성격
소수집단 교육	• 소수집단 학생들의 학업성취도 향상	소수집단 학생	주류사회의 기본 질서 인정
인간관계	• 집단 간 긍정적 태도 형성	모든 학생	주류사회의 기본 질서 인정
단일집단	• 소수집단의 긍정적 정체성 및 사회적 지위 개선	모든 학생	주류사회에 대한 비판적 관점
다문화교육	• 동등한 교육기회 및 다양성의 존중	모든 학생	주류사회에 대한 비판적 관점
사회정의교육	• 사회정의를 위한 행동 능력 배양	모든 학생	주류사회에 대한 비판적 관점

〈표 3-7〉에서와 같이, 첫 번째 유형은 소수집단 학생들의 학업성취도의 향상이라는 인지적 측면에 초점을 맞추며, 두 번째 유형은 태도의 변화라는 정의적 측면을 강조한다. 하지만 두 유형 모두 기존의 주류사회를 인정한다는 점에서는 유사하다. 이에 비해 세 번째, 네 번째, 다섯 번째 유형은 모두 주류사회에 대한 비판적 관점을 포함하고 있다. 세 번째 유형은 특정 집단의 고통에 주목하지만 네 번째와 다섯 번째 유형은 다양한 집단에 대한 관심을 포괄한다. 하지만 다섯 번째 유형은 사회 비판적 시각과 참여적 행동을 강조한다는 점에서 세 번째 유형과 성격상 유사한 측면이 있다(박윤경, 2008).

4 다문화교육의 운영 실제

최근 우리나라는 다양한 국적의 외국인 노동자 및 유학생, 국제결혼 등으로 국내에 거주하는 외국인 수가 증가하고 있으며, 전 세계적으로 인종, 민족 및 문화가 공존하는 다문화사회로 접어들면서 다양성이 증가하는 방향으로 변화되고 있다. 우리나라 역시 경제발전과 함께 다른 국가로부터의 인구 유입이 크게 확대되면서 인구 구성이 다양한 사회로 변화하고 있다. 이러한 변화에 대응하기 위한 다문화교육은 정부 정책의 주요 관심사로 대두되면서 2006년 5월 당시 교육인적자원부는 다문화가정 자녀 교육지원 대책을 발표하였다. 그 이후 정부는 해마다 유사한 다문화 학생 교육지원 대책을 발표하였으며, 그 범위와 내용 역시 더욱 확장되고 정교화되었다(김영희, 2018). 이처럼 다문화 학생 수가 지속적으로 증가하고 초등학교로 내려갈수록 대상 학생 수가 점점 많아지고 있는 추세이다. 이러한 사회 · 환경적 변화의 특성을 살려 학교에서도 다양한 다문화교육의 필요성이 대두되고 있다. 다문화교육은 세계의 흐름에 맞추어 급증한 우리나라의 교육현장에 새로운 교육 패러다임을 탄생시켰으며, 세계화, 개방화라는 정치적인 취지의 영향으로 다문화교육, 세계화 교육, 반편견 교육, 다민족교육 등에 대한 관심이 고조되고 있다. 다문화교육은 일반적으로 공동체 생활을 유지해 온 한 집단의 생활양식에 대한 총체적 표현으로서, 특정 집단 삶의 존재 방식을 의미한다. 또한 민족, 사회적 지위, 언어, 성별, 종교 등과 같이 서로 다른 집단의 문화를 존중하여 가치롭게 인식하고, 학생들이 자신이 속해 있지 않은 다른 문화를 올바르게 이해하도록 하기 위한 지식, 태도, 가치 등의 교육을 제공하는 것이다(장인실, 2006).

한편, 교육과학기술부는 다문화교육의 지속적인 운영을 위해 2006년 5월 '다문화가정 자녀 교육지원 대책'을 수립하였으며, 이를 계기로 학교에서 다문화교육이 이루어질 수 있도록 '교사용 지도 보완자료'를 발간 · 배포하고 시범학교를 운영하였다. 더 나아가, 시 · 도교육청과 함께 그동안의 정책 연구를 바탕으로 '다문화가정 학생 교육 지원방안'(교육과학기술부, 2008)을 마련하였다.

시대적 상황에서 점차 강조되고 있는 다문화교육은 제7차 교육과정을 수정 · 보완한 2007년 개정 교육과정에서는 35개에 이르는 범교과 학습주제 중 하나로 제시되어 있다(교육인적자원부, 2007). 아울러 교과서도 다문화 인권을 강조하는 교과서로 개정하는 방안을 제시하였으며, 다문화 이해 교육의 강화를 위해 사회, 도덕 등의 교과와 개정 교육과정에서 타 문화 이해와 존중, 편견 극복 및 관용을 위한 성취목표가 반영되었다(2007년 2월 고시). 하지만 초등학교의 즐거운 생활 과목에서 다문화교육과 관련한 지도 중점으로 '다문화가정의 다양한 놀이와 춤, 활동을 제시하여 소외된 학생들의 사기를 진작시킨다'를 제시하고 있다. 이는 여전히 학생들에게 다문화교육을 외국인 근로자나 국제결혼 자녀들에 대한 관용적 태도를 길러 주기 위한 교육으로 인식하고 있음을 보여 준다고 볼 수 있다(양영자, 2008).

2009 개정 교육과정에서 다문화교육 관련 내용은 2007 개정 교육과정에 비해 다문화교육에 대한 관심의 폭이 커졌으며, 그 중요성도 강조하고 있다. 국내 다문화교육 관련 교육활동과 교육정책들을 제시하면, 다문화교육을 단순히 다문화가정자녀를 대상으로 하는 한국어교육, 한국어문화교육, 한국적응교육 등에 바탕을 두고 행사 위주의 교육이 이루어지는 경향이 있었다. 현재 각 시 · 도 교육청 홈페이지에는 다문화 교육센터, 다문화교육, 다문화 홈페이지 등의 다양한 이름으로 다문화교육 관련 메뉴를 운영하거나 다문화 관련 홈페이지를 링크해 두고 있다. 대전광역시교육청의 경우, 지역 대학교와 연계해 다문화교육센터를 운영하고 있다. 이는 학교에서 다문화교육이 이루어지기 위한 긍정적인 현상으로 볼 수 있지만, 실제 운영되고 있는 사이트들은 다문화교육 관련 자료를 회원들이 탑재하여 공유하는 정보공유의 장으로 활용되고 있어서 체계적인 관리와 운영이 필요하다.

한편, 다문화 연구학교와 일반학교의 교육과정 재구성 실태, 운영 사례 분석(문미숙, 박창언, 2009; 박재의, 2009) 등 현재 다문화교육의 운영실태 파악을 위한 연구가 이루어져 왔다. 이러한 선행연구를 분석하여 현재 이루어지고 있는 다문화교육의 운영 현황을 제시하면 다음과 같다.

가. 다문화교육의 개념

다문화교육은 다양한 사회계층, 인종, 민족, 성 배경을 지닌 모든 학생이 평등한 교육 기회를 경험할 수 있도록 교육과정과 교육제도를 개선하고자 하는 교육개혁 운동이며, 다문화교육은 다음 세 가지 주요 요소로 구성되어 있다. 첫째, 모든 학생에게 동등한 교육 기회를 창출하는 것을 목적으로 하는 교육개혁 운동, 둘째, 미국 민주주의의 이상인 평등, 정의, 인권을 실현하고자 하는 이데올로기, 셋째, 민주적 이상과 학교 및 사회의 실제 간의 불일치가 언제나 존재함을 고려한 지속적으로 이루어지는 교육개혁의 과정이다(Banks, 2008; Banks & Banks, 2004). 또한 다문화교육은 문화적, 인종적 배경이 다른 청소년들이 상호 문화적 전통을 이해하고 존중함으로써 궁극적으로 인간의 존엄성과 모든 인간의 평등성을 증진시키는 교육이다(Campbell, 2004).

다문화교육의 궁극적 목표는 학생들이 다양한 문화와 인종에 상관없이 교육적 평등을 경험하고, 각기 다른 문화 속에서 서로의 문화를 존중함과 동시에 문화적 정체성을 갖도록 하는 것이다. 따라서 다문화교육은 외국인 근로자 자녀나 국제결혼 자녀만을 위한 것이 아니라, 우리 모두를 위한 교육이다. 다문화교육은 크게 두 영역으로 구분될 수 있으며, 하나는 사회의 다수자 측면을 대상으로 소수 문화를 이해 · 포용하는 영역이며, 다른 하나는 교육의 대상자를 소수자로 하면서 그들의 사회 적응과 정체성 확립 및 인권을 확보해 주는 영역이다.

나. 다문화교육의 대상

한국사회의 이주자로 가장 먼저 주목받은 이들은 '코리안 드림'을 꿈꾸며 이주해 온 외국인 근로자로서 최근 외국인 근로자의 증가에 따라 교육 분야에서도 외국인 근로자의 자녀가 교육적 관심의 대상으로 부각되고 있다. 외국인 근로자 자녀는 외국인 근로자 부부 사이에서 출생한 자녀로서, 한국에서 결혼하여 태어난 자녀와 국내에 이주한 가정의 자녀로 구분할 수 있다(조영달 외, 2006).

대상별 다문화교육의 현황은 다양한 이주 목적을 지닌 이주자의 증가로 인구학적 변화가 초래되면서 교육에서도 교육대상자인 이들 이주자의 다문화적 특성이 주목을 받게 되었다. 따라서 현재 한국에서 다문화교육은 일반 학생과 다문화가정 자녀들(외국인 근로자와 자녀 대상, 국제결혼자와 자녀 대상, 북한민 아동 청소년 대상, 입국 재외동포와 자녀 대상), 다문화가정 자녀의 학부모 등을 모두 포함하고 있다.

다. 다문화교육의 내용

한국에서의 다문화교육은 그 시작이 소수자 운동 차원에서 이루어진 경향이 있기 때문에 소수와 다수의 구분을 전제로 하는 다양한 유형의 교육이 전개되고 있다. 이를 교육 내용 차원에서 보면, 현재 이루어지고 있는 다문화교육의 내용은 첫째, 소수자 적응 교육, 둘째, 소수자 정체성 교육, 셋째, 소수자 공동체 교육, 넷째, 다수자 대상의 소수자 이해 교육 등이다. 이러한 다문화교육의 네 가지 내용은 〈표 3-8〉과 같다(이기용, 2018).

〈표 3-8〉 다문화교육 내용의 차원 및 주요 내용

차원	주요 내용
소수자 적응 교육	• 동화주의자 관점을 기초로 함 • 소수자의 주류사회로의 동화에 초점을 둠 • 기초학습 능력, 한글능력 향상, 한국 문화 이해 등에 관심
소수자 정체성 교육	• 다문화주의자의 관점을 기초로 함 • 소수자의 정체성 함양에 초점을 둠 • 소수자의 고유한 특성을 인정함
소수자 공동체 교육	• 소수자의 정서적 지지를 위한 정서적 지원망 확보에 초점을 둠 • 소수 인종 문화집단 간 소수집단 내의 갈등 발생 시 갈등을 경감, 사고의 지평 확대에 초점을 둠
다수자 대상의 소수자 이해 교육	• 다수자를 대상으로 소수자에 대한 차별과 편견 의식을 극복하는 데 초점을 둠

라. 다문화교육의 패러다임

다문화사회는 동서양을 막론하고 어느 시대건 하나의 사회적 현상으로 존재해 왔다. 이질적 문화가 혼재하면서 벌어지는 사회의 발전은 어느 시대나 중요한 관심사이었으며, 문제는 어떻게 이를 받아들이는가 하는 데서 비롯된다. 다양한 문화가 공존하고 문화의 배출구가 되는 공간적 배경이 급속도로 변화하고 진화하는 현시대에서도 이 문제는 여전히 현재진행형으로 전개되고 있다. 특히 한 범주의 경제 안에서 경제적 요인과 더불어 사회 상황의 변인은 다문화사회를 바라보는 시각마저도 그에 따르는 경우가 많다. 그럼에도 다문화사회는 이제 그 자체가 자연스러울 정도로 보편성을 띠어 가고 있다(송연현, 2012).

우리나라도 매우 빠른 속도로 다문화사회로 변모되고 있다. 그에 발맞춘 다문화교육에 대한 다양한 관점이 다른 관점들과의 관계 속에서 어떤 의의와 한계가 있는 것인지 확인되지 않은 채 산발적으로, 때로는 모순된 관점들이 병렬적으로 제시되기도 한다(모경환, 2009; 하윤수, 2009). 다문화교육에 관한 철학, 가정, 목적, 의도, 방법론 등에 따라 크게 다섯 가지의 이론적·철학적 패러다임으로 구분할 수 있다. 즉, 보수적(conservative), 개방적(liberal), 다원적(pluralist), 좌 본질적(left-essentialist), 비판적(critical) 다문화주의로 나눌 수 있다(Kincheloe & Steinberg, 1997; McLaren, 1994; Webster, 1993).

보수적 관점에서 비판적 관점으로 나아갈수록 다문화주의의 개념과 실행 양상이 새롭게 변화된다. 좌 본질적 다문화주의는 예외인데, 그 이유는 이러한 심화 양상과는 관계없이 소수·다문화 집단에 의한 다문화주의 변형으로 나타날 수 있기 때문이다. 이러한 패러다임 구분은 여러 학자의 연구물에서 다루고 있는 다문화교육에 관한 다양한 관점과 접근법을 하나의 틀로 묶어서 설명할 수 있는 적합한 모형으로 다섯 가지로 유형하여 제시한 Kincheloe와 Steinberg(1997)의 분류(보수, 개방, 다원, 좌 본질, 비판적)와 Sleeter와 Grant의 분류(예외적·문화적으로 다른 학생 가르치기, 인간관계, 다문화교육, 단일집단 연구, 다문화주의적이며 사회재건주의적인 교육)를 병합한 것으로, 미국에서 구성된 다문화교육의 패러다임을 총체적으로 정리하는 데 가장 이상적이라 볼 수 있다(서덕희 외, 2015). 이러한 유형화는 고정적·절대적인 것으로 받아들이기보다는 오늘날 학교 현장과 사회에서 실행되고 있는 다문화교육에 대한 일련의 사고들을 규명하고 탐구하는 데 유용한 도구란 점에서 주목해야 할 것이다. 이러한 다문화교육의 패러다임을 제시하면 다음과 같다.

첫째, 보수적 다문화주의(conservative multiculturalism)로서, '어떻게 하면 다문화·소수집단을 미국화(Americanize)시킬 수 있을 것인가, 어떻게 하면 다문화·소수집단을 시장경제 체제에 대해 준비시킬 수 있을 것인가, 어떻게 하면 다문화·소수집단을 주류문화에 통합시킬 수 있을 것인가' 등이 미국 사회에서 보수적 다문화주의들이 주로 던지는 질문이다(Gorski, 2009; Jenks et al., 2001).

보수적 다문화주의는 주류 · 지배집단 위주의 단일문화주의를 지향하고, 상이성과 다양성의 인정과 확대는 사회 안정과 질서를 도모하는 데 위협적인 요소로 파악한다. 보수적 다문화주의 지지자는 다문화 · 소수집단을 소외시키고 그들을 주변부에 고착하게 하는 불균등한 권력관계를 인정하지 않거나 문제시하지 않는다(Kincheloe & Steinberg, 1997; Ladson-Billings, 2003; McLaren, 1995). 다문화 · 소수집단이 주류사회와 시장경제체제에서 요구되는 지식과 기술을 습득하게 될 때 평등과 계층 이동이 성취될 수 있다는 논리로 자신들의 관점을 정당화한다(Jenks et al., 2001; Ladson-Billings, 2003; McLaren, 1994). 즉, 주류사회의 지식, 가치, 기술, 언어 등을 소수집단에게 제공하여 그들이 빠르게 주류사회에 가능할 수 있도록 도와주는 것이 소수집단의 권익을 위한 최선의 조치라고 주장한다. 이러한 관점에서 보수적 다문화주의 접근은 식민통치의 전형이라 할 수 있는 동화정책과 유사하며, 결국 소수집단의 다양성과 그들에게 고유한 상이성은 통합과 교정의 대상으로 전락하게 된다. 따라서 보수적 다문화주의에 입각한 다문화교육 접근들은 다문화 · 소수집단 학생들이 현 사회 체계하에서 그들에게 주어진 사회적 지위와 역할에 순응케 하며, 주류사회가 제시하는 문화 규정으로의 효과적인 동화를 추구한다.

둘째, 개방적 다문화주의(liberal multiculturalism)는 인본주의적 관점과 글로벌 시장경제 체제와 연관하여 보수적 다문화주의를 변형시킨 관점이 중첩되고 있는 접근이다(Jenks et al., 2001; Ladson-Billings, 2003). 즉, 상이성과 다양성에 대한 중립적인 태도와 모든 인간과 집단 간에 존재하는 차이점보다는 동질성을 강조함으로써 편견과 인종 · 문화적 차이점을 현저하게 줄이며, 자본주의 시장경제 체제하에서 경쟁할 수 있는 동등한 기회를 조성하고자 하는 접근이다(Elton-Chalcraft, 2008; Jones, 1999). 즉, 이 접근에서 다루어지는 유색인종의 모습은 그들 자신에게 고유한 인종 · 문화 · 역사적 특성이 인간의 동질성과 보편적 가치에 함몰된 상태로 묘사된다(Sims, 1982). 따라서 개방적 다문화주의는 인본주의적 관점에 기반을 두고 있지만, 문화와 정체성에 대한 단순화된 개념에 기반을 두어 '서로에 대해 좀 더 잘 알아 보자'고 하는 것은 인종차별과 불평등의 근원적인 원인 규명을 회피하는 접근이 될 수 있다(Jenks et al., 2001).

셋째, 다원적 다문화주의(pluralist multiculturalism) 또는 문화다원주의는 1970~1980년대 다문화교육에 관한 가장 주류적 관점에서의 주장에 해당하며, 오늘날 다문화교육의 다양한 실천 양상과도 밀접한 연관성을 갖고 있다(Ramsey et al., 2003). 다원적 다문화주의는 개방적 다문화주의와 유사한 점이 많지만, 다원적 다문화주의는 동질성(개방적 다문화주의에서 주장하는 모든 인간과 집단 간에 존재하는 동질성)보다는 차이점에 초점을 두고 있다(Jenks et al., 2001; Kincheloe & Steinberg, 1997). 이 접근은 다양성을 본질적으로 매우 가치 있는 것으로 받아들이고, 다양성을 자유시장 경제와 세계화 강화에 따라 더욱 요구되는 개념으로 파악한다(Travares, 2007). 또한 문화다양성의 보장은 소수집단의 생존에 필수적임을 인정하며, 학교에서 다문화교육 프로그램을 강화하여 문화다양성과 소수집단의 권익 신장을 추구한다.

다원적 다문화주의는 1970년 초반의 접근 유형에서부터 계층, 인종, 성별 등을 관통하는 권력관계와 사회 · 정치 · 경제적 문제들을 인식하기 시작하였지만, 이에 대한 심리학적 해결책(학습 스타일을 고려한 교육과정 적용, 개인적 편견감소 추구)을 추구하던 1980년대 후반의 접근 유형까지를 포함한다(Kincheloe & Steinberg, 1997; Popkewitz, 1988; Ramsey et al., 2003).

넷째, 좌 본질적 다문화주의는 좌 개방적 다문화주의(left-liberal muticulturalism)로 일컬어지기도 한다. 좌 본질적 다문화주의는 문화적 상이성을 매우 이국적인 수준에서 강조한다(Ladson-Billings, 2003; McLaren, 1994). 이들은 인종 간 동등성에 대한 강조는 인종 간의 서로 다른 문화적 차이점(행위, 가치, 태도, 인지 양식, 사회적 실행 등에 있어 다른 인종들 간에 나타나는 차이점)의 원인이 되는 문화적 상이성의 근원에 대한 인식을 저해한다고 주장한다(McLaren, 1994). 즉, 이들은 주류사회의 다문화주의 처리 방식이 인종, 계층, 성별 등과 관련된 특성과 상이성의 본질에 대한 접근을 가로막고 있다고 지적한다.

이 관점은 하나의 정체성을 한 집단의 고유한 정체성으로 특권화하고(집단 내 차이를 획일화), 정체성들 간의 복잡성 · 교차성을 간과하며, "주류문화는 나쁜 것, 주변화된(다문화 · 소수집단) 문화는 좋은 것"(Kincheloe & Steinberg, 1997)으로 규정한다. 좌 본질적 다문화주의 지지자들이 추구하는 정체성의 본질 탐색은 집단 내 통합과 집단 간 경계 유지를 중요시한다. 즉, 인종, 계층, 성별, 역사 등은 한 개인의 정치적 정체성 형성을 매우 중요시한다. 하지만 좌 본질적 다문화주의는 정체성 형성과정의 역동성과 유동성을 인식하지 못하며, 역사적 · 문화적으로 상이성이 어떻게 자리매김되었는지, 상이성과 권력 소재 · 전용과의 관계성을 경시한다(Vickers, 2008). 좌 본질적 다문화주의에 입각한 교과과정 조직은 전통적인 스테레오타입을 자신들만이 옳다는 진실 청구(truth claim)로 대체하고자 하며, 그들이 제시하는 다문화 · 소수집단의 예속화된 지식은 종종 지당한 · 순전한 진리 표명으로서 낭만적으로 기술되는 경향이 있다(Kincheloe & Steinberg, 1997).

다섯째, 비판적 다문화주의(critical multiculturalism)는 지금까지 살펴본 다문화교육에 대한 다양한 패러다임의 상이성을 인정하며, 포함하는 수준 차이를 보여 주고 있다. 하지만 다문화교육을 통해 다양성을 인정하고 확산하자는 소박한 목표는 불평등의 구조적 · 물질적 근원을 경시하는 한계를 지니고 있다. 즉, 특정 집단(백인) 중심성과 그들의 권력 · 특권을 면밀히 분석하고 탐색하지 못한다는 것은 그러한 방식의 다문화교육이 현재 상황의 실제를 변화시키지 못하고 오히려 현재의 불평등을 잘 드러나지 않도록 보다 깊숙이 위장하는 데 기여하는 결과를 초래할 수 있다는 것이다(Ladson-Billings, 2003; Travares, 2007). 이러한 문제의식에서 비판적 다문화주의는 지금까지 논의된 다문화교육에 대한 다양한 관점(전통적인 관점)의 한계를 극복하고자 시도하였을 뿐만 아니라, 상이성과 불평등, 사회적 관계에 대한 이해와 분석을 제공하여, 보다 정의로운 사회를 창출하는 데 기여하고자 하였다.

비판적 다문화주의와 전통적인 다문화교육 관점들 간의 차이점을 이해하기 위해서는 그들의 문화를 어떻게 정의하는가의 차이를 살펴볼 필요가 있다. 비판적 다문화주의자들은 인종, 계층, 성별, 모든 억압 유형의 "표상(representation)은 기호와 의미에 대한 사회적 투쟁의 결과(McLaren, 1995)"로 이해되어야 함을 제안하였다. 한 예로, Ebert(1991)는 의미화 실천(signifying practices)을 언어와 비유에 대한 역사적 작용 · 작동으로 간주하는 소쉬르학파 기호학(의미화 실천을 인류 공통의 내부 구조에 따름이라 하여 언어 주체와 기호 밖의 세계화의 관계성 탐구를 포함하지 않은)을 거부하고, 의미화 실천을 경제적 · 정치적 관계와 관여하는 물리적 작용의 총체로 간주하였다(Ebert, 1991). 또한 비판적 다문화주의자들의 연구는 다양한 사회영역에서 인종, 계층, 성별에 대한 표상이 역사적 과정과 권력 역동성과 관련하여 어떻게 형성되었는지를 탐구하며, 주류집단이 규정한 다문화 · 소수집단에 대한 표상이 어떠한 차별적인 물리적 영향력을 초래하는가를 증명하는 데 초점을 두었다(Kincheloe & Steinberg, 1997). 즉, 비판이론에 근거한 비판적 다문화교육은 자신에 대한 성찰과 학교 · 사회 제도에 대한 근원적인 접근으로 기존 사회질서의 재구성을 추구하였다.

이론적 · 철학적 패러다임에 비추어 볼 때, 우리 사회에서 실행된 다문화교육은 개방적 또는 다원적 다문화주의에 속하거나, 보수적 다문화주의 관점을 벗어나지 못하는 사례가 대부분이라 볼 수 있다. 우리 사회의 차별과 불평등은 미국 사회보다 쉽게 드러나지 않는 측면이 있다. 긍정적인 측면에서는 전반적인 차별과 불평등의 수위가 미국보다 심하지 않다고 할 수도 있다. 하지만 다른 측면에서 우리 사회의 차별은 더욱 교묘한 형태의 차별이라고 할 수 있으며, 정치적 의제의 변화, 권력관계와 특권에 대한 유지와 수용을 위한 기재로 변용될 가능성이 있다(서덕희 외, 2015). 즉, 우리 사회에서 당연시 여기는 가정 · 관념들이 실체를 어떻게 왜곡하고 있는가를 드러내며, 자신의 모순에 대해서도 끊임없는 성찰을 반복하여 사회를 보다 정의로운 것으로 만드는 실천적 방법론으로 추구되어야 할 것이다.

Chapter

04

다문화교육과 다문화 역량

Chapter 04

다문화교육과 다문화 역량

이 장에서는 다문화교육과 다문화 역량을 탐색하고 학습하는 데 초점을 두며, 주요 내용인 다문화 역량의 정의 및 구성요소, 다문화 교수 역량의 정의 및 구성요소, 다문화교육 실현을 위한 다문화 교수 역량 등에 대하여 살펴보고자 한다.

1 다문화 역량의 정의 및 구성요소

최근 학교 현장에서의 중요한 화두 중의 하나가 바로 다문화교육이다. 우리 사회에서 다문화가정의 구성원이 점점 증가함으로써 다문화가정 학생들의 요구를 반영하여 학교교육의 정상화를 위해서는 다문화교육이 중요한 상황이다(이기용, 2015). 네이버 지식백과사전(2021)에서의 역량은 적절하거나 뛰어난 자격을 갖추거나 일을 해낼 수 있는 능력을 의미하며, ability, capacity, capability, competency 등 다양한 단어로 사용되고 있다(네이버지식백과사전, 2021). 하지만 이 책에서는 역량을 전체적인 관점에서 조직성과를 효율적으로 달성하는 데 필요한 개인의 능력에 초점을 두고 있는 competency로 정의하고자 한다.

역량(competency)은 1973년 하버드 대학교의 심리학자인 McClelland에 의해 처음으로 제시되었다. McClelland(1973)는 역량을 초기에는 업무성과와 관련된 광범위한 심리적 및 행동적 특성으로 정의하였으며, 더 나아가 역량은 탁월한 성과자와 보통 성과자를 구별해 주는 지식, 기술, 능력, 기타 특성 등으로 개념화하였다(이홍민, 2012). 또한 Spencer와 Spencer(1993)는 "역량이란 특정한 상황이나 직무에서 준거에 따라 효과적이고 우수하게 수행할 수 있는 개인 내적인 특성으로 지식과 기술, 자기개념, 특질과 동기 등을 의미한다"라고 제안하였다. 이상에서 볼 때, 역량이란 자신이 수행하는 업무에 대해 탁월하고 뛰어난 결과를 내는 전문적 특성을 가지고 효과적으로 아동과 의사소통하는 지식, 기술, 태도 등과 관련된 능력을 의미한다. 이러한 역량은 조직의 변화를 지원하고 상황에 잘 대응하여 많은 성과에 초점을 두며, 지속적인 육성 및 개발이 되는 동시에 관찰과 측정이 가능하도록 하는 능력이다(이기용, 2015).

이 역량을 기반으로 다문화사회에서 요구하는 문화적 역량은 문화적 차이를 받아들이고 존중하며, 문화에 대한 지속적인 진단을 하며, 차이와 다름에 관심을 가지며, 소수집단의 필요를 충족시킬 수 있는 융통성, 자원, 문화 지식 등을 지속적으로 개발하는 것이다(Cross et al., 1989). 또한 Lynch(2000)는 문화적 역량을 승인하고 존중하는 방식으로 생각하고 느끼고 행동할 수 있는 능력이라고 제안하였으며, Brach와 Fraser(2000)는 다문화적 상황에서 다른 문화적 관점을 존중하고 문화적 지식을 가지기 위한 문화적 자각 및 민감성을 넘어서 확장된 개념이라 주장하였다.

일반적으로 이러한 측면에서의 다문화 역량(multicultural competency)은 문화적 차이에 대해 이성적이고 정서적으로 이해하고 공감하는 능력으로 정의될 수 있으며, 그

다문화 역량의 하위영역인 생애 핵심역량으로서 다문화 역량, 직업기초역량으로서 다문화 역량, 문화적 역량으로서 다문화 역량 등을 제안하였다(한현우, 이병준, 2011). 또한 다문화 역량은 다양한 문화적 배경의 사람들과 효과적인 상호작용을 가능하게 하는 역량이며, 열린 마음으로 이해하기 위한 기술과 태도를 포함하는 능력이다(이병준 외, 2009).

다문화 역량이 무엇인지에 대한 답을 얻기 위하여 여러 학자가 제안하는 다문화 역량의 하위요인을 제시하면, Bacote(1998)는 다문화 역량의 하위요인을 문화적 욕구, 문화적 만남, 문화적 지식, 문화적 자각으로, Brown(2004)은 하위요인을 지식, 태도, 이해로, McPhatter(1997)는 고양된 의식, 근거에 기반한 지식, 경험적 기술 전문성의 세 가지로 제안하였다. 김정효(2011) 및 윤갑정, 김미정(2010)은 다문화 역량의 하위요인을 다문화 지식, 태도, 기술 등으로 제안하였으며, 박명희, 김경식(2012)은 다문화 기술, 인식, 태도 등으로 제안하였다. 이상과 같은 중등학교 교사의 다문화 역량의 하위요인을 비교·분석하여 제시하면 〈표 4-1〉과 같다.

〈표 4-1〉 다문화 역량의 하위요인 추출

하위요인 / 연구자	기술	만남	욕구	이해	인식	자각	지식	태도
김정효(2011)	O						O	O
박명희, 김경식 (2012)	O				O			O
박미경(2012)	O						O	O
박정희(2014)	O				O		O	
원진숙(2012)	O				O		O	
윤갑정, 김미정 (2010)	O						O	O
이경선(2012)	O						O	O

연구자 \ 하위요인	기술	만남	욕구	이해	인식	자각	지식	태도
이병준 외(2009)	O							O
이상희(2013)	O						O	O
정성진(2012)	O						O	O
최현정(2011)	O						O	O
Bacote(1998)		O	O			O	O	
Brown(2004)				O			O	O
Gordon(2001)	O				O		O	
McPhatter(1997)	O				O		O	
Milner(2006)	O						O	O
Mushi(2004)	O						O	O
Saldana(2001)	O						O	O
Spanierman et al.(2011)					O		O	
Sue(2001)	O				O		O	
계	17	1	1	1	8	1	18	13

출처: 이기용(2015). 중등학교 교사의 다문화 역량 척도 개발에 관한 연구. 다문화와 평화, 9(2), 82-111 자료를 수정·보완하였음.

〈표 4-1〉에서와 같이, 다문화 역량의 하위요인으로는 적어도 10개 이상의 연구에서 활용한 하위요인을 선정하였으며, 다문화 역량의 하위요인은 다문화 지식, 다문화 기술, 다문화 태도로 설정할 수 있다. 즉, 초·중등학교 교사가 갖추어야 할 다문화 역량은 다양한 문화적 배경을 가진 사람들을 공감하고 이해하는 능력이며, 다양한 인종적·민족적 배경을 가진 사람들과 상호작용하기 위한 지식, 기술 및 태도 등이 포함된 능력이다. 다문화 역량을 구성하는 하위요인들은 다문화 지식(multicultural knowledge), 다문화 기술(multicultural skills), 다문화 태도(multicultural attitudes)이다.

다문화 역량의 하위요인 내지는 구성요소로 다문화 지식, 기술, 태도 등과 관련된 하위내용을 제시하면, 윤갑정, 김미정(2010)은 다문화 시대 교사에게 요구되는 다문화적 역량의 구성요소를 도출하기 위하여 다문화가정 학생을 교육한 경험이 있는 교사와 관련 전문가들을 대상으로 심층 면담한 결과를 제시하였다. 구체적인 내용은, 첫째, 다문화교육을 실시하기 전 교사들은 다문화교육의 개념과 그 필요성에 대한 지식을 가질 필요가 있으며, 둘째, 다문화가정 자녀를 이해하기 위해서는 국내 다문화가정 이주에 대한 역사적 지식과 각 나라 문화적 특성에 대한 지식이 있어야 한다. 셋째, 문화적으로 역량 있는 교사는 다문화가정 자녀를 다른 문화적 배경을 가진 존재로 접근하기보다 한국 학생들과 동일한 권리와 목소리를 가진 존재로 볼 수 있어야 한다. 넷째, 교사의 문화적 역량의 지식, 태도, 기술 중 가장 중요한 것은 태도이며, 이는 인간에 대한 감수성 및 타 문화에 대한 포용력과 수용적 태도이다. 다섯째, 교사는 문화적으로 역량 있게 되기 위해 끊임없는 반성과 자기성찰이 필요하며, 동시에 새로운 문화를 배울 용기를 가지고 있어야 한다. 여섯째, 교사는 다문화 학생들을 보다 잘 이해하기 위해 이들과의 긍정적인 의사소통을 할 수 있는 기술이 필요하며, 이는 경청과 공감이 될 수 있다. 일곱째, 부모들과의 협력관계 형성을 위해 교사는 다문화 학생들의 입장에서 이해하고 부모와의 의사소통 및 부모교육과 상담을 할 수 있는 기술이 요구된다. 여덟째, 지역사회와 부모를 연결할 수 있는 허브 역할을 담당하는 교사가 문화적으로 역량 있는 교사이어야 한다. 아홉째, 다문화교육을 위해 교사 자신이 가진 지식과 경험뿐만 아니라, 다문화 학생들의 문화적 특성을 교수활동에 적용하는 실천적 능력이 요구된다.

이경선(2012)은 델파이 조사를 통한 유아교사의 다문화 역량의 중요도 연구를 수행하였으며, 이 연구에서 다문화 역량의 하위요인으로 다문화 지식, 기술, 태도 등을 제시하였다. 구체적인 하위요인별 구성내용을 제시하면, 다문화 지식에는 다문화가정의 상황에 대한 지식, 다문화가정의 문화적 환경에 대한 지식, 다문화의 개념 및 다문화교육의 가치에 대한 지식, 다문화교육 내용에 대한 이해, 다문화 정책 및 제도에 관한 지식, 한국문화 관련 지식, 아동인권 관련 지식 등이다. 다문화 기술에는 다문화가정 부모와의 의사소통 기술, 다문화가정 유아에게 정서적 지원하기, 다문화가정 부모교육 및 부모참여 유도 기술, 다문화 가정 부모와의 상담 능력, 갈등해결 능력, 지역사회와 다문화가정 부모를 연결하는 허브 역할, 다문화교육을 위한 교수 기술 등이다. 다문화 태도에는 다문화가정 부모와 협력관계 형성하기, 타 문화에 대한 존중과 수용적 태도, 다문화가정 유아에 대한 이해, 인권에 대한 감수성, 편견에 대한 자기반성과 자기성찰, 새로운 문화에 대해 배울 의지 등이다.

이상희(2013)는 초등교사의 다문화교육 역량 지표 개발 및 타당화 연구에서 다문화 역량의 하위요인으로 다문화 지식, 기술, 태도 등을 제시하였으며, 전문가 집단을 활용한 델파이조사를 수행하여 다문화교육 역량의 우선순위를 설정하였다. 그 연구의 결과를 제시하면, 다문화 지식의 구성요인으로는 학생과 관련한 교육정책 지식, 다문화교육의 이론과 목표체계 지식, 다양한 민족 집단의 역사와 문화 지식, 다문화 관련 지원, 다문화 학생들의 특성과 문화적 배경, 소수집단의 경험이 학습에 미치는 영향, 다양한 의사소통 양식 이해 지식 등이다. 다문화 기술은 다문화 학생을 위한 특별교육과정 운영, 소수집단의 문화적 경험 인식에 대한 교실활동 계획, 고정관념 및 편견 타파 상호 이해 기술, 문화적 특징에 맞는 수업방법 사용, 다문화 환경을 고려한 수업내용 선정, 다문화적 체험이나 활동 활용, 다문화 학생을 위한 대안적 평가방법 활용, 한국어 프로그램 운영 등이며, 다문화 태도의 구성요소는 다문화교육을 위한 전문가 의견 수렴이었다.

이상에서 볼 때, 윤갑정, 김미정(2010), 이경선(2012) 및 이상희(2013) 등이 제시한 하위요인별 구성요소를 비교·분석한 후, 다문화 역량의 하위요인 및 구성요인에 따른 설문문항의 구성요소를 추출하였다. 이에 대한 구체적인 내용을 제시하면 〈표 4-2〉와 같다.

〈표 4-2〉 다문화 역량의 하위요인별 구성요소 추출

하위요인	하위요인별 구성요소			설문문항의 구성요소
	윤갑정, 김미정(2010)	이경선(2012)	이상희(2013)	
지식	• 다문화의 개념 및 다문화교육의 가치에 대한 지식 • 국내 다문화가정의 이주에 대한 역사적 지식 • 다문화가정의 문화적 환경에 대한 지식 • 한국문화에 대한 지식 • 아동인권에 대한 지식	• 다문화가정의 상황에 대한 지식 • 다문화가정의 문화적 환경에 대한 지식 • 다문화의 개념 및 다문화교육의 가치에 대한 지식 • 다문화교육 내용에 대한 이해 • 다문화 정책 및 제도에 관한 지식 • 한국문화 지식 • 아동인권 지식	• 다문화 학생과 관련 교육정책 지식 • 다문화교육의 이론과 목표체계 지식 • 다양한 민족 집단의 역사 · 문화 지식 • 다문화 관련 지원 • 다문화 학생들의 특성 · 문화적 배경 • 소수집단의 경험이 학습에 미치는 영향 • 다양한 의사소통 양식 이해 지식	• 다문화에 대한 지식 • 다문화사회에 대한 지식 • 다문화교육의 가치(목적) 관련 지식 • 다문화가정의 이해 • 다문화가정의 문화적 환경 관련 지식 • 다문화사회의 의사소통 관련 지식 • 아동인권 관련 지식
기술	• 유아에게 정서적 지원하기 • 부모와의 의사소통 기술 • 부모교육 및 부모참여 유도 기술 • 지역사회와 부모를 연결하는 허브 역할하기 • 다문화교육을 위한 교수기술	• 다문화가정 부모와의 의사소통 기술 • 다문화가정 유아에게 정서적 지원하기 • 다문화가정 부모교육 및 부모참여유도 기술 • 다문화 가정 부모와의 상담 능력 • 갈등해결 능력 • 지역사회와 다문화 가정 부모를 연결하는 허브 역할 • 다문화교육을 위한 교수 기술	• 다문화 학생을 위한 특별교육과정 운영 • 소수집단의 문화적 경험 인식에 대한 교실활동 계획 • 고정관념 및 편견 타파 상호이해 기술 • 문화적 특징에 맞는 수업방법 사용 • 다문화 환경을 고려한 수업내용 선정 • 다문화적 체험이나 활동 활용 • 다문화 학생을 위한 대안적 평가방법 활용 • 한국어 프로그램 운영	• 다문화 학생의 정서적 지원 기술 • 다문화 학생 관련 의사소통 기술 • 다문화 학생에 대한 평가 기술 • 다문화가정 부모교육 및 참여유도 기술 • 다문화가정 부모와의 의사소통 기술 • 다문화가정 부모와 지역사회 연결 기술 • 다문화교육을 위한 교수 · 학습 방법 • 다문화가정과 일반 가정과의 상호 이해 기술

<table>
<tr><th rowspan="2">하위
요인</th><th colspan="3">하위요인별 구성요소</th><th rowspan="2">설문문항의 구성요소</th></tr>
<tr><th>윤갑정, 김미정(2010)</th><th>이경선(2012)</th><th>이상희(2013)</th></tr>
<tr><td>태도</td><td>• 포용력과 수용적 태도
• 인권에 대한 감수성
• 자기반성과 자기성찰
• 새로운 문화에 대해 배울 용기
• 부모와 협력관계 형성하기</td><td>• 다문화가정 부모와 협력관계 형성하기
• 타 문화에 대한 존중과 수용적 태도
• 다문화가정 유아에 대한 이해
• 인권에 대한 감수성
• 편견 관련 자기반성과 자기성찰
• 새로운 문화에 대해 배울 의지</td><td>• 다문화교육을 위한 전문가 의견 수렴</td><td>• 다문화에 대한 포용력과 수용적 태도
• 자기반성, 자기성찰
• 다문화 학생을 가르치려는 의지
• 부모와 협력관계 형성하기
• 학생인권에 대한 감수성
• 새로운 문화 학습 태도</td></tr>
</table>

출처: 이기용(2015). 중등학교 교사의 다문화 역량 척도 개발에 관한 연구. 다문화와 평화, 9(2), 82-111 자료를 수정 · 보완하였음.

〈표 4-2〉에서와 같이, 중등학교 교사의 다문화 역량을 측정하기 위한 하위요인별 구성요소를 추출하였다. 다문화 지식의 구성요소는 다문화에 대한 지식, 다문화사회에 대한 지식, 다문화교육의 가치(목적) 관련 지식, 다문화가정의 이해, 다문화가정의 문화적 환경 관련 지식, 다문화사회에서의 의사소통 관련 지식, 아동인권 관련 지식 등이다. 다문화 기술의 구성요소는 다문화 학생의 정서적 지원 기술, 다문화 학생 관련 의사소통 기술, 다문화 학생에 대한 평가 기술, 다문화가정 부모교육 및 참여 유도 기술, 다문화가정 부모와의 의사소통 기술, 다문화가정 부모와 지역사회 연결 기술, 다문화교육을 위한 교수 · 학습 방법, 다문화가정과 일반가정과의 상호 이해 기술 등이다. 다문화 태도의 구성요소는 다문화에 대한 포용력과 수용적 태도, 자기반성과 자기성찰, 다문화 학생을 가르치려는 의지, 부모와 협력관계 형성하기, 학생인권에 대한 감수성, 새로운 문화 학습태도 등이다.

이러한 다문화 역량의 하위요인별 구성요소를 토대로 하여 중등학교 교사의 다문화 역량 척도의 하위요인 및 설문문항 요소를 제안하면 〈표 4-3〉과 같다.

〈표 4-3〉 다문화 역량 척도의 하위요인 및 구성요소에 따른 설문문항 요소 추출

하위요인	구성요소	설문문항 요소
지식	1. 다문화에 대한 지식	• 문화 및 다문화의 이해, 한국의 문화적 특성
	2. 다문화사회에 대한 지식	• 한국이 다문화사회로의 변화, 다문화사회의 특성
	3. 다문화교육의 가치(목적)에 대한 지식	• 다문화교육의 기본방향, 다문화교육의 가치와 목표, 다문화교육의 필요성, 다문화교육의 중요성
	4. 다문화가정의 이해	• 다문화가정 학생 관련 교육정책의 이해, 관련 법의 이해, 다문화 학생의 특성 이해, 다문화 학부모의 특성 이해, 다문화가정의 전반적인 특성, 다문화가정의 실태 및 현황의 이해, 학생의 발달 특성
	5. 다문화가정의 문화적 환경 관련 지식	• 다문화가정의 문화적 환경 및 구성의 이해, 다양한 문화적 특성 이해
	6. 다문화사회에서의 의사소통 관련 지식	• 다문화가정 학생의 대화습관의 이해, 다양한 언어의 이해, 다양한 의사소통 유형의 이해
	7. 아동인권 관련 지식	• 다문화가정 학생의 권리에 대한 이해, 학생의 비차별 및 반편견 관련 지식
기술	1. 다문화 학생의 정서적 지원 기술	• 다문화를 고려한 교실환경 계획, 다문화가정 학생의 이해를 위한 다양한 방법 개발, 적용, 허용적인 학급 분위기 조성, 갈등 중재 방법
	2. 다문화 학생 관련 의사소통 기술	• 다문화가정 학생과의 의사소통 능력, 다문화 학생 대상 상담 능력, 다문화적 체험활동 프로그램 개발, 수업 진행
	3. 다문화 학생에 대한 평가 기술	• 다문화적 요소를 고려한 양적 평가 수행, 다문화적 요소를 고려한 질적 평가 수행
	4. 다문화가정 부모교육 및 참여유도 기술	• 다문화가정 학부모 교육 수행 능력, 다문화가정 학부모 참여유도 기술
	5. 다문화가정 부모와의 의사소통 기술	• 다문화가정 학부모와의 의사소통 능력, 다문화가정 학부모 대상 상담 능력, 학부모와 친근감 형성기술

하위 요인	구성요소	설문문항 요소
	6. 다문화가정 부모와 지역사회 연결 기술	• 다문화가정과 지역사회 연계 방법, 지역사회 연계기관 발굴 방법
	7. 다문화교육을 위한 교수·학습 방법	• 다문화 교수·학습 자료 개발, 교수·학습 방법 적용, 교육과정 및 교재의 재구성 방법, 다문화교육에 적합한 수업방법 적용
	8. 다문화가정과 일반가정과의 상호 이해 기술	• 다문화가정과 일반가정과의 상호 이해 기술, 다문화가정 학생과 학부모의 연계 고리 역할 수행
태도	1. 다문화에 대한 포용력과 수용적 태도	• 학생들을 이해하기 위한 적극적인 태도, 다양한 문화 적극 수용, 다문화에 대한 수용적 태도, 다양한 언어의 사용
	2. 자기반성과 자기성찰	• 다른 문화권 사람들에 대한 관심, 나의 문화에 대한 자긍심, 소수집단 학생의 요구나 어려움 해결
	3. 다문화 학생을 가르치려는 의지	• 다문화 학생을 가르치려는 태도, 다문화 학생들을 가르치려는 의지, 학업 향상을 위한 노력, 다른 문화 홍보를 위한 교육과정 적용
	4. 부모와 협력관계 형성하기	• 학부모와의 유대관계 및 파트너십 형성, 다문화가정 학부모와의 어울림
	5. 아동인권에 대한 감수성	• 공평한 교육적 기회 제공, 고정관념이나 편견 없애기, 자긍심 심어주기, 아동인권 보호
	6. 새로운 문화 학습태도	• 새로운 문화를 배우려는 용기, 의지, 교사역할의 변화, 새로운 다문화 경험 기회

출처: 이기용(2015). 중등학교 교사의 다문화 역량 척도 개발에 관한 연구. 다문화와 평화, 9(2), 82-111 자료를 수정·보완하였음.

〈표 4-3〉에서와 같이, 중등학교 교사 다문화 역량 척도의 하위요인별로 설정한 구성요소 및 설문문항 요소를 제시하면, 다문화 지식은 7개 구성요소와 22개 설문문항 요소를, 다문화 기술은 8개 구성요소와 24개 설문문항 요소를, 다문화 태도는 6개 구성요소와 22개 설문문항 요소 등을 추출하였다.

이상에서 볼 때, 선행연구 분석을 통해 중등학교 교사의 다문화 역량 척도 개발을 위하여 다문화 역량의 하위요인, 구성요소, 설문문항 요소 등을 설정하여 1차 예비 설문문항 68개를 제작하였다. 이 예비문항을 전문가 6명(다문화 관련 전공 교수 4명 및 척도 개발 전문가 2명)의 검토과정을 통하여 다문화 역량의 하위요인인 다문화 지식 20개 문항, 다문화 기술 22개 문항, 다문화 태도 20개 문항 등 3개 하위요인의 총 62개 설문문항을 선정하였다. 또한 중등학교 교사 대상 설문조사 실시를 통한 탐색적 요인분석 및 신뢰도분석 결과를 반영으로 하여 확인적 요인분석을 실시하였다.

이러한 연구과정을 통해 도출된 최종 중등학교 교사용 다문화 역량 척도를 제시하면 〈표 4-4〉와 같다.

〈표 4-4〉 중등학교 교사용 다문화 역량 척도의 하위요인 및 설문문항

하위요인	설문문항
다문화 기술	1. 나는 인종적 편견을 줄일 수 있는 교육과정 및 교재의 재구성 방법을 안다. 2. 나는 효율적인 교수 · 학습을 위한 다문화 교수 · 학습 자료를 개발할 수 있다. 3. 나는 학급에서 효율적인 수업을 진행하기 위해 다문화를 고려한 교실환경을 계획할 수 있다. 4. 나는 다양한 학생집단의 욕구를 충족하기 위한 교수 · 학습 방법을 적용할 수 있다. 5. 나는 다문화적 요소를 고려한 양적 평가를 수행할 수 있다. 6. 나는 다문화교육에 적합한 수업방법을 적용할 수 있다. 7. 나는 다문화가정 학부모 교육을 수행할 수 있다. 8. 나는 다문화가정과 지역사회를 연계하는 방법을 안다. 9. 나는 다문화적 체험활동 수업을 진행할 수 있다.
다문화 태도	10. 나는 다문화 사례의 이해를 통해 다문화에 대한 수용적 태도를 가질 필요가 있다고 생각한다. 11. 나는 다문화사회에 적응하기 위해서 교사역할이 변화되어야 한다고 생각한다. 12. 나는 새로운 문화를 배우겠다는 용기나 의지를 갖는다. 13. 나는 학급에서 다양한 인종적 · 민족적 편견이나 고정관념을 없애기 위해 노력한다. 14. 나는 차별적인 관습을 개선하여 모든 학생에게 공평한 교육적 기회를 제공한다. 15. 나는 다른 문화권 학생들에게 자긍심을 심어 주기 위해서 노력한다. 16. 나는 다문화가정 학생을 잘 이해하기 위해서 나 자신이 더 적극적인 태도를 가져야 한다고 생각한다.

하위요인	설문문항
	17. 나는 다문화가정 학부모와 유대관계 및 파트너십을 형성하기 위해 노력한다. 18. 나는 소수집단 학생의 요구나 어려움을 해결하려고 노력한다.
다문화 지식	19. 나는 다문화교육의 가치와 목표에 대해 알고 있다. 20. 나는 다문화교육의 기본방향에 대해 이해하고 있다. 21. 나는 다문화가정 학생의 특성을 알고 있다. 22. 나는 다문화가정 학부모의 특성을 알고 있다. 23. 나는 다문화 학생 관련 교육정책을 이해하고 있다. 24. 나는 우리나라 다문화가정의 실태 및 현황을 알고 있다.

2 다문화 교수 역량의 정의 및 구성요소

다문화가정 학생들을 이해하고 학생들과 상호작용하며, 학생들의 요구에 적합한 교육을 실현하기 위하여 그 무엇보다 중요한 것이 바로 다문화 교수 역량이다. 모경환(2009)은 다문화 시대 교사에게 요구되는 전문적인 능력 및 역할로, 자신의 문화적 태도에 대한 반성 능력, 사회의 문화적 다양성에 대한 이해, 다문화가정 출신 학습자의 특성에 대한 지식, 다문화교육 자료를 개발하고 활용할 수 있는 능력, 효과적인 교수 전략 탐색 능력 및 교수에 대한 자신감으로서의 효능감, 소수자에 대한 관용과 배려, 다문화적 갈등 상황 해결 능력 등을 제안하였다. 즉, 교사의 다양한 역할 중에서 다문화사회에서 중등학교 교사에게 요구되는 중요한 역할이 바로 다문화 교수를 수행하기 위한 다문화 역량 강화이며, 이러한 다문화 교수 역량에 대한 필요성과 중요성으로 인식의 전환이 요구된다.

다문화 교수 역량을 이해하기 위해서는 교수 역량에 대해 살펴볼 필요가 있다. 이 교수 역량은 교수 · 학습지도가 일어나는 상황에서 형성되는 복잡한 활동과 관련되어 있으며, 교육을 통하여 계발되고 개선될 수 있는 지식, 기술, 태도의 총체를 의미한다(노혜란, 최미나, 2004). 또한 교수 역량은 교수와 학습자 사이에서 이루어지는 교수활동을 안정성 있게 수행하고 교수 상황의 변화에 대응할 수 있게 하는 지식, 기술, 태도에 관한 모든 능력을 의미하며(김종우, 이용환, 2009), 교과교육을 성공적으로 수행하기 위해 필요한 지식, 기술, 태도의 총체라고 정의할 수 있다(Smith & Simpson, 1995). 이에 중등학교 교사에게 요구되는 교수 역량은 학교에서 학생의 학습활동을 돕기 위하여 교사가 교수활동을 안정성 있게 수행하고 복잡한 학습상황에 적절히 대응할 수 있도록 갖추어야 할 지식, 기술, 태도 등과 관련된 전문적인 능력이다.

이와 더불어, 다문화 역량은 개개인이 가진 관점, 편견, 가치 등에 대한 인식, 다른 사람들의 관점에 대한 이해, 다양한 문화적 집단에 대한 정보 등을 포함하는 다문화적 인식, 지식, 기술이라 볼 수 있다(Pope et al., 2004). 또한 다문화 역량은 다양한 문화적 배경의 사람들과 상호작용을 가능하게 하는 역량이며, 열린 마음으로 이해하기 위한 기술과 태도를 포함하는 능력이다(이병준 외, 2009). 따라서 다문화 역량은 다양한 문화적 배경의 사람들과 서로 이해하고 상호작용을 가능케 하는 다문화 지식, 기술, 태도 등으로 정의할 수 있다.

이러한 다문화 역량과 교수 역량을 포괄하는 다문화 교수 역량(multicultural teaching competency)은 다양한 문화적 배경을 가진 사람들을 가르치는 능력이며, 그들과 상호작용하기 위한 인식, 지식, 기술, 태도 등을 포함하는 능력이다(Ephraim, 2001; Vassallo, 2012).

그동안 수행되어 온 다문화 역량 및 다문화 교수 역량과 관련된 선행연구를 분석하여 이 연구와의 관계성 및 시사점을 제안하면 다음과 같다.

초 · 중등학교 교사들이 지각하는 다문화 교수 역량의 인식 연구를 수행한 Vassallo

(2012)는 다문화 교수 역량의 구성요소로 다문화 인식, 지식, 기술, 태도를 제안하였다. 이 연구를 통해 초·중등학교 교사들은 다문화 인식(M=4.17)에 가장 높은 지각을 보였으며, 그다음으로 다문화 지식(M=3.92), 다문화 태도(M=3.88), 다문화 기술(M=3.63) 순으로 나타났다. 이는 다문화교육을 실제로 수행하는 데 있어서 교사들은 다문화 기술 영역에는 다소 낮은 지각을 하고 있음을 의미한다. 하지만 이 연구에서 제안한 다문화 교수 역량의 구성요소는 다문화 지식, 다문화 기술, 다문화 태도뿐만 아니라 다문화 인식을 포함한다는 점에서 연구의 의의가 있다고 볼 수 있다.

또한 초등학교 교사의 다문화 교수 역량 척도 개발을 수행한 이기용, 이건남(2013)의 연구에서는 확인적 요인분석 경로계수가 잠재변인과 측정변인 간에 모든 경로계수가 p=.000 수준에서 유의하게 나타났으며, C.R. 값도 모두 1.965 이상으로 적합하였다. 다문화 교수 역량 척도의 확인적 요인분석 모형의 적합도 결과에서는 증분적합지수인 IFI(.920), TLI(.908), CFI(.919)에서 양호의 기준인 .90이상의 값이 나와 모형이 적합하였다. 즉, 초등학교 교사의 다문화 교수 역량 구성요소는 다문화 지식, 다문화 기술, 다문화 태도 등임을 확인할 수 있었다.

이상과 같이, 여러 선행 연구인 이기용(2013), 이기용, 이건남(2013), Ephraim(2001), Vassallo(2012) 등의 연구에서 제안하는 하위요인을 토대로 하여 다문화 교수 역량의 하위요인으로 다문화 교수·학습 관련 기술, 다문화 편견·관계 관련 태도, 다문화 인식·존중 관련 지식으로 설정하였다. 이러한 과정을 통해 이기용(2014)의 연구에서 개발한 중등학교 교사용 다문화 교수 역량의 하위요인 및 설문문항을 제시하면 〈표 4-5〉와 같다.

〈표 4-5〉 중등학교 교사용 다문화 교수 역량 척도의 하위요인 및 설문문항

하위요인	설문문항
다문화 교수 · 학습 관련 기술	1. 나는 다른 민족 집단에 대한 통념을 타파하는 교수 · 학습 방법을 개발할 수 있다. 2. 나는 다양한 문화 간의 응집력을 촉진하는 교수 · 학습 방법을 개발할 수 있다. 3. 나는 다문화집단 학생들의 자신감을 증가시키는 교수 · 학습 활동을 개발할 수 있다. 4. 나는 학생들이 인종대립에 대처할 수 있는 전략을 만들도록 돕는 교수활동을 제공할 수 있다. 5. 나는 다양한 학습방법을 허용하는 학습 환경을 만들어 낼 수 있다. 6. 나는 문화적 다양성으로 인해 일어날 수 있는 문제들에 대한 해결책을 찾을 수 있다. 7. 나는 다른 문화집단들에 대해 편견을 감소시키는 교수활동을 계획할 수 있다.
다문화 편견 · 관계 관련 태도	8. 나는 일반 학생 및 다문화가정 학생 모두가 학습능력을 가지고 있다고 생각한다. 9. 나는 다른 문화 출신의 학생들이 함께 놀이하도록 할 수 있다. 10. 나는 다른 문화 출신의 학생들이 함께 작업하도록 할 수 있다. 11. 나는 빈곤한 지역에 사는 학생들의 집을 방문할 수 있다. 12. 나는 학생들이 나타내는 편견들에 잘 대처할 수 있다. 13. 나는 학생들이 고정관념적인 태도로부터 발생하는 문제 상황을 헤쳐 나가도록 도울 수 있다.
다문화 인식 · 존중 관련 지식	14. 나는 수업시간에 사용하는 교과서에서 문화적 편견을 찾아낼 수 있다. 15. 나는 우리 사회에서 다문화집단에 대한 기본적인 존중 지식을 설명할 수 있다. 16. 나는 다른 문화들로부터 온 언어, 음식, 의복 등의 내용을 잘 설명할 수 있다.

3 다문화교육 실현을 위한 다문화 교수 역량

다문화교육 수행의 주체인 교사 역할은 매우 중요하게 부각되고 있으며, 교육현장 교사들이 다문화교육을 바라보는 관점도 중요하다고 볼 수 있다. 한예림(2010)은 교사가 문화적 역량이 높을수록 다문화 학생들을 교육하는 데 있어서 편견이 작용하지 않으며, 평등하게 대할 수 있다고 제안하였다. 즉, 교사의 문화적 인식이 개방적이고 다양한 문화를 수용할수록 다문화 학생들이 학교생활에 적응하는 데 좀 더 긍정적인 영향을 줄 수 있다는 제안을 하였다. 이러한 관점에서 중등학교 교사의 역할을 구체적으로 제시하면, 첫째, 가장 본질적인 교사의 역할은 교과수업의 담당자로서 시대상황을 고려하여 학생들에게 체계적인 지식을 가르치는 업무이다(정영근, 2003). 즉, 수업의 경영자로서의 학습과정을 조직하고 이 사회에 필요한 지식을 보다 체계적으로 전달하며, 학급에서 학생들과 함께 의사소통하는 역할이다. 둘째, 중등학교 교사의 역할은 학생들의 창의성을 촉진하는 선도자이다. 즉, 학생들을 능동적으로 참여시켜 동기유발을 극대화해야 한다는 점에서 중요하다(조연순 외, 2012). 셋째, 중등학교 교사의 역할은 다문화사회에서의 학생, 학부모 및 지역사회와의 지속적인 연계 역할을 수행하는 것이다. 이는 다문화사회에서 다양한 인종 및 민족 집단의 학생들과의 지속적인 상호작용을 통하여 편견, 차별, 차이 등을 넘어선 다양한 교육의 실현이라는 점에서 중요하다(이기용, 2013).

다문화교육에서 교사 역할의 중요성에 대한 인식이 확산됨에 따라 학생의 문화적 다양성에 효과적으로 대응하기 위해 요청되는 교사의 자질이 무엇이며, 그것을 어떻게 함양할 수 있는지에 대한 연구가 증가하고 있다. 다문화교육을 효과적으로 수행하기 위해서는 교사의 다문화 역량 및 다문화 교수 역량을 잘 함양하는 데 초점을 두어야 할 것이다. 즉, 다문화 교수 역량을 잘 함양한다는 의미는 다문화교육을 잘 실현한다는 의미와 일맥상통한다고 볼 수 있다.

이러한 다문화 교수 역량은 다문화 역량에서 더욱 세분화된 개념으로 볼 수 있으며, 다문화교육과 관련하여 가르치는 역량과 관련된 개념이다. 이에 다문화 역량은 개개인이 가진 관점, 편견 및 가치에 대한 인식, 다른 사람들의 관점에 대한 이해, 다양한 문화적 집단에 대한 정보 등을 포함하는 다문화적 지식, 기술, 태도라 볼 수 있다. 또한 교수 역량은 교수와 학습자 사이에서 이루어지는 교수활동을 안정성 있게 수행하고 교수 상황의 변화에 대응할 수 있게 하는 지식, 기술, 태도에 관한 모든 능력이다. 즉, 다문화 역량과 교수 역량의 두 가지 개념이 포함되어 있는 다문화 교수 역량은 다문화교육을 성공적으로 수행하기 위해 필요한 다문화 지식, 기술, 태도 등을 포함하는 복합적 의미이며, 이 역량은 다양한 문화적 배경을 가진 사람들을 가르치는 능력이며, 그들과 상호작용하기 위한 다문화 지식, 기술, 태도를 포함하는 능력이다. 현장교사의 다문화 교수 역량은 다문화사회에서 다양한 사람을 가르칠 수 있는 능력 내지는 역량이며, 다문화 교수 역량 함양을 위한 다문화 지식, 다문화 교수·학습 기술, 다문화 관계 및 태도 등을 포함하는 능력이다.

다문화 교수 역량의 하위영역에 대한 내용을 구체적으로 제시하면(이기용, 2014; 이기용, 이건남, 2013; Vassallo, 2012), 첫째, 다문화 인식·존중 관련 지식 영역은 교과서에 나타난 문화적 편견 지식, 다른 나라의 언어, 음식 등과 관련된 지식, 다문화 집단에 대한 존중 지식 등이 포함된다. 둘째, 다문화 교수·학습 관련 기술 영역은 문화 간 응집력을 촉진하는 교수방법 개발 능력, 다문화 학생들의 자신감 증진 교수학습 활동 개발 능력, 다민족 집단에 대한 통념 타파 교수방법 개발 능력 등이 포함되며, 셋째, 다문화 편견·관계 관련 태도 영역은 다문화 학생들이 함께 작업할 수 있도록 할 수 있는 것, 다문화 학생들이 함께 놀이할 수 있도록 할 수 있는 것, 학생들이 나타내는 편견을 잘 대처할 수 있는 것, 고정관념적 태도 관련 문제 상황을 해결하는 것 등이 포함된다.

이상에서 볼 때, 다문화사회 다문화교육을 실행하기 위해서는 중등현장 교사의 다문화 역량 및 다문화 교수 역량의 함양이 그 무엇보다 중요하며, 다문화 교수 역량의 중요한 하위영역은 다문화 인식 · 존중 관련 지식, 다문화 교수 · 학습 관련 기술, 다문화 편견 · 관계 관련 태도 등이 포함되어야 할 것이다.

PART 2

다문화교육 관련 법규 및 정책

Chapter

05

다문화 관련 법규 및 제도

1. 다문화 관련 법규
2. 다문화 관련 제도

Chapter 05

다문화 관련 법규 및 제도

이 장에서는 다문화 관련 법규 및 제도를 탐색하고 학습하며, 주요 내용인 우리나라 다문화 관련 법규인 다문화가족지원법, 다문화가족지원법 시행령 및 시행규칙, 다문화 관련 제도 등에 대하여 살펴보고자 한다.

1 다문화 관련 법규

우리 사회는 국내 체류 외국인, 결혼이민자 등의 증가로 새로운 형태의 가족이 등장하고, 다문화가정 자녀를 위한 맞춤형 교육 지원의 요청 등 급속도로 다문화사회가 진행되고 있다.[1] 이에 따라 여러 가지 다문화 교육정책을 수립하여 실시하고 있지만,

1) 법무부 〈출입국 · 외국인정책 통계월보〉에 의하면, 2017년 1월 국내 체류 등록 외국인 수는 총 201만 3,779

우리나라의 다문화 교육정책은 다문화교육 실태조사, 다문화정책 시행, 다문화 학생에 대한 지원방안 등을 마련하는 수준에 머무르고 있는 실정이다.

이 절에서는 다문화교육을 위한 교육정책의 방향과 과제를 살펴봄으로써 다문화 교육정책에 대한 이해의 폭을 넓히고자 한다.

다문화교육을 위한 관련 법규를 살펴보면, 먼저 「교육기본법」[2]과 「초 · 중등교육법 시행령」[3] 등에서는 교육을 함에 있어 인종 등을 이유로 차별하지 않도록 법으로 명시하고 있으며(법제처, 2021b; 법제처, 2021l), 특히 외국인 보호 자녀 등의 학교 전 · 입학 등이 자유롭게 허용되도록 지원하고 있다.

정부에서는 다문화가족 및 외국인을 제도적으로 지원하기 위해 2022년 1월에 일부 개정한 「재한외국인 처우 기본법」[4](법제처, 2021i), 2017년 7월에 일부 개정한 「재한외

명으로 우리나라 전체 인구의 3.9%에 해당하며, 2017년 교육부 조사 자료에 의하면 2016년 기준 초 · 중 · 고에 재학하는 다문화 학생은 9만 9천여 명(전체 학생 대비 1.68%)으로, 약 10만 명에 도달하였다. 다문화 가정 자녀 중 만 6세 이하 미취학 아동이 약 11만 6천 명으로 향후 학령기 자녀가 지속적으로 증가할 것으로 예상된다.

2) 「교육기본법」 제4조(교육의 기회균등) ① 모든 국민은 성별, 종교, 신념, 인종, 사회적 신분, 경제적 지위 또는 신체적 조건 등을 이유로 교육에서 차별을 받지 아니한다(법제처, 2021b).

3) 「초 · 중등교육법 시행령」 제19조(귀국 학생 및 다문화학생 등의 입학 및 전학) ① 재외국민 또는 외국인이 보호하는 자녀 또는 아동이 국내의 초등학교에 입학하거나 최초로 전입학하는 경우에는 거주지를 관할하는 해당 학교의 장은 전자정부법 제21조 제1항에 따른 행정정보의 공동이용을 통하여 출입국관리법 제88조에 따른 출입국에 관한 사실증명 또는 외국인등록사실증명의 내용을 확인함으로써 제17조 및 제21조에 따른 입학 또는 전학절차에 갈음할 수 있다. 다만, 그 재외국민 또는 외국인이 확인에 동의하지 아니하는 경우에는 출입국에 관한 사실이나 외국인등록사실을 증명할 수 있는 서류 또는 임대차계약서, 거주사실에 대한 인우보증서 등 거주사실을 확인할 수 있는 서류를 제출하도록 하여야 한다.

4) 「재한외국인 처우 기본법」 제10조(재한외국인 등의 인권옹호) 국가 및 지방자치단체는 재한외국인 또는 그 자녀에 대한 불합리한 차별 방지 및 인권옹호를 위한 교육 · 홍보, 그 밖에 필요한 조치를 하기 위하여 노력하여야 한다. 제12조(결혼이민자 및 그 자녀의 처우) ① 국가 및 지방자치단체는 결혼이민자에 대한 국어교육, 대한민국의 제도 · 문화에 대한 교육, 결혼이민자의 자녀에 대한 보육 및 교육 지원, 의료 지원 등을 통하여 결혼이민자 및 그 자녀가 대한민국 사회에 빨리 적응하도록 지원할 수 있다. ② 제1항은 대한민국 국민과 사실혼 관계에서 출생한 자녀를 양육하고 있는 재한외국인 및 그 자녀에 대하여 준용한다. ③ 국가와 지방자치단체는 제1항의 결혼이민자 및 그 자녀와 제2항의 재한외국인 및 그 자녀에 대하여 건강검진을 실시할 수 있다.

국인 처우 기본법 시행령」(법제처, 2021j), 2020년 5월에 「다문화가족지원법」[5], 「다문화가족지원법 시행령」, 「다문화가족지원법 시행규칙」(보건복지가족부령 제62호), 2020년 9월 17일에 제정한 「다문화가족 정책위원회 규정」(국무총리훈령 제540호)을 제정하여 외국인, 다문화가족 등의 국내 적응, 생활 개선 등을 지원하고 있다. 또한 국무총리를 위원장으로 하는 '외국인정책위원회'를 운영하여 외국인 정책에 대한 범부처 차원의 협의와 조정을 통해 정책을 마련하여 추진하고 있다. 교육부에서는 「이주근로자와 그 가족의 권리에 관한 국제협약」, 「아동의 권리에 대한 국제협약」[6] 등을 통해 외국인근로자 자녀 등에 대한 교육권을 보장하고 있다.

「다문화가족지원법」, 시행령 및 시행규칙(법제처, 2021e; 법제처, 2021g; 법제처, 2021f)을 비교하여 제시하면 〈표 5-1〉과 같다.

〈표 5-1〉 다문화가족지원법, 시행령 및 시행규칙 비교

다문화가족지원법	다문화가족지원법 시행령	다문화가족지원법 시행규칙
제1조(목적) 이 법은 다문화가족 구성원이 안정적인 가족생활을 영위하고 사회 구성원으로서의 역할과 책임을 다할 수 있도록 함으로써 이들의 삶의 질 향상과 사회통합에 이바지함을 목적으로 한다.	**제1조**(목적) 「다문화가족지원법」에서 위임된 사항과 그 시행에 필요한 사항을 규정함을 목적으로 한다.	**제1조**(목적) 이 규칙은 「다문화가족지원법」 및 같은 법 시행령에서 위임된 사항과 그 시행에 필요한 사항을 규정함을 목적으로 한다.
제2조(정의) 이 법에서 사용하는 용어의 뜻은 다음과 같다.	–	**제2조**(다문화가족 실태조사의 대상 및 방법 등)

5) 제10조(아동 · 청소년 보육 · 교육) ① 국가와 지방자치단체는 아동 보육 · 교육을 실시함에 있어서 다문화가족 구성원인 아동을 차별하여서는 아니 된다. ② 국가와 지방자치단체는 다문화가족 구성원인 아동 · 청소년이 학교생활에 신속히 적응할 수 있도록 교육지원 대책을 마련하여야 하고, 특별시 · 광역시 · 도 · 특별자치도의 교육감은 다문화가족 구성원인 아동 · 청소년에 대하여 학과 외 또는 방과 후 교육 프로그램 등을 지원할 수 있다.

6) UN 아동권리협약 제28조는 '당사국은 모든 아동에 대해 초등교육을 의무적으로 하고 고등교육의 기회를 적절히 보장해야 한다'는 등의 취지를 규정한 바 있다(1991년 국내비준 및 발효).

다문화가족지원법	다문화가족지원법 시행령	다문화가족지원법 시행규칙
1. **"다문화가족"**이란 다음 각 목의 어느 하나에 해당하는 가족을 말한다. 가. 「재한외국인 처우 기본법」 제2조 제3호의 결혼이민자와 「국적법」 제2조부터 제4조까지의 규정에 따라 대한민국 국적을 취득한 자로 이루어진 가족 나. 「국적법」 제3조 및 제4조에 따라 대한민국 국적을 취득한 자와 같은 법 제2조부터 제4조까지의 규정에 따라 대한민국 국적을 취득한 자로 이루어진 가족 2. **"결혼이민자 등"**이란 다문화가족의 구성원으로서 다음 각 목의 어느 하나에 해당하는 자를 말한다. 가. 「재한외국인 처우 기본법」 제2조 제3호의 결혼이민자 나. 「국적법」 제4조에 따라 귀화허가를 받은 자 3. **"아동 · 청소년"**이란 24세 이하인 사람을 말한다.		
제3조(국가와 지방자치단체의 책무)		
제3조의2(다문화가족 지원을 위한 기본계획의 수립) ① 여성가족부장관은 다문화가족 지원을 위하여 5년마다 다문화가족정책에 관한 기본계획(이하 "기본계획"이라 한다)을 수립하여야 한다.	–	–
제3조의3(연도별 시행계획의 수립 · 시행)	**제2조**(연도별 시행계획의 수립 · 시행)	–

다문화가족지원법	다문화가족지원법 시행령	다문화가족지원법 시행규칙
제3조의4(다문화가족정책위원회의 설치)	**제5조**(정책위원회의 구성 등) **제8조**(실무위원회의 구성 및 운영 등)	–
제4조(실태조사 등) ① 여성가족부장관은 다문화가족의 현황 및 실태를 파악하고 다문화가족 지원을 위한 정책수립에 활용하기 위하여 3년마다 다문화가족에 대한 실태조사를 실시하고 그 결과를 공표하여야 한다.	–	**제2조**(다문화가족 실태조사의 대상 및 방법 등)
제5조(다문화가족에 대한 이해증진)	**제10조의2**(다문화 이해교육 관련 연수)	–
제6조(생활정보 제공 및 교육 지원)	**제11조**(생활정보 제공 및 교육 지원)	–
제7조(평등한 가족관계의 유지를 위한 조치)	–	–
제8조(가정폭력 피해자에 대한 보호 · 지원)	–	–
제9조(의료 및 건강관리를 위한 지원)	–	–
제10조(아동 · 청소년 보육 · 교육)	–	–
제11조(다국어에 의한 서비스 제공)	–	–
제11조의2(다문화가족 종합정보 전화센터의 설치 · 운영 등)	**제11조의2**(다문화가족 종합정보 전화센터 설치 · 운영의 위탁)	**제2조의2**(다문화가족 종합정보 전화센터의 설치 · 운영기준)
제12조(다문화가족지원센터의 설치 · 운영 등)	**제12조**(다문화가족지원센터의 설치 · 운영 기준) **제12조의2**(지원센터의 위탁 대상 및 절차 등) **제12조의3**(지원센터의 지정 신청 등) **제14조**(정보제공의 범위)	**제3조**(다문화가족지원센터 전문인력의 기준) **제5조**(다문화가족지원센터 지정 신청서) **제6조**(다문화가족지원센터 지정서)

다문화가족지원법	다문화가족지원법 시행령	다문화가족지원법 시행규칙
	제15조(고유식별정보의 처리)	
제12조의2(보수교육의 실시)	**제13조**(보수교육의 위탁)	**제9조**(보수교육의 실시기준)
제12조의3(유사명칭 사용 금지)	–	–
제13조(다문화가족 지원업무 관련 공무원의 교육)	–	–
제13조의2(다문화가족지원사업 전문인력 양성)	**제12조의4**(전문인력 양성기관 지정 등)	**제7조**(전문인력 양성기관 지정 신청서) **제8조**(전문인력 양성기관 지정서)
제14조(사실혼 배우자 및 자녀의 처우) 제5조부터 제12조까지의 규정은 대한민국 국민과 사실혼 관계에서 출생한 자녀를 양육하고 있는 다문화가족 구성원에 대하여 준용한다.	–	–
제14조의2(다문화가족 자녀에 대한 적용 특례) 다문화가족이 이혼 등의 사유로 해체된 경우에도 그 구성원이었던 자녀에 대하여는 이 법을 적용한다. [본조신설 2013. 8. 13.]	–	–
제15조(권한의 위임과 위탁)	**제13조**(보수교육의 위탁)	–
제15조의2(정보 제공의 요청)	**제14조**(정보제공의 범위)	–
제16조(민간단체 등의 지원)	–	–
제17조(과태료) ① 제12조의3을 위반한 자에게는 300만 원 이하의 과태료를 부과한다.	**제16조**(과태료의 부과기준)	**제10조**(규제의 재검토)

특히 정부의 여성가족부와 법무부에서의 다문화 관련 입법 현황인 결혼중개업의 관리에 관한 법률(법제처, 2021a), 국적법(법제처, 2021c), 다문화가족지원법(법제처, 2021e), 재한외국인 처우 기본법(법제처, 2021i), 출입국관리법(법제처, 2021m) 등을 살

펴보면 〈표 5-2〉와 같다.

〈표 5-2〉 주요 부처별 다문화 관련 입법 현황

관련 법	해당 부처	제정일	개정일	입법 목적
결혼중개업의 관리에 관한 법률	여성가족부	2007. 12. 14.	2019. 4. 30.	결혼중개업의 건전한 지도, 관리, 이용자의 피해예방 및 보호를 통한 건전한 결혼문화 형성에 이바지
국적법	법무부	2007. 7. 5.	2019. 12. 31.	대한민국의 국민이 되는 요건을 정함: 사회통합프로그램 이수제
다문화가족 지원법	여성가족부	2008. 3. 21.	2020. 5. 19.	다문화가족 구성원의 안정적인 가족생활 영위를 통해 삶의 질 향상과 사회통합에 이바지
재한외국인 처우 기본법	법무부	2007. 5. 17.	2017. 10. 31.	재한외국인이 대한민국에 적응하여 개인능력을 최대한 발휘하도록 하고, 대한민국 국민과 재한외국인이 상호 이해하고 존중함으로써 대한민국의 발전과 사회통합에 이바지
출입국관리법	법무부	2005. 8. 4.	2021. 7. 13.	대한민국에 입국하거나 대한민국으로부터 출국하는 모든 국민 및 외국인의 출입국관리와 대한민국에 체류하는 외국인 체류 관리와 사회통합 등에 관한 사항을 규정

가. 다문화가족 개관 관련 법규

다문화가족 개관과 관련된 용어인 다문화가족, 결혼이민자, 대한민국 국적 취득 방법 등의 법규를 제시하면 다음과 같다(법제처, 2021e).

1) 다문화가족

「다문화가족지원법」 제2조 제1호에 의하면, '다문화가족'이란 다음의 어느 하나에 해당하는 가족을 말한다(법제처, 2021e).

- 결혼이민자와 「국적법」에 따른 출생, 인지, 귀화 등을 통해 대한민국 국적을 취득한 자로 이루어진 가족
- 「국적법」에 따른 인지, 귀화 등을 통해 대한민국 국적을 취득한 자와 「국적법」에 따른 출생, 인지, 귀화 등을 통해 대한민국 국적을 취득한 자로 이루어진 가족

※ 「다문화가족지원법」 제14조에 의하면, 대한민국 국민과 사실혼 관계에서 출생한 자녀를 양육하고 있는 다문화가족 구성원에 대해서도 「다문화가족지원법」에 따른 다문화가족 지원 규정이 적용됩니다.

2) 결혼이민자

재한외국인 처우 기본법 제2조 및 제3조 제1호에 의하면, '결혼이민자'란 대한민국 국민과 혼인한 적이 있거나 혼인관계에 있는 재한외국인(대한민국의 국적을 가지지 않은 사람으로서 대한민국에 거주할 목적을 가지고 합법적으로 체류하고 있는 사람)을 말한다(법제처, 2021i).

또한 「다문화가족지원법」 제2조 제2호에 의하면, '결혼이민자 등'이란 다문화가족의 구성원으로서 결혼이민자와 귀화허가를 받은 사람을 말한다(법제처, 2021e).

3) 대한민국 국적 취득 방법

「국적법」(2021c)의 제2조(출생에 의한 국적 취득), 제3조(인지에 의한 국적 취득), 제4조(귀하에 의한 국적 취득)에 따른 대한민국 국적을 취득하는 방법을 제시하면 〈표 5-3〉과 같다.

〈표 5-3〉 대한민국 국적 취득 방법 및 내용

구분	내용
출생	부(父) 또는 모(母)가 대한민국의 국민인 사람, 출생하기 전에 부(父)가 사망한 경우 그 사망 당시에 부(父)가 대한민국의 국민이었던 사람, 부모가 모두 분명하지 않은 경우나 국적이 없는 경우 대한민국에서 출생한 사람은 대한민국 국적을 취득함
인지	대한민국의 국민이 아닌 자로서 대한민국의 국민인 부 또는 모에 따라 인지(認知)된 자가 일정 요건을 모두 갖추면 법무부 장관에게 신고함으로써 대한민국 국적을 취득할 수 있음
귀화	대한민국 국적을 취득한 사실이 없는 외국인은 법무부장관의 귀화허가(歸化許可)를 받아 대한민국 국적을 취득할 수 있음

출처: 법제처(2021c). 국적법. 법률 제16851호, 2019. 12. 31., 타법개정, 국가법령정보센터. 제2조, 제3조 및 제4조.

나. 다문화가족 지원 계획 관련 법규

다문화가족 지원과 관련된 다문화가족 지원 기본 계획, 다문화가족 이해 증진, 생활 정보 제공 및 교육 지원 등의 법규를 제시하면 다음과 같다.

1) 다문화가족 지원을 위한 기본 계획

「다문화가족지원법」 제3조의2 제1항, 제2항 및 제3항에 의하면, 여성가족부장관은 다문화가족 지원을 위하여 관계 중앙행정기관의 장과 협의하여 5년마다 다음의 사항이 포함된 다문화가족정책에 관한 기본계획을 수립해야 한다(법제처, 2021e).

- 다문화가족 지원 정책의 기본 방향
- 다문화가족 지원을 위한 분야별 발전시책과 평가에 관한 사항

- 다문화가족 지원을 위한 제도 개선에 관한 사항
- 다문화가족 구성원의 경제 · 사회 · 문화 등 각 분야에서 활동 증진에 관한 사항
- 다문화가족 지원을 위한 재원 확보 및 배분에 관한 사항
- 그 밖에 다문화가족 지원을 위해 필요한 사항

2) 다문화가족에 대한 이해 증진

「다문화가족지원법」 제5조 제1항에 의하면, 국가와 지방자치단체는 다문화가족에 대한 사회적 차별 및 편견을 예방하고 사회구성원이 문화적 다양성을 인정하고 존중할 수 있도록 다문화 이해교육을 실시하고 홍보 등 필요한 조치를 해야 한다. 또한 「다문화가족지원법」 제5조 제2항에 의하면, 여성가족부장관은 위에 따른 조치를 함에 있어 홍보영상을 제작하여 「방송법」 제2조 제3호에 따른 방송사업자에게 배포해야 한다(법제처, 2021e).

여성가족부장관은 「방송법」 제2조 제3호에 따른 방송사업자(이하 이 조에서 '방송사업자'라 함)에게 같은 법 제73조 제4항에 따라 매월 전체 방송시간의 1000분의 2 이상의 범위에서 위의 홍보영상을 채널별로 송출하도록 요청할 수 있다(「다문화가족지원법」 제5조 제3항, 법제처, 2021e; 방송프로그램 등의 편성에 관한 고시). 또한 「다문화가족지원법」 제5조 제4항에 의하면, 방송사업자는 위의 홍보영상 외에 독자적으로 홍보영상을 제작하여 송출할 수 있다. 이 경우 여성가족부장관에게 필요한 협조 및 지원을 요청할 수 있다(법제처, 2021e).

「다문화가족지원법」 제5조 제5항에 의하면, 교육부 장관과 특별시 · 광역시 · 특별자치시 · 도 · 특별자치도의 교육감은 유치원 및 학교에서 다문화가족에 대한 이해를 돕는 교육을 실시하기 위한 시책을 수립 · 시행해야 한다(법제처, 2021e).

3) 생활정보 제공 및 교육 지원

「다문화가족지원법」 제6조 제1항에 의하면, 다문화가족 구성원은 대한민국에서 생활하는 데 필요한 기본적 정보(아동 · 청소년에 대한 학습 및 생활지도 관련 정보를 포함)를 제공받고, 사회적응교육과 직업교육 · 훈련 및 언어소통 능력 향상을 위한 한국어교육 등을 받을 수 있다. 또한 「다문화가족지원법」 제6조 제2항에 의하면, 다문화가족 구성원은 결혼이민자 등의 출신, 국가 및 문화 등을 이해하는데 필요한 기본적 정보를 제공받고 관련 교육을 지원받을 수 있다(법제처, 2021e).

「다문화가족지원법」 제6조 제3항에 의하면, 교육을 실시함에 있어 거주지 및 가정환경 등에 따라 서비스에서 소외되는 결혼이민자 등과 배우자 및 그 가족구성원이 없도록 방문교육이나 원격교육 등 다양한 방법으로 교육을 지원받을 수 있다. 또한 「다문화가족지원법」 제6조 제4항에 의하면, 방문교육 비용은 다문화가족 구성원의 가구 소득수준, 교육의 종류 등 「2021년도 방문교육서비스 비용 및 지원가구 소득기준」(여성가족부 고시 제2020-57호, 2020. 12. 31. 발령, 2021. 1. 1. 시행)에 따라 차등지원을 받을 수 있다(법제처, 2021e).

4) 가정폭력 피해자에 대한 보호 · 지원

「다문화가족지원법」 제8조 제1항에 의하면, 국가와 지방자치단체는 「가정폭력방지 및 피해자보호 등에 관한 법률」에 따라 다문화가족 내 가정폭력을 예방하기 위해 노력해야 한다. 또한 「다문화가족지원법」 제8조 제2항에 의하면, 국가와 지방자치단체는 가정폭력으로 피해를 입은 결혼이민자 등을 보호 · 지원할 수 있다(법제처, 2021e).

「다문화가족지원법」 제8조 제3항에 의하면, 국가와 지방자치단체는 가정폭력의 피해를 입은 결혼이민자 등에 대한 보호 및 지원을 위해 외국어 통역 서비스를 갖춘 가정폭력 상담소 및 보호시설의 설치를 확대하도록 노력해야 한다. 또한 「다문화가족지원법」 제8조 제4항에 의하면, 국가와 지방자치단체는 결혼이민자 등이 가정폭력으로 혼인관계를 종료하는 경우, 의사소통의 어려움과 법률체계 등에 관한 정보의 부족 등으로 불리한 입장에 놓이지 않도록 의견진술 및 사실 확인 등에 있어서 언어통역, 법률상담 및 행정지원 등 필요한 서비스를 제공할 수 있다(법제처, 2021e).

5) 의료 및 건강관리 지원

「다문화가족지원법」 제9조 제1항에 의하면, 다문화가족 구성원은 건강하게 생활할 수 있도록 영양 · 건강에 대한 교육, 산전 · 산후 도우미 파견, 건강 검진 등의 의료서비스를 제공받을 수 있으며, 「다문화가족지원법」 제9조 제2항에 의하면, 국가와 지방자치단체는 결혼이민자 등이 위에 따른 의료서비스를 제공받을 경우, 외국어 통역 서비스를 제공할 수 있다(법제처, 2021e).

6) 아동 · 청소년 보육 · 교육 지원

「다문화가족지원법」 제10조 제1항에 의하면, 국가와 지방자치단체는 아동 · 청소년 보육 · 교육을 실시할 때 다문화가족 구성원인 아동 · 청소년을 차별해서는 안 된다. 또한 「다문화가족지원법」 제10조 제2항에 의하면, 다문화가족 구성원인 아동 · 청소년이 학교생활에 신속히 적응할 수 있도록 국가와 지방자치단체는 교육지원대책을 마련하고 있으며, 다문화가족 구성원인 아동 · 청소년은 학과 외 또는 방과 후 교육 프로그램 등을 지원받을 수 있다(법제처, 2021e).

한편, 「다문화가족지원법」 제2조 제3항에서 '아동 · 청소년'이란 24세 이하인 사람을 말한다. 또한 「다문화가족지원법」 제10조 제3항에 의하면, 다문화가족 구성원인 18세

미만인 사람의 초등학교 취학 전 보육 및 교육을 위해 한국어 및 결혼이민자인 부 또는 모의 모국어 교육을 위한 교재지원 및 학습지원 등 언어능력 제고를 위해 필요한 지원을 받을 수 있다(법제처, 2021e).

7) 다문화 서비스 제공

「다문화가족지원법」 제11조에 의하면, 다문화가족의 의사소통의 어려움을 해소하고 다문화가족 지원 정책에 대한 서비스 접근성을 제고하기 위해 다국어 서비스를 제공받을 수 있다(법제처, 2021e).

다. 다문화가족 지원 제도 관련 법규

1) 농어촌 다문화가족의 복지증진 지원

「농어업인 삶의 질 향상 및 농어촌지역 개발 촉진에 관한 특별법」 제18조의2에 의하면, 국가와 지방자치단체는 농어촌에 거주하는 다문화가족의 복지를 증진하고 다문화가족이 안정적인 가족생활을 영위할 수 있도록 적극적으로 지원해야 한다(법제처, 2021d).

2) 다문화에 대한 이해 증진

「재한외국인 처우 기본법」 제18조에 의하면, 국가 및 지방자치단체는 국민과 재한외국인이 서로의 역사·문화 및 제도를 이해하고 존중할 수 있도록 교육, 홍보, 불합리한 제도의 시정이나 그 밖에 필요한 조치를 하기 위해 노력해야 한다(법제처, 2021i).

3) 복권수익금 등에서의 지원

「복권 및 복권기금법」 제23조 제3항 제3호에 의하면, 복권수익금과 복권기금 중 일부는 다문화가족 지원사업에 사용해야 한다(법제처, 2021h). 다문화가족 포털사이트(2021)인 다누리(http://www.liveinkorea.kr)는 복권기금의 지원으로 운영되며, 한국생활정보, 다문화가족지원센터 정보 및 외국어 상담 등이 지원된다.

2 다문화 관련 제도

가. 다문화가족 지원센터 운영

다문화가족지원센터는 다문화가족의 지원을 위하여 다음과 같은 업무를 수행하고 있다.

- 다문화가족을 위한 교육 · 상담 등 지원사업의 실시
- 결혼이민자 등에 대한 한국어교육
- 다문화가족 지원 서비스 정보제공 및 홍보
- 다문화가족 지원 관련 기관 · 단체와의 서비스 연계
- 일자리에 관한 정보제공 및 일자리의 알선
- 다문화가족을 위한 통역 · 번역 지원 사업

• 다문화가족 내 가정폭력 방지 및 피해자 연계 지원
• 그 밖에 다문화가족 지원을 위하여 필요한 사업

특히 지역별 다문화가족 지원센터의 교육 프로그램은 다음과 같이 운영하고 있다.

• 다문화가족지원센터에서는 한국어교육, 다문화가족통합교육, 취업 연계 및 교육 지원, 개인 · 가족상담 등을 하며, 센터 내방 다문화가족을 위한 '집합교육'과 센터 이용이 어려운 다문화가족에 대한 '방문교육'으로 진행한다.
• 다문화가족지원센터를 통한 각종 지원
• 생활정보 제공 및 교육 지원
• 가정폭력 피해자에 대한 보호 · 지원
• 의료 및 건강관리 지원
• 아동 · 청소년 보육 · 교육 지원
• 다국어 서비스 제공

나. 다문화가족 사회지원 제도

재한외국인은 대한민국에서 생활하는 데 필요한 기본적 소양과 지식에 관한 교육 · 정보제공 및 상담 등의 지원을 받을 수 있다.

1) 국적 취득 후 사회적응

재한외국인이 대한민국의 국적을 취득한 경우에는 국적을 취득한 날부터 3년이 경과하는 날까지 다음의 혜택을 받을 수 있다.

- 결혼이민자에 대한 한국어교육
- 대한민국의 제도 · 문화에 대한 교육
- 결혼이민자의 자녀에 대한 보육 및 교육 지원
- 의료 지원
- 건강검진

「재한외국인 처우 기본법」 제12조 제2항에 의하면, 대한민국 국민과 사실혼(事實婚) 관계에서 출생한 자녀를 양육하고 있는 재한외국인 및 그 자녀도 이러한 혜택을 받을 수 있다(법제처, 2021i).

2) 사회통합 프로그램

이민자가 국내 생활에 필요한 정보들을 체계적으로 습득할 수 있도록 한국어 과정, 한국사회이해 과정 등으로 구성되어 있다. 지정된 기관에서 이를 이수 시 국적 취득 필기 및 면접시험 면제 등의 편의를 제공한다.

3) 정보통신제품의 지원

국가기관과 지방자치단체는 결혼이민자 등에게 유상 또는 무상으로 지능정보제품을 제공할 수 있다.

4) 외국인에 대한 민원 안내 및 상담

전화 또는 전자통신망을 이용하여 재한외국인과 대한민국에 체류하는 외국인은 외국인종합안내센터를 통해 외국어로 민원을 안내 및 상담을 받을 수 있다. 외국인종합안내센터는 외국인 관련 전화상담을 위한 대표번호(☎1345) 및 외국인종합지원 포탈에서 정보안내와 민원상담 및 전자민원창구 등을 운영하고 있다.

다. 다문화가족 교육지원 제도

1) 한국어교육

결혼이민자 등은 언어소통 능력 향상을 위한 한국어교육 등을 지원받을 수 있다. 거주지 및 가정환경 등에 따라 교육 서비스에서 소외되는 결혼이민자 등과 배우자 및 그 가족 구성원은 방문교육이나 원격교육 등 다양한 방법으로 교육을 지원받을 수 있다. 한국 생활을 원활하게 하고 한국 문화를 이해하기 위해서는 한국어를 배우는 것이 필수적이다. 외국인들이 한국어를 무료로 배울 수 있는 기관이 많이 있으며, 온라인 한국어교육 프로그램도 늘어나고 있어 원하는 시간에 집에서도 손쉽게 한국어교육을 받을 수 있다.

온라인 한국어교육으로는 누리세종학당 한국어교육 동영상 및 교재 제공, 고려사이버대학교 미래교육원의 바른 한국어, 재외동포재단 한국어 학습, 한국 문화 등의 제공, 국립국제교육원 KBS, 배재대, 서강대 등의 한국어 사이트 안내, EBS 두리안 한국어 배움터, 국립어린이청소년 도서관 다문화 동화 구연 등이다.

오프라인 한국어교육은 하이코리아 홈페이지에서 전국 지역별 오프라인 한국어 교육기관을 찾을 수 있으며, 해당 지역 다문화가족지원센터 홈페이지에서 한국어교실 수강생 모집을 참고하면 된다.

2) 다문화가족 교육

다문화가족 교육 지원 프로그램은 〈표 5-4〉와 같다.

〈표 5-4〉 다문화가족 교육 지원 프로그램

구분	공통필수	선택(예시)	비고
가족	• 다문화가족 이중언어 환경조성 프로그램 (연간 10시간) • 다문화가족 학령기 자녀 입학 및 입시 정보 제공 (부모 대상, 연간 4시간) ※ 상·하반기 각 1회	• 가족 의사소통 프로그램 • 가족 관계 향상 프로그램 • 결혼과 가족의 이해 • 가족의 의미와 역할 • 아버지 교육 • 부모-자녀관계 및 자긍심 향상 프로그램 • 자녀교육 프로그램 • 부모 역할교육, 자녀건강지도 • 자녀 생활지도 • 자녀 성장 지원사업 등	연간 필수 14시간, 선택 26시간 이상 (이중언어코치 배치 센터는 공통 필수 중 이중언어 환경 조성 프로그램 160시간 이상)

3) 정보격차 해소교육

국가기관과 지방자치단체는 결혼이민자 등에 대한 다음의 정보격차 해소 교육 비용의 전부 또는 일부를 부담할 수 있다. 구체적인 교육내용은 다음과 같다.

- 지능정보서비스 및 지능정보제품의 이용·활용을 위한 교육
- 컴퓨터와 인터넷 등을 활용하여 필요한 정보를 검색·가공 및 생산하는 방법에

관한 교육

- 그 밖에 정보격차의 해소를 위해 시행할 필요가 있다고 국가기관이나 지방자치단체가 인정하는 교육

라. 다문화가족 기초생활 보장 제도

1) 지원 대상

외국인 등록을 한 사람으로서 다음의 어느 하나에 해당하는 외국인 중 「국민기초생활 보장법」에 따른 급여를 받을 수 있는 자격을 가진 경우에는 수급권자가 될 수 있다.

- 대한민국 국민과 혼인 중인 사람으로서 다음의 어느 하나에 해당하는 사람
  - 본인 또는 대한민국 국적의 배우자가 임신 중인 사람
  - 대한민국 국적의 미성년 자녀(계부자 · 계모자 관계와 양친자관계 포함)를 양육하고 있는 사람
  - 배우자의 대한민국 국적인 직계존속과 생계나 주거를 같이하는 사람
- 대한민국 국민인 배우자와 이혼하거나 그 배우자가 사망한 사람으로서 대한민국 국적의 미성년 자녀를 양육하고 있는 사람 또는 사망한 배우자의 태아를 임신하고 있는 사람

2) 신청 방법

해당 지역 읍 · 면 사무소 및 주민센터에서 신청할 수 있다. 제출 서류는 사회복지서비스 및 급여 제공(변경)신청서, 소득재산 신고서, 금융정보 등 제공동의서이다.

마. 다문화가족 직업 및 취업지원 제도

1) 다문화가족의 직업교육 제도

다문화가족은 대한민국에서 생활하는 데 필요한 직업교육·훈련 및 언어소통 능력 향상을 위한 한국어교육 등을 다문화가족지원센터별로 지역 환경 및 결혼이민자의 특성 등에 따라 직업교육과 관련한 프로그램을 제공받을 수 있다.

2) 여성 결혼이민자의 취업지원 제도

여성 결혼이민자 취업지원 제도는 〈표 5-5〉와 같다.

〈표 5-5〉 여성 결혼이민자 취업지원 제도

구분	대상	신청방법
결혼이민여성 인턴	▸ 다문화가족, 여성 결혼이민자와 자녀, 한부모가족, 조손가족 등 취약가족의 자녀와 그 보호자	
결혼이민여성 직업교육	▸ 여성새로일하기센터에 등록된 구직희망 여성 결혼이민자	
새일센터 인턴	▸ 취업을 희망하는 여성 결혼이민자 중 여성새로일하기센터에 구직등록한 자	여성새로일하기센터로 신청 (1544-1199)
세일센터 직업교육훈련	▸ 취업을 희망하는 여성 결혼이민자 중 여성새로일하기센터에 구직 등록한 자 ▸ 출산, 육아 등 경력이 단절된 여성을 대상으로 운영하는 직업교육훈련 과정이나 여성 결혼이민자 등의 취업 취약계층에게 직업교육 훈련생 선발 시 우선권을 부여함	
결혼이민자 취업지원 사업	▸ 결혼이민자 구인·구직 등록 후 상담 등을 통하여 취업 알선	고용센터, 다문화가족지원센터에 신청(국번없이 1350)

구분	대상	신청방법
여성결혼이민자 지도자 양성 교육	▸ 여성 결혼이민자와 새마을 부녀 회원 간의 멘토 결연 추진 및 지도자 양성 교육	지역 새마을부녀회로 신청(02-2100-3647)
국내 거주 외국 의료인 진료 코디네이터 양성 사업	▸ 국내 거주 외국인 의료 관련 인력으로 한국어 구사가 가능한 자(중국 · 몽골 · 베트남 등) ▸ 외국인 환자 유치 및 응대에 필요한 진료 코디네이터 양성 교육(중국 · 몽골 · 베트남 등)	한국보건복지인재원 (http://www.kohi.or.kr) 1600-8810

Chapter

06

한국의 다문화 교육정책

1. 중앙부처 다문화 교육정책
2. 시 · 도교육청 다문화 교육정책

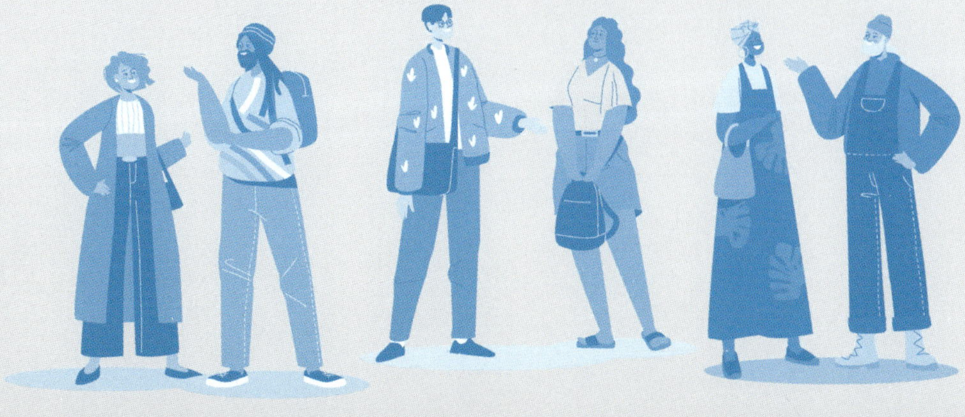

Chapter 06

한국의 다문화 교육정책

이 장에서는 한국의 다문화 교육정책을 탐색하고 학습하며, 주요 내용인 한국의 중앙부처 다문화 교육정책, 시 · 도교육청 다문화 교육정책, 시 · 도교육청의 사례 등에 대하여 살펴보고자 한다.

1 중앙부처 다문화 교육정책

가. 중앙부처의 다문화 교육정책 현황

중앙부처에서 추진한 다문화 교육정책 중 다문화교육 관련 8개 중앙부처의 시행계획을 바탕으로 분석한 결과를 제시하면 〈표 6-1〉과 같다.

〈표 6-1〉 중앙부처의 다문화 교육정책 현황

부처명	시행 계획	시행 수
고용노동부	외국이주 노동자의 인력 및 체류 관리 등	3
교육부	다문화 학생 및 학부모 맞춤형 교육 지원 등	3
농림수산식품부	외국인근로자 및 결혼이민여성 영농정착 지원 등	1
문화체육관광부	문화교육 중심의 다문화 사업 강화 등	4
법무부	외국인 출입국 관리, 난민센터 운영 등	2
보건복지부	다문화가족 보육비 전액 지원 등	2
여성가족부	다문화가족 관리 및 지원, 다문화가족지원센터 운영 등	11
행정안전부	외국인 이주민 정착을 위한 교육 및 멘토 양성 등	4
계	–	30

〈표 6-1〉에서와 같이, 중앙부처의 다문화 교육정책 추진 부처로는 고용노동부, 교육부, 농림수산식품부, 문화체육관광부, 법무부, 보건복지부, 여성가족부, 행정안전부 등의 8개 부처이다. 다문화가족 지원은 여성가족부가 총괄하며, 이들의 학교교육은 교육부가 담당하고 있다. 이러한 부처들의 다문화정책 관련 소관 업무(2017. 7. 기준)를 제시하면 〈표 6-2〉와 같다.

〈표 6-2〉 중앙부처 다문화 교육정책 담당부서 및 주요 업무

부처 및 담당부서	주요 업무
고용노동부 외국인력담당관	• 외국인 근로자 인력 및 고용 관리 • 외국인 근로자 취업교육 지원 관리
교육부 학생 복지정책관 등	• 결혼이민자, 외국인근로자, 북한이탈주민 등의 인적자원 개발 • 학부모 및 학생의 다문화 감수성 제고를 위한 각종 시책 추진 • 외국인 유학생 유치정책 수립 추진
농림수산식품부 농촌복지여성과	• 농촌 여성 결혼이민자의 수준별 영농정착 지원

부처 및 담당부서	주요 업무
문화체육관광부 문화여가정책과	• 다문화사회 문화환경 조성, 이해증진 홍보 • 이민자 문화 활동 등 사회통합 프로그램 운영 지원
법무부 출입국 · 외국인 정책본부	• 외국인정책의 기본계획 수립, 점검, 평가 등 총괄 • 중앙행정기관 및 지자체의 외국인정책 협의 · 조정, 업무협조 • 다문화 이해증진 사업 및 시책 등
보건복지부 보험 의료정책과 등	• 외국인의 건강보험 및 무료진료 사업
여성가족부 다문화가족정책과, 다문화가족지원과	• 다문화가족 사회통합지원 대책 추진 및 지원 총괄 • 다국어 지원 시스템 구축 · 운영, 혼혈인 사회복지 정책 • 탈북여성 인권 보호교육 등의 권익 보호에 관한 사항 • 폭력피해 이주여성 지원 및 국제결혼 프로그램 운영
행정안전부 자치행정과	• 지방자치단체의 외국인 주민 정착지원 시책 추진 • 다문화 지역사회의 발전을 위한 지자체 시책 지원 • 외국인 주민의 지역사회 참여촉진 방안 연구, 민간단체 지원

〈표 6-2〉에서와 같이, 다문화정책의 수립과 실행에 있어 중앙부처의 역할도 중요하지만 다문화가족이 실제 거주하고 있는 지역의 지자체의 역할 역시 중요하다. 지역별 지자체는 지역 실정에 맞는 조례를 제정하는 등 지역의 다문화가족 지원을 위한 법률적 근거를 마련하였다. 전담 인력 및 예산을 확보하여 다문화가족 지원 체제를 마련하고, 정기적인 실태조사와 지원방안에 대한 평가를 실시하고 있다. 이처럼 중앙부처가 다문화가정에 대한 기본 정책방향을 제시하고, 지자체는 실질적인 다문화가정 서비스에 대한 정책 수립과 집행을 한다고 볼 수 있다. 이외에도 직간접적으로 다문화 교육정책에 관여하며, 이의 집행 등의 역할을 하는 공공기관, 민간기구 및 단체가 많이 있다.

나. 교육부의 다문화 교육정책

다문화 교육정책은 교육을 매개로 주류 사회 구성원과 비주류 구성원 사이의 상호이해를 증진함으로써 사회통합을 촉진시키려는 정책을 의미한다(박성혁, 2008). 우리나라 다문화 학생을 위한 교육정책은 2006년 교육부에서 다문화가정 자녀의 증가 및 이들의 교육소외 현상을 예방하기 위해 다문화가정 자녀 교육 지원대책을 수립하면서 시작되었으며, 이후 매년 다문화교육에 대한 새로운 계획을 수립하여 추진하고 있다. 연도별로 추진한 다문화 교육정책을 제시하면 〈표 6-3〉과 같다.

〈표 6-3〉 교육부의 연도별(2006~2021년) 다문화 교육정책

연도	다문화 교육정책
2006년	• 최초 공식적인 다문화 교육정책인 '다문화가정 자녀교육 지원대책' 수립(2006. 5.) • 교사용 '교과서 지도 보완자료' 발간 · 배포, 시범학교 운영, 한국어 학습 프로그램 교재개발 · 보급, 한국어반 방과 후 학교 개설, 한국문화 이해 체험활동 실시
2007년	• 서울대학교에 '중앙다문화교육센터'를 지정하여 자료개발, 핵심 교원 양성 프로그램 운영 • 시 · 도교육청에 '다문화교육 지원 협의회'를 구성, '시 · 도 다문화교육센터'를 지정 · 운영
2008년	• 중앙다문화교육센터에서 다문화가정 자녀를 위한 초급 교재 발간, 지도교사 연수 300명 실시 • 교육과학기술부와 시 · 도교육청이 합동으로 다문화 학생을 위한 중장기 지원 방안 마련(2008. 10.)
2009년	• 중앙다문화교육센터에서 다문화 이해 교육을 위한 콘텐츠 개발 • 초등 교원양성대학 다문화 교육과정 개설 지원사업을 통해 다문화교육 강좌를 2학점 이상 정규 교과목으로 개설 • 초등 교원양성대학 재학생을 활용한 다문화가정 멘토링 사업 실시
2010년	• 1:1멘토링(대학생 2,500명 등), 다문화교육 거점학교 운영, 다문화가정 자녀 이중언어 교육, 국제지도자 육성 프로그램 • 교육대학 및 국립 사범대학에 '다문화교육 강좌 개설, 사립 교원양성기관에 다문화교

연도	다문화 교육정책
	육 강좌 개설 유도 • 고학력 다문화가정 학부모 이중언어강사 요원으로 양성 • 학교 다문화 이해 교육 콘텐츠 개발
2011년	• 성장 단계별 맞춤 지원체제 구축 • 다문화 학부모의 교육 활용(이중언어, 다문화 이해 등) • 교사의 다문화 역량 제고 • 글로벌 브릿지 사업 추진
2012년	• 다문화 학생 교육 선진화 방안 발표, 한국어 교육과정(KSL) 도입 • 다문화 학생과 일반학생이 함께하는 이중언어 교육 강화 • 다문화 학생 진로 · 진학지도 강화, 글로벌 선도학교 확대 • 다문화 학생 실태조사 체계화
2013년	• 다문화 '학력심사위원회' 설치 근거 마련 • 다문화 학생이 많은 학교에 한국어 교육과정 및 한국문화체험 프로그램 운영 • 다문화 '특별학급' 운영 근거규정 마련, 다문화 강사 신설
2014년	• 중도입국학생의 한국 적응을 위한 예비학교 80개로 확대 • 중도입국학생 위한 학력심의평가지 개발 · 보급 • 다문화교육 중점학교 지정 · 운영, KSL 운영학교 확대 • 대학생 멘토링 사업과 글로벌 브릿지 사업 확대 • 교원 인식 및 역량 제고, 다문화교육센터 역할 강화
2015년	• 다문화 유치원 30개를 선정하여 시범운영 • 예비학교를 종전 확대 · 운영(80교→100교) • 글로벌 브릿지 사업 운영 대학 확대 · 운영(10교→17교) • 다문화 중점학교 150개교를 지정 · 운영
2016년	• 다문화 유치원을 확대하여 운영(30개 원→60개 원) • '예비학교'를 확대 운영(100교→110교) • 교과 보조교재를 개발 · 보급, 진로 · 진학 상담 보조자료 제공 • 다문화 중점학교를 150교에서 180교로 확대 지정 · 운영 • 다문화교육 콘텐츠 포털 운영 • 지역 다문화교육지원센터를 5개 지역에서 7개 지역으로 확대
2017년	• 다문화 유치원을 전국으로 확대('16년 12개 시도 60개 원→'17년 17개 시도 90개 원 운영) • 중도입국 및 외국인 학생의 공교육 진입과 적응을 지원하는 예비학교를 확대('16년

연도	다문화 교육정책
	124교→'17년 160학급) • 특별학급[한국어(KSL) 교육과정 운영 학급]을 다수 운영하는 예비학교의 지원을 강화 • 학생의 다문화 수용도와 이해도를 높이기 위해 다문화 중점학교('16년 180교→'17년 200교)를 확대 · 운영
2018년	• 학교 교육과정 및 수업을 통한 다문화교육 확산(다문화 중점학교 313교로 확대) • [진로멘토링] 원격영상으로 다문화영역 롤모델에게 멘토링을 받을 수 있는 '어울림 원격영상 멘토링' 확대('17년 60교→'18년 80교) • [다문화교육 중앙지원단] 지역별 추천을 통해 다문화교육 정책학교 활동 경험이 풍부한 교원들로 '다문화교육 중앙지원단' 구성(70여 명) • [다문화 유치원] 다문화 유아의 발달을 위한 맞춤형 교육을 지원하고, 다문화교육 프로그램 운영('17년 116개 원→'18년 122개 원) • [글로벌 브릿지] 다문화 학생의 잠재능력을 개발하여 우수인재로 성장할 수 있도록 특화 교육프로그램 제공(20개 사업단) • [찾아가는 예비학교] 예비학교로 지정되지 않은 학교에 중도입국 · 외국인학생이 편입하는 경우 한국어교육 지원('18년 900여 명) • [유치원 예비학교] 가정에서 한국어를 익히기 어려운 외국인가정 유아가 다수 재학하는 유치원에 예비학교 체제 시범 도입 • [지역다문화교육지원센터] 지역별 여건에 맞는 다문화교육 지원 모델을 구축하고, 효과적으로 지역 다문화교육 정책을 추진할 수 있도록 확대('17년 13개→'18년 14개) 및 운영방식 개편 • [중앙다문화교육센터 운영] 중앙다문화교육센터 지정 · 운영(국가평생교육진흥원)을 통해 효과적인 다문화교육 추진 및 성과 확산 지원 • [교원연수 법제화] 학교 교원에게 다문화 이해교육 연수를 실시하도록 「다문화가족지원법」이 개정('17.12월)됨에 따라, 하위법령을 제정하고 세부계획 수립
2019년	• [한국어학급] 일반학교 안에 특별학급 형태의 한국어학급을 설치하고, 입국 초기 중도입국 · 외국인학생(유아) 등을 대상으로 한국어 · 한국문화 집중교육 지원('19년 222학급) • 한국어(KSL) 교육과정이 개정('17. 9. 29.)되어 '19년부터 초 · 중 · 고등학교에 적용됨에 따라, 학교현장 안착 지원 • [찾아가는 한국어교육] 한국어학급이 운영되지 않는 학교에 중도입국 · 외국인학생이 편입하는 경우 한국어교육 지원('18년 1,243여 명) • 중학교 입학 예정 다문화 학생을 대상으로 학교적응교육을 실시하는 '징검다리과정' '20년 신규 도입 준비 • [멘토링 사업방식 개선] 다문화 학생 대학생 멘토링을 통해 다문화 학생의 학습을 지

연도	다문화 교육정책
	원하고, 멘토 활동 대학생의 다문화 이해 제고(5,000여 명) • [교육기회] 중도입국·외국인학생 대상 취학 안내 강화: 중도입국자녀의 교육기회를 보장하기 위하여 취학현황 파악 및 국내 초·중·고 편·입학 안내 실시 • [진로멘토링] 원격영상으로 다문화영역 롤모델에게 멘토링을 받을 수 있는 '어울림 원격영상 멘토링' 확대 • [사업개편] 기존 다문화 유치원·중점학교·예비학교를 '다문화교육 정책학교'로 통합하고, 한국어교육 지원 필요시 '한국어학급' 운영 • [시범사업] 교사양성기관과의 협약 체결을 통해 예비교사를 위한 다문화교육 강좌 개설 시범사업 준비 • [예비교원 교육] 교직과목에 다문화교육(다문화 학생 지도) 내용을 추가하고, 교원양성기관에서 다문화교육 관련 강좌 개설 유도 • [부처 간 협업 강화] 범부처 합동 정책방향 설정을 통한 총체적 지원 제공: 법무부·여가부·문체부 등 관계 부처와 사안별 협력 증진
2020년	• [시행령 개정] 중도입국 다문화 학생의 학교 배정·학력심의 등 공교육 진입 과정 개선을 위한 「초·중등교육법 시행령」 개정 • [학교교육 준비도 격차 해소] 유치원 단계부터 시작되는 지원체계 마련: 다문화 유아에 대한 체계적인 지원을 위해 다문화 유아에 대한 기본현황 파악 추진 • [징검다리과정 확대] 초등학교 입학·편입학 예정 다문화 학생을 대상으로 학교생활 조기적응 지원을 위한 준비교육 운영('20년 30교) • [한국어학급] 특별학급 형태의 한국어학급을 확대하여 입국 초기 중도입국·외국인학생(유아) 등을 대상으로 한국어 집중교육 지원, ('18) 223학급→('19) 326학급→('20) 350학급 • [대학생 멘토링을 통한 맞춤형 학습 지원] 다문화 학생과 멘토 대학생의 1:1 멘토링을 통해 학습, 숙제지도, 고민 상담 등 체계적·개별적 학습지원 제공(4,000여 명) • 학생·교원의 다문화 역량을 제고하고, 학부모 및 지역사회의 다문화 교육활동 참여 기회를 확대하여 학교 현장의 수용성 제고 • [교육과정 편성·운영] 2015 개정 교육과정 총론에서 범교과 학습 주제로 '다문화 교육' 제시: 연간 2시간 이상 다문화교육 관련 교과·비교과활동 실시 권고 • [정책학교] 모든 학생을 대상으로 학교 교육과정을 통한 다문화 이해 교육을 실시하고, 한국어교육 지원 필요 시 '한국어학급' 운영, ('18) 646교(223학급)→('19) 643교(326학급)→('20) 650교(350학급) • [예비 교원의 다문화 역량 함양] 다문화교육 관련 교육내용을 예비교원 교직과목에 포함, 시·도교육청과 협의를 통한 다문화 학생 이해·교육을 위한 교육봉사 활성화 및 교원양성 교육과정 편성·운영 권장

연도	다문화 교육정책
	• 학교의 다문화 교육활동 지원 강화: (포털 개편) 중앙다문화교육센터에서 운영 중인 '다문화교육 포털'을 다문화교육 허브 공간으로 개편하여 교원 전용공간 신설 • [중앙다문화교육센터] 중앙다문화교육센터의 지정 · 운영(국가평생교육진흥원)을 통하여 효과적인 정책추진 및 성과 확산 지원
2021년	• [학력심의 지원] 2015 개정 교육과정에 따른 다국어 학력심의 진단도구를 보급하고, 학력심의 현황을 모니터링하여 운영 활성화 도모 • [초 · 중학교 적응을 위한 징검다리과정 운영 안착] ▸ (초등학교) 입학 · 편입학 예정 다문화 학생 대상 학교생활 조기적응 지원을 위한 준비교육 운영('21년 35교) – 교육내용을 생활영역과 학습영역으로 구성하고, 학습자 특성(국내출생/중도입국 · 외국인)에 따라 중점 학습요소 반영 ▸ (중학교) 중학교 입학 · 편입학 예정 중도입국 · 외국인가정 자녀 대상으로 학교급 전환기 · 학습자 특성을 반영한 프로그램 운영('21년 17교)–의사소통 · 학교생활 영역으로 프로그램을 구성하고, 모국어 · 한국어능력을 고려하여 담당교사와 다문화 언어 강사가 함께 지도 • [한국어학급] 입국 초기 중도입국 · 외국인학생(유아 포함) 등을 대상으로 한국어 집중교육을 위한 특별학급 운영 지원 • [이중언어 강점 개발 지원] 전자책 보급을 통해 다문화 학생의 이중언어 학습 장려를 위한 전자책 형태의 이중언어 교재 현장 보급 및 활용 안내–총 20종(초급 1 · 2권/중급 1 · 2권, 각 5개 언어) • [진로교육] 이주배경 청소년의 특성을 고려한 진로교육 프로그램 보급, 귀화 인재 등 롤모델이 참여하는 '원격영상 진로 멘토링' 운영 • [교육과정 편성 · 운영] 2015 교육과정 범교과 학습주제로 '다문화교육'을 제시하고, 연간 2시간 이상 교과 · 비교과 활동실시 권고 • [다문화교육 선도모델 개발 및 확산]–(정책학교 운영) 모든 학생을 대상으로 학교 교육과정을 통한 다문화 이해교육 실시 및 한국어교육 지원 필요시 '한국어학급' 운영 • 예비 교원이 다문화교육에 대한 이해도 제고하고 관련 역량을 함양할 수 있도록 교원 양성 교육과정에 편성 · 운영 권장–교직과목에 '다문화사회로의 이행'에 대한 내용 포함, 다문화센터 지원 등 다문화 학생 지도를 교육봉사로 인정 • 다문화교육지원단을 통한 선도인력 교류 및 협력 강화 ▸ (중앙) 지역별 추천을 통해 다문화교육 정책학교 활동 경험이 풍부한 교원들로 '다문화교육 중앙지원단' 구성(100명 내외), 정책학교 운영 지원, 교원 대상 전달연수 실시 등 다문화교육 전문인력으로 활동 ▸ (지역) 지역 내 선도인력으로 시 · 도교육청별 '지역 다문화교육지원단' 구성하고, 지역별 특색을 살린 연수 · 자료개발 · 컨설팅 등 활동

〈표 6-3〉에서와 같이, 2006년 처음으로 국가 수준에서 다문화가정 자녀의 교육 소외를 방지하고, 사회통합을 도모하기 위해 '2006년 다문화가정 자녀교육 지원 계획'을 마련하였다. 다문화가정 자녀 지원을 위한 구체적인 계획으로 방과 후 학교 프로그램 개설 지원, 대학생 멘토링제, 교사나 동료집단과의 1:1 결연을 통한 자녀의 정서적 안정, 소수자 배려교육, 한국어 교원 자격증 교육, 교원연수 강화 등의 세부사업 추진계획을 발표하였다.

2007년은 학교 중심으로 다문화교육을 강조하기 위하여 교과서 및 교육과정에 다문화, 다인종 교육 요소 등 다문화교육이라는 주제를 2007 개정 교육과정 총론에 반영하였다. 2008년 10월 9일 교육과학기술부에서 발표된 '다문화가정 학생 교육 지원방안'에서는 2009년부터 2012년까지 4년간 국가와 지방이 추진할 4대 정책과제 14개 세부 실행과제에 총 700억 원 정도의 예산이 투입되었다. 구체적인 세부 사업을 제시하면 다음과 같다.

첫째, 다문화가정 학생은 학령 단계별로 언어 및 학습능력 향상을 위한 맞춤형 교육서비스를 받게 되었다.

둘째, 다문화가정 학부모에게는 자녀의 학습지도 능력을 함양할 수 있는 기회를 갖도록 학기 초에 학생생활 설명회나 상담 시 한국의 학교 및 교육제도를 소개하고, 학교생활 등을 안내하는 학교생활 안내 책자를 다언어로 제작하여 제공한다.

셋째, 교사 연수 등 다문화교육 저변 확대를 위해 다문화가정 학생 지도교사에게 교사용 매뉴얼을 개발 · 보급하고, 다문화가정 학생이 있는 학교의 교장 · 교감은 다문화연수를 받도록 하며, 교사의 직무연수에 다문화 이해 연수과정(30, 60시간)을 개설할 뿐만 아니라 예비교사에게는 다문화교육 이해 제고를 위해 전국 11개 교육대학에 다문화교육 강좌를 개설하였다.

넷째, 우리 사회의 다문화 이해 제고를 위한 일반학생들의 다문화 이해도를 높이기 위해 재량활동 시간에 다문화 이해 교육을 실시한바, 다문화가정 학부모가 출신국의 문화 · 풍습을 소개하는 '다문화 이해 교실'을 운영하였다.

2009년은 전체적으로 다문화가정의 교육격차 해소와 일반학생의 다문화 이해 및 수용성 증진, 단위학교 다문화교육 역량 강화를 목표로 다문화가정 학생 특성별 맞춤형 교육을 지원하고, 단위학교 및 지역중심 다문화 체험 기회를 확대하였으며, 지역 유관 기관 및 단체와의 연계 협력 강화를 목표로 사업을 추진하였다.

2010년은 다문화가정 학생 맞춤형 교육 지원, 교사의 다문화교육 전문성 제고, 다문화가정 학부모 지원, 다문화가정 유아교육 지원, 동반 · 중도입국 자녀교육 지원, 다문화교육 기반 및 지원체제 강화 등을 목표로 사업을 추진하였다.

2011년은 성장 단계별 맞춤 지원체제를 구축하고, 다문화 학부모의 교육 활용(이중언어, 다문화 이해), 교사의 다문화 역량 제고, 다문화가정 우수학생을 선정(100명)하여 우리나라와 부모출신국 간의 핵심 교류 인재로 육성하는 '글로벌 브릿지 사업'을 추진하여 해당 국가에 자원봉사, 학생국제교류, 글로벌 리더십 교육 등을 통한 글로벌 리더 양성 사업을 추진하였다.

2012년은 다문화 학생 교육 선진화 방안을 발표하여 다문화 학생의 개인별 특징이 다양화되는 상황을 고려한 맞춤형 교육을 실시하기 위해 다문화 학생 지원을 위한 전 사회적인 협력체계 구축을 하였으며, 다문화가정 지원 정책을 유기적으로 연계하여 다문화 학생에 대한 교육정책의 시너지 효과를 제고하였다.

2013년은 다문화가정 학생을 위한 「초 · 중등교육법 시행령」이 개정되었고, 다문화 학생도 학력심의위원회 심의를 거쳐 학력을 인정받을 수 있게 하였다. 다문화 특별학급이 설치된 초 · 중학교로의 전 · 입학이 용이해져 다문화 학생들의 선택권과 학습권을 강화하였으며, 이주 부모의 언어 교육 실시와 다문화 이해 교육의 활성화를 위해 다문화 언어강사 운영 근거를 마련하였다.

2014년은 통합 · 육성의 관점에서 다문화 학생 지원뿐만 아니라 모든 학생을 대상으로 하는 다문화교육 사업을 지원하였으며, 중도입국학생 등에게 한국어와 한국문화 적응 프로그램을 집중 제공하는 예비학교를 종전 52교에서 80교로 확대하였다. 또한 모든 학생을 대상으로 문화이해교육, 반편견 반차별 교육, 세계시민교육을 하는 다문화교육 중점학교 120교를 지정 · 운영하였다. 아울러, 다문화 학생에 대한 한국어 습득 지원을 위해 정규 수업시간, 방과 후 학교 등을 통해 KSL을 운영하는 학교를 100개교로 확대하였다. 수학 · 과학, 예체능 등에 우수한 자질이 있는 다문화 학생을 발굴하여 전문교육을 실시하는 글로벌 브릿지 사업 운영 대학도 기존 7개 대학에서 10개 대학으로 확대하였다. 다문화 학생이 희망하는 경우, 주말이나 방학 등을 이용하여 직업교육을 받을 수 있도록 '직업교육 지원 기관'을 종전 3개 기관에서 10개 기관으로 확대하였다.

2015년에는 아동에게 취학 전 동등한 출발점을 보장하기 위해 유치원 단계부터 언어 및 기초학습 등을 지원하는 다문화 유치원 30개를 선정하여 시범 운영, 국어 집중 교육이 필요한 중도입국 학생 및 외국인 학생 등에게 한국어와 한국문화 적응 프로그램을 제공하는 예비학교를 종전 80교에서 100교로 확대 운영하였으며, 이중언어, 수학 · 과학, 예체능 등에 우수한 다문화 학생을 발굴하여 전문교육을 실시하는 글로벌 브릿지 사업 운영 대학도 기존 10개 대학에서 17개 대학으로 확대 운영하였다. 일반학생의 다문화 수용도 및 이해도를 높이기 위해 다문화 중점학교 150개교를 지정 · 운영하며, 우수 교육사례를 발굴하여 지역 내 다문화 정책자원을 연계 · 활용하여 학교의 다문화교육을 지원하는 지역다문화교육 모델을 개발하기 위한 시범사업을 '15년 5개 시 · 도 교육청(제주, 울산, 강원, 경기, 충남)에서 실시하였다.

2016년에는 유치원 단계부터 조기 개입하여 다문화 유아에게 언어 및 기초학습 등 맞춤형 교육을 지원하여 다문화 유치원을 확대하여 운영(30개 원→60개 원), 중도입국 학생 및 외국인 학생 등에게 한국어와 한국문화 적응 프로그램을 집중적으로 제공하여 공교육 진입과 적응을 지원하는 '예비학교'를 확대 운영(100교→110교), 모든 학생의 다문화 수용도와 이해도를 높이기 위해 다문화 중점학교를 150교에서 180교로 확대 지정 · 운영하였다. 아울러, 다문화교육에 대한 모든 정보(교육기관, 지원 사업, 교육자료 등)를 확인할 수 있는 '다문화교육 콘텐츠 포털(www.nime.or.kr)'을 운영하여, 다문화 교육과 관련한 현장 사례와 자료를 공유하였다.

2017년에는 다문화 학생 맞춤형 교육 지원을 강화하기 위하여 다문화유아의 언어와 기초학습 지원 모델을 개발하기 위한 다문화 유치원을 전국으로 확대('16년 12개 시·도 60개 원→'17년 17개 시도 90개 원)하여 운영하였다. 또한 교원의 역량을 제고하기 위해 예비교원 단계부터 다문화 관련 교육 및 연수 기회를 확대하였으며, 학생의 다문화 수용도와 이해도를 높이기 위해 다문화 중점학교('16년 180교→'17년 200교)를 확대·운영하고 있다. 즉, 다문화교육 활성화의 기반을 마련하기 위하여 다문화 학생들이 우리 사회의 인재로 성장할 수 있도록 유관 부처와 적극적으로 협력하여 다문화교육을 지원하고 있다.

2021년에는 학력심의 지원의 일환으로 2015 개정 교육과정에 따른 다국어 학력심의 진단도구를 보급하고 학력심의 현황을 모니터링하여 운영 활성화 도모하였으며, 초·중학교 적응을 위한 징검다리과정 운영 안착, 한국어학급 관련 입국 초기 중도입국·외국인학생(유아 포함) 등을 대상으로 한국어 집중교육을 위한 특별학급 운영 지원, 이중언어 강점 개발 지원의 일환으로 총 20종(초급 1·2권/중급 1·2권, 각 5개 언어) 제작, 교육과정 편성·운영 관련 2015 교육과정 범교과 학습주제로 '다문화 교육'을 제시하고 연간 2시간 이상 교과·비교과 활동 실시 권고하고 있다. 또한 다문화교육 선도모델 개발 및 확산을 위해 모든 학생을 대상으로 학교 교육과정을 통한 다문화 이해교육 실시 및 한국어교육 지원 필요시 '한국어학급' 운영(정책학교 운영), 예비 교원이 다문화교육에 대한 이해도 제고하고 관련 역량을 함양할 수 있도록 교원양성 교육과정에 편성·운영 권장하며, 다문화교육지원단을 통한 선도인력 교류 및 협력 강화 등을 추진 중에 있다.

다. 여성가족부의 다문화 교육정책

여성가족부의 전신인 보건복지가족부는 2009년 기준 '다문화가족지원센터' 100곳을 설치 · 운영하였으며, 2008년 9월에는 「다문화가족지원법」을 제정하여 다문화가족지원 정책을 체계화하였다. 또한 '다문화가족 생애주기별 맞춤형 지원 강화대책'을 발표하여 결혼준비기 → 가족형성기 → 자녀양육기 → 자녀교육기 → 가족역량강화기 → 가족 해체 시의 생애주기별 정책 과제 및 세부 추진과제 등을 설정하였다. 그 이후, 2010년 3월 1일에 보건복지가족부가 보건복지부와 여성가족부로 조직이 개편됨에 따라 여성가족부에서는 다문화교육 시행 계획을 수립하여 왔다.

특히 여성가족부(2021)는 「제3차 다문화가족정책 기본계획(2018~2022)」을 수립하였으며, 이는 제15차 「다문화가족정책위원회」 심의 · 확정('18.2.12.)을 통해서 수행되었다. 제3차 다문화가족정책 기본계획의 비전은 참여와 공존의 열린 다문화사회이며, 목표는 모두가 존중받는 차별 없는 다문화사회 구현, 다문화가족의 사회 · 경제적 참여 확대, 다문화가족 자녀의 건강한 성장 도모 등이다. 여성가족부(2021)의 구체적인 시행 계획을 제시하면 〈표 6-4〉와 같다.

〈표 6-4〉 2021년 여성가족부의 다문화교육 시행계획 현황

정책 과제	세부 과제	소요예산(백만 원)
다문화가족 장기정착 지원	• 결혼이주여성 인권보호 강화(가정폭력예방 및 대응체계 구축) • 국제결혼 피해 예방 지원 • 안정된 가족생활 지원 • 서비스 연계 활성화 결혼	384,160
결혼이민자 다양한 사회 참여	• 자립역량 강화 • 취 · 창업 지원 서비스 내실화 • 사회참여 기회 확대	63,360

정책 과제	세부 과제	소요예산(백만 원)
다문화가족 자녀의 안정적 성장 지원과 역량 강화	• 안정적 성장을 위한 환경 조성 • 학업 및 글로벌 역량 강화 • 진로 준비 및 사회진출 지원 • 중도입국자녀 맞춤형 지원	70,202
상호 존중에 기반한 다문화 수용성 제고	• 정책환경에 대한 주기적 모니터링 실시 • 다문화 이해교육 활성화 • 다문화 수용성 제고를 위한 미디어 환경 조성 • 지역 환경 조성 및 참여 · 교류 프로그램 활성화	17,249
협력적 다문화가족정책 운영을 위한 추진체계 강화	• 정책추진 체계 간 협력 강화 • 다문화가족 지원체계 내실화	32,324
계		584,705

여성가족부의 분야별 주요 과제를 제시하면 〈표 6-5〉와 같다.

〈표 6-5〉 2021년 여성가족부의 다문화교육 시행 계획의 분야별 주요 과제

정책 과제	세부 과제	주요 과제
다문화가족 장기정착 지원	• 결혼이주여성 인권 강화 및 국제결혼 피해 예방 지원 • 결혼이주여성 인권보호 강화(가정폭력예방 및 대응체계 구축) • 국제결혼 피해예방 지원	• 다문화가족이 취약 · 위기 상황에 적극 대응할 수 있도록 전국 다문화가족지원센터의 사례관리 기능 확대(사례관리사 174명→208명)(여가부) • '다함께 프로그램' 운영 확대(2020년 32개소→2021년 228개소) 등 다문화가족지원센터 내 가정폭력 방지 및 피해자 연계 지원 기능 강화(여가부) • 폭력피해 이주여성의 생활, 체류 등 복합적 문제를 지원하는 '폭력피해 이주여성 상담소(9개소)' 및 '보호시설(32개소→33개소)' 운영 강화(여가부) • 2020년 시범 운영한 '범죄피해 이주여성 보호 · 지원 협의체'를 외국인 밀집도 높은 경찰서(150개소) 확대 구축 및 운영(경찰청) • 국제결혼중개업 미등록업체 등 불법광고 신고창구 마련 및 위반업체에 대한 처분 강화로 상시점검 체계 강화(여가부)

정책 과제	세부 과제	주요 과제
	• 다문화가족의 안정적 정착 지원 • 안정된 가족생활 지원 • 서비스 연계 활성화 결혼	• 결혼이민자가 법률상 혼인을 하지 않고 사실혼 관계에서 한부모가 된 경우에도 한부모가족 지원을 받을 수 있도록 제도 개선(여가부) • 다문화 및 한부모가족에 대한 안정적인 주거환경 조성을 위한 주택 특별공급 지속 및 주거복지센터를 통한 주거 정보 안내(국토부) – 다문화가족의 구성원으로서 배우자와 3년 이상 같은 주소지에 거주한 자에 대하여 국민주택 특별분양 자격 부여 – 21년부터 다문화가족 국민주택 특별공급 대상자 선정 시 배점기준표에 소득기준, 미성년 자녀의 수 등을 추가하여 실수요자 중심으로 제도 개편(여가부) • 외국인 · 다문화가정용 소방안전 교육 콘텐츠 제작 · 보급 및 영상신고 3자 통화 기능 개발로 신고 편의성 강화(소방청)
결혼이민자 의 사회경제적 참여 확대	• 자립역량 강화	• 결혼이민여성의 미래설계, 역량 강화, 취업 연계를 위한 '자립지원패키지' 전국적 확대 운영(196개소 →203개소)(여가부) • 지역공동체 일자리 사업 추진 시 다문화 강사 양성, 지역맞춤형 통번역 서비스 등 공공일자리 제공으로 결혼이민자 일자리 지속 창출(행안부) • 결혼이민자 특성을 반영한 사회통합프로그램 신규 교재 활용 및 교육접근성 제고를 위한 온라인교육 지속 운영(법무부) • 다문화가족지원센터와 협업하여 결혼이민여성이 시 · 공간적 제약 없이 고등교육 기회를 누릴 수 있는 정책 홍보(홍보자료 2,280부 배포)(교육부) – 고졸 학력 이상 결혼이주여성은 학점은행제 및 독학학위제를 통해 학사(전문학사) 학위 취득 가능 • 다문화가족 민 · 관 협력 사업으로 결혼이민자 대상 부모학교(검정고시) 및 ICT 교육반을 운영하여 자립 역량 향상(여가부)

정책 과제	세부 과제	주요 과제
	• 취 · 창업 지원 서비스 내실화	• 집단상담(새일센터 20개소, 600명 목표), 내일배움카드제, 국민취업지원제도*(결혼이민자 소득수준 무관 지원)를 통한 맞춤형 취업지원서비스 제공(고용부) – 취업성공패키지는 '21년부터 국민취업지원제도 시행에 따라 국민취업지원제도 II 유형(취업지원서비스와 취업활동비용 지급)으로 통폐합 • 취업을 위한 직업교육훈련프로그램 운영 및 취업활동계획 수립, 경력개발부터 취업 후 직장적응까지 통합 사례관리 확대(여가부) – 사례관리 서비스 지원 새일센터: ('20) 20개소 →('21) 28개소 • 결혼이민자 대상 정착 단계별 영농교육과정 및 1:1 맞춤형 농업교육으로 농촌지역 미래인재 육성 및 지역주민과의 소통 강화(농식품부) • 결혼이민자 등 여성 예비 창업자 발굴, 경력단절여성 창업 교육 지원, 여성 창업 입문 과정 운영 등 창업 지원(중기부, 고용부, 여가부)
	• 사회참여 기회 확대	• '20년 신규 설치한 다문화가족 교류 · 소통공간(80개소), 이민자 네트워크, 무지개다리 사업 등을 통한 자조모임 활성화(여가부, 법무부, 문체부) • 지역 특화 결혼이민여성 취업기회 제공 등 사회참여 기회 확대(지자체)
다문화가족 자녀의 안정적 성장 지원과 역량 강화	• 안정적 성장을 위한 환경 조성	• 다문화가족 자녀의 사회성, 리더십 개발을 위한 '다재다능 프로그램' 운영 확대(2020년 196개소→2021년 203개소)(여가부) • 다문화청소년 등 청소년 안전망 확충(236개소→238개소) 및 Wee센터 · Wee클래스 상담교사 대상 다문화 학생 상담 이해 원격연수 실시(여가부, 교육부) • 다문화가정 학부모를 위한 교육제도 안내 책자 '우리아이 학교 보내기' 및 다문화 학생 대상 온라인 학습콘텐츠 제작 · 배포(교육부) • 법무부와 정보연계를 통한 중도입국 · 난민 자녀에 대한 공교육 진입 안내 등 다문화 학생 공교육 진입 지원(법무부, 교육부)

정책 과제	세부 과제	주요 과제
		• 자녀발달 주기별 부모교육 · 상담 및 정보제공 강화, 자녀 창의 · 인성 함양 지원(여가부, 교육부, 지자체) • 코로나-19로 인한 비대면 확산에 따른 언어 · 문화적 차이로 자녀 양육 및 성장에 어려움을 겪지 않도록 지원(여가부, 지자체)
	• 학업 및 글로벌 역량 강화	• 이중언어 인재 지속 발굴 및 '이중언어 인재 DB' 등록 인재 대상 취업정보 제공, 기업과의 연계를 통한 사회진출 지원(여가부) • 이중언어를 활용한 무역전문교육 지원 및 온라인 다문화무역인 채용상담회 개최를 통해 글로벌 인재 양성 지원(KOTRA) • 중도입국 청소년의 특성을 고려한 교육 및 진로지도, 직업훈련을 위해 기술교육 대안학교 폴리텍 다솜학교 운영 지속(135명 목표)(고용부)
	• 중도입국자녀 맞춤형 지원	• 이주배경 청소년 지원을 위한 레인보우 스쿨(25개소)을 한국어 특화형, 진학준비형, 진로특화형으로 세분화하여 정착단계별 지원 강화(여가부) • 「초 · 중등교육법 시행령」 개정에 따라 중학교 배정 현황 및 학력심의위원회 운영 절차 모니터링 추진으로 공교육 진입 보장(교육부) • 원격수업 상황에서 다문화 학생의 한국어교육 지원을 위해 현장교원과 협력하여 한국어(KSL) 교육과정 기반 영상콘텐츠 제작 · 보급(교육부) • 안정적 심리 · 정서 지원을 위해 상담통역지원교사 양성 · 지원 및 심리사회적응척도를 개발 · 보급하여 진로와 심리진단 등 지원(여가부)
상호 존중에 기반한 다문화 수용성 제고	• 인권 및 다양성이 존중되는 사회환경 조성	• 시행 중인 법령, 사회적 파급효과가 큰 주요 정책을 대상으로 '특정 다문화 영향 평가' 도입 추진(여가부) • 누구든지 특정 문화, 인종, 국가 관련 혐오 발언으로 차별이나 편견을 조장하지 않도록 하는 법적 근거 마련 추진(여가부)

정책 과제	세부 과제	주요 과제
		• 유아부터 청소년, 공무원, 군인 등 생애주기에 걸친 다문화 이해 교육 확대(교육부, 문체부, 행안부, 복지부, 여가부, 국방부)
	• 수용성 제고를 위한 미디어 환경 조성	• 표현의 맥락과 구성 등을 고려하여 방송프로그램에 차별적 요소가 없도록 심의 강화, 방송영상콘텐츠 다문화 수용성 제고 안내서 확산 및 점검 강화(방심위, 문체부) • 다문화 인식 개선 공익광고 제작 및 방송, 청소년 영상 공모전 개최 및 다문화 정보공유 프로그램(중국어, 베트남어) 제작지원(인천, 전북)
	• 지역 환경 조성 및 참여 · 교류 프로그램 활성화	• 전국 도서관에 다문화 프로그램 운영 및 지구촌 어린이 이동도서관 운영 등 상호 문화 이해 기회 확대(문체부, 경남 등) • 선주민–이주민 간 교류 증진을 위한 화합 축제, 청소년 오케스트라단, 캠프, 기자단 등 다양한 방식으로 지역 내 소통 활성화(지자체)
협력적 다문화가족정책 운영을 위한 추진체계 강화	• 정책 추진체 간 협력 강화	• 다문화가족 정책 수립을 위한 부처 간 논의 활성화 및 합동 대책 실효성 제고를 위한 이행점검 강화(여가부 등 관계 부처) • 지방자치단체와 협력 강화를 통해 일회성 · 시혜성 사업은 개선을 권고하고, 우수사업 추진 사례는 발굴하여 확산(여가부) – 국제결혼 지원사업, 현금 · 현물 지원 사업
	• 다문화가족 지원체계 내실화	• 통합서비스 제공기관 확대(2020년 196개소→2021년 203개소)로 생애주기별 가족서비스, 지역적 특성 고려 가족지원서비스 강화(여가부) – 가족 유형별로 이원화되어 있는 가족지원서비스 제공기관(건가센터 · 다가센터)을 통합하여 다양한 가족형태별 특성에 맞는 가족서비스를 제공 • 다문화가족 특성화 사업 평균 임금 6.6% 상승 등 질 좋은 서비스 제공을 위한 종사자 처우개선(여가부) – 통번역사, 이중언어 코치, 언어발달 지도사, 사례관리사

라. 기타 부서의 다문화 교육정책

고용노동부, 농림수산식품부, 문화체육관광부, 법무부, 보건복지부, 행정안전부 등에서 수립한 다문화 교육정책 현황(2021년)을 제시하면 〈표 6-6〉과 같다.

〈표 6-6〉 기타 부서의 다문화 교육정책 시행 계획

부처	정책 과제	시행 계획
고용노동부	외국인 인력체류 관리	• 체류서비스 강화 • 입국부터 귀국 후까지 단계적인 교육훈련 제공 –(입국 전) 한국어, 기초 기능→(입국 후) 현장 기능, 산업안전→(체류 중) 전문기능 · 숙련향상→(귀국 전 · 후) 본국 정착 프로그램
농림수산 식품부	이주여성 사회적 적응, 인권 존중	• 이주여성 취업 및 보호에 관한 사업
문화체육 관광부	다문화에 대한 인식 제고	• 이주민 문화 적응 및 교류 지원 • 다문화사회 문화환경 조성사업 • 국립중앙박물관, 국립국어원 등 각종 프로그램 운영 및 서비스산업
법무부	불법체류자에 대한 실효적 관리체계 구축	• 외국인 밀집지역 재지정 • 경찰 등 관계기관 참여 정부합동단속 2회(상 하반기) 실시 • 불법입국 취업 알선자, 신원 불일치자, 직업소개소 등 불법취업 알선자, 무자격 원어민 강사, 유흥업소 등 불법취업자 등 집중 단속 실시
보건 복지부	결혼이주여성 사회적응, 복지증진	• 결혼이민자에 대한 가족지원과 교육사업 • 언어발달지원 및 결혼이민자 정착지원
행정 안전부	더불어 사는 다문화사회 구현	• 외국인 주민의 사회적 적응 및 자립 지원

2 시 · 도교육청 다문화 교육정책

가. 시·도교육청 수준의 다문화 교육정책 비교

우리나라 17개 시 · 도 교육청에서 추진하고 있는 2021년도 다문화 교육정책을 정리하여 제시하면 〈표 6-7〉과 같다.

〈표 6-7〉 시 · 도 교육청 다문화 교육정책의 핵심과제 및 추진과제 비교

교육청	핵심과제	세부 추진과제
서울	1. 다문화 감수성 제고 및 역량 강화	1-1. [학교] 교육과정과 연계한 다문화교육 실천 1-2. [학생] 상호문화 역량 함양 1-3. [교원] 다문화교육 역량 강화
	2. 다문화 학생 맞춤형 교육지원 확대	2-1. [교육기회] 공교육 진입 및 학교적응 지원 2-2. [언어 교육] 맞춤형 한국어교육 및 교과학습 지원 2-3. [상담 · 진로진학] 미래사회 인재로의 성장 지원
	3. 상호 존중 교육환경 지원체계 강화	3-1. [환경변화 대응] 코로나19 대응 지원 강화 3-2. [통합지원] 다문화교육지원센터 운영 강화 3-3. [협업체계] 자치구 및 유관기관과의 협력 강화 3-4. [제도 정비] 관련 법령과 제도 정비
부산	1. 상호문화교육 지원 기반 공고화	1-1. 체계적 지원 서비스 확충 1-2. 세계시민 역량 강화 지원 1-3. 유관기관 연계 강화
	2. 교육공동체 상호문화 이해 제고	2-1. 이해와 공존의 상호문화교육 강화 2-2. 교원의 상호문화 이해 전문성 제고 2-3. 학부모의 다문화 감수성 지원
	3. 다문화 · 탈북학생 맞춤형 교육 지원 강화	3-1. 공교육 진입 및 적응 지원 3-2. 기초학력 향상 지원 및 정서 지원 3-3. 개인별 재능 개발 지원

교육청	핵심과제	세부 추진과제
대구	1. 맞춤형 교육지원	1-1. 센터형 한국어학급 운영 1-2. 찾아가는 한국어교육 운영 1-3. 대학생 멘토링제 운영 1-4. 기초학력 향상 지원(학습전담교사 배치)
	2. 다문화교육 원격수업 지원	2-1. 다문화교육 교수 · 학습자료 보급 2-2. 세계문화체험학습 콘텐츠 보급 2-3. 다국어 상담 콜센터 운영
	3. 교육공동체 다문화 역량 강화	3-1. 어버이나라 자긍심 함양 교육 3-2. 모범 다문화 학생 표창 3-3. 이중언어 교육 운영 3-4. 다다익선 글로벌 개척 프로젝트 3-5. 교원 · 학부모 다문화 역량 제고
	4. 미래동행 다문화 공감 확산	4-1. 교육과정과 연계한 다문화교육 4-2. 다문화교육 주간 운영 4-3. 세계문화체험학습 운영 4-4. 세계테마 꾸러미 대여 4-5. 세계문화축제 운영 4-6. 다문화교육 우수사례 공모 4-7. 글로벌 국악단 운영 4-8. 가온 어울림 뮤지컬단 운영
광주	1. 교육공동체 다문화 감수성 제고	1-1. 교육과정 연계 다문화교육 실시 1-2. 교(직)원의 다문화 교육역량 제고 1-3. 다문화 관련 학부모교육 확대
	2. 맞춤형 교육 지원 내실화	2-1. 공교육 진입 지원 2-2. 맞춤형 한국어 및 한국문화교육 지원 2-3. 진로 · 진학 및 심리 · 정서 연계 지원
	3. 다문화교육 지원 기반 공고화	3-1. 다문화교육 활성화 기반 구축 3-2. 유관기관 협력 네트워크 확장 3-3. 다문화 인식 제고 노력
울산	1. 출발선 평등을 위한 교육기회 보장	1-1. 다문화 학생 공교육 진입 제도 안착 1-2. 학교교육 준비도 격차 해소

교육청	핵심과제	세부 추진과제
	2. 학교 적응 및 안정적 성장 지원	2-1. 맞춤형 한국어교육 지원 2-2. 학교 적응 및 인재 양성 지원
	3. 다양성이 공존하는 학교 환경 조성	3-1. 전체 학교의 다문화교육 확대 3-2. 교원의 다문화 교육역량 제고 3-3. 가정 및 지역사회와의 연계
	4. 다문화교육 지원체제 내실화	4-1. 현장의 교육수요에 따른 지원사업 운영 4-2. 코로나19 대응 다문화교육 지원 4-3. 지역별 특성에 따른 연계 강화 4-4. 유관기관 네트워크 구축
대전	1. 교육공동체 다문화 수용성 제고	1-1. [학생] 교육과정 연계 다문화교육 찾아가는 다문화이해교실, 온 · 오프(On·Off) 문화 다양성 교육, 다(多)누리 학생동아리, 다(多)-드림(Dream)교실 1-2. [교사] 다문화교육 교원연수 지원, 다(多)누리 교사학습공동체 운영 1-3. [학부모] 다문화 인식 개선 학부모교육
	2. 다문화 학생 맞춤형 교육 지원	2-1. [강점 개발] 방과 후 이중언어 교육 지원 이중언어 말하기 대회 운영 2-2. [학교 적응] 다문화 학생 1:1 멘토링제, 찾아가는 한국어교육 지원, 학교급 전환기 징검다리과정 운영 2-3. [교육 기회] 다(多)사랑 통·번역 인력지원, 한국어 능력 진단-보정시스템 활용 확대
	3. 다문화교육 지원체제 공고화	3-1. [통합 지원] 대전다문화교육지원센터(총괄) 공교육 진입을 위한 원스톱 서비스 3-2. [밀착 지원] 다문화교육 정책학교(한국어학급, 초·중·고), 동서부다문화교육센터(위탁)의 즉시, 집중 지원 3-3. [네트워크] 지역 유관기관과 협의체 조직·운영, 통·번역 서비스 수시 지원 시스템
인천	1. 다문화교육 기반 구축	1-1. 다문화교육지원센터 운영 1-2. 다문화교육관련 교원연수 강화 1-3. 온라인 다국어번역시스템 구축 · 운영

교육청	핵심과제	세부 추진과제
		1-4. 다문화상담 역량 강화 1-5. 전문적 학습공동체 운영 1-6. 36.5 현장지원단 운영 1-7. 지역사회협의회 운영 1-8. 다문화교육 진흥위원회 운영 1-9. 다문화교육 정책연구용역 운영
	2. 다문화 학생 맞춤형 교육 지원	2-1. 한국어학급 확대 운영 2-2. 찾아가는 한국어교육 운영 2-3. 인천한누리학교 운영 지원 2-4. 다문화 학생 전문상담지원 강화 2-5. 징검다리과정 운영(초, 중) 2-6. 진로 · 직업교육 확대 2-7. 통 · 번역 지원 운영 2-8. 다문화 학생 학업숙려제 운영 2-9. 대학생 멘토링제 지원
	3. 다문화가정 학부모 교육역량 강화	3-1. 다문화가정 학부모 맞춤형 교육 프로그램 운영 3-2. 학부모 상담주간 운영 3-3. 다문화가정 학부모 한국어반 운영 3-4. 다문화가정 학부모 동아리 운영
	4. 다문화 이해 제고 및 확산	4-1. 문화다양성교육 중점학교 운영 4-2. 교육과정 연계 다문화 교육 강화 4-3. 찾아가는 청소년 다문화 이해 교실 4-4. 언어 말하기대회 운영 4-5. 다문화교육 유공교사 표창 4-6. 다문화 이해 및 인식개선 홍보
세종	1. 다문화 감수성 높이기	1-1. 다문화 이해교육 강화 1-2. 세계시민교육 활성화 지원 1-3. 교원대상 연수 지원
	2. 맞춤형교육 지원	2-1. 문화 · 탈북학생 맞춤형교육 지원 2-2. 다문화교육 정책학교 운영 2-3. 다문화 학부모교육 지원

교육청	핵심과제	세부 추진과제
	3. 협력적 지원체계	3-1. 다문화교육지원센터 운영 3-2. 다문화교육 관련 위원회 운영 3-3. 전 · 입학 원스톱 지원센터 3-4. 유관기관과의 유기적 협력체계 만들기
강원	1. 학교구성원의 다문화 감수성 제고를 위한 다문화교육 지원	1-1. 학교교육과정을 통한 다문화교육 안착 1-2. 교원의 다문화교육 역량 강화 1-3. 학생의 다문화 수용도 향상
	2. 다문화 학생 맞춤형 교육 지원	2-1. 다문화 학생의 건강한 성장 지원 2-2. 다문화가정 학부모 역량 강화
	3. 다문화교육 지원 체계 구축	3-1. 협력적 다문화교육 체계 확산
경기	1. 다문화 감수성 제고 교육과정 운영 확대	1-1. 교육과정 연계 다문화 감수성 제고 추진 1-2. 현장 기반 연구활동 운영으로 다문화 감수성 교육 모델 개발 1-3. 교육공동체 다문화 감수성 역량 성장 지원
	2. 다문화가정 자녀 공교육 진입 지원 및 학업 중도 탈락 예방	2-1. 학교 밖 다문화가정 자녀 공교육 진입 지원 2-2. 학업 중단 위기 다문화가정 학생 지원 강화
	3. 학습격차 해소를 위한 맞춤형 교육시스템 강화	3-1. 공평한 교육기회 제공을 위한 언어 교육 및 적응 지원 3-2. 다문화가정 학생의 꿈 · 성장 지원 3-3. 코로나 19 대응 다문화교육 지원
	4. 다문화가정 밀집지역 교육력 제고	4-1. 교육국제화특구 지원 협업체제 구축 운영 4-2. 다문화가정 밀집지역 교육지원사업 확대 4-3. 다문화 국제혁신학교 질적 도약 추진
	5. 지역사회 연계 기반 다문화교육 행 · 재정 지원 강화	5-1. 다문화교육 활성화를 위한 민 · 관 · 학 지원 협업 시스템 강화 5-2. 다문화교육 관련 법령 정비 및 지원체계 구축 5-3. 다문화교육 종합지원시스템 설계 구축

교육청	핵심과제	세부 추진과제
충북	1. 교육과정 연계 다문화교육 확대	1-1. 수업 중심 다문화교육 활성화 1-2. 다문화교육 정책학교 운영 내실화 1-3. 교육과정 연계 수업모델 개발
	2. 다문화 학생 맞춤형 교육지원 내실화	2-1. 다문화교육 정책학교 한국어학급 설치 · 운영 2-2. 한국어학급 한국어(KSL) 통합교육과정 시범 운영 2-3. 징검다리과정 운영
	3. 다문화교육 지원체제 강화	3-1. 다문화교육 정책학교 운영 컨설팅 3-2. 충청북도교육청 다문화교육진흥위원회 운영 3-3. 다문화 · 북한이탈주민 등 학력심의위원회 운영 3-4. 다문화가족지원센터 지방보조사업 운영
충남	1. 다문화교육 정책학교 기능 강화	1-1. 다문화교육 정책학교 운영 내실화 1-2. 학교 맞춤형 한국어교육 지원 1-3. 다문화 학생 수업보조인력 지원 1-4. 찾아가는 문화다양성 교육(공감교실) 1-5. 세계문화체험의 달 운영 1-6. 다문화 위탁형 대안교육기관 운영
	2. 다문화 친화적 교육환경 조성	2-1. 충남교육청 다문화교육센터 운영 2-2. 중도입국학생 입학 · 적응 지원 2-3. 다우리 교육지원단 운영 2-4. 다문화교육 유관기관 네트워크 활성화 2-5. 다문화 친화적 도서관 운영 2-6. (가칭) 다문화 · 세계시민교육센터 설립 추진
	3. 미래인재 양성 다문화 진로교육 강화	3-1. 다우리 학생동아리 운영 3-2. 이중언어 교육 강화 3-3. 다문화 꿈길 성장캠프 운영 3-4. 다문화 학생 전문상담 프로그램 운영 3-5. 다문화 학생 진로직업 특별과정 지원 3-6. 유관기관 연계 다문화 지원체계 구축
	4. 교육공동체 다문화 감수성 제고	4-1. 다문화 역량강화 교원 연수 운영 4-2. 유관기관 연계 '차별 없는 교육' 확산 4-3. 다문화가정 학부모 교육활동 참여 활성화 4-4. 공감과 존중의 다문화교육 홍보

교육청	핵심과제	세부 추진과제
경북	1. 다문화 학생 맞춤형 교육	1-1. 다문화교육 정책학교(유치원, 초 · 중등, 한국어 학급, 연구학교) 1-2. 언어 교육 지원 1-3. 다문화 학생 동아리 운영(진로, 역사문화, 이중언어) 1-4. 알림장 번역서비스 1-5. 다문화 · 탈북학생 멘토링 1-6. 한국어교육센터설립(예정)
	2. 모든 학생을 위한 다문화교육	2-1. 다문화교육 거점학교 2-2. 모든 학생을 위한 다문화교육 강화 2-3. 다문화교육 직무연수 2-4. 글로벌리더 진로직업체험 캠프 2-5. 다문화 多드림 캠프 2-6. 다문화교육 특색 프로그램 지원
	3. 다문화교육 협업 · 연계	3-1. 경북다문화교육지원센터 운영(중앙다문화교육센터 추진사업 협업 등) 3-2. 다문화교육지원단 운영 3-3. 다문화교육 자료 개발 · 보급 3-4. 다문화교육각종 협의회 운영 3-5. 지역 유관기관의 연계 체제 강화
경남	1. 다문화 감수성 제고를 위한 교육과정 중심의 다문화교육 확대	1-1. 교과수업 연계교육 운영 확대 1-2. 다문화교육 정책학교 운영 1-3. 다문화교육 교원 · 학부모 연수 확대
	2. 다문화 학생 맞춤형교육 지원 내실화	2-1. 맞춤형 한국어교육 제공 2-2. 다문화 학생 맞춤형교육 지원 2-3. 이중언어 교육 강조 2-4. 진로 · 진학 및 정서 함양 지원
	3. 다가치 협력 네트워크 활용 현장중심의 다문화교육 지원 체제 강화	3-1. 경남다문화교육센터 운영 3-2. 경남교육청 다가치지원센터 강화 3-3. 다문화 · 탈북교육위원회 3-4. 지역 연계 사업 운영 및 지원
전북	1. 맞춤형 교육 지원	1-1. 다꿈교육 지원단 활성화 1-2. 다꿈교육지원센터 운영 활성화 1-3. 한-베트남 학생중심 평화교육 교류활동

교육청	핵심과제	세부 추진과제
	2. 문화 다양성 교육	2-1. 찾아가는 한국어교육 확대 운영 2-2. 다꿈부모나라언어교실운영(10교) 2-3. 다꿈어울림 프로그램 운영 2-4. 중도입국학생 공교육진입 지원(위탁기관 4기관)
	3. 다꿈학교 운영	3-1. 다문화정책학교 한국어학급 4교 3-2. 다문화정책학교(초 · 중등) 15교 3-3. 다문화정책유치원 7개 원 3-4. 다꿈사랑방학교 115교 3-5. 다꿈사랑방유치원 45개 원
전남	1. 모든 구성원의 다문화 감수성 제고 강화	1-1. 학교 다문화교육 활성화 1-2. 교원 다문화교육 역량 강화 1-3. 문화 다양성 기반 교육환경 조성
	2. 공평한 교육 기회 보장의 맞춤형 교육 지원 확대	2-1. 교육기회 보장 · 조기적응 지원 2-2. 학습격차 완화 지원 2-3. 진로 · 사회성 함양 지원
	3. 학교 지원중심의 다문화교육 지원체계 강화	3-1. 다문화교육 지원체계 강화 3-2. 행 · 재정적 지원 및 제도적 보완 3-3. 유관기관 협력체계 활성화 3-4. 전남다문화교육지원센터의 역할 강화
제주	1. 학교 구성원의 다문화 감수성 제고	1-1. 다문화 이해교육 강화 1-2. 다문화교육 정책학교 운영 1-3. 다문화교육 프로그램 활성화 1-4. 교원의 다문화교육 역량 강화
	2. 다문화 학생 맞춤형 교육지원 확대	2-1. 공교육 진입 및 적응 지원 2-2. 찾아가는 한국어교육 운영 2-3. 기초학력 및 학교 적응력 향상 2-4. 안정적 성장을 위한 진로 및 정서 지원
	3. 효율적인 다문화교육 지원체계 강화	3-1. 다문화교육 자문위원회 운영 3-2. 다문화교육 모니터링단 운영 3-3. 제주다문화교육센터 운영 3-4. 지역 및 유관기관 간 협력 강화

이상과 같이, 시 · 도교육청에서는 3~5개의 핵심과제를 설정하고 있으며, 그 핵심과제에 따른 세부 추진과제를 10개 내 · 외로 설정하여 적극적으로 다문화교육을 위해 지원하고 있음을 확인할 수 있었다.

나. 시·도교육청 다문화 교육정책 사례

우리나라 17개 시 · 도 교육청 중 몇 개 교육청을 사례 분석하였으며, 특히 강원교육청, 울산광역시교육청 등의 사례를 분석하여 제시하면 다음과 같다.

1) 강원도교육청

강원도교육청[1)]의 다문화교육의 비전은 함께 배우며 성장하는 학생, 다양하고 조화로운 학교이다. 다문화교육의 목표는 다양성을 인정하고 더불어 사는 모두를 위한 다문화교육 실현이며, 추진 방향은 학교 구성원의 다문화 감수성 제고를 위한 다문화교육 지원, 다문화 학생 맞춤형 교육지원, 효율적 다문화교육 지원을 위한 센터 운영 및 지역 내 연계 활성화 등이다. 강원도교육청의 구체적인 다문화교육의 주요 추진과제는 [그림 6-1]과 같다.

1) 강원도교육청은 2021년 4월(학생 수는 2020년 기준) 기준 다문화가정 학생 수는 4,649명으로 전체 학생 151,241명의 3.1%를 차지하고 있어 매년 증가하고 있는 추세이다. 주요 출신국으로는 베트남 1,643명, 필리핀 793명, 중국 663명, 일본 351명, 중국(조선족) 및 캄보디아 각 273명, 우즈베키스탄 103명 등의 순으로 나타났다.

구분	내용
비전	함께 배우며 성장하는 학생, 다양하고 조화로운 학교
목표	다양성을 인정하고 더불어 사는 모두를 위한 다문화교육 실현
추진 방향	• 학교구성원의 다문화 감수성 제고를 위한 다문화교육 지원 • 다문화학생 맞춤형 교육지원 • 효율적 다문화교육 지원을 위한 센터 운영 및 지역 내 연계 활성화

주요 추진 과제			
1. 학교구성원의 다문화 감수성 제고를 위한 다문화교육 지원	가	학교교육과정을 통한 다문화교육 안착	① 교육과정과 함께하는 다문화교육 ② 다문화교육 정책학교 (초 · 중등) ③ 찾아가는 다문화감수성교육 프로그램
	나	교원의 다문화교육 역량 강화	① 다문화교육 역량 강화 연수 ② 다문화교육지원단 운영
	다	학생의 다문화수용도 향상	① 이중언어 활성화 지원 ② 글로벌 학생동아리 지원 ③ 다문화가정 외국어 캠프
2. 다문화학생 맞춤형 교육 지원	라	다문화학생의 건강한 성장 지원	① (한)국어지도 지원 ② 다문화교육 정책학교(한국어학급) ③ 사제동행 멘토링 지원 ④ 다문화언어강사 지원 ⑤ 다문화학생 진로진학 지원
	마	다문화가정 학부모 역량 강화	① 다문화가정학부모 동아리 지원 ② 다문화가정 학부모 교육지원 프로그램
3. 다문화교육 지원체계 구축	바	협력적 다문화교육 체계 확산	① 다문화교육센터(한울타리) 운영 ② 다문화교육진흥위원회 운영 ③ 다문화유관기관 네트워크 구축

[그림 6-1] 강원도교육청의 추진체계 및 과제

먼저, 학교급별 다문화 학생의 경우, 국제결혼 가정자녀 중 국내출생자녀가 4,333명으로 가장 많았으며, 중도입국자녀 163명, 외국인가정자녀 153명 등의 순이었다. 이에 대한 구체적인 내용은 〈표 6-8〉과 같다.

〈표 6-8〉 강원도교육청 학급급별 다문화 학생 현황 (단위: 명)

구분		초	중	고	계
국제결혼 가정자녀	국내출생자녀	2,979	844	510	4,333
	중도입국자녀	74	51	38	163
외국인가정자녀		102	28	23	153
계		3,155	923	571	4,649

강원도교육청의 국가별 다문화 학생 현황을 제시하면 〈표 6-9〉와 같다.

〈표 6-9〉 강원도교육청의 다문화 학생 부모의 국적별 현황 (단위: 명)

국가	일본	중국	중국(조선족)	대만	몽골	필리핀	베트남	태국	인도네시아	남부아시아	중앙아시아	미국
인원	351	663	273	24	76	793	1,643	99	4	44	79	40

국가	러시아	유럽	아프리카	오세아니아	캄보디아	말레이시아	동남아시아	인도	서남아시아	우즈베키스탄	중남미	기타	합 계
인원	45	15	6	3	273	1	17	4	5	103	7	81	4,649

그다음으로, 강원도교육청 다문화 학생의 증가현황에서는 2011년 전체 학생 수 대비 다문화 학생 비율이 1.0%이었지만, 2020년은 3.1%로서, 지속적으로 다문화 학생 비율이 증가하고 있다. 이에 대한 구체적인 내용은 〈표 6-10〉과 같다.

〈표 6-10〉 강원도교육청 연도별 다문화 학생 비율 (단위: 명)

연도	전체 학생 수	다문화 학생 수				강원도 비율	전국 비율
		초	중	고	계		
2011	208,283	1,454	479	120	2,053	1.0%	0.6%
2012	201,546	1,591	643	188	2,422	1.2%	0.7%
2013	194,734	1,694	672	294	2,660	1.4%	0.9%
2014	189,355	1,920	716	444	3,080	1.6%	1.1%
2015	182,057	2,177	709	566	3,452	1.9%	1.3%
2016	174,530	2,542	714	602	3,858	2.2%	1.7%
2017	168,018	2,619	692	586	3,897	2.3%	1.9%
2018	162,074	2,794	751	578	4,123	2.5%	2.2%
2019	156,823	3,070	838	535	4,443	2.8%	2.5%
2020	151,241	3,155	923	571	4,649	3.1%	2.8%

이상에서 볼 때, 강원도교육청의 구체적인 향후 과제를 제시하면 다음과 같다.

첫째, 교원, 학부모, 학생 등 학교 구성원 다문화 감수성 제고 강화이며, 주요 과제는 다문화교육 지원에서 점차 다문화 인식 개선 및 감수성 함양으로의 전환 필요, 특정 시간 및 행사 위주의 다문화교육이 아닌 교육과정과 연계한 다문화교육 강화 필요, 다문화 감수성 증진을 위한 교육지원청 및 단위학교의 자율적이고 창의적인 프로그램 운영, 인력풀을 활용한 단위학교 다문화교육 지원 강화, 다문화교육지원센터의 연수기능 강화, 중앙교육연수원, 국립국어원 주관 한국어(KSL) 연수 및 찾아가는 배움이음터 연수(원격연수) 등 다문화교육 관련 원격연수 운영하고 있으므로 교원들이 적극적인 참여가 요구된다.

둘째, 다문화 학생의 특성을 고려한 맞춤형 지원이며, 주요 과제는 다문화 학생들의 한국어지도, 학교적응력 신장, 기본학습력 확보 등 맞춤형 지원 강화, 중·고 다문화 학생이 증가함에 따라 진로, 진학 상담 등의 어려움에 대한 지원 방안 모색 필요, 다문화가정 학부모의 학교생활 이해 등 자녀 교육역량 강화를 위한 지원 강화, 비대면 상황에서의 다각적인 지원 방안 강구 등이다.

셋째, 통합 지원체계 구축이며, 주요 과제은 강원국제교육원 개원에 따른 업무 이동에 따라 도교육청과의 긴밀한 협조체제 구축, 다문화 학생의 학교부적응 등에 대한 요인을 정확히 파악하여 교육복지, 학습클리닉센터, 방과 후 지원센터 간의 유기적 협력 체제를 구축하여 종합적이고 개별 맞춤 지원이 가능한 방안 마련 필요, 강원도청 다문화 전담팀 및 다문화 유관기관인 지역의 건강가정다문화가족지원센터와의 협의체 운영으로 유기적인 연계·협력을 통한 효율적 사업 진행 등이다.

2) 울산광역시교육청

울산광역시교육청[2)]의 다문화교육의 비전은 함께 배우며 성장하는 학생, 다양하고 조화로운 학교이며, 다문화교육의 목표는 다문화 학생 교육기회 보장 및 교육격차 해소, 다양한 문화가 공존하는 성숙한 교육환경 구축이다. 추진과제는 첫째, 출발점 평등을 위한 교육기회 보장, 둘째, 학교 적응 및 안정적 성장 지원, 셋째, 다양성이 공존하는 학교 환경 조성, 넷째, 다문화교육 지원체제 내실화 등이다. 울산광역시교육청의 구체적인 다문화교육의 비전, 목표, 주요 추진과제는 [그림 6-2]와 같다.

2) 울산광역시 교육청은 2021년 4월(학생 수는 2020년 기준) 기준 다문화가정 학생 수는 3,264명으로 전체 학생의 2.5%를 차지하고 있으며, 매년 증가하고 있는 추세이다. 주요 출신국으로는 베트남 1,337명, 중국 785명, 필리핀 285명, 중국(조선족) 235명, 일본 133명 등의 순으로 나타났다.

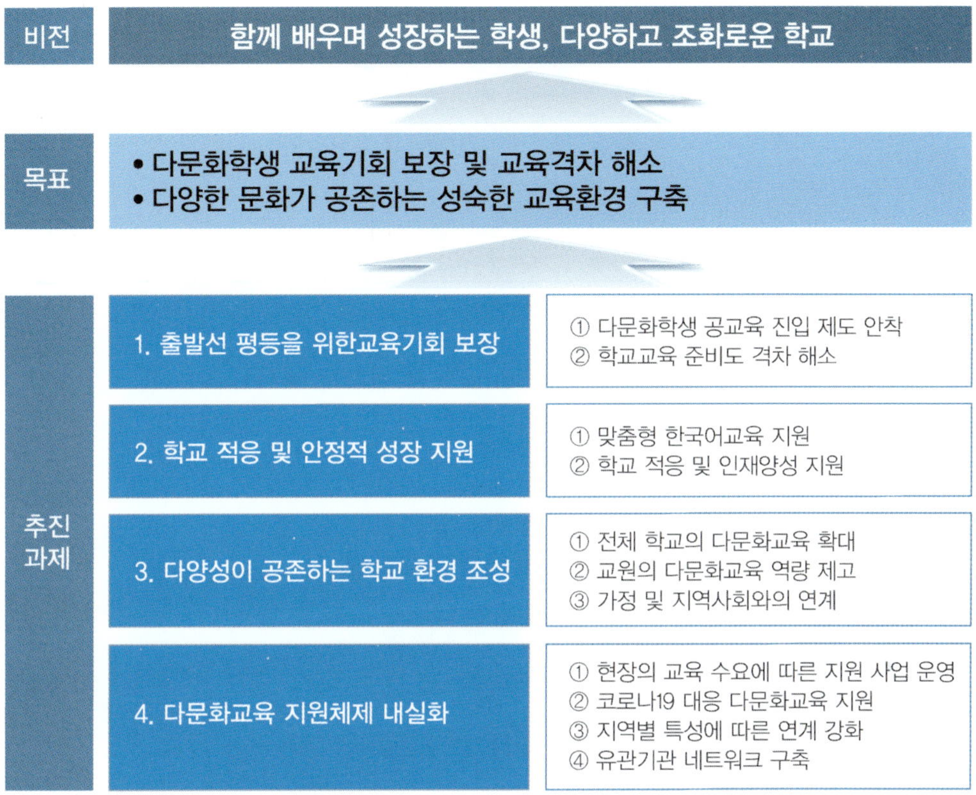

[그림 6-2] 울산광역시교육청의 추진목표 및 주요 과제

먼저, 학교급별 다문화 학생은 국제결혼가정 자녀 중 국내출생자녀는 2,734명으로 가장 많았으며, 외국인가정자녀 348명, 중도입국자녀 182명 등의 순이었다. 이에 대한 구체적인 내용은 〈표 6-11〉과 같다.

〈표 6-11〉 울산광역시교육청 학교급별 다문화 학생의 현황 (단위: 명)

구분		초	중	고	계
국제결혼 가정자녀	국내출생자녀	2,099	485	150	2,734
	중도입국자녀	97	57	28	182
외국인가정자녀		231	91	26	348
계		2,427	633	204	3,264

울산광역시교육청의 다문화 학생 부모의 국적별 현황을 제시하면 [그림 6-3]과 같다.

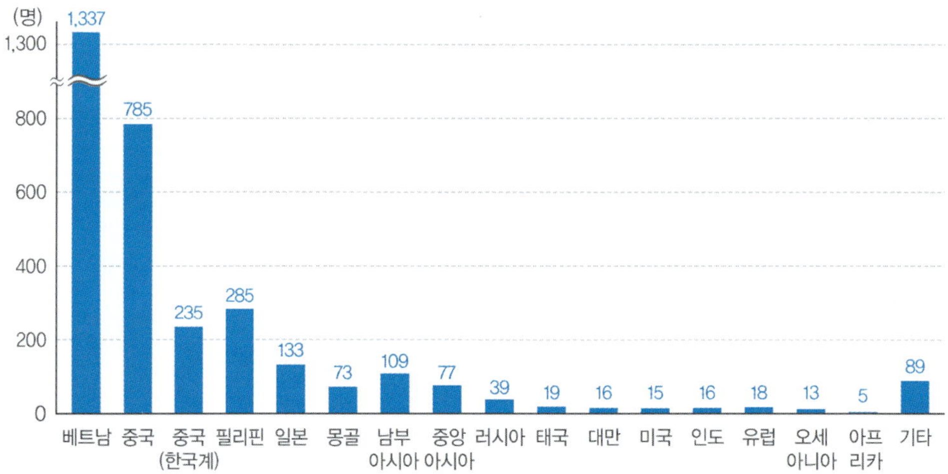

[그림 6-3] 울산광역시교육청의 다문화 학생 부모의 국적별 현황

이상에서 볼 때, 울산광역시교육청의 다문화교육 관련 구체적인 문제점 및 향후 과제를 제안하면 다음과 같다.

첫째, 다문화가정의 증가에 따른 다문화 유아교육에 대한 지원이 요구된다. 주요 과제는 다문화가정 증가에 따른 다문화 유아교육에 대한 수요 증가로 이에 대한 체계적인 지원을 위해 기본 현황 파악 및 맞춤형 지원 강화 필요하며, 다문화교육 정책학교(유치원) 확대가 요구된다.

둘째, 다문화 학생의 성장을 돕는 진로 지원이 부족한 실정이다. 다문화 학생 지원이 한국어교육 및 학습 측면에 집중되어 이주배경과 문화적 다양성을 살린 강점 개발 및 정서 지원이 상대적으로 부족하다. 이에 향후 지역 취학계층 교육격차 해소를 위한 다문화 학생 지원체계와 코로나19로 인한 취학계층 교육격차 해소를 위한 다문화 학생 지원체계 구축이 필요하며, 원격수업 지원을 위한 유관기관 연계를 통한 정보 공유의 강화가 요구된다.

Chapter

07

외국의 다문화 교육정책

1. 외국의 다문화 교육정책 비교
2. 주요 국가의 다문화 교육정책

Chapter 07

외국의 다문화 교육정책

이 장에서는 외국의 다문화 교육정책을 탐색하고 학습하며, 주요 내용인 외국의 다문화 교육정책 비교, 주요 국가인 독일, 미국, 영국, 일본, 중국, 캐나다, 프랑스 등의 다문화 교육정책을 살펴보고자 한다.

1 외국의 다문화 교육정책 비교

다문화주의가 세계적으로 부상하게 된 것은 1970년대 유럽 중심의 단일화된 문화체제에 대한 비판으로 시작되어 각 국가의 주류집단인 앵글로색슨계통의 백인들이 자신의 문화만을 고집하면서 소수집단의 문화를 배척하고 차등화하여 각 국가의 사회통합에 장애물이 되었기 때문이다(Banks, 2005). 다문화주의가 전제가 되는 다문화사회는 형성과정이 국가마다 다르며, 이의 대응 또한 달라서 국가를 구성하는 소수자의 유형에 따라 원주민, 준국가－국민집단, 이민자 집단, 새 소수자 등의 네 가지 유형으로 나눌 수 있다. 이에 대한 구체적인 내용을 정리하여 제시하면 〈표 7-1〉과 같다.

〈표 7-1〉 소수자 유형 구분

구분		옛 소수자			새 소수자
		원주민	준국가 – 국민집단	이민자 집단	
네 유형을 모두 가진 나라 (미국, 캐나다, 핀란드, 덴마크 등)		○	○	○	○
세 유형을 가진 나라	호주, 뉴질랜드 등	○	×	○	○
	영국, 벨기에, 스위스 등	×	○	○	○
두 유형을 가진 나라	프랑스, 독일, 스웨덴 등	×	×	○	○

출처: 최종렬 외(2008). 다문화주의의 이론적 패러다임과 국가별 유형 비교. 한국여성정책연구원 · 한국사회학회, 46.

원주민, 준국가－국가집단, 이민자 집단, 새 소수자 집단 모두가 있는 나라는 미국, 캐나다, 핀란드, 덴마크 등이며, 원주민, 이민자 집단, 새 소수자의 세 유형을 가진 나라는 호주, 뉴질랜드 등이다. 영국, 벨기에, 스위스 등은 네 가지 유형 중에서 세 유형을 가진 나라이며, 프랑스, 독일, 스웨덴 등은 이민자 집단과 새 소수자 집단의 두 가지 유형을 가진 대표적인 나라이다.

이민 유입국 사회의 이민자 통합 정책의 유형은 차별배제 모형, 동화 모형, 다문화주의 모형으로 구분할 수 있다(설동훈, 2006). 이에 대한 구체적인 내용을 제시하면 다음과 같다.

첫째, 차별배제 모형(differential exclusionary model)은 유입국 사회가 자국민을 최우선적으로 고려하여 기피 직종이나 위험 직군의 노동력 보완을 위한 방편으로 이민자를 받아들이면서도 국민으로서의 기본적인 정치 참여나 복지정책에서 소외시키는 모형이다.

둘째, 동화 모형(assimilationist model)은 이민자로 하여금 자신의 언어와 문화 등 모든 정체성을 버리고, 유입국의 국민 구성원들과 완전 동화되기를 지향하는 모형이다. 결국 하나의 용광로(melting pot)에서 단일 국가의 국민으로 융화되는 것을 원하는 것이다.

셋째, 다문화주의 모형(multicultural model)은 이민자로 하여금 그들의 문화를 유지하고, 지켜 나가는 것을 인정하고 장려하는 모형이다. 1970년대 이후 캐나다, 호주, 미국 사회가 그 이전까지 추구하였던 동화 모형을 포기하고, 다문화주의 모형으로 이민자 통합 방식을 변경하였다. 다문화주의 모형은 다양성에 기반을 두고 사회의 분열과 갈등을 예방하기 위한 모형으로 흔히 '샐러드 볼(salad bowl)'에 비유되기도 한다. 샐러드가 서로 다른 여러 가지 채소와 과일을 모아 하나의 드레싱으로 뒤섞듯, 공평하고 동등한 개념을 갖는 특징을 다문화주의 모형으로 설명한다.

미국, 유럽, 아시아에 있는 11개 국가의 다문화 교육정책을 정책 배경, 정책 방향, 대표적 정책, 문제점 등을 제시하면 〈표 7-2〉와 같다(강윤희, 2020; 강혜정, 2021; 김혜미, 이진경, 2019; 박성혁, 곽한영, 2009).

〈표 7-2〉 주요 국가의 다문화 교육정책 비교

국가 \ 정책	정책 배경	정책 방향	대표적 정책	문제점
네덜란드	이슬람계의 이민 증가, 자유주의적 전통	• 지주제에서 다문화주의로 변화	• ACOM 등의 위원회와 연구기관 • 이주민동화교육	• 이주민에 대한 반발과 이주민의 소외감 증가–동화주의로 전환
독일	20세기 후반 외국인 노동자의 유입으로 시작	• 독일의 기본적 가치를 이해, 생활능력 배양에 초점 • 직업상담, 직업예비교육, 직업교육 중재 등 직업서비스 강화	• 상호문화교육 프로그램, 가족 프로그램, 언어 교육	• 이주민 가족 내 세대가 통합 및 문화공유의 괴리로 부적응을 겪음
미국	동양계, 히스패닉계 등 소수인종 증가	• 소수자 정체성 보호 등 차별 없는 평등 • 미국사회 적응 지원	• 영어교육(ESL) • 이중언어 교육	• 소수자우대정책을 둘러싼 논란
싱가포르	영국 식민주의의 유산과 이민사회, 민족중심의 사회분류	• 다인종주의 (multi-racialism)	• CMIO 모델 • 이중언어 교육	• 인종적 계층화 • 이중언어정책으로 인한 언어사용능력 강조
영국	제2차 세계대전 후 이민 증가	• 문화적 다원주의 • 계층, 성, 종교 등 사회적 문제 차원으로 접근	• Sure Start • 다문화가이드북	• 정책 주체가 불분명하고 체계화되지 못함
인도	전통적 다민족국가	• 국가통합교육	• 공용어 정책	• 지역별 다양성 편차로 인한 불편 • 공용어 지정을 둘러싼 갈등
일본	외국인 증가와 국제화 정책, 귀국자녀 교육	• 다문화공생, 국제이해 교육 • 외국인 자녀 무상 의무 교육(초, 중학교)	• 의사소통 지원 • 생활지원 • 다문화공생지역 형성	• 원론적 선언 수준의 정책 • 귀국자녀의 동화, 일본인 학생의 국제화가 주된 목표

정책 / 국가	정책 배경	정책 방향	대표적 정책	문제점
중국	56개 민족으로 구성된 다민족 국가	• 중화민족주의, 동화주의 • 소수민족 대상 정책 시행, 이민자 대상 정책 미흡	• 민족구역 자치제도 • 중화민족 다원일체화 교육	• 소수민족에 대한 정책의 일관성이 결여됨
캐나다	1971년 세계 최초 국가 다문화주의 정책 실시, 1988년 세계 최초로 다문화주의법을 제정	• 모든 소수민족을 대상으로 한 사회·경제적 평등 실현 • 교사양성 프로그램에 다문화 교육 강조	• 2언어 2문화주의 • 모자이크 다문화주의	• 유색인종의 사회 상류층 진입으로 인한 주류집단의 불만과 갈등
프랑스	1980년대 이후 상호문화교육의 확대와 학교시스템의 강조	• 동화주의와 다문화주의의 균형 모색 • 관용, 비인종차별주의, 학문을 초월하는 접근방법에 역점 • 일반인과 이주민을 구분하여 다문화 교육 프로그램 운영	• 적극적 교육법 훈련, 민족적 차이를 해소 • 직업교육 확대, 교육 우선지역 선정 등 교육불평등 현상 해소 지원 • 기초학력 보장 교육 지원	• 공식적 담론과 실제 지역 차원에서 시행되는 정책의 괴리가 상당히 큼
호주	백호주의 폐기와 이민자 통합	• 정착 및 언어 지원, 호주시민성 함양 • 문화적 다양성 증진 등 다양한 전 지구적 이슈	• Racism No Way • AMEP • LOTE	• 다문화정책에 대한 사회적 합의 부족 • 동화주의로 전환

출처: 박성혁, 곽한영(2009). 다문화교육정책 국제비교를 통한 우리나라 다문화 교육정책의 방향 모색. 시민교육연구, 41(2), 117 재구성.

2 주요 국가의 다문화 교육정책

이 절에서는 다문화 교육정책에 대한 대표적인 몇몇 국가의 다문화 정책이나 교육정책, 시사점 등을 고찰하고자 한다.

가. 독일

메르켈 독일 총리가 2015년 난민에게 국경을 개방하기로 한 지 몇 년이 지난 후에도 이주, 망명 및 통합 문제가 독일의 정치 담론을 지배하고 있다. 1960년대 서독에서 외국의 파견 노동자를 받아들인 이후부터 오늘날 난민 수용까지 오랜 시간 이주민과 원주민의 사회 통합을 고민하여 왔다.

먼저 독일의 이민 실태를 고찰하면, 1994년부터 2013년까지, 독일 내 이민 건수는 연간 평균 175,000건이었다. 하지만 난민의 급증으로 이민은 2010년 128,000건에서 2014년 약 600,000건으로 증가하였으며, 2015년 이후 100만 명 이상의 이주자들이 독일 국경을 넘었다. 독일 내 학생 4명 중 1명 이상이 이민자 가정 출신이다. 연방 통계청에 의하면, 현재 독일의 120만 학생은 외국 국적만 가지고 있으며, 열 명 중 한 명의 학생은 독일 시민권이 없다. 이민자의 국적은 대다수가 터키 출신 또는 터키계이며, 그 외 유고슬라비아, 알바니아, 소련, 우크라이나, 모로코, 아프가니스탄, 이란, 레바논, 베트남, 팔레스타인 등의 출신 난민들이다(경상북도교육청연구원, 2020).

독일 프리드리히 에버트 재단(Friedrich Ebert Foundation)이 2019년 「독일인의 이주에 관한 생각」이라는 제목으로 최근 발표한 독일 국민의 이민 실태에 대한 인식 연구에 의하면(경상북도교육청연구원, 2020), 독일인은 이민에 대해 대체로 개방적이다. 설문조사에 참여한 응답자의 약 63%는 이민이 독일의 숙련된 노동력 부족을 해결하는 데 도움이 될 수 있다고 생각했으며, 약 50%는 이민이 국가를 경제적으로, 그리고 문화적으로 풍요롭게 한다고 믿었다. 난민과 이민자의 유입에 대한 우려가 존재하지만, 그 문제들은 주로 언론과 정치에서 강조되는 경향이 있다고 본 것이다. 응답자들이 언급한 주요 관심사는 우익 극단주의와 인종 차별적 폭력의 증가이며, 이주 증가로 인해 생겨난 사회 분열 증가에 대한 우려가 뒤따랐다.

독일의 다문화 교육정책은 차별적 배제 정책의 지속과 이주민통합정책의 부재에서 탈피하여 최근에는 이주민의 통합정책과 제도화를 추진하고 있다. 1980년대에 외국인 노동자의 유입으로 시작된 독일의 다문화 교육정책은 주류문화와 비주류문화 사이의 갈등을 해소하기 위해 '상호문화교육' 프로그램을 개발하였으며, 학자와 관련 전문연구기관의 이론적 연구뿐만 아니라 연방정부, 주정부, 기업 등의 행정적 · 재정적 지원이 큰 역할을 해 왔다. 사회적 통합을 강조하면서 독일어 실력 향상을 최우선적으로 추진하였으며, 정규수업 시간으로 부족하면 특별대책을 수립하여 다문화 교육정책을 시행하여 왔다. 즉, 특별대책 지원을 통해 언어습득을 위한 프로그램을 모든 주에서 진행하며, 취학 전 단계, 학교 단계, 커리큘럼, 직업교육, 출신국 언어 교육, 학부모와의 협력, 관련 단체들의 네트워크 등에 대한 대책을 적용하여 왔다.

사회 전체의 협력과 체계적인 대응이 필요하다는 문제의식은 2007년 '국가통합계획(der nationaler integrations plan)'으로 집약된다. 여기에서는 연방정부, 주정부, 기초자치단체 수준의 기여 방안을 논의하고, 통합과정, 언어지원, 학교교육과 직업교육, 여성과 소녀지원, 지역의 통합노력 지원, 문화, 스포츠, 언론매체, 시민단체, 학계 등 관련 분야를 망라한 종합대책을 제시하고 있다. 인종차별 없는 학교-용기 있는 학교(Schule ohne Rassismus Schule mit Courage: SOR-SMC) 프로젝트는 1,000개 학교의 750,000명이 참여하고 있으며, 전체 학교 구성원의 70% 이상의 서명으로 SOR-SMC 인증을 받았다. 인증을 받은 후 모든 종류의 차별, 폭력, 따돌림에 반대하며, '남과 다름, 차이'를 당연한 것으로 받아들이는 학교 분위기를 만들기 위해 노력하여 왔다(류방란, 2012).

연방정부 차원에서 '개별 학생 통합지원(case management)'은 다문화가정 학생이 통역사의 도움을 받아 자신의 특성 및 가정환경을 고려하여 학교생활 및 졸업, 취업 등 장기적인 인생 설계를 할 수 있도록 도움을 주고 있다. 또한 '집단 프로그램'을 동시에 운영하여 출신국이나 처한 상황이 비슷한 학생들을 함께 묶어 개인의 목표 달성을 위한 다양한 프로그램을 제공하고 있다.

2011년 연방정부, 시민사회, 다수의 이주민 조직이 참여하여 '국민통합계획'을 위한 방안들을 점검 가능한 목표로 구체화한 '국민통합 실행계획'을 수립하여 이주배경을 지닌 청소년들에 대한 지속적인 언어 교육 보장, 보편적 계속교육 참여비율 확대, 학력수준 및 직업교육 성취의 독일 평균 수준으로 향상, 대학졸업자 비율 증대 등의 구체적인 목표를 제시하고 있다(정수정, 2014).

한편, 독일의 다문화교육 정책이 보여 주는 두드러진 특성은 이주 배경을 가진 성인 주민이나 아동 및 청소년을 분리하여 대처하기보다는 사회통합이라는 국가적 차원의 목표 아래 여타의 취약집단 구성원들과 함께 통합적인 교육지원정책을 시행하였으며, 각 집단의 특성을 고려하여 개별적 지원을 강화하고 있다는 점이다. 예컨대, 사회법에 따른 의무적 근로지원방안으로 모든 학생에게 직업상담, 직업예비교육, 직업교육 중재 등의 서비스를 제공한다. 이 과정에서 이주배경이 있는 청소년이나 취약계층 청소년에 대해서는 추가적인 지원을 하는데, 직업교육 기회를 얻지 못한 청소년이나 이주배경 청소년 또는 장애를 지닌 청소년 등을 대상으로 시행하는 직업 준비 교육방안, 기업과 연계하여 이루어지는 직업교육 진입을 위한 질 향상 프로그램, 학교-직업교육 간 연결을 지원하기 위한 연결교육 지원 이니시어티브, 이주배경이 있는 교사 양성 프로그램 등이 있다(정수정, 2014; 김한길, 2017).

최근 독일에서의 다문화 교육정책 관련 이슈(경상북도교육청연구원, 2020)로는 첫째, 교내 니캅 착용 논란이다. 2019년 여름, 한 16세의 이슬람교도 여학생이 얼굴의 아주 좁은 공간만 열어 둔 베일인 니캅을 착용하였다. 학교는 학생이 니캅을 착용하는 것을 금지하였기 때문에, 그 학생은 정규수업에 참석할 수 없었다. 학생은 인접한 교실에 혼자 앉아 있어야 했으며, 교사들은 학생에게 니캅을 벗으라고 여러 번 설득했지만, 헛수고에 불과하였다. 또한 독일뿐만 아니라 덴마크, 프랑스, 벨기에 및 네덜란드 등와 같은 유럽 국가에서는 공공장소에서 베일 착용을 금지하고 있다. 현재의 법적 상황에 의하면, 함부르크에서 학생들은 학교에 다니는 동안 얼굴을 가리지 않아도 된다. 학생이 자신의 믿음의 자유를 보호받을 것을 주장할 수 있으며, 이 기본권을 침해할 수 있는 법적 근거가 함부르크 학교법에 존재하지 않기 때문이다. 함부르크시는 이에 대해 조처하기를 원하며, 고등 행정 법원에 이 결정에 대해 항소한 상태이다. 학교 상원 의원 Rabe는 필요한 경우 학교법을 변경할 것이라고 발표하였다.

둘째, 독일어 능력이 부족한 학생은 학교 입학이 불가한가에 대한 논란이다. 앙겔라 메르켈 총리의 보수 기독교 민주당(CDU)의 한 고위 인사는 독일어를 잘하지 못하는 아이들은 학교에 들어가지 말아야 한다고 주장하면서 논쟁을 불러일으켰다. CDU 의회 그룹의 부의장인 Carsten Linnemann은 독일 일간지인 『Rheinische Post』에 "독일어를 거의 말하지 못하거나 이해하지 못하는 어린이는 아직 초등학교에 가서는 안 된다."라고 말하였다. Hurrelmann은 이민자 아이들에게 독일어를 가르치고, 점진적으로 그들을 정규 혼합 수업에 통합하는 환영 수업(Willkommensklasse) 정책을 옹호하였다. 이 정책은 베를린을 비롯한 독일 내 다른 여러 지역에서도 시행하고 있다.

이상에서 볼 때, 독일은 사회 내 이민자의 비율이 높아지면서 다양한 교육적 고민으로 여러 정책을 시도하고 있으며, 독일의 다문화 교육정책에도 분명 개선이 필요한 부분들이 존재한다. 하지만 시대의 변화에 따라 꾸준히 교육정책을 수정하고, 다양한 측면을 고려하는 독일의 방식을 우리나라 교육당국도 참고할 필요가 있다.

나. 미국

미국은 노예제와 활발한 '이민'의 역사로 다양한 인종과 민족이 모여 살아가는 대표적인 다문화 국가이다. 이로 인해 역사적으로 불가피하게 잠재된 인종 · 민족 · 종교 간 갈등을 최소화하기 위하여 사회통합을 위한 여러 다문화 교육정책과 맞물려 다문화 교육에 힘써 왔다. 미국은 '다양한 인종, 하나의 국민'이라는 기치 아래, 구성원 각자의 독자적인 문화 배경의 특색을 존중하면서도 새로운 '미국인'으로서 구성원들을 결속하는 다문화 교육을 강조하고 있다(경상북도교육청연구원, 2020).

미국은 1900년대 중반 이후 히스패닉계 이민자가 꾸준히 늘어나 이들을 미국 시민으로 만들기 위한 교육이 필요하게 되었다. 1960년대 이전의 정책의 방향은 동화주의(assimilationism)로 이민자들이 그들이 갖고 있던 문화적 정체성을 포기하고, 미국 사회의 주류문화에 동화되어 미국 시민이 되는 것을 의미한다. 그 후 1960년대 이후에는 정책의 방향이 문화 다원주의(cultural pluralism)로 바뀌게 되었다. 이는 주류사회의 문화를 인정하면서 소수집단의 문화와 정체성도 존중하는 입장이다. 또한 미국이 다양한 문화 구성원을 하나로 묶는 매개는 이제 '동화'가 아니라 '애국심'이며, 다문화 관련 문제를 '시민권' 획득과 '계층 격차 문제'로 결부 지어, 다문화 배경을 지닌 학생에게 각종 교육적 지원을 추가 제공하고 있다.

현재 다문화성이 폭발하고 있는 미국은 소수 문화의 정체성 보호 및 미국 사회적응을 위한 다문화 교육을 지향한다. 또한 법과 프로그램을 통해 다문화 배경 소외계층 학생의 학력 증진과 교육 기회의 평등을 보장한다. 심지어 불법 체류자 자녀 교육까지도 지원하고 있다. 2000년 이후 미국 지역별 다문화 비율 현황 및 변화도(2016년 11월 기준)를 제시하면(The Washington Post, 2016) [그림 7-1]과 같다.

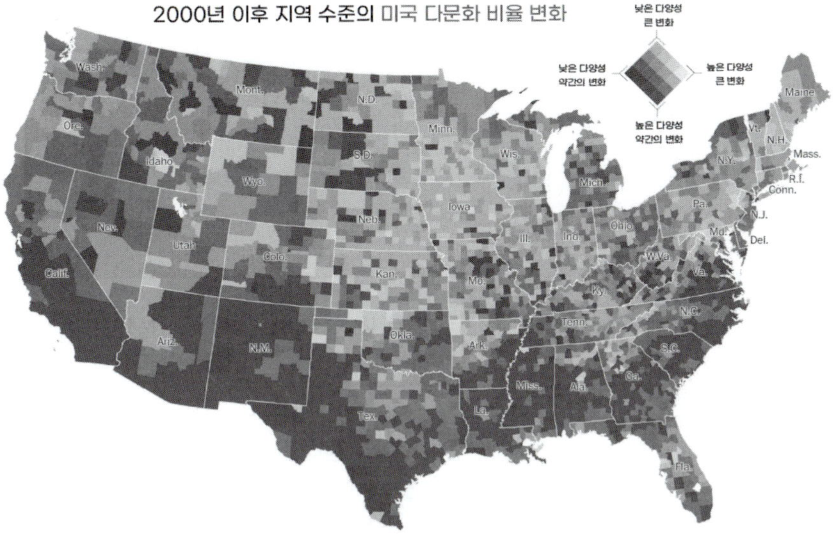

[그림 7-1] 미국 지역별 다문화 비율 현황 및 변화도

또한 미국의 2007년 이후 출생 세대의 인종-민족 구성 비율(2018년 6월 기준)을 제시하면 [그림 7-2]와 같다(출처: Brookings).

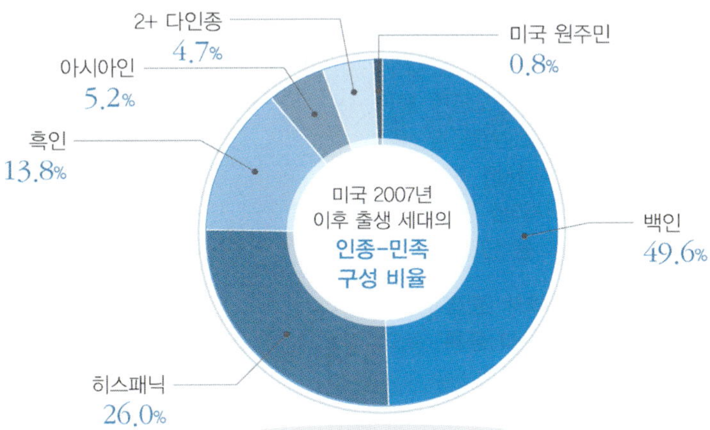

[그림 7-2] 미국의 2007년 이후 출생 세대의 인종-민족 구성 비율

[그림 7-2]의 미국 2007년 이후 출생 세대의 인종-민족 구성 비율처럼 이제는 더 이상 백인이 과반이 아님을 알 수 있다. 즉, 백인 49.6%, 하스패닉 26.0%, 흑인 13.8%, 아시아인 5.2%, 2+ 다인종 4.7%, 미국 원주민 0.8% 등이었다.

미국 연방 교육부 프로그램 지침(Guide to U.S. Department Education Programs, 2007)을 통해 2005~2007년까지 실시한 소수학생을 위한 프로그램은 소수자 정체성 보호, 미국사회 적응 지원의 두 가지 차원에서 이루어졌다. 구체적인 내용은 〈표 7-3〉과 같다.

〈표 7-3〉 미 연방교육부 다문화가정 학생 관련 교육 프로그램

<table>
<tr><th>교육 대상</th><th>내용</th><th>주관 부처</th><th>프로그램명</th></tr>
<tr><td rowspan="3">영어구사 능력제한 학생 (LEP Students)</td><td>이중언어 교육, ESL 교육, 가정 및 학부모교육지원</td><td rowspan="4">영어습득국 (Office of English Language Acquistition: OELA)</td><td>• 이중언어 교육을 위한 학교지원</td></tr>
<tr><td>영어구사능력 제한 학생에 대한 각 주의 영어능력향상 및 학업성취증진 프로그램</td><td>• 영어 습득을 위한 주 지원</td></tr>
<tr><td>미국 본토와 하와이, 알래스카 원주민, 태평양섬 출신의 영어구사능력 제한 학생을 위한 영어지원 프로그램</td><td>• 알래스카 및 하와이 원주민 지원 기관</td></tr>
<tr><td>모든 교사</td><td>교사 대상의 이중언어 교육능력 향상 프로그램</td><td>• 교사를 위한 이중언어 교육</td></tr>
<tr><td>고등 교육기관</td><td>원주민 교육기관의 역량 강화, 재정 지원</td><td>고등교육국 (OPE)</td><td>• 알래스카 및 하와이 원주민 지원기관</td></tr>
<tr><td>인디언 아동</td><td>인디언 아동 교육지원을 위한 관련 기관 및 단체 지원</td><td>고등교육국 (OPE)</td><td>• 미국원 주민 중심 대학
• 인디언 아동 교육
• 지방 인디언 교육기관 지원
• 인디언 교육의 전문성을 위한 지원</td></tr>
</table>

교육 대상	내용	주관 부처	프로그램명
이민 자녀	이민자 교육을 위한 관련 단체, 고등교육기관, 주교육기관 지원	초중등교육국 (OESE)	• 이민자 교육 프로그램(Even Start) • 이민자 학생 교육을 위한 주의 기초 재정 지원 • 고등교육을 받는 이민자학생의 재정지원 프로그램 • 주별로 연계된 협동적 이민자녀 교육프로그램의 지원

출처: 박성혁, 곽한영(2009). 다문화교육정책 국제비교를 통한 우리나라 다문화교육정책의 방향 모색. 시민교육연구, 41(2), 102-103.

미국의 대표적인 다문화교육 프로그램으로는 인디언 자녀 대상 교육프로그램, 이주민자녀 대상 교육프로그램인 Event Start 프로그램, 교사 대상 이중언어 교육 프로그램 등이 있다. 인디언 자녀 대상 교육프로그램은 고등교육국에서 주관하며, 인디언 자녀 교육지원을 위한 관련기관 및 단체를 지원한다. Event Start 프로그램은 초중등 교육국에서 주관하며 부모와 자녀의 긴밀한 교육적 연계 속에서 가족 중심적 읽고 쓰기 능력을 향상을 지원하는 프로그램이다. 교사 대상 이중언어 교육 프로그램은 이중언어나 ESL교육 프로그램을 통해 다문화교사 자격증을 발급하며, 뉴저지 시립대학의 ESL 교사 교육 프로그램이 대표적이다(이명종, 2013).

미국은 50개의 주 중에서 28개 주는 다문화교육 프로그램을 책임지는 정부 담당자가 별도로 있고, 다문화가정이 많은 캘리포니아주 등은 주정부 차원에서 다문화교육이 다양하게 실시되고 있다(김눈송이, 2012). 이 중에서 캘리포니아주는 이중언어 교사 훈련, 지역기반 영어 과외, 영어구사 능력 취득 지원 프로그램 등의 프로그램을 운영하고 있다. 8학년 이상에서 사용하는 교재 중 오직 다문화에 대한 학습을 목적으로 『A Multicultural World』라는 교재를 사용하고 있으며, 이 교재는 보다 직접적이고 객관적으로 다문화에 대해 설명하고 있다(김지영, 2009).

미국 다문화교육의 특징(경상북도교육청연구원, 2020)을 구체적으로 제시하면 다음과 같다.

첫째, 학교 교육과정 속의 다문화교육을 시행하고 있으며, 이러한 다문화교육은 '다문화 역량(intercultural competence)'을 길러 주는 것을 주된 목표로 삼고 있다는 점이다. 이는 자신의 문화 정체성을 명확히 인식하고 자긍심을 가지면서, 다른 문화에 대한 편견이나 배타적인 태도를 버리고 상대 문화를 이해하고 해석하며 기꺼이 수용할 수 있는 능력이다. 미국 다문화 교육과정은 주로 '문화 다양성'의 이해와 인종 · 문화 · 종교 차별 금지에 관한 내용을 주로 다루고 있다.

둘째, 미국의 다문화교육은 이중언어 및 계승어 교육이다. 미국은 초등학교부터 학교마다 '이중언어 교사(강사)'를 채용하여 배치하고 있으며, 이민 온 학생들이 하루빨리 미국 사회에 적응할 수 있도록 미국의 주 언어인 영어를 수준별로 배울 수 있는 ESL 교육 프로그램 반을 편성하여, 추가적인 언어 교육 기회를 제공하고 있다. 또한 최근 미국 다문화교육의 특징적인 동향은 '계승어 교육'이다. 영어 이외의 언어를 쓰는 가정에서 자란 학생(언어 간 분석이 가능한 자주성 있는 고등학생 · 대학생 위주)을 '계승어 학습자(Heritage Language Learner: HLL)'로 보고 있다. 이러한 계승어 학습자가 소멸 위기에 놓인 소수 언어를 되살려 미국의 언어 자원을 풍부하게 한다는 차원에서 언어 능력 유지와 계승을 지원하고 있다.

셋째, 미디어 활용 다문화 교육이라는 점이다. 미국은 미디어와 엔터테인먼트 산업이 발달한 국가답게, 미디어를 활용하여 다문화 교육을 수행하고 있다. 특히 '미디어 리터러시' 프로그램과 다문화 교육을 연계하여 진행하고 있다. 예를 들어, 미디어에 등장하는 중동의 문화적 배경을 지닌 사람을 보고 에세이를 작성해 보거나 영화 〈알라딘〉을 보고 실제 중동 문화와 비교해 보고 자기 생각을 발표 · 토론하는 수업을 해 보는 방식이다. 이러한 활동 속에서 특정 문화의 역사 · 정치 · 사회 · 문화적 배경의 이해를 넓히고, 각 문화의 장점을 자연스럽게 배우는 계기가 된다.

넷째, 다문화 교육 교원 연수를 강화한다는 점이다. 미국 교원들은 예비 교원을 위한 학부 과정 때부터 다문화 및 다언어 교육과정을 이수하는 비율이 높다. 캘리포니아주처럼 다문화 비율이 높은 몇몇 주에서는 이 과정이 필수 과목으로 지정되어 있기도 하다. 또한 이중언어 교사(강사)는 영어가 유창하지 않은 학생이나 학부모와의 원활한 의사소통을 지원할 뿐만 아니라 같은 내용으로 교원 연수를 수행하기도 한다.

다섯째, 문화 체험을 통한 다문화 교육이라는 점이다. 학교와 지역사회 차원에서 여러 나라의 문화체험 행사를 자주 열어 다양한 문화를 시민들이 편견이나 고정관념 없이 받아들이도록 체험 기회를 주고 있다. 예를 들어, '인터내셔널 푸드 페스티벌'을 열어 세계 각국의 음식을 공유해 보는 학교 연례행사를 진행한다. 또한 음력으로 한 해가 시작되는 날(설날)을 '중국 문화의 날'로 지정해 중국 음악곡 연주, 사자춤, 퍼레이드 등을 관람할 수 있는 다양한 행사를 진행하고 있다. 이러한 경험을 통해 시민들은 특정 문화를 보다 친근하게 즐길 수 있으며, 특정 문화권 출신 사람들은 출신 문화에 자긍심을 갖고 널리 알릴 수 있다. 특히 학생들은 다양한 문화가 공존하는 환경에서 어려서부터 익숙해질 수 있게 된다.

한편, 미국의 다문화 교육정책 중 적극적 조치 정책을 제시하면, 적극적 조치는 '적극적 차별 시정(적극적 우대) 정책'이라 말할 수 있다. 이 정책이 다문화교육에서는 쉽게 말해 '소수자 우대 정책'이 된다. 특정 문화적 배경을 지닌 인종에 대한 배려와 특전을 제공하는 것이다. 대표적인 예로 '대학 입학 전형에서의 우대'가 있다. 대법원은 '인종별 할당제' 채택은 금지하였지만, 대학 입시에서 인종을 고려하는 것은 계속할 수 있도록 허가하였다. 대학에서는 이 같은 정책이 대학 구성원의 다양성을 확보하기 위한 정책으로서 인종은 입학 자격의 종합적 판단을 위한 잣대 중 하나라고 볼 수 있다.

하지만 이와 같은 적극적 조치가 비소수인종(백인) 학생의 '평등권'을 침해하는 '역차별'을 조장한다는 반발 또한 거세기 때문에 미국 사회의 논란이 되고 있다. 백인 학생과 같거나 낮은 SAT 점수를 지닌 소수인종 학생들이 백인 학생보다 더 좋은 대학에 입학하고 있다는 점이 대표적인 실례이다. 이에 따라 인종 · 종교 · 성별에 관계없이 동등한 보호를 보장하고 있는 '미국 수정 헌법 제 14조'를 침해하고 있는지를 가리는 대법원 소송이 빈번하게 일어나고 있다. 한편, 트럼프 행정부는 대학 입학 사정에서 다양성을 위해 인종 요소를 고려할 것을 권고한 오바마 전 행정부의 '지침을 폐기'하였다. 새롭게 출범할 바이든 정부에서는 어떻게 지침이 변할지 변화에 귀추가 주목된다.

이상에서 볼 때, 미국에서는 반 친구의 문화적 배경을 자연스럽게 경험해 보며 인지하게 되면서, '자유와 평등'이라는 대전제 가치 아래 다문화 교육을 수행하고 있다. 이처럼 '반드시 ~해야 한다'라는 형태가 아니라, '~하다, ~할 수도 있다'라는 식으로 다문화교육을 수행한다면, 낯선 문화에 대한 학생들의 반발과 부자연스러운 교육이라는 문제도 자연스럽게 해결될 것이다. 또한 학생들의 언어 · 문화적 배경을 고려하여 학생저마다의 행동 특성을 부정하거나 성급하게 교정하려 들어 의도치 않게 문화적 폭력을 경험하지 않도록 해야 할 것이다. 동화주의로 똘똘 뭉친 형식적 관점에서 한국의 문화를 '베푸는 것'이 아니라, 다양한 문화 출신의 학생과 학부모를 소중한 자원이자 혜택으로 보는 것이 타당할 것이다. 즉, 우리나라에도 한국 출신 다문화 학생뿐만 아니라 중도 입국 학생, 외국인 학생들이 급증하고 있는 것이 현재의 모습이다. 단일민족의 정체성을 버리기는 쉽지 않지만, 공존을 위한 심도 있는 교육적 논의가 필요한 시점이다. 이미 수많은 시행착오를 거쳐 온 미국의 다문화교육 역사와 사례 고찰을 통해 우리나라에서도 체계적인 다문화교육의 관점에서 출발하는 교육정책으로 나아가야 할 것이다.

다. 영국

영국은 제2차 세계대전 이후에 부족한 노동력을 채우기 위해 많은 외국인 노동자들을 폴란드, 아일랜드 등으로부터 유입하여 이들을 하나로 묶을 '문화적 동화주의(cultural assimilation)'를 통해 이들을 영국사회의 주류문화로 흡수·동화되도록 하였다. 그 이후 다문화 교육을 위한 정책으로는 Sure Start Program과 다문화 가이드북을 발간하였다. Sure Start Program은 사회·경제적 배경이 열악한 학생들에게 읽기, 쓰기, 셈하기 등의 교육을 통해 보상교육을 실현하며, 사회·경제적 불평등을 완화하여 정상적인 학교교육을 받을 수 있도록 하는 교육복지 프로그램이다.

다문화 가이드북은 2004년 교육 및 기술부(Department for Education and Skills)에서 발간·배포하였으며, 소수인종에 대한 분석, 편견, 인종차별주의, 소수인종을 위한 교육적 처치 방법을 소개하고 있다.

영국정부의 다문화교육을 위한 노력으로는 '화합과 단결위원회(The Commission on Integration and Cohesion)'를 통해 지방에서 화합을 위한 실질적인 정책을 만들어 가고 있으며, '학교교육개발원(The Training and Development Agency for Schools: TDA)'은 교사교육에 문화상호작용을 포함하도록 하고 있다(김선미, 2011).

최근 영국의 다문화교육은 인종적인 문제뿐만 아니라 계층, 여성, 성별, 종교, 장애와 특별교육 등의 사회적 문제와 같이 취급되고 있으며, 인종적인 측면에만 특별히 초점을 두지 않는 다문화 교육정책을 시행하고 있다(강혜정, 2021).

영국의 다문화교육 지원 정책은 크게 '교육의 성과(excellence in education)'와 '사회적 통합(social inclusion)'을 목표로 하고 있으며, 이를 위해 학교, 가정, 지역의 연계를 전제로 한 다문화 교육정책을 운영하고 있다. 특히 정착이 필요한 중도입국 다문화 학생을 지원하기 위한 전담인력 배치를 통해 체계적인 교육 지원이 가능하도록 하고, 생활지원, 생활지도, 순찰 및 보살핌 등을 통해 균등한 교육 기회 제공을 보장하고 있다(경상북도교육청연구원, 2020).

영국의 중도입국 다문화 학생의 현황을 제시하면, 영국은 대영제국의 식민지 국가들로부터 노동력이 유입되고, 제2차 세계대전 이후 붕괴된 동유럽 국가로부터 이주민이 유입되었으며, 최근에는 유럽연합(EU) 국가로부터 유입되는 이민자의 수가 크게 증가하고 있다. 영국 통계청에 의하면, 영국 전체 인구 중 이민자가 차지하는 비율은 2005년을 기점으로 10%를 넘어섰다. 이민자의 구성은 백인 이주민이 주류를 이루었던 과거와는 달리 아프리카, 중동 및 아시아 등 다양한 인종의 이주민이 유입되고 있으며, 이로 인해 학교 또한 다양한 문화적 배경을 가진 다문화 학생이 급격하게 증가하였다. 영국의 인구 구성 및 현황을 제시하면 〈표 7-4〉와 같다.

〈표 7-4〉 영국 인구의 구성 및 현황 (단위: %)

인종	2001	2008	2011	
			전 연령	16세 이하
백인(White)	91.3	89.9	86.0	80.9
아시아인(Asian)	4.8	5.3	7.5	9.8
아프리카인(African)	2.2	2.3	3.3	4.6
혼혈인(Multiple)	1.3	1.1	2.2	3.9
기타(others)	0.4	1.4	1.0	0.8

영국 내 이민자의 증가 및 체류 외국인의 증가는 자연스럽게 영국 초·중등학교 교실의 소수인종 및 다문화 배경을 가진 학생 비율이 증가하는 결과로 나타났다. 공립학교 학생 통계(2019년 기준)에서 다문화가정 학생의 비율을 제시하면, 초등학교는 26.4%, 중등학교는 26.8%, 특수교육대상자는 26.3%로 나타났다. 다양한 다문화 배경을 가진 학생들이 급격하게 유입되는 학교 교실에서는 영어를 모국어로 사용하지 않는 학생의 비율도 점차적으로 증가하였으며, 초등학교와 중등학교 교실의 각각 21.2%와 16.9%로 조사되었다. 언어 장벽(language barrier)이 초래하는 구성원 간 소통의 결핍도 문제이지만, 학습의 기본 도구인 언어능력의 부족은 다문화가정 학생들의 교육 중도탈락률을 높이고 교육 소외계층으로 전락시키기도 한다. 따라서 영국은 국가적으로 이들

을 고려하는 교육정책을 적용하고 그에 따르는 교육지원과 사회적 통합 방안을 마련하였다.

또한 영국의 다문화 교육정책은 영국 정부가 인종 차별과 사회 분리를 해소하기 위해 시행한 「인종관계법(Race Relation Act)」과 2010년 제정된 「평등법(The Equality Act 2010)」에 근간을 두고 있다. 이에 영국의 학교에서는 학생의 성별, 인종, 능력, 종교, 신념, 성적 취향 등을 이유로 어떠한 차별을 받지 않을 것을 법으로 보장한다. 교육부는 이를 위해 평등(equality), 다양성(diversity), 공동체성(belonging and cohesion)에 초점을 두고 이주 배경을 가진 다문화가정 학생의 교육 결핍을 해소하며, 모든 학생에게 공평한 교육기회를 제공하기 위해 다양한 교육정책을 시행하고 있다(경상북도교육청 연구원, 2020). 구체적인 내용을 제시하면 다음과 같다.

첫째, EAL(English as an Additional Language) 프로그램으로서, 영국으로 이주하거나 체류하는 학령기의 아동 및 청소년은 바로 학교에 배치되며, 배치 후 2주 내에 영어실력을 평가하는 언어 시험을 치르게 된다. 언어 시험 결과 해당 학생에게 추가적인 영어교육이 필요하다고 판단되는 경우, 학교는 EAL(English as an Additional Language) 전문가를 통해 영어 학습을 지원한다. EAL 프로그램은 담당교사의 결정에 따라 정규수업 전 · 후, 점심시간 또는 정규수업 중의 시간에 운영되며, 담당교사는 효과적인 학습에 기여할 수 있도록 단기 혹은 장기 연수를 필수적으로 이수해야 한다.

둘째, 학교-가정 중개 프로젝트(School Home Liaison Project)로서, 영국 정부는 가정과 학교의 의사소통을 긴밀하게 중재함으로써 중도입국 청소년들의 무단결석과 학업 중도 탈락을 방지하고, 이주 가정의 학부모로 하여금 학교 교육의 중요성에 대한 이해 정도를 높이고 자녀의 교육에 참여할 수 있도록 하는 학교-가정 중개 프로젝트를 실시하고 있다.

셋째, 기본학습 프로그램으로서, 2001년부터 영국은 중도입국 다문화 가정 학생들의 '문해력(literacy)', '언어능력(language)', '수리능력(numeracy)' 향상을 위한 교육을 제공하였으며, 이를 시행하기 위해 학습기술위원회(Learning and Skills Council: LSC)를 설립하였다. 기본학습 프로그램의 운영으로 언어적, 인종적, 문화적 소수를 차지하는 다문화가정 자녀의 학업성취도 개선을 가져왔다.

넷째, 학교-지역기관 연계 협력을 통한 지원으로서, 영국의 모든 학교는 중도입국 다문화가정 학생을 개별적으로 지도하고 보조하는 전담 인력을 배정한다. 학교의 여건에 따라 때로는 담임교사가 그 역할을 수행할 수도 있으며, 해당 학생의 모국어를 구사하는 보조교사를 배치하기도 한다. 전담 인력은 학업 보조, 학생과 가정이 지역에서 적응하고 정착하는 것을 돕고, 이를 위해 필요한 지역 단체들과 연계될 수 있도록 조력한다.

다섯째, 민간 자선단체의 지원 허용으로서, 영국에서 여러 민간 자선단체는 인종차별과 사회, 경제, 문화적으로 취약한 다문화가정 학생들이 정규 교육과정에서 소외되지 않도록 학습 장애 요인 및 학습 중도 탈락 현상을 분석하며, 다양한 교육적 상담을 제공하고, 학생의 경쟁력을 강화하기 위한 사업을 펼치는 등의 다양한 사업을 전개하고 있다.

여섯째, 학부모의 자녀교육 책임에 대한 법제화로서, 교육법 2006(Education and inspection Act 2006)이 명시하는 대로 지역교육청은 모든 학생들에게 동등한 교육서비스를 제공하고, 그들의 출석을 관리할 의무를 가지게 되었다. 정규교육과정에 5일 이상 무단으로 결석하는 학생이나 지속적으로 불량한 학습태도를 보이는 학생들의 학부모에게는 벌금 집행과 같은 법적 제재를 취할 수 있다. 따라서 학교는 이들의 출석률을 높여 균등한 교육기회의 부여 및 안정적인 교육환경을 제공하고 있다.

일곱째, 소수인종 성취 장학금(Ethnic Minority Achievement Grant: EMAG) 지급으로서, 영국 교육부는 다문화 배경을 가진 소수인종 학생들의 학업 성취도를 향상하고, 새로운 교육환경에 적응할 수 있도록 장학금을 지급하고 있다. 교육부는 EMAG 기금 조성을 통해 영국 전역의 학교의 다문화 교육서비스 개선을 지원하며, 영어가 모국어가 아닌 학생(English as an additional language)들이 그 혜택을 받을 수 있도록 규정하였다. 또한 지역교육청과 학교운영위원회는 EMAG 기금을 활용하여 별도의 예산을 편성하고, 다문화가정 학생을 지원하기 위한 소수인종 전문인력 및 코디네이터를 배치한다. 고용된 전담인력은 학생의 출결 관리, 컨설팅 제공, 방과 후 보충수업 실시, 학부모 상담, 멘토링 사업 유치 등 다양한 방면에서 폭넓게 활동하고 있다.

이상에서 볼 때, 우리나라의 다문화가정의 비율은 5.49%이며, 그중에서 학교 교실을 구성하는 다문화가정 학생의 비율은 초등학교와 중등학교가 각각 3.43%와 1.35%이다. 지금까지 우리나라의 다문화가정은 대부분 국제결혼을 매개로 증가되었지만, 최근에는 외국인 노동자, 체류 외국인, 국제 난민 등의 증가로 다양한 배경의 학생들이 증가하고 있는 실정이다. 따라서 영국의 학교-가정-지역사회의 협력을 기반으로 하는 우수사례는 우리나라 다문화 교육의 나아갈 방향을 제시하고 있다. 영국의 지역교육청과 여러 지역기관이 구성하는 지역 공동체의 네트워크와 같은 긴밀한 연계 시스템 확보를 통해 다문화가정과 그 자녀들의 사회통합을 기대할 수 있다. 또한 담임교사 외에 다문화가정 학생들을 전문적으로 관리하고 지원하는 전담 인력 배치를 통한 맞춤형 교육 제공, 학습 지원, 심리 상담, 진로, 생활 지도 및 생계 지원 등의 폭넓은 지원으로 다문화 학생들의 안정된 교육환경을 제공할 필요가 있다.

라. 일본

일본은 1980년대 중반 이후 아시아, 남미 지역의 노동자들이 이주하면서 다문화정책이 국제이해교육이라는 관점에서 추진되었다는 것이 큰 특징이며, 이는 이주민을 위한 교육정책이라기보다는 일본인 학생들의 국제화를 목표로 하고 있다.

일본은 1980년대까지만 해도 체류외국인이 100만 명 이하였다. 그 이후 2007년에

200만 명을 넘어 2018년에는 그 수가 320만 명으로 급격하게 증가하였으며, 출신국가도 다양해졌다. 이러한 현상은 대체로 경제적인 요인이 크게 작용하여 발생하였다. 1980년대 이전에도 이미 인도차이나 지역이 난민 수용과 아시아에서의 이주 노동자 유입이 있었지만, 외국인 등록자의 대부분은 한국 · 조선 국적을 중심으로 하는 구 식민지 출신자들이 차지해 왔다(변수정 외, 2014). 하지만 일본 중소 영세기업들은 이를 완화시키고자 1989년 입국관리법을 개정하여 외국인의 체류 허용을 쉽게 하고, 취업자격을 인정 및 확대시켰으며, 이때 들어온 외국인들은 대체로 브라질, 페루 등 남미 출신의 일본계이었다. 또한 기능실습제도를 통해 오늘날 많은 동남아 출신 외국인이 일본에 유입되고 있으며, 체류외국인의 수는 2011년에는 당시 동일본대지진으로 인해 약 4만 명 정도의 감소 추세가 보였다. 그 이후 2012년부터 꾸준히 늘어나 2018년에는 3,214,187명으로 일본 전체인구의 약 2.5%를 차지하였다(강윤희, 2020).

현재 일본 내 체류외국인의 출신국가는 약 194개국으로서, 아시아 출신이 절반 이상을 차지하고 있다. 특히 최근에는 베트남과 네팔, 타이완 등 동남아시아 출신의 수가 눈에 띄게 증가하고 있으며, 한국 출신의 경우에는 감소 추세를 보이고 있다. 이는 귀국이 아니라 귀화로 인해 전반적으로 매년 약 1만 명 정도 감소 추세를 나타내고 있다. 일본의 체류자격별 일본 내 체류외국인 수 추이를 제시하면 〈표 7-5〉와 같다.

〈표 7-5〉 체류자격별 일본 내 체류 외국인 수 추이 (단위: 명)

구분	2014	2015	2016	2017	2018
영주	667,019	700,500	727,111	749,191	777,568
유학	214,525	246,679	277,331	311,505	337,000
기능실습	167,626	192,655	228,588	274,233	328,360
특별영주	358,409	348,626	338,950	329,822	321,416
고도 전문직	–	1,508	3,739	7,668	11,061

〈표 7-5〉에서와 같이, 체류자격별 일본 내 체류외국인의 수 추이는 특별영주 자격의 외국인 수는 감소한 반면에, 그 외의 체류자격을 가진 외국인 수는 증가하고 있음을 알 수 있다. 특별영주 자격을 가지고 있는 외국인은 대부분 재일한국인 · 조선인으로서, 이들의 계속되는 일본 국적으로의 귀화 때문에 한국 출신의 외국인의 수가 감소하고 있는 실정이다.

일본 자국 내 총인구 대비 외국인 비율(UN, 2017; UN, 2019)은 〈표 7-6〉과 같다.

〈표 7-6〉 자국 내 총인구 대비 외국인의 비율 (단위: %)

구분	독일	미국	영국	일본	캐나다	프랑스	한국	호주
2015	12.5	15.9	12.8	1.7	19.9	12.2	2.2	28.1
2017	14.8	15.3	13.4	1.8	21.5	12.2	2.3	28.8
2019	15.7	15.4	14.1	2.0	20.6	12.8	4.3	30.0

〈표 7-6〉에서와 같이, 북미와 서유럽의 주요 국가들은 대부분 총인구 대비 외국인의 비율은 약 10% 이상을 차지하고 있으며, 호주는 이민자로 구성된 나라인 만큼 현재 30%의 높은 비율을 보이고 있다. 한편, 동북아시아국가 중 많은 수의 외국인을 수용하고 있는 한국과 일본은 다소 적은 비율을 나타내었다.

일본의 외국인 인권에 대한 피라미드를 제시하면 [그림 7-3]과 같다.

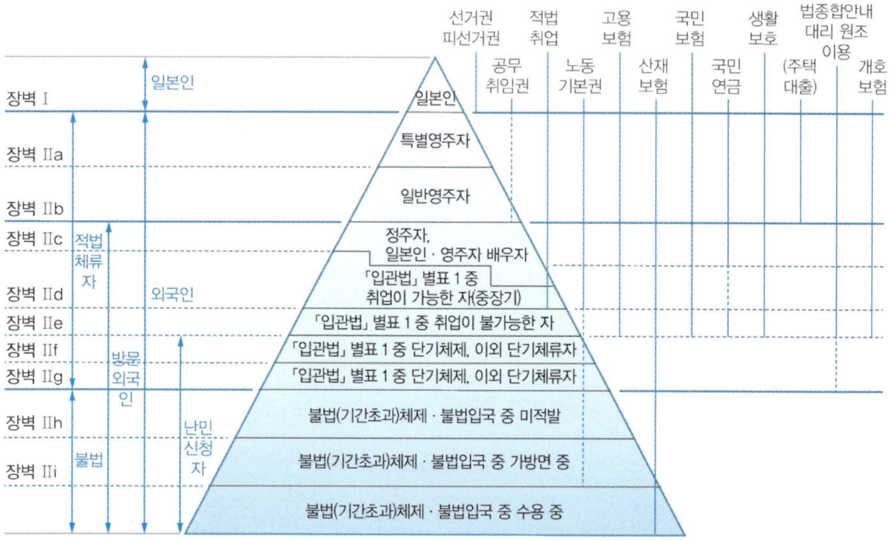

[그림 7-3] 일본의 외국인 인권 피라미드

출처: 일본 출입국관리청(2021). http://www.immi-moj.go.jp/index.html.

[그림 7-3]에서와 같이, 가장 꼭대기에는 일본인, 그 밑에 특별영주자, 일반영주자, 정주자, 일본인 · 영주자의 배우자, 체류자격에 따라 중장기체류 가능한 자, 취업이 가능한 자, 단기 체류자 등의 순으로 나타났으며, 가장 아래에는 불법체류자가 있다. 또한 취업이 가능한 중장기체류자는 대체로 고도전문직에 종사하는 외국인이며, 취업이 불가능한 외국인에는 유학생이 포함된다. 단기체제는 1년에서 최대 3년까지 일본에 거주할 수 있는 기능실습생이나 워킹홀리데이 등 이외 다양한 자격을 통해 일본에 입국한 단기체류자를 가리킨다. 이들 간에 보이지 않는 장벽은 크게 세 개로 구분할 수 있으며, 장벽 I 은 일본인과 외국인을, 장벽 II b는 외국인들 간의 장벽으로 영주권자와 비영주권자를, 마지막으로 장벽 II g는 적법체류자와 불법체류자를 구분하고 있다.

일본은 2006년 처음으로 '다문화 공생'을 국가 차원의 주요 과제로 설정하는 정책의 일대 전환을 이루었으며, 그 이후 지방자치단체의 외국인 주민 차원의 주요 과제로 설정하는 정책의 일대 전환을 이루었다. 그 이후 지방자치단체의 외국인 주민지원 시책에 대한 가이드라인인 '다문화 공생 플랜'을 확정하여 시행하게 되는데, 주요 내용은 일본어 교육, 다양한 통·번역 등을 통한 외국인 주민의 생활 지원, 다문화공생 지역 만들기 등이 주요 정책이다(김향지, 2009).

다문화 공생 정책인 커뮤니케이션 지원 정책은 외국인의 일본어, 일본사회 적응을 돕기 위한 학습을 지원하고 생활정보 등을 이중언어로 지원하는 것이며, 생활지원 정책은 교육, 생활, 노동, 의료, 복지 등 일상생활을 지원하고 있고, 다문화 공생 지역 만들기 정책은 외국인들이 많이 거주하는 지역에 다른 지역과의 활발한 교류를 통해 지역사회 주민으로 살아갈 수 있도록 지원하고 있다.

다문화 공생의 개념은 다민족·다문화주의를 표방하고 있지만, 다른 한편에서는 애국심과 일본의 문화, 역사에 대한 긍지를 고취하는 교육이 동시에 시행되어 일본의 국가주의와 결합한 일본 중심적이고 민족중심적인 인식이 깔려 있기도 하다. 이러한 일본의 다문화 공생 정책에 대한 역할 분담을 구체적으로 제시하면 〈표 7-7〉과 같다(강윤희, 2020).

〈표 7-7〉 일본의 다문화 공생 정책의 역할 분담

구분	광역 지자체	기초 지자체	국제교류협회
기본적 역할	시구정촌의 경계를 넘는 광역적 과제에 대한 대응	지역의 실정을 감안하여 외국인 주민을 직접 지원	지자체와 NPO 등과의 교량 역할 수행
구체적 역할	• 지침, 계획 입안 • 도도부현 지역 전체 관점의 사회 지원(인재, NPO, 교재) 조사 • 광역 통역자 파견 시스템 구축과 운용 • 대학 등과 제휴를 통해 인재 개발 • 시구정촌 정보의 공유화 구조 만들기 등	• 지침, 계획 입안 • 외국인 주민에 대한 상담 업무 • 지역 주민의 교류 기회의 제공 • 학교와 NPO 등의 제휴 촉진 • 지역의 관계 단체들의 네트워크화 도모 등	• 지자체와 NPO 등과의 제휴모델 만들기 • 다언어 정보의 수집과 유통구조 만들기 • 일본어 교실이나 모국어 교실 등 개최 • 외국인 주민에 관한 정보 수집과 발신 • 통역자·번역 인재 발굴

한편, 일본의 다문화 교육정책은 외국인 자녀가 희망하는 경우, 일본의 공립 의무학교(초 · 중학교)에 무상으로 취학이 가능하다. 지자체에 따라 다르지만, 외국인 자녀가 의무교육을 받을 연령이 되면 지방자치단체로부터 자동적으로 취학통지서가 나오는데, 취학을 바란다는 의사표시를 하면 대부분 의무교육을 받을 수 있다. 외국인 학생 중 일본어 지도가 필요한 학생에게는 지자체 수준에서 교육지원 프로그램을 제공하고 있으며, 교사용 지도자료, 소책자 작성 및 배포, 일본어 지도 등을 담당하는 교원의 추가 배치, 일본어 지도 등을 담당하는 시간강사나 일본어 지도 협력자 배치, 담당교원의 연수 실시, 연락협의회 설치, 일본어 지도교재의 작성 및 배포 등의 다양한 다문화 교육프로그램을 시행하고 있다(강윤희, 2020).

마. 중국

중국은 56개 민족으로 구성된 다민족국가이며, 한족이 91.5%, 그 외 민족이 8.5%로 55개 소수민족으로 구성되어 있다. 소수민족의 인구수가 1억 1천만 명, 소수민족이 차지하는 면적은 64%이며, 소수민족이 거주하는 중국 영토의 많은 부분이 산지나 사막, 초원 등의 인구밀도가 낮은 지역이다. 이러한 56개 민족은 오랜 역사 동안 각기 자기 민족의 문화를 발전시키면서 중국사회와 융합된 문화를 형성해 왔다(왕시영, 2016; 제명, 2015). 중국 56개의 민족을 인구수로 분류하여 제시하면 〈표 7-8〉과 같다(방월정, 2015).

〈표 7-8〉 중국 민족의 인구 규모 및 현황

규모	현황	민족 유형
10억 명 이상	1	• 한족(漢族)
1,000만 명 이상	4	• 장족(壮族), 회족(回族), 만족(满族), 위구르족(维吾尔族)
100만 명 이상	14	• 묘족(苗族), 토가족(土家族), 몽골족(蒙古族), 이족(彝族), 티베트족(藏族), 부이족(布依族), 요족(瑶族), 둥족(侗族), 조선족(朝鲜族), 백족(白族), 하니족(哈尼族), 카자흐족(哈萨克族), 태족(傣族), 여족(黎族)
10만 명 이상	18	• 사족(畲族), 율속족(傈僳族), 동향족(东乡族), 흘로족(仡佬族), 고산족(高山族), 라후족(拉祜族), 수이족(水族), 와족(佤族), 납서족(纳西族), 토족(土族), 강족(羌族), 무로족(仫佬族), 시보족(锡伯族), 다우르족(达斡尔), 키르기즈족(柯尔克孜族), 경파족(景颇族), 모남족(毛南族), 살라족(撒拉族)
1만 명 이상	13	• 부랑족(布朗族), 타지크족(塔吉克族), 푸미족(普米族), 아창족(阿昌族), 어원커족(鄂温克族), 누족(怒族), 경족(징족, 京族), 기낙족(基诺族), 보안족(保安族), 덕앙족(德昂族), 러시아족(俄罗斯族), 유고족(裕固族), 우즈베크족(乌孜别克族)
1만 명 미만	6	• 문파족(门巴族), 독룡족(独龙族), 어룬춘족(鄂伦春族), 타타르족(塔塔尔族), 허저족(赫哲族), 낙파족(珞巴族)

중국은 역사적으로 여러 민족 간에 갈등 및 전쟁, 교류 및 융합이 계속해서 이루어진 다민족, 다문화사회이며, 개혁과 개방 이후 문화적 차이와 경제적 불균형 등 국내 요인과 공산주의체제의 붕괴 등 국제 요인으로 인해 민족 갈등과 민족분리 현상이 빈번하게 발생하여 왔다. 따라서 각 종족이나 민족이 가지고 있는 독특한 문화 배경과 이질적인 심리 요소로 인하여 쉽게 중국에 융화되기 어려운 상황에 놓이기도 하였다. 이러한 상황 속에서 중국 정부는 신 중국 성립 초기부터 소수민족교육 정책을 추진해 왔다. 중국의 다문화 교육정책은 소수민족 교육정책의 일환이다(네이버지식백과사전, 2021).

다문화사회의 배경과 현황을 살펴보면, 중국은 56개의 민족으로 구성된 다민족 국가이며, 중국의 각 민족은 오래전부터 중국 땅에 거주하여 발전, 변천, 융합과 분열을 거쳐 지금의 서로 다른 민족으로 형성되었다. 한족을 제외한 다른 민족들은 한족에 비하면 인구가 소수이기 때문에 소수민족이라 불린다. 중국의 소수민족은 1953년에 등록된 명칭이 400개가 넘었는데 신 중국 성립 이후 민족성분식별 업무에 의해 확인되었으며, 1949~1954년에는 38개, 1954~1964년에는 53개, 1965~1982년에는 55개로 최종적으로 확정되었다. 소수민족은 2005년에 12,333만 명으로 총인구의 9.4%를 차지하고 있으며, 2000년에 비해 1,690만 명, 15.9%가 증가하였다(네이버지식백과사전, 2021). 이들 소수민족은 수적으로 소수임에도 불구하고 전국 64% 이상의 영토를 차지하고 있다. 소수민족은 서남, 서북과 동북지역에 집중적으로 분포하고 있으며, 소수민족 지역은 총 연장 2만여 킬로미터의 국경선의 90%를 차지하고 있다. 하지만 각 소수민족은 크고 작은 거주 집단을 이루어 섞여서 살거나 한족과 섞여서 살고 있을 뿐 한 개의 민족이 완전히 한곳에 살고 있는 경우는 드물다.

중국 56개의 민족은 80여 종의 언어와 약 30종의 문자를 사용하는데 55개의 소수민족 중에서 회족과 만족을 제외한 기타 소수민족은 모두 자신의 민족어를 가지고 있으며, 30여 개 소수민족은 자민족 문자를 가지고 있다. 하지만 한 조사에 따르면, 소수민족 언어로 교제할 수 있는 비율은 5.5%에 불과하였으며, 이는 많은 소수민족이 자민족 언어를 가지고 있음에도 불구하고 제대로 구사하지는 못함을 의미한다. 따라서 소수민족 학생들에게 그들의 민족어 문자 교육을 시행하는 것이 중요한 과제이다.

중국 통계청(2011) 조사 결과에 의하면, 거주 이민자의 수는 한국이 1위였으며, 그다음으로 미국, 일본, 미얀마, 베트남 등의 순으로 나타났다. 중국에 거주하는 외국인 상위 10개국 현황을 제시하면 〈표 7-9〉와 같다.

〈표 7-9〉 중국에 거주하는 외국인 상위 10개국 현황 (단위: 명)

순위	국가	인구수
1	대한민국	120,750
2	미국	71,493
3	일본	66,159
4	미얀마	39,776
5	베트남	36,205
6	캐나다	19,990
7	프랑스	15,087
8	인도	15,051
9	독일	14,446
10	호주	13,286

초기의 다문화정책은 화이부동(華而不同) 사상으로 한민족의 문화를 보편화하고, 소수민족의 문화를 인정하는 특수성을 유지하면서 자체적으로 발전하는 것을 수용하였다. 하지만 지금은 소수민족에 대한 정책이 일관적이지는 않고 위구르족이나 티베트민족 등 소수민족에 대해 동화주의를 지향하고 있다. 또한 민족구역 자치제도를 추진하여 5곳의 자치구, 30곳의 자치주, 120곳의 자치현, 1173곳의 민족향으로 편성하여 소수민족 자치구 내의 문화, 교육, 언어, 민족 풍습 습관 유지, 종교 · 신앙 자유 등 다민족의 전통을 유지 · 발전시켜 나가고 있다.

최근에는 중화민족다원일체화 교육을 추진하여 소수민족 동화의 성격을 갖고 다원보다는 일체를 강조하며, 소수민족에 대한 이중언어 교육, 자민족 종교와 문화의 특성에 대한 교육을 실시하여 일체화 교육에 중점을 두고 있다. 다원일체화교육은 다른 말로 풀이하자면, 한족과 소수민족은 각기 자기 민족의 문화를 학습하는 동시에 다른 민족의 문화도 함께 학습하여 다민족국가 내에서 서로 다른 민족의 문화가 공존하도록 하며, 한족의 문화도 소수민족의 문화도 아닌 하나의 새로운 문화인 중화민족문화를 만들어 내자는 것이다. 따라서 다원일체화교육은 다민족국가인 중국에 있어 통일된 다민족국가를 이루는 미래를 위한 소수민족교육의 필연적인 선택이며, 이러한 이유로 중국 소수민족 교육정책에서 다원일체화교육은 부단히 발전시켜야 할 이론일 것이다. 다원일체화교육은 21세기에 들어 의미가 확장되어 최근에는 다문화 통합교육(multicultural integration education)으로 용어가 통일되어 가고 있다(김정호, 2008).

중국의 다문화 정책은 소수민족 대상 정책이 한족과 동일하게 시행되고 있지만, 새로이 유입되고 있는 이민자에 대한 정책은 전반적으로 매우 미흡한 실정이다(김혜미, 이진경, 2019). 중국은 이민자를 송출하는 나라에서 이민자 유입을 환영하는 사회로 변화를 겪는 중이며, 새로운 외국인 영주권 카드(FPRID)는 점차 기존의 외국인 영주권 카드(FPRC)를 대체하게 되었다. FPRID는 중국 내 외국인의 삶을 편하게 하는 것을 목표로 하고 있으며, 외국인 근로자를 위한 새로운 국가 노동 허가 분류 시스템과 같이 혁신적이고 기업가적 재능을 중국에 끌어들이기 위한 일련의 대규모 개혁의 일환이다. FPRID가 외국인 거주자들에게 자신의 신분증에 대한 기능성을 높이고, 중국에서 소속감을 갖도록 고안하였다(China Briefing, 2018). 하지만 문턱이 무척 높고 심사 기간은 길어 연간 승인 규모까지 제한하는 등 가장 얻기 힘든 영주권으로 제도의 초보적 단계이지만, 전 세계와 인재 공용 및 자원 공유, 이익 공생 추구 등을 추진 중에 있다(한겨레, 2017).

중국 정부는 다민족 정책으로 통일적 다민족국가인 만큼 하나의 중국이라는 큰 틀 안에서 동화주의를 지향하는 정책을 실행하고 있다(이진영, 2006). 또한 다문화 관련 국가 차원에서 '다문화교육'이라는 용어를 사용하지 않으며, 외국인 대상이 아닌 소수민족교육 차원에서 민족 교육으로 시행하고 있다. 다만, 소수민족과 관련된 여러 가지 갈등이나 어려운 상황이 포착되고 있는데, 소수민족 거주지가 주로 변방지역에 분포하고 있는 환경적 요인 때문이다. 이들이 종교나 민족이 같은 주변 국가들의 영향을 직접

받을 수밖에 없다는 점과 일부 소수민족들이 실제 중국으로부터의 분리를 요청하고 있는 상황이다(방월정, 2015).

중국 정부의 입장에서 소수민족정책에 대한 딜레마를 제시하면, 첫째, 소수민족 동화정책과 아울러 화합의 문제이다. 중국 정부는 소수민족을 우대한다는 정책을 펼치고 있지만, 한편으로 하나의 중국정책을 실현시키기 위한 동화정책 시행을 할 수밖에 없는 딜레마를 가지고 있는 상황이다. 이러한 정부의 태도가 오히려 소수민족들과의 갈등을 발생시키고 있다(최미리, 2010). 둘째, 소수민족 간의 경제적인 격차를 볼 수 있는데, 격차 해소를 위한 경제우대정책 또한 전통적인 소수민족 생활방식을 파괴할 수 있다. 셋째, 중국은 이중적인 언어체계를 가지고 있어서 소수민족은 보통어를 배워야만 유리하게 사회적인 혜택을 받을 수 있는 제한점도 있다(최미리, 2010). 이상과 같은 내용을 토대로 소수민족에 대한 정책의 흐름을 제시하면 〈표 7-10〉과 같다.

〈표 7-10〉 중국의 소수민족 정책 변천

<table>
<tr><th>시대 구분</th><th>단계</th><th colspan="2">소수민족 정책</th></tr>
<tr><td rowspan="3">중화인민
공화국 이전</td><td>민족평등론
(1911)</td><td colspan="2">• 쑨원: 5개의 민족이 평등으로 결합하는 공화국 건설 지향</td></tr>
<tr><td>국족 동원론
(국민당)</td><td colspan="2">• 장제스: 대한족주의로 회귀하고, 소수민족에 대한 압박과 강제 동화정책을 펼침</td></tr>
<tr><td>민족 자결론
(1921~1949)</td><td colspan="2">• 항일구국을 위하여 협력의 명분 아래 소수민족 자치 허용</td></tr>
<tr><td rowspan="3">중화인민
공화국</td><td>정립기
(1949~1958)</td><td colspan="2">• 민족구역자치에서는 행정과 경제, 문화의 분야별 일정 부분에서 자치 허용</td></tr>
<tr><td rowspan="2">혼란기
(1958~1978)</td><td>동원체제
(1958~1965)</td><td>• 대대적인 통합정책으로 강행, 소수민족은 강경한 진압</td></tr>
<tr><td>문화대혁명
(1966~1976)</td><td>• 민족자치제 폐지, 과격한 소수민족 정책 시행</td></tr>
</table>

시대 구분	단계	소수민족 정책	
	회복 및 재정립기 (1978~현재)	회복기 (1978~1084)	• 민족의 평등과 자치권 행사를 허용 • 소수민족 지역마다 자유시장과 변경 무역 장려
		조정기 (1984~1991)	• 소수민족의 언어를 이용하여 언론, 출판 등 허용 • 향진기업 허용
		전면 개방기 (1991~현재)	• 경제적 발전을 중심으로 실용주의 정책 추진 • 기간 시설 투자를 통해서 산업화 촉진

바. 캐나다

원래 프랑스의 식민지였던 캐나다는 많은 프랑스계 주민들이 거주했는데, 18세기 중반 영국이 북아메리카에서 프랑스의 영향력을 차단하는 과정 중 캐나다가 영국의 식민지로 편입되었다. 이러한 역사는 프랑스계와 영국계 시민의 문화적 대립을 낳는 갈등의 씨앗이 되었으며, 특히 프랑스계의 영향력이 강성했던 퀘벡 지역에서는 프랑스어를 고집하는 사람들이 늘어나는 등 갈등이 봉합되지 않는 양상을 보였다(경상북도교육청연구원, 2020).

이러한 상황에서 캐나다는 1971년 세계 최초 다문화주의를 국가정책으로 채택하였으며, 프랑스어와 영어를 공식언어로 채택하여 국가적 다문화주의를 강력하게 표방하는 국가이다. 소수집단의 언어와 문화를 국가정책으로 적극적으로 존중하는 모자이크 다문화주의를 강조하였으며, 다양성 유지의 관점에서 '2언어 2문화주의'를 추구하여 모든 소수민족을 대상으로 사회·경제적 평등 실현, 소수민족의 문화 존중, 인종차별 철폐 등을 통한 사회실현 추구를 목표로 하였다.

캐나다 정부에서는 1971년 다문화주의의 선언, 1982년 인권과 자유 헌장, 1988년 다문화주의 법 제정 등과 같은 일련의 활동을 통해 다문화를 정치제도의 주요 관심사로 급부상하였다. 또한 다문화주의를 공식적인 국가정책으로 삼는 선언적 규범의 역할을 훌륭히 수행함으로써 다문화주의가 일회성에 그치는 것이 아니라, 사회 전반에 걸쳐 중대한 법적 · 윤리적 함의를 갖게 되었다. 이와 같은 제도적 포섭과 선언적 규범의 효과는 1990년 이후 캐나다에 600만 명이 넘는 이민자가 유입되는 정책적 효과가 나타났으며, 캐나다 정부는 국가발전의 미래가 이들 이민자에 기인한다는 점을 지속적으로 공언하여 왔다.

특히 캐나다의 다문화정책은 다른 인종이나 민족이 자신의 특성과 정체성을 유지하며 조화롭게 살아가는 모습을 표현해 '캐나다 모자이크'라고 불리기도 하며, 교육적 측면에서는 캐나다 모자이크의 특징을 보여 준다. 오타와시에 있는 대학교의 시험지 첫 장에는 '행운을 빕니다'라는 문장이 25개국 언어로 쓰여 있으며, 역사 교과서에는 American Indian을 인종차별적 표현이라고 여겨 원주민을 first nation 또는 aboriginal people이라고 지칭하였다. 인구의 20% 이상이 이주민인 온타리오주는 인종, 언어, 종교 등에 상관없이 모든 학생에게 최적의 교육환경을 제공하여 왔다.

캐나다의 다양한 다문화교육 프로그램을 제시하면, 1992년부터 이민자 정착 및 통합 프로그램인 LINC(Language Instruction for Newcomers to Canada)를 통해 새로운 이민자들에게 양질의 언어 교육(영어와 불어)을 무료로 실시하였다. 이민자 적응 및 정착을 위한 프로그램 ISAP(Immigration Settlement Adaptation Program)를 통해 새로운 이민자의 입국 전 · 후 오리엔테이션, 통 · 번역 서비스, 상담 및 취업 관련 서비스 등을 제공하고 있다. 또한 호스트 프로그램(Host Program)을 통해 자원봉사자가 새로운 이민자에게 친구나 도우미 역할을 하여 캐나다 사회에 적응하는 데 도움을 주고 있으며, 새로운 이민자의 출신국에서 취득한 학력과 경력을 캐나다 기준에 맞도록 평가 · 인정해 주는 PLAR(Prior Learning Assessment and Recognition) 등을 시행하고 있다(이숙경,

2015).

또한 학생들은 기본적으로 학교에서 제공하는 ESL(English as Second Language) 프로그램을 수업과 병행하여 수강하게 되며, 기본적인 듣기, 말하기, 쓰기 등으로 점차 그 수준을 높여 나간다. 모든 ESL 프로그램은 아동의 발달 단계에 맞추어서 고안되었으며, 학생의 영어 수준에 따라 수준별 학습이 이루어진다. 현재 다양한 종류의 ESL 프로그램이 각 학교의 상황에 맞게 운영되고 있으며 〈표 7-11〉은 세 가지 ESL 프로그램의 특징이다(경상북도교육청연구원, 2020).

〈표 7-11〉 캐나다의 세 가지 ESL 프로그램

초보 단계 프로그램 (Newcomer Programs)	전환 단계 프로그램 (Transition Programs)	통합 단계 프로그램 (Integrated Programs)
• 초보 단계인 신입생을 위한 프로그램은 영어가 모국어가 아닌 학생들을 위해 단기간 운영됨 • 이들에게 영어를 소개하는 것을 주목적으로 하고 있음 • 영어를 전혀 모르는 학생부터 초보 단계에 있는 학생들이 이 프로그램에 참여하게 되며, 기본 ESL 프로그램에서 제공하는 것 이외의 기초 언어 학습이 필요한 학생들에게도 적합함	• 전환 단계 프로그램은 초보 단계와 통합 단계 프로그램을 잇는 중간 단계에 속함 • 이 단계를 담당하는 ESL 교사는 단순한 제2외국어로서의 영어교육을 넘어서 정규 교육과정의 학습 내용이나 자료를 부분적으로 활용함 • 교과목 교사들의 도움이 필요함	• 통합 단계 프로그램은 제2외국어로서의 영어교육을 완전히 넘어선 단계임 • 이 단계에 있는 학생들은 정규 교육과정 학습 내용을 배우게 됨 • 학교 내에서 제공하는 ESL 프로그램에는 참여하기 어려움 • 이 단계에는 별도의 ESL 교사를 배치하기보다 주요 교과목 교사들이 투입됨

캐나다 다문화교육의 특징은 주류문화를 고집하지 않고 소수민족의 문화적 정체성과 자신감을 배양하는 것을 목표로 하고 있다. 소수민족·집단 간 교류를 강조하며, 원격교육에 의한 이중언어 교육을 지원하고 있다. 교사교육에 있어서도 다문화교육이

필수로 강조되고 다문화교육 지침을 숙지하도록 하며, 학생들의 반차별 · 반편견 프로그램을 개발하여 지원하고 학교 전체를 다문화교육 환경이 되도록 노력하고 있다. 또한 학교에서 지역공동체와 협조하여 이민자들의 적응 및 정착을 위한 다양한 프로그램과 정보 · 오리엔테이션을 실시하고 있다(최충옥 외, 2012).

학교 안에서의 다문화교육은 각 학교에 다문화라는 정규 과목은 없지만, 여러 가지 이벤트와 프로젝트를 통해 각국의 특색 있는 문화를 접하고 체험하며 존중의식을 배워 간다. 이민자 자녀들은 모국의 문화를 스스로 배우고 발표하는 기회를 통해 자긍심을 키운다. 학교들은 멀티 컬처 나이트, 멀티 런천(Luncheon) 파티, 포트럭(potluck) 파티 등을 통해 다양한 국가의 음악과 문화, 풍요로운 세계의 음식 문화를 경험한다. 이러한 행사에서 중요한 소통 수단은 음악과 음식이다. 각국의 음악을 들으며 고유한 문화 색채를 느끼고, 고유의 음식을 나눠 먹으며 미각을 통한 문화적 공감대를 함께 한다. 또한 각 출신 국가에 대한 프레젠테이션을 발표함으로써 자신의 뿌리를 인식해 보게 한다. 이런 프레젠테이션은 학기 내내 과제로 해야 하는 꽤 큰 프로젝트로 진행되며, 각자 발표할 기회와 관련된 자료 전시회를 통해 캐나다의 다양성을 느낄 수 있는 다채로운 행사를 가능케 한다.

이상에서 볼 때, 캐나다의 다문화교육 관련 정책들은 다문화교육이 단순히 이주 배경을 지닌 소수의 사회구성원을 대상으로 시행되는 일련의 적응 교육이나 복지 차원의 교육프로그램에 그치는 것이 아니며, 민족이나 인종, 종교, 언어, 계층, 성적 지향성 등 여러 차원에서 날로 증대되는 문화 및 정체성의 다양성을 공적으로 인정하고 통합함으로써 상호 이해와 배려, 협력과 공존의 사회문화적 풍토와 제도를 구축하는 것을 기본으로 하고 있다. 향후 우리나라의 다문화교육에서는 캐나다의 다문화교육 목적 및 비전을 바탕으로 교육제도 전반의 재구조화 내지는 사회개혁 운동의 목적으로 추진되어야 할 것이다.

사. 프랑스

프랑스의 다문화정책은 동화주의 모델을 취하며, 이에 따라 다문화교육이 이루어지고 있다. 특히 프랑스는 똘레랑스라고 대표되는 관용과 인권의 대명사로 알려져 있어서, 여러 나라에서 프랑스의 다문화교육에 많은 관심을 가지고 있다. 하지만 2005년 파리 방리유 사태로 이러한 프랑스의 이미지는 손상되었으며, 이로 인하여 새로운 정책들이 나타나고 다문화교육도 점차 변화하게 되었다.

프랑스는 초기에 이주민들에 대해 적극적인 동화정책을 실시하였다가 최근에는 동화주의와 다문화주의의 균형을 모색하는 것이 정책적 특징이며, 교육부 차원에서 다문화 및 다언어의 구성원과 완전한 통합체를 이루기 위해 노력하고 있다는 점이 가장 큰 특징이다. 이를 위해 관용, 비인종차별주의, 학문을 초월하는 접근방법 등에 역점을 두고 있다. 또한 프랑스 정부는 모든 다문화교육의 출발점을 교사로부터 시작된다고 보았으며, 교사들은 통합과 차별 퇴치를 다루는 세미나에 참여할 뿐만 아니라, 재교육을 통한 이민, 탈 식민지화 등을 설명하는 방법과 인권 관련 법규를 보다 효율적으로 가르치는 방법을 배우고 있다.

프랑스는 이주민 자녀를 위한 모국어 교육도 1976년 이래 초등학교 교육과정에서 실시하고 있다. 이주민 밀집 지역의 학교에 예산을 보조해 주며, 이주민과 같은 국가 출신의 교사 임용 등의 지원책, 자녀교육 관련 자료 등을 이민자 부모의 모국어로 만들어 배부하고 있다(한승준, 2008). 프랑스는 2008년 '이민 · 국가정체성부'를 신설하여 그동안 각기 다른 기관에서 진행되던 이민정책을 하나의 부처로 통합하였으며, 학교 내 다문화교육 프로그램과 학교 밖 다문화교육 프로그램으로 나누어 정책을 시행해 왔다. 학교 내 다문화교육 프로그램으로 이주민 자녀 학생과 일반 프랑스 학생들을 대상으로 초등학교 1학년부터 3학년까지 시민성 교육을 위한 공통 필수과목을 개설하고 있으며, 다문화사회인 프랑스에서 다름을 인식하고 차별 없이 더불어 살아갈 수 있는 프랑스

시민교육을 하고 있다(이민경, 2009). 학교 밖에서의 다문화교육은 관심 있는 일반인과 이주민을 위한 다양한 다문화교육 프로그램도 개설하여 교육 대상자들이 프랑스 사회에 좀 더 잘 적응하고 통합될 수 있도록 하고 있다(정해수, 2016).

프랑스에서 시행하는 다문화교육 프로그램을 제시하면 다음과 같다(경상북도교육청연구원, 2020).

첫째, 학교교육과정 측면으로서, 프랑스 학교에서는 학생들 사이에서 민감한 사안이 될 수 있는 인종적 차별과 편견의 문제를 학교수업 중의 이슈로 가져온다. 일반적으로 정치적, 종교적으로 민감한 이슈는 구성원 간의 반목을 가져올 수 있다는 이유로 교실 토론의 주제로 회피되는 경우가 많은데, 민감한 주제일수록 객관적으로 기술하고 이와 함께 문제점을 비판적으로 사고해야 한다는 필요성이 제기되고 있다. 또한 일반학교 수업시간에 이루어지는 프랑스 다문화교육은 교실현장에서 논쟁적인 사회적 이슈를 비판적 사고로 다루며, 기본적인 시민의식 함양에 중점을 둔다. 낯선 것에 선입견을 가지고 판단하지 않을 수 있는 방법에 대해 끊임없이 질문하고 스스로 해답을 찾아가게 하는 것도 포함된다.

둘째, 시민교육 측면으로서, 프랑스에서의 다문화교육이란 일반적으로 다민족, 다문화사회에서 사회정의 문제와 국가정체성의 문제를 해결하는 것을 목표로 하는 교육적 행동으로 정의하고 있다. 프랑스에서는 학교현장에서 다문화교육을 문화 간 교육, 세계화 교육, 평화교육, 시민교육, 인권교육 등 다양한 개념으로 부르고 있다. 프랑스의 다문화교육은 교육의 방향성과 기본원칙 아래 여러 교과목에 걸쳐 편재되어 있으며, 다문화교육과 밀접한 연관성을 맺는 학교 교과과정의 특수 교과목으로는 '시민교육'이 있는데, 이는 초등학교 1학년부터 고등학교 3학년까지 공통 필수과목으로 개설되어 있다.

셋째, 교사역량 강화 및 지원 측면으로서, 프랑스에서 다문화교육의 핵심은 교사의 다문화 감수성과 다문화교육에 대한 전문성이라는 데 폭넓은 공감대가 형성되어 있다.

이를 위해 교사들에게 다른 문화를 직접 접하고 공부할 수 있는 기회를 제공하는 교사 연수제도가 프랑스 다문화교육의 핵심이다. 또한 유럽통합 이후 유럽 차원에서의 다문화교육은 유럽인으로서의 정체성 문제가 제기되면서 그 중요성을 더해 가고 있다. 효율적인 교육을 위해 이민자 학교교육을 위한 정보 센터나 교육 센터를 설치하여 일선 학교와의 연계를 통해 지원하며, 교사 교육, 학부모 상담 및 교육 등의 업무를 맡게 하여 교사들을 지원하고 있다.

프랑스의 다문화교육 관련 기관으로는 이민자 자녀 학교 적응을 위한 정보센터(CEFISEM), 이민자와 비정착 주민들의 학교 적응을 위한 교육센터(CASNAV) 등이 있다. CEFISEM(Centre de formation et d'information pour la scolarisation des enfants migrants)은 1975년부터 1984년에 걸쳐 운영된 이민자 출신 가정 자녀들의 프랑스어 습득을 위한 프로그램으로서, 프랑스어를 모국어로 사용하지 않는 아이들의 일반학교와 학급 적응을 돕기 위한 목적을 가지고 있다. 또한 CASNAV(Centre académiques pour la scolarisation des nouveaux arrivants et des enfants du vayages)는 2002년 CEFISEM의 기능에 새로운 역할을 추가하여 등장하였다. 이 센터의 시행령에 의하면, 프랑스에 새로 정착한 이민자의 자녀나 비정착 자녀들 중 특히 프랑스어에 서툰 아이들의 학습활동을 도와주는 것에 초점을 맞추고 있다. 더 나아가, 이민자 자녀의 가족들과의 협력 및 중계역할을 맡아 이민자 가정을 위한 유용한 학교 정보와 학교생활 적응을 위한 상담과 지원을 제공하고 있다.

이상에서 볼 때, 프랑스 다문화 교육정책이 우리나라의 다문화교육에 주는 시사점은 다음과 같다.

첫째, 초·중등 교육현장에서 학생들과 교사를 위한 세계이해 교육을 체계적으로 지원하고 실행해야 할 것이다. 우리나라는 오랫동안 단일민족이라는 생각을 고수해 왔으며, 이러한 관점에 따라 교육을 받아 왔다. 다름을 이해하고 균형 잡힌 시각을 가진 시민을 길러 내기 위해서는 일찍이 다문화사회로 진입한 국가들처럼 다문화사회와 우리나라 및 세계 여러 나라에 대한 교육을 통해 다양한 문화와 인종을 배우고 이해하면서 다문화사회를 받아들일 자세의 변화가 필요할 것이다. 다름을 배척하지 않고 포용할 수 있는 교육의 진정한 실천의 일환으로 학교교육에서의 세계이해 교육을 위해 학생은 물론 교사의 세계이해 연수나 인권 감수성 등을 기를 수 있는 다양한 교육자료나 연수 등의 지원이 필요하다.

둘째, 초·중등 교육현장에서 이민자 자녀들을 위한 체계적인 돌봄교육에 대한 지원이 필요할 것이다. 이민자들은 경제적인 이유로 부모가 모두 일터로 나가는 경우가 많은데, 이때 아동이 혼자서 방치되는 것을 예방하고 학교생활과 사회에 잘 적응하게 하기 위해 국가적인 차원에서의 체계적인 돌봄교육제도가 마련되어야 한다. 이와 더불어 이주민 자녀 대상 보충교육 및 심화교육, 지속적인 학습지원 등을 통해 정서적인 안정과 조화로운 삶을 영위할 수 있도록 도와주는 것이 그 무엇보다 중요할 것이다.

PART 3

다문화교육의 실제

Chapter

08

다문화 교육과정과 교수·학습 프로그램

1. 다문화 교육과정의 이해
2. 다문화 교육과정의 구성 및 개발 모형
3. 다문화교육의 교수 · 학습 프로그램

Chapter 08

다문화 교육과정과 교수·학습 프로그램

이 장에서는 다문화 교육과정과 교수 · 학습 프로그램에 대하여 탐색하고 학습하며, 주요 내용인 다문화 교육과정의 이해, 다문화 교육과정의 구성 및 개발 모형, 다문화교육의 교수 · 학습 프로그램 등에 대하여 살펴보고자 한다.

1 다문화 교육과정의 이해

교육과정은 교육이 추구하는 사회가 어떤 사회인가, 교육이 기르고자 하는 인간은 어떤 인간인가와 같은 형이상학적인 문제, 즉 교육의 목적에서부터 출발한다. 이 목적에 따라 교사는 무엇을 가르치고, 학생들은 무엇을 배워야 하는가의 내용 문제와 어떻게 가르치고, 어떻게 배워야 할지에 대한 방법적인 측면이 결정된다. 따라서 다문화 교육과정은 어떤 학생을 기르고자 하는 가라는 목적에 따라 지식, 기능, 태도를 기르기 위한 내용을 선정하고, 그것을 효과적으로 가르칠 수 있는 방법을 체계화한 것이라 할 수 있다.

가. 다문화교육의 목적

다문화 교육과정에서 추구하는 다문화교육의 목적에 대해서는 다문화교육에 대한 개념 및 정의만큼 다양한 학자의 견해가 있다. 다문화교육 분야의 발전 및 다문화교육의 다양한 의미를 수렴하기 위해서는 학자들이 말하는 개념의 의미에 대하여 보다 높은 수준의 합의를 도출할 필요가 있다. 다행히 점차 학자들 간에 다문화교육의 의미에 대한 동의가 이루어지고 있다. 학자들 간에 동의가 이루어지고 있는 것은 다문화교육의 중요한 목적이 남녀 학생 모두와 다양한 인종과 문화적 배경을 가지고 있는 학생들, 그리고 특수한 학습자들에게 평등한 교육의 기회를 보장한다는 것에 있다는 것이다(Banks & Banks, 2004). 다문화교육의 주요 전제는 일부 학생집단의 문화적 특성이 다른 학생집단의 문화적 특성보다 학교 문화, 규준, 기대 등에 더 잘 부합하기 때문에 학문적으로 성공할 기회를 더 많이 가지고 있다는 것이다.

다문화교육의 다른 중요한 목적은 평등한 교육 기회의 보장을 넘어 다문화 학생을 포함하는 모든 학생이 효과적으로 성장하고, 살아갈 수 있는 지식, 기능, 태도를 길러주는 것이다. 다문화교육 전문가 사이에는 이러한 목적에 대한 합의가 이루어지고 있지만, 많은 교사 및 대중은 이를 제대로 이해하거나 인식하지 못하고 있다. 학교가 모든 학생에 대해 문화적으로 다양한 미래 사회를 살아가는 데 필요한 지식과 개념을 획득하도록 돕지 못한다면, 더불어 살아가야 하는 민주 국가로서의 앞날을 보장받기 어려울 것이다. 마틴 루터 킹의 말처럼, "우리는 형제자매로서 같이 살아가거나 아니면 이방인으로 분리되고 흩어져 죽을 것이다"(King, 1987).

따라서 다문화교육은 모든 사람을 위한, 모든 사람에 관한 교육이고 모든 학습의 기초가 되어야 한다. 다문화교육은 과학, 수학, 언어, 사회, 예술 등 모든 교과에 녹아나야 하기에 모든 학교급, 교과 영역 전문가들의 협력을 필요로 한다. 다문화 교육과정은 소수자의 적응과 성취를 지원해야 할 뿐만 아니라, 다수 학습자가 서로 다른 문화에 대한 이해와 존중을 바탕으로 포용과 공존을 배우고, 다원화된 사회의 시민으로서 성장하도록 구성되어야 한다. 이러한 의미에서 다문화 교육과정은 특정 소수집단을 상대로 하는 복지 프로그램이 아니라, 모든 학습자를 대상으로 하여 다문화사회의 구성원으로서 필요한 지식, 기능, 가치, 태도를 함양할 수 있도록 구성되어야 한다. Bennett(2007)은 다문화교육을 지구촌 교육과 연계하여 교육목적을 "다양한 문화가 상호 공존하기 위해 문화가 무엇인지 이해하고, 문화 간의 차이로 차별받지 않아야 하며, 다양한 집단의 문화유산에 대해 다양한 관점으로 이해해야 한다. 또한 서로 다른 문화의 사람들이 상호작용해야 하며, 지구촌 사람들이 상호 연결되어 있다는 점을 이해하고, 인간과 지구의 미래를 위협하는 문제를 함께 협력하여 해결할 수 있어야 한다."라고 제안하였다. 다문화교육이 발전하기 위해서는 다문화교육의 목적과 내용이 제대로 구성되어야 올바른 다문화교육이 실행될 수 있을 것이다.

나. 다문화교육의 내용

다문화교육을 통해 가르쳐야 할 교수 · 학습 내용이 무엇인지를 결정함에 있어서 중요한 고려사항 중의 하나는 다문화교육의 의미나 성격 및 그 목적이 무엇인가를 파악하는 것이다. 다시 말해서, 교육내용의 선정이나 그 정당화 문제는 교육의 개념이나 교육의 목적에 대한 논의에서부터 출발한다(황규호, 양영자, 2008). 이를 근거로 학자들이 주장하는 다문화 교육과정의 교수·학습 내용을 제시하면 〈표 8-1〉과 같다.

〈표 8-1〉 다문화 교육과정의 교수·학습 내용

학자	교수·학습 내용
차윤경(2008)	• 자유, 평등, 민주주의, 인권 등
오은순(2008)	• 자 문화와 타 문화의 공통점과 차이점, 다문화 경험, 다문화적 주제와 사건 다루기 및 문제 해결
정정희(2006)	• 문화, 협력, 편견, 정체성 형성, 평등성, 다양성
Klein & Chen(2001)	• 다문화, 주류, 소문화, 인종, 민족성, 성, 사회경제적 지위, 종교, 연령, 언어, 지리적 지역, 무능력, 고정관념
Banks & Banks(2004)	• 성, 인종, 민족성, 언어, 사회적 계층, 종교, 예외성
Melendez, Beck, & Fletcher(2000)	• 국적, 종족/인종성, 종교, 사회계층, 언어, 성, 예외성, 연령

〈표 8-1〉에서의 교수 ·학습 내용 중 정정희(2006)의 내용 구분이 교육과정의 준거로서 가장 많이 사용되고 있다. 정정희의 다문화 교육과정의 영역별 구체적인 교수·학습 내용을 정리하여 제시하면 〈표 8-2〉와 같다(박재의, 2009).

〈표 8-2〉 다문화 교육과정의 영역별 교수·학습 내용

영역	교수·학습 내용
문화	• 각 문화 간의 유사성과 차이점의 특징 알기 • 각 문화에 대한 이해 및 존중심 기르기 • 문화 간 긍정적 태도 발달시키기
협력	• 다양한 사람과의 상호작용 및 협동능력 증진하기
편견	• 선입견, 편견, 고정관념에 비판적 사고 형성하기 • 문제 상황에 대처능력 기르기

영역	교수 · 학습 내용
정체성 형성	• 긍정적 개념 기르기 • 정체감 및 집단 정체감 형성하기
평등성	• 국가, 민족, 성, 능력, 계층에 대한 긍정적 태도 가지기 • 인간이 평등하다는 가치 형성하기
다양성	• 다양한 개인과 집단의 존재 인정하기 • 다양성 존중하는 마음 갖기

한편, 설규주(2010)는 다문화교육의 교수 · 학습 내용 영역을 지식, 기능, 가치, 태도로 구분하였으며, 이에 대한 구체적인 내용은 다음과 같다.

지식 영역은 문화 일반, 다양한 문화현상, 한국의 문화적 · 사회적 상황 이해를 범주로 두고 있다. 구체적인 내용으로, 첫째, 문화 일반이해 범주에서는 공통적인 생활양식으로의 문화와 문화의 기능 및 의의를 고찰해 보며, 생활양식으로 문화를 익히도록 한다. 둘째, 다양한 문화현상 이해 범주에서는 세계화가 다문화 현상에 미친 영향, 협력과 공존이 요청되는 상호의존적인 세계, 문화 상대주의적 인식을 가지도록 다문화 현상의 원인인 세계화와 다원화를 고찰하여야 함을 제안하였다. 셋째, 한국의 문화적 · 사회적 상황 이해 범주에서는 고유한 한국 문화의 구성요소와 특징, 다양한 다른 문화의 특징 등을 고찰하여 공존하는 다양한 문화를 한국이라는 공간적 배경 속에서 다문화를 이해시킬 것을 제안한다.

기능 영역은 의사소통 기능, 다문화현상의 조사 및 해석 기능, 대인 및 집단 기능의 세 가지로 범주화할 수 있다. 구체적인 내용으로, 첫째, 의사소통 기능 범주는 다문화가정 자녀들에게 가장 급한 부분 중의 하나인 언어와 관련되어 있다. 의사소통을 위해 한국어를 익히는 것이 중요하지만 다문화가정 자녀에게 한국어를 강제하기보다는 한국어를 포함한 학생의 모국어도 존중하는 태도가 요구된다. 둘째, 다문화현상을 조사하고 해석하는 기능 범주에서는 다문화현상을 이해하기 위한 자료를 수집하고 문화적 요인에 의해 지녔던 고정관념이나 편견에 대한 사실을 확인한다. 아울러 다양한 관점에서 다문화현상을 분석하고 해석할 수 있도록 배려해야 할 것이다. 셋째, 대인 및 집단 기능 범주에서는 민주적 절차 준수, 의사결정, 갈등 해결, 협력을 하위요소로 둔다. 서로 다른 문화를 가진 구성원끼리 민주적 절차를 준수하면서 의사결정을 하는 과정을 경험하도록 하여 의사결정 능력을 키워 주어야 한다. 이러한 과정을 학습함으로써 문화적 갈등 상황에서 지혜롭게 대응할 수 있게 될 것이다.

가치 · 태도 영역은 정체성 확립 및 상호 존중, 다름에 대한 인정과 존중, 민주적 공동체 지향 등을 범주로 두고 있다. 구체적인 내용으로, 첫째, 정체성 확립 및 상호 존중 범주에서는 자신에 대한 긍정적 자아상을 확립하며, 더불어 타인의 정체성을 존중하는 태도를 기르고, 자국 문화에 대한 자부심을 확립시킨다. 둘째, 다름에 대한 인정과 존중 범주에서는 나와 다른 이질적 외모에 대한 거부감 및 편견을 해소하고, 타 문화에 대한 편견을 없앤다. 문화적 차이에 대한 상대주의적 태도를 가지도록 하며, 사회적 소수자를 존중하는 태도를 기르도록 한다. 셋째, 민주적 공동체 지향 범주에서는 다문화사회 속에서 인간의 존엄성, 자유와 평등의 가치 등을 지향하도록 하며, 다양한 집단들의 합리적이고 능동적으로 참여하도록 하여 참여의식을 길러 준다. 또한 다양성 존중과 사회통합 사이의 균형을 추구하는 태도를 함양할 수 있는 내용을 포함한다.

설규주(2010)가 제시한 다문화교육 교수 · 학습 내용의 세 범주와 각각의 하위 요소를 간단히 그림으로 나타내면 [그림 8-1]과 같다.

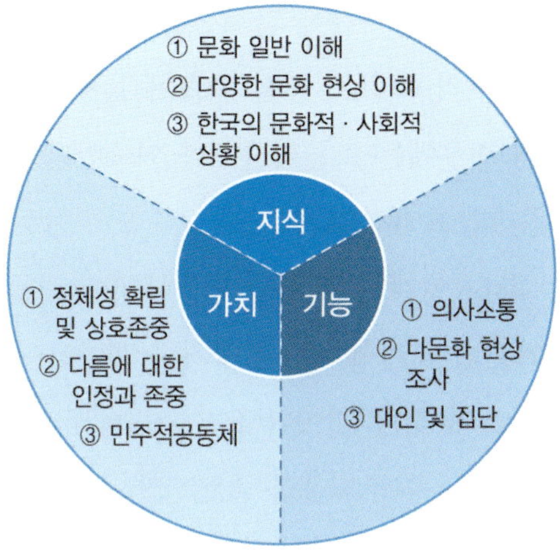

[그림 8-1] 다문화 교육과정의 영역 및 하위 요소

[그림 8-1]에서와 같이, 다문화 교육과정에서는 지식, 기능, 가치 · 태도 등의 순으로 지도되어야 함을 의미하는 것이 아니라, 영역 간, 영역 내의 범주와 하위요소들이 서로 경계를 넘을 수 있음을 의미한다(점선으로 표시함). 즉, 실제 수업에서는 상황에 따라 적절히 조정할 수도 있다.

다. 다문화 교육과정의 교육방법

다문화교육을 위한 교수 · 학습만을 위해 고안된 특별한 교수 · 학습 방법은 없다. 다문화교육의 목적에서도 밝혔듯이, 이는 다문화 학생뿐만 아니라 모든 학생을 대상으로 하는 교육이기 때문에 교육의 일반적인 방법들이 적용될 수 밖에 없다. 다만, 가르치고자 하는 내용과 학습자의 수준 등에 따라 서로 다른 교수 · 학습 방법을 선택할 수 있을 것이다. 예를 들어, 일반학생과 다문화가정 학생이 더불어 생활하고 학습할 수 있도록 하는 통합교육이나 협동학습을 할 수 있다. 그 외에는 학생의 특성이나 수준, 특히 언어 수준을 고려한 각종 활동 중심 학습이나 놀이학습 등도 가능하다. 초등학교 고학년이나 중학생의 경우에는 토론학습이나 외국인과의 접촉을 통한 학습 등이 저학년 학생들에 비해 좀 더 효과적일 수 있다.

한편, 교사들이 교수·학습 설계 단계에서 신중하게 고려할 점은 어떤 교수·학습 매체 혹은 자료를 어떤 기준에 근거하여 선정하거나 개발하여 사용할 것인가 하는 점에 대하여 더욱 관심을 기울여야 할 것이다(오은순, 2008). 이에 더하여 교실의 물리적·심리적 환경 역시 다문화교육에 도움을 줄 수 있도록 조성되어야 할 것이다. 〈표 8-3〉은 다문화교육을 위한 교수·학습 방법 관련 내용을 정리한 것이다.

〈표 8-3〉 다문화 교육과정의 교수·학습 방법

학자	교수·학습 방법
김용신(2009)	• 이해 중심 다문화교육
양영자(2008)	• 학생들이 자신의 목소리를 다양한 방법으로 말할 수 있는 것과 자신의 목소리에 대해 다른 집단의 청중이 이해할 수 있고 해설할 수 있다는 것을 가르치는 것 • 토론식 수업 방법을 강조
오은순(2008)	• 프로그램의 운영 방법: 다문화적 학교 행사 개최, 외국인과의 접촉, 다문화적 학생 활동 등 • 구체적인 교수·학습방법: 협동 학습, 역할극, 자기주도학습, 다문화 교수·학습 단계의 설정 등 • 프로그램 방법의 원리·원칙: 통합적 접근, 교사의 다문화적 태도 등
박선영(2005)	• 보고 듣고 경험하기→친밀감 가지기→편안함 갖기→연계성 느끼기→공감/감정 이입하기→인식과 행위 통합하기
신영민(2005)	• 과정 중심적인 교육이어야 함 • 단편적인 소재나 활용보다는 포괄적이며 통합적인 방법이어야 하며, 고정화되고 정형화된 문화에 대한 접근방식은 지양되어야 함

학자	교수 · 학습 방법
Banks & Banks (2004)	• 다양한 문화로부터 적절한 예와 내용을 통합적으로 제시하기 • 지식이 구성되는 방법에 영향을 주는 훈련 내에서 문화적 가정, 참고물의 프레임, 시각, 편견들을 함축하는 방법을 이해 조사, 결정하도록 돕기 • 아동의 인종적 태도의 특성에 대하여 적절한 방법과 자료를 사용하여 가르침으로써 편견 수정하기 • 다양한 인종적, 문화적, 성, 사회적 계층집단 학생들의 학문적 성취를 촉진시키도록 교사 자신들의 교수방법을 수정하는 평등교육의 실천 • 그룹핑, 실제 명명하기, 스포츠 참여, 성취의 불균형, 민족과 인종을 넘어선 직원과 학생 간의 상호작용을 통한 학교문화 강화하기
Sleeter & Grant (2007)	• 학생의 학습 양식 형성하기 • 학생의 기술 수준에 맞추기 • 학생을 사고하기와 분석하기에 적극적으로 참여시키기 • 협동적 학습 사용하기

2 다문화 교육과정의 구성 및 개발 모형

가. 다문화교육의 기본 논리

다문화교육의 기본 논리는 동화주의, 다문화주의, 균형주의로 구분할 수 있으며, 동화주의는 소수문화를 주류문화로의 일방적인 편입을 전제로 한다. 즉, 동화주의는 다문화가족이 주류사회의 지배적 가치와 규범에 접근하는 것으로서, 문화적 영향이라는 면에서는 일방적인 것이다(유네스코 아시아, 태평양 국제이해교육원 편, 2008). 이것은 널리 알려진 것처럼 문화적 용광로(melting pot)를 지향하는 개념이다. 강력한 미국문화가 마치 용광로처럼 작용하여 여러 다양한 이주민의 문화가 미국문화 속에 녹아 들어가서 더 새롭고 더 매력적인 문화를 만들어 낸다는 것이지만, 기본적인 미국문화의 정체성이 변화하지는 않는다. 하지만 동화주의에 근거한 정책은 역사적, 경험적 측면에서 성공했다고 판단하기는 어렵다. 오히려 소수문화의 정체성이 흐려지기보다는 뚜렷한 집단 정체성을 구성해 나가는 현상이 미국에서 발견되고 있다. 미국 인구의 약 18%가 소수 언어를 가정에서 그대로 구사하고 있으며, 이는 우리나라 다문화가정에서도 흔히 있는 일이다. 또한 일방적인 주류사회로의 편입 추구는 주류사회 구성원뿐만 아니라 다문화가족에게도 불필요한 갈등과 긴장을 조성하여 문화적 충돌을 불러일으킬 수 있다.

다문화주의는 샐러드 볼이나 모자이크, 피자 이론이라고 칭한다. 문화적 다양성과 고유성을 그대로 인정하고, 이들이 정체성을 유지한 채로 주류사회와 소통하며 평화문화를 구축한다는 관점이다. 적극적인 다문화주의는 단순한 문화적 독립을 인정하는 차원이 아니다. 주류사회와의 동등성을 실현하기 위해 사회적 소수자 입장에 있는 다문화 학생들에게 형평 교수 등 여러 가지 보상을 실행하는 전략이다. 이는 자칫하면 문화의 경계를 강조한 것으로 간주하는 등 철저한 상대주의로 흐르면서 분리주의를 조장하거나 문화적 게토(ghetto)를 만들어 내기도 한다(유네스코아시아, 태평양국제이해교육원 편, 2008), 이러한 부작용에도 불구하고, 다문화교육의 본질에 가까운 것은 다문화주의라고 볼 수 있다.

동화주의와 다문화주의는 장 · 단점을 함께 가지고 있어 전통적인 다문화국가들이 경험했던 실패를 생각한다면, 일방적인 동화보다는 동등한 교육기회를 실질적으로 보장하는 수준의 다문화교육을 실행하면서 정체성 유지와 국가 · 세계에 기여할 수 있는 능력을 함양시켜 나가는 전략적 접근이 필요하다. 이와 같은 관점에서 균형주의는 다문화 상황에 접근하려는 논리를 가지고 있으며, 정의, 평등, 자유, 관용 등과 같은 민주적 원리의 실천을 요구한다.

균형주의를 반영한 새로운 다문화교육 이론이 문화민주주의이다. 문화민주주의는 민주주의 사회에서 개인이 누리는 자유와 평등, 기회균등의 원리들이 그대로 각각의 문화집단에 적용되며, 소수와 다수 집단들은 민주적 원리를 실천함으로써 국가사회의 발전에 기여한다는 관점이다. 문화민주주의는 학교 교육이 학생들의 문화를 존중하고 이해하는 것이 중요하므로, 모든 학생이 성찰적이고 명료한 국가 정체성과 정의, 평등, 인간 존엄성 등과 같은 민주적 이상에 대한 의무를 발달시키는 것이 중요하다고 제안한다. 학교의 역할은 청소년의 사회화를 도움으로써 국가 시민생활에 참여하는 데 필요한 태도, 가치, 기능을 발달시키도록 하는 것이다. 강한 민주주의를 유지하기 위해서 국가는 모든 집단이 전념해야 할 최우선적이고 이상화된 가치의 조합을 가져야 한다(Banks, 2008). 소수와 다수, 주류문화와 주변(변두리)문화, 개인과 국가, 학생과 학교가 민주적 원리에 따라 눈에 보이는 실제적 형평을 추구하는 것이 문화민주주의 접근이다(한국사회과교육연구회, 2011).

나. 다문화 교육과정의 개발 모형

1) 다문화 교육과정 개혁을 위한 접근법

다문화 교육과정이 학교교육에서 제대로 기능하기 위해서는 기존의 교육과정을 다문화주의적으로 개혁할 필요가 있다. Banks는 초등학교와 중등학교 교육과정에 다문화교육으로 학생들을 가르치기 위한 다문화 교육과정 개혁을 네 가지 수준으로 제시하였다(모경환 외, 2008).

첫째, 기여적 접근으로서, 이는 영웅, 공휴일, 개별적인 문화 등을 소개하는 단계이며, 종종 볼 수 있는 세계 음식을 소개하는 축제도 기여적 접근법의 유형이다. 특정 소수집단의 영웅을 소개하고 그들의 역사를 이해하도록 하는 방식이다.

둘째, 부가적 접근으로서, 이는 교육과정 자체를 변화시키는 것이 아니라, 일부에서 내용, 개념, 주제, 관점 등을 부가하는 방법이다. 현재 우리나라 교과서는 이런 형태로 구성되어 있으며, 사회 교과의 한 부분으로 다문화사회와 관련된 내용을 추가하는 방식이다.

셋째, 변혁적 접근으로서, 이는 학생들이 다문화주의적 안목을 형성하고, 이 안목에 따라 현실을 분석할 수 있게 하는 것이다. 이를테면, 사회 교과의 전체 내용이 다문화주의적 관점에서 벗어나지 않게 조정할 뿐만 아니라, 다문화주의적 관점을 형성하도록 교과를 구성하는 것이다. 또한 관련되는 다른 교과에서도 이러한 안목을 형성하도록 관점이 유지되어야 한다. 예를 들어, 국어나 음악, 미술과 같은 교과에서 다문화주의적인 안목을 형성하도록 교육내용을 구성할 수 있을 것이다.

넷째, 실행적 접근으로서, 이는 다문화주의적인 관점을 터득한 학생들이 실제 문제를 해결하는 데 참여할 수 있도록 교육과정을 구성하는 것이다. 학생들은 현실에서 일어나는 분리 · 차별의 문제를 인식하고, 이를 개선하기 위하여 어떤 행동을 해야 하는지 탐색한다. 학생들이 이러한 조사나 분석을 통하여 내린 방안으로 실제 행동에 참여하는 단계까지 나아가게 하는 수준의 교육과정을 의미한다.

이상과 같은 내용을 도식화하여 제시하면 [그림 8-2]와 같다(강일국, 2014).

제4수준 [실행적 접근]
학생들로 하여금 중요한 사회적 이슈에 대하여 판단을 내리게 하고 그 문제를 해결하기 위하여 실제 행동을 할 수 있도록 돕는다.

제3수준 [변혁적 접근]
학생들이 개념, 이슈, 사건 그리고 주제를 다양한 인종적, 문화적 집단의 관점에서 바라볼 수 있도록 교육과정의 구조를 바꾼다.

제2수준 [부가적 접근]
교육과정의 구조에 변화를 주지 않는 한도 내에서 내용, 개념, 주제 그리고 관점을 부가하여 가르친다.

제1수준 [기여적 접근]
영웅, 국경일이나 명절 등의 공휴일, 그리고 이런저런 문화적 요소에 초점을 맞추어 가르친다.

[그림 8-2] 다문화 교육과정 개혁을 위한 접근법

2) 다문화 교육과정 접근 모형

이원희(2008)는 Banks의 다문화 교육과정 개혁 모형을 근간으로 다문화 교육과정 접근 모형을 〈표 8-4〉와 같이 설정하였다. 다문화 교육과정 접근 모형은 단일성과 다양성의 축과 자기중심과 타자중심의 축을 근간으로 네 가지 유형의 다문화 교육과정을 구성한다. 즉, Banks가 제시한 기여적 접근과 부가적 접근은 국제이해 교육과정, 변혁적 접근과 실행적 접근은 다문화주의 교육과정과 관계가 있다.

〈표 8-4〉 다문화 교육과정 접근 모형

구분	단일성	다양성
자기중심	동화주의 교육과정	국제이해 교육과정
타자중심	세계주의 교육과정	다문화주의 교육과정

가) 동화주의 교육과정

동화주의는 소수 문화를 다수 문화 속에 흡수시키거나 동화시키려는 경향이다. 동화주의는 이민을 쉽게 받아들이고 개방적이기는 하지만 이민자들이 새로운 국가에서 권한을 취득함과 동시에 자국민과 같은 존재로 여긴다. 따라서 동화주의 교육과정에서는 소수자가 주류 나라의 언어를 사용해야 하며, 주류문화를 받아들이는 것을 당연시한다(경기도 다문화교육센터 외, 2009).

이러한 관점의 동화주의 교육과정은 주류인 다수자의 관점이 반영된 교육과정이다. 이 교육과정에서는 소수민족의 문화적 특수성이 무시되고, 소수자가 다수자의 주류문화에 무조건 동화되기를 기대한다. 소수민족을 위한 내용 구성보다는 방법적 운영에 초점을 맞추어 주류문화로 빨리 진입하게 하는 것을 주요 교육목표로 설정한다.

나) 국제이해 교육과정

유네스코는 진정한 세계평화가 실현되려면 국가 간 정치 노력만으로는 어렵고, 각 국민의 상호 이해를 촉진하는 교육이 선행되어야 한다고 보고, 국제이해 교육을 제창하였다. 즉, 각 국민 간의 문화교류에 의해 인류의 지적, 정신적 연대의 확립이 세계평화의 필수조건이라고 보았다(경기도 다문화교육센터 외, 2009).

국제이해 교육과정은 자신이나 자국의 입장에서 소수민족 또는 다른 나라를 폭넓게 이해하기 위해 구성하고 운영되는 유형이며, Banks의 기여적 접근과 부가적 접근에

통용될 수 있다. 기여적 접근은 초등학교 단계에서 주로 이루어지며, 부가적 접근은 초등학교뿐만 아니라 중등학교의 교과, 창의적 체험활동 등의 어느 시간에나 활용이 가능하다.

다) 다문화주의 교육과정

다문화주의란 한 사회가 인종, 성별, 성적 취향 등에 따라 구별되는 이질적인 주변 문화로 이루어져야 하며, 적어도 이들을 포용해야 함을 옹호하는 입장이다. 즉, 자국 내에 존재하는 다양한 소수 문화를 포용하고 이해하는 것을 의미한다.

다문화주의 교육과정은 다른 민족의 문화도 가치롭게 여겨, 여러 소수민족의 문화를 인정하고 타자의 관점에서 문화를 이해하는 것을 교육의 목적으로 삼는 유형이다. 한 국가 안에서 소수자들의 문화적 권리를 존중하고 정치적, 사회적, 경제적, 문화적 불평등을 없애려는 정책목표를 지니며, 이민자에게 출신 문화를 버리고 주류문화에 동화하도록 요구하지 않고, 오히려 출신 문화를 유지하도록 지원하기도 한다.

라) 세계주의 교육과정

세계주의 교육과정은 세계시민교육을 의미하며, 이는 국경을 초월하여 전 세계인이 하나의 공동체적 시각을 가지고 세계문제를 이해하고 해결해 가는 방법을 찾는 유형이다. 국가 외부에 존재하는 국가 간의 이해증진과 의사소통이라는 국제이해교육의 목표를 넘어 보다 포괄적인 이념을 추구한다. 국가 간의 이해뿐만 아니라 국제사회에 존재하는 정치적, 경제적, 문화적 불평등, 세력 불균형, 인권침해 등을 인식하고, 이를 해결하고자 하는 데 초점을 두는 교육과정이다.

3 다문화교육의 교수 · 학습 프로그램[1)]

가. 교과 프로그램

1) 목표

가) 다민족 사회에서의 문화적 다양성 추구

다문화가정의 부모들이 한국에 이주하면서 겪게 되는 여러 가지 문제점 중, 언어의 장벽 못지 않게 사회문화적 환경의 차이로 인하여 생활 적응에 많은 어려움을 겪고 있다. 다문화가정 학생들에 대한 교육은 단순히 이들에 대해 학습적인 지원 및 정서적인 지원을 해야 한다는 차원을 넘어, 학교 현장에 있는 모든 학생에게 문화적 다양성과 타 문화에 대해 개방적이고 이해적인 태도를 기르는 것이다.

나) 학교생활 부적응에 따른 학업중도탈락 학생 지원

아직도 많은 수의 다문화가정 학생이 다른 사회문화에 적응하기 위해 여러 단계의 사회적 적응 프로그램과 과정에 참여하여야 하며, 학교생활의 부적응, 방황, 탈락 등으로 정규 교육과정에서 이탈하는 주요 요인이 되고 있다. 다문화교육은 이에 대한 적극적이고 체계적인 지원이 이루어져야 한다.

다) 다문화가정 학생들의 출신 국가 배경, 신체적 차이, 문화적 차이 극복 필요

다문화교육을 통해 우리 사회에 새롭게 형성되거나 그 범위가 확대되어 가고 있는

1) 오은순(2007). 다문화교육을 위한 교수 · 학습 지원 방안 연구. 서울: 한국교육과정평가원 자료를 수정 및 보완하였음.

시기에 다문화가정 학생들이 자신의 출신 배경이나 문화, 혹은 신체적 특징 등을 스스럼없이 드러내고 교육을 받는 가운데, 학교에서의 구성원으로 살아갈 수 있도록 하는 문화적 기반을 형성할 필요가 있다.

2) 내용

가) 실질적인 도움을 줄 수 있는 방과 후 교과 프로그램

국가는 이제 다문화가정 자녀 학생들의 성장과 관련된 일련의 책임과 적응 활동을 교사 개인이나 시민단체, 종교기관 등에 맡겨 두어서는 안 될 것이다. 다문화가정 학생들에 대한 초등학교 단계에서부터의 교육 프로그램과 다문화가정 부모를 위한 교육 프로그램이 방과 후 교과 프로그램으로 운영될 수 있도록 국가 차원에서 프로그램이 마련될 수 있도록 해야 한다.

나) 일반, 재량, 체험활동에서 활용하는 다문화수업 자료 및 프로그램

다문화 사례 프로그램은 다문화가정 학생들만을 대상으로 하는 것이 아니라, 같은 학급 구성원을 이루고 있는 일반학생들과 함께 이루어져야 한다. 학교 구성원 전체가 다문화가정을 편견 없이 바라보고 조화롭게 어우러져 나가기 위해서는 다문화 국가에 대해 바르게 앎으로써 가능하다. 짧은 시간이라도 다문화가정 혹은 외국에 대한 이해를 위한 동영상 자료나 교과 선생님의 이야기로 학생들의 마음을 열어 간다면 다문화가정 학생들이 한국의 학교생활에서 겪는 어려움을 극복할 수 있을 것이다.

다) 다문화 관련 연수를 전혀 받지 않은 다문화 전담교사 배정 운영

다문화가정 학생들은 계속적으로 증가하고 있는데, 이러한 학생들을 가르치고 전담하는 교사의 수는 매우 부족한 실정이다. 또한 다문화 학생들의 담임을 맡고 있는 교사 대부분은 다문화에 대한 지식이 거의 없는 상태에서 일반 학생들과 크게 다르지 않게 가르치고 있다. 아울러 일반 학교에서는 다문화 학생들을 위한 전문 교사가 거의 없는 실정이며, 교육을 받은 경우에도 다문화교육 프로그램 내용이 실제 학교 현장에서 별로 도움이 되지 않고, 형식적으로 운영되고 있다.

3) 방법 및 평가

가) 일반 학생과 동일한 다문화가정 학습지도 방법

다문화가정 학생들을 가르치는 데 있어서 담당 교사들은 아직 준비가 되어 있지 않은 상태이다. 학생 수가 적은 상태에서 학생 개개인을 지도할 수 없는 환경에서 언어와 문화적으로 익숙하지 않은 다문화가정 학생들을 일반 학생들과 함께 효과적으로 가르칠 수 있는 지도 방안이 마련되어야 한다.

나) 일반학생 및 다문화가정 학생 간의 협동학습을 통한 수업 적응 지도

학교에서 하는 여러 가지 활동 중에서 협동, 협력 과제를 통해서 학생 상호 간에 더 친밀한 관계를 형성할 수 있다. 이러한 학습 활동은 다문화가정 학생과 일반 학생들이 상호 협력하여 수업 과제를 해결하고, 서로 간의 대화를 통해 상대방과 의견을 주고받으면서 함께 생각해 보는 시간을 가질 수 있는 기회가 될 것이다.

다) 방과 후 수업 프로그램의 일반교과 수업과의 연계 지도

대부분의 다문화가정 학생들의 집안 형편이 좋지 않고, 부모들은 맞벌이를 많이 하고 있다. 귀가하는 시간이 늦는 경우가 많아 가정에서 학생들을 잘 돌볼 수 없는 환경에 처해 있다. 언어 적응, 학습 능력, 친구 관계 등에 많은 문제를 안고 있는 학생들은 집에서 따로 교육을 받거나 보살핌을 받을 수 없으며, 이 학생들은 어느 정도 여건이 되면 학원을 다니거나 자치단체, 지역 센터 등에 가서 방과 후 교육 프로그램을 받고 있는 실정이다. 하지만 이러한 환경 조건을 가지고 있는 소수의 학생, 일부 대도시 지역에 한정되고 있어, 방과 후 수업을 일반교과 수업과 연계하여 지도할 필요가 있다.

라) 교과 및 적응 프로그램의 학교와 지역사회 연계 지도

학교에서 친구와 선생님의 도움을 받는 것 이외에도 학교 밖에서 학생들에게 이루어질 수 있는 학습 적응을 위하여 외부 인적 자원의 활용이 중요하다. 이는 특별히 다문화가정 학생들이 어려워하는 과목에 대해 전문 강사를 초빙하여 가르치도록 하거나, 문화 체험활동 시 인근 도시의 문화 시설의 견학 및 방문 등을 통해서 다문화교육을 체험하는 것이 현실적으로 가장 적절한 방법이라 볼 수 있다.

나. 범교과 학습 프로그램

1) 목표

가) 다문화 교수 · 학습 목표에 대한 교사의 편견과 이해 증진

교사들은 다문화가정 학생들이 일반 학생들과는 다른 다문화가정 학생으로 드러남으로써 상처를 받을까 우려하고 있다. 이를 적극적으로 드러내고 동등하게 서로의 문화와 차이를 이해하도록 돕는 것이 다문화 교수 · 학습의 목표라는 인식을 하지 못하고 있다. 다문화와 관련된 내용을 다문화교육과 관련지어 지도할 수 있도록 교사의 편견에 대한 이해 증진이 필요하다.

나) 자아존중감 신장

일반 학생과 다문화가정 학생을 함께 지도하는 담임교사들은 다문화 교수 · 학습의 목표로서 다문화가정 학생의 자아존중감 향상을 매우 중요시한다. 이를 위해, 대상 학생이 동료들보다 잘할 수 있는 것들을 찾아내거나 장점을 활용하여 자아존중감을 높여줌으로써 다른 학습에도 자신감을 가질 수 있도록 한다. 하지만 지나친 배려와 편애는 대상 학생들을 수동적이고 의존적으로 만들 수 있기 때문에 효과적인 학교 적응과 학습 방법을 찾아야 할 것이다.

다) 다문화 교수 · 학습 목표에 대한 사전 안내

일반적으로, 수업을 시작하면서 교사는 학습 목표나 내용을 제시함으로써 학생들이 수업에서 어떤 내용이 다루어지며, 어떤 목표를 달성하게 될지 예견하게 한다. 다문화가정 학생이 일반 학생과 함께 학습 활동에 참여할 때, 교사는 교과 내용에 다문화교육 목표와 관련된 내용이 있는지를 인식하고, 다문화와 직간접적으로 관련된 내용을 학습 목표로 제시할 수 있다.

라) 일원화된 다문화 교수 · 학습 목표

다문화교육의 궁극적인 목표는 학생들이 다문화 교수 · 학습을 통해 자신의 문화와 타인의 문화를 이해하고 존중함으로써 평등하게 더불어 살아갈 수 있는 능력과 태도를 기르는 것이다. 한 집단은 다른 집단을 항상 도와주고, 다른 집단은 그와 반대로 늘 배려를 받아야만 하는 사회를 이루는 것이 다문화 교수 · 학습의 목표는 아니다. 그럼에도 다문화가정 학생들이 일반 학생들과 함께 수업에 참여하는 학급에서 동등한 교수 · 학습 목표를 제시하여야 할 것이다.

2) 내용

가) 다문화 교수 · 학습 내용에 대한 교사의 편견 극복

우리나라 교사들은 다문화가정 학생이 학급에 없으면 다문화 교수 · 학습은 불필요하며, 다문화가정 학생이 학급에 있는 경우에라도 특별한 다문화 교수 · 학습 내용의 프로그램이 주어져야 수업을 진행할 수 있다는 편견을 갖고 있다. 다문화 교수 · 학습에 대한 왜곡된 인식을 극복하여 국가나 기관 수준에서 개발하여 제공한 프로그램이 없더라도 수업을 운영할 수 있어야 한다.

나) 우리 문화 중심의 다문화 교수 · 학습 내용 극복

다문화 교수 · 학습의 중요한 목표 중 하나가 우리나라 문화를 이해하고 타 문화를 이해하도록 지도하는 것이다. 하지만 일반 학생이나 다문화가정 학생 모두가 한국의 문화를 이해하게 하는 데 초점을 두고 있으며, 다문화가정 학생들의 문화를 함께 다루고 있지 않다. 다문화 학생의 모국 문화에 대한 교수 · 학습 내용도 함께 다루어져야 할 것이다.

다) 학생의 특성과 문화적 배경을 고려한 프로그램 운영

일반 학생들은 우리 문화와 학급에 있는 동료 다문화가정 학생의 문화를 배움으로써 서로를 이해하고 존중할 수 있으며, 다문화가정 학생 역시 자신의 문화와 한국 문화, 그리고 다른 다문화가정 학생의 문화를 학습하면서 자아정체성과 타인 이해를 배울 수 있다. 이를 위해 다문화가정 학생이 학급에 재학하고 있다면, 우리 문화를 다룰 때 다문화가정 학생의 문화를 함께 다룬다면 풍부한 다문화교육 내용이 될 수 있다.

3) 방법 및 평가

가) 다문화가정 학생의 특성을 고려한 방법

다문화가정 학생 대부분의 적응 문제는 언어적 적응과 관련이 있다. 즉, 한국어를 전혀 못하는 학생부터 한국어를 배우지만, 일상 언어 수준에 그치고 학습 언어에는 능숙하지 않은 학생들이 많다. 이러한 다문화가정 학생의 언어 적응은 여타 학습에 직간접적으로 영향을 미치게 된다. 교사들은 이 학생들의 어려움을 고려하고, 다문화가정 학생의 특성을 고려하는 방법을 사용할 수 있어야 한다.

나) 다문화 교수 · 학습 과정에 학부모 참여와 가정 연계 지도

다문화교육이 효과적이기 위해서는 다문화가정 학생의 학부모를 참여시키거나 가정과 연계해서 지도해야 한다. 다문화가정 학생의 문화적 배경이 수업의 내용과 방법에 반영되기 위해서는 부모가 좀 더 정확하고 풍부한 지식과 경험을 가지고 있어야 하며, 모국의 문화를 소개하거나 정보를 제공할 수 있는 수업에서 학부모의 참여 및 가정 연계 지도가 이루어져야 한다.

다) 지나친 도움과 배려의 제거로 교수 · 학습 방법의 역차별 해소

다문화가정 학생의 대부분은 언어나 문화의 차이로 학교생활과 학업에 어려움을 겪는다. 이러한 어려움을 이해하는 교사는 이들에게 다른 일반 학생들에게 보다 더 많은 관심을 보이며, 도움을 주거나 특별한 배려를 하게 된다. 이런 상황이 계속되는 동안 다문화가정 학생이 교사에게 의존하는 시간이 많아지게 된다. 따라서 한 학급 내에 있는 다른 일반 학생은 상대적으로 관심과 배려에서 제외되기 마련이다. 다문화가정 학생이 능동적으로 수업에 참여하고, 일반 학생들이 역차별을 당하지 않도록 지도해야 한다.

라) 학생의 특성과 능력을 고려한 평가

다문화가정 학생의 경우 대부분은 문화와 언어의 차이로 인해 학업에 어려움을 겪게 된다. 이러한 학생이 일반 학생들과 함께 수업 활동에 참여하고 학습 결과를 평가받게 되는 경우, 다른 학생들에 비해 낮은 성취 수준을 보이면서 종국적으로 학습된 무기력감에 빠질 수 있으며, 학교생활에도 부적응을 나타낼 수 있다. 우리나라에서는 다문화가정 학생들이 일반 학생들과 동일한 조건이 아니라, 맞춤형 평가를 받을 수 있는 특별한 방안이 마련되어야 한다.

다. 학교 적응 프로그램

1) 언어 적응 프로그램

가) 목표

다문화가정 학생들에게 가장 필요한 것은 언어 습득과 학습 적응이다. 현재 급증하고 있는 다문화가정 학생들은 개인의 경험에 따라 다르지만, 대부분 많은 도움이 필요하다. 이들을 위한 언어 적응 프로그램을 학교에 준비하여, 언어 습득과 학습 향상을 지원하는 것이 목표이다.

나) 내용

다문화가정 학생들을 위한 언어 적응 프로그램을 운영한다. 담임교사에 의해 한글을 공부하거나 미흡한 과목에 대한 보충지도를 받는다. 중학교의 경우, 멘토-멘티 프로그램을 운영하고 있다.

다) 방법 및 평가

다문화가정 학생들을 위한 언어 적응은 개별 교사의 관심과 지도로 이루어지는 것을 넘어서, 교육청과 학교 차원에서 학력이 관리되어야 한다.

2) 학교생활 적응 프로그램

가) 목표

다문화가정 학생들의 학교 생활적응 프로그램은 그들이 사회의 구성원으로 원만한 생활을 함과 동시에, 다문화를 이해하고 수용할 수 있도록 해야 한다.

나) 내용

다문화가정 학생들이 효과적으로 학교 적응을 할 수 있는 개별 및 맞춤형 프로그램이 마련되어야 한다.

다) 방법 및 평가

다문화가정 학생들을 위한 학교 적응은 교사의 관심과 학부모의 학교봉사, 지역사회 단체의 봉사활동 등에 의해서 이루어지고 있다. 이들 학생들에 대한 평가는 교사의 주관적 평가뿐만 아니라 객관적인 판단 기준에 따른 평가로 이루어져야 한다.

Chapter

09

다문화 교육과정 운영의 실제

1. 국가수준 교육과정에서의 다문화교육
2. 다문화교육 지도 영역에 따른 수업설계의 실제

Chapter 09

다문화 교육과정 운영의 실제

이 장에서는 다문화 교육과정 운영에 관련된 실제를 탐색하고 학습하며, 주요 내용인 국가수준 교육과정에서 제시하고 있는 다문화교육, 다문화교육 지도 영역에 따른 수업설계의 실제 등에 대하여 살펴보고자 한다.

1 국가수준 교육과정에서의 다문화교육

다문화교육은 국가의 경계와 범주를 초월하여 사고하고, 성찰하고, 행동하는 것을 함축하고 있는 세계시민교육과 상호 보완하여 운영되고 있다. 이 두 영역을 포함하는 교육과정을 고찰하면 다음과 같다.

가. 교육과정 총론에 나타난 다문화교육

2015 개정 교육과정에서 추구하는 인간상은 다음과 같다.

가. 전인적 성장을 바탕으로 자아정체성을 확립하고, 자신의 진로와 삶을 개척하는 자주적인 사람
나. 기초 능력의 바탕 위에 다양한 발상과 도전으로 새로운 것을 창출하는 창의적인 사람
다. 문화적 소양과 다원적 가치에 대한 이해를 바탕으로 인류 문화를 향유하고 발전시키는 교양 있는 사람
라. 공동체 의식을 가지고 세계와 소통하는 민주 시민으로서, 배려와 나눔을 실천하는 더불어 사는 사람

네 가지 인간상 중에서 다문화교육 요소에 해당하는 것은 '교양 있는 사람과 더불어 사는 사람'이다. 교양 있는 사람은 인류문화의 여러 영역에서의 소양을 함양하고 다양한 문화에 대한 감수성과 공감적 이해 능력을 습득함으로써, 인류문화를 심미적으로 향유하고 지속적으로 발전시키며, 행복하고 품격 있는 삶을 사는 사람이라고 정의하며, 다양한 문화에 대한 공감적 이해 능력을 강조하고 있다(교육부, 2018). 또한 더불어 사는 사람으로 성장할 수 있도록 지역 · 국가 · 공동체의 구성원들에게 요구되는 가치와 태도를 가지고, 공동체의 문제 해결 및 발전을 위해 자신의 역할과 책임을 다할 수 있도록 지도하여 세계시민으로 살아가도록 해야 한다는 세계시민교육을 제안하고 있다(교육부, 2018).

총론에서 제시하는 핵심역량을 살펴보면, 교육과정이 추구하는 인간상을 구현하기 위해 기르려는 핵심역량 여섯 가지 중 심미적 감성 역량과 공동체 역량에서 다문화교육 요소가 나타나는데, 그 내용을 제시하면 다음과 같다.

가. 인간에 대한 공감적 이해와 문화적 감수성을 바탕으로 삶의 의미와 가치를 발견하고 향유하는 심미적 감성 역량
나. 지역 · 국가 · 세계 공동체의 구성원들에게 요구되는 가치와 태도를 가지고 공동체 발전에 적극적으로 참여하는 공동체 역량

심미적 감성 역량의 하위요소로는 문화적 소양과 감수성, 문화적 상상력, 타인의 경험 및 인간에 대한 공감 능력, 다양한 가치에 대한 존중, 정서적 안정감, 의미 있고 행복한 삶의 추구와 향유 등을 포함한다. 이 중 타인의 경험 및 인간에 대한 공감 능력, 다양한 가치에 대한 존중이 다문화교육 내용 요소인 다양성의 존중, 다문화 이해 및 상호 존중 등에 해당한다. 공동체 역량에는 시민 의식, 준법정신, 질서 의식, 공정성과 정의감, 참여와 책임 의식, 협동과 협업 능력, 나눔과 배려 등을 하위요소로 포함하고 있다. 이들 요소는 다문화교육의 핵심 내용 중 세계시민교육 및 국제이해에 해당한다.

학교급별 교육과정 편성 · 운영의 기준에서 범교과 학습주제로 다문화교육을 선정하고, 교과와 창의적 체험활동 등 교육활동 전반에 걸쳐 통합적으로 다루고 있다. 다문화교육은 2007 개정 교육과정에서부터 범교과 학습주제로 언급되고 있었는데, 2015 개정 교육과정에서는 범교과 학습 10개 주제 중 하나로 제시하고 있다. 2015 개정 교육과정 총론 해설서에서는 다양성을 존중하는 교육 활동을 강화하고, 세계시민교육 및 국제이해 등에 대한 학습을 통해 국제사회 전반에 걸쳐 다문화 이해와 상호 존중의 정신을 함양하도록 다문화교육을 범교과 학습 주제로 선정한 이유를 밝히고 있다(교육부, 2018).

또한 학교 교육과정 편성 · 운영 사항에서도 다문화교육 내용을 구체적으로 명시하고 있다. 모든 학생을 위한 교육 기회의 제공이라는 기준의 첫 조항으로 '교육활동 전반을 통하여 남녀의 역할, 학력과 직업, 종교, 이전 거주지, 인종, 민족 등에 관한 편견

을 가지지 않도록 지도한다(교육부, 2018)'라고 제시하였으며, 차별과 편견, 인권 존중 및 평등에 대한 교육을 강조하고 있다. 이와 함께 '다문화가정 자녀의 교육 기회를 확대하고 학교 및 사회적응을 돕기 위해 노력하며, 학생들이 다문화에 대한 이해의 폭을 넓힐 수 있도록 교육해야 한다'고 하였다. 다문화 학생을 위해 교육과정을 조정·운영하는 경우에는 '일반 학생들이 타 문화를 이해하고 공동체 의식을 함양하는 기회를 가질 수 있도록 지도할 필요가 있다(교육부, 2018)'고 하여, 다문화 학생에 대한 교육뿐만 아니라 일반 학생들을 대상으로 한 다문화교육의 필요성을 언급하고 있다.

나. 교과 교육과정에 나타난 다문화교육

2015 개정 교과 교육과정의 내용 체계는 핵심 개념, 일반화된 지식, 내용 요소, 기능으로 교육내용을 구조화하였으며, 이를 성취기준으로 진술하였다(교육부, 2018). 성취기준은 교과를 통해 학생들이 배워야 할 지식과 기능 및 태도의 총체라고 할 수 있다. 따라서 교과 교육과정에 나타난 다문화교육을 살펴보기 위해 교과별, 학년별로 제시된 성취기준을 분석하였다. 다문화교육과의 연관성을 지니고 있는 성취기준의 선정은 교육부에서 발간한 범교과 학습 주제 교수 학습 자료를 참고하였으며, 선정된 성취기준에 포함된 다문화교육 내용 요소를 분석하였다.

1) 초등학교

초등학교 교과 교육과정에서 제시한 성취기준을 분석한 결과는 다음과 같다. 분석 결과를 학년군별로 제시하면, 1~2학년군 10개 성취기준, 3~4학년군 4개 성취기준, 5~6학년군 18개 성취기준이었으며, 3~4학년군 성취기준이 가장 적은 것으로 나타났다. 교과군에서는 사회/도덕 교과군이 16개 성취기준으로 가장 많은 비중을 차지하고 있었다. 내용 요소별로 살펴보면, 다양성의 존중 12개 성취기준, 세계시민교육 및 국제이해 10개 성취기준, 다문화 이해 및 상호 존중 11개 성취기준 등으로 고른 분포를 보여 주었다.

2) 중학교

중학교 교과 교육과정에서 제시한 성취기준을 분석한 결과에서는 사회/도덕 교과군이 10개 성취기준, 국어 8개 성취기준 순으로 나타났으며, 내용 요소에서는 다양성의 존중 12개 성취기준, 다문화 이해 및 상호 존중 8개 성취기준, 세계시민교육 및 국제이해 4개 성취기준 등의 순으로 나타났다.

3) 고등학교

고등학교 교과 교육과정은 보통 교과와 전문 교과로 구분하는데, 본 내용에서는 보통 교과의 공통 교과와 선택 교과만을 분석하였다. 고등학교 교과 교육과정에서 제시한 성취기준을 분석한 결과는 다음과 같다.

고등학교 교과 교육과정에서는 통합사회, 사회문화, 생활과 윤리 등 사회/도덕 교과군이 15개 성취기준으로 가장 많은 비율을 보여 주었다. 다문화 내용 요소에서는 다문화 이해 및 상호 존중 10개 성취기준, 세계시민교육 및 국제이해 6개 성취기준, 다양성의 존중 4개 성취기준 등의 순으로 나타났다.

다. 학교급별 교과 수업 연계 시수 비교

교육부(2019b)에서 발간한 범교과 학습주제 교수·학습 자료에서 제시한 학교급별 교과수업 연계 시수는 〈표 9-1〉과 같다. 괄호 안의 숫자는 다문화교육과 관련하여 교과수업과 연계할 수 있는 수업시수를 의미한다.

〈표 9-1〉 학교급별 교과수업 연계 시수표

구분		다양성의 존중	세계시민교육 및 국제이해	다문화 이해 및 상호 존중
초 1~2		국어(1), 통합(7)	통합(4)	통합(9)
초 3~4		사회(1), 도덕(2)		사회(1), 도덕(4)
초 5~6		국어(1), 도덕(2) 실과(2)	사회(13), 도덕(2)	사회(8), 음악(1), 체육(4)
중학교		국어(9), 도덕(6), 기술·가정(2)	국어(2), 사회(2), 도덕(4), 미술(1), 음악(2)	국어(2), 사회(1), 역사(1), 도덕(2), 기술·가정(4), 체육(1)
고 공통		국어(2), 한국사(3)	국어(2), 통합사회(1)	국어(2), 통합사회(4)
고 선택		화법과 작문(2)	문학(4)	화법과 작문(2)
		생활과 윤리(2), 사회·문화(4)	생활과 윤리(2), 윤리와 사상(2)	생활과 윤리(2), 사회·문화(4), 한국지리(1), 여행지리(2)
		기술·가정(2)	–	–
		–	미술(2)	–
계	초 1~2	8	4	9
	초 3~4	3		5
	초 5~6	5	15	13
	중	17	11	11
	고	15	13	17
	계	48차시	43차시	55차시

학교 및 학년군별 다문화교육 요소의 수업 시수는 다문화 이해 및 상호 존중 51차시, 다양성의 존중 49차시, 세계시민교육 및 국제이해 43차시 등의 순으로 나타났다. 초등학교의 경우, 다문화 이해가 43.5%로 가장 높은 비율을 보였으나, 3~4학년군의 경우 다른 학년군에 비해 다문화교육 요소가 매우 적었다. 세계시민교육 요소는 초등학교 5~6학년군부터 본격적으로 다루어지고 있음을 알 수 있다. 중학교는 다양성의 존중이 47.2%로 많은 비중을 차지하였으며, 고등학교의 경우, 위의 세 가지 요소가 고른 비율을 보였다.

라. 학교급별 교과(군) 분포 비교

다문화교육 요소가 반영된 교과군 분포를 살펴보면, 초등학교는 사회, 통합교과, 도덕, 체육 등의 순으로, 중학교는 국어, 도덕, 사회, 기술·가정 등의 순으로, 고등학교는 국어, 생활과 윤리, 화법과 작문, 통합사회와 사회문화 등의 순으로 나타났다. 초등학교의 경우, 사회/도덕 교과군이 53.2%로 매우 높은 비율을 나타내었다. 중등학교의 경우에는 국어 교과의 비중이 높은 편이었는데, 이는 국어과의 다양한 성취기준이 교과 연계에서 활용되기 용이하기 때문이라 볼 수 있다.

2 다문화교육 지도 영역에 따른 수업설계의 실제(신재한 외, 2014)

가. 지도 영역-문화

○ 사회과 교수 · 학습 지도안

<table>
<tr><td>영 역</td><td colspan="2">문화</td><td>일 시</td><td colspan="3">○○○○년 ○○월 ○○일</td></tr>
<tr><td>단 원</td><td colspan="2">세계 여러 나라의 명절과 기념일</td><td>수업자</td><td colspan="3">○○○</td></tr>
<tr><td>학습주제</td><td colspan="2">민속놀이 알아보기</td><td>수업시간</td><td>40분</td><td>학 년</td><td>3학년</td></tr>
<tr><td>학습목표</td><td colspan="6">세계 여러 나라의 기념일에 하는 놀이에 대해 알 수 있다.</td></tr>
<tr><td>학습의 주안점</td><td colspan="6">오늘날 이웃 간, 고장 간, 지역 간, 국가 간에 존재하는 문화의 특수성과 보편성을 이해함으로써 우리 문화에 대한 정체성 형성과 다른 문화에 대한 상호 존중의 마음을 가지게 하고자 설정한다. 이를 위해 놀이, 친교, 단체활동 등을 통해 학생문화에 대하여 이해하고, 고장, 지역, 국가의 서로 다른 학생문화를 파악한다. 고장의 독특한 문화적인 특성을 이해하고, 그러한 특성이 만들어지게 된 자연적 · 역사적 환경에 대하여 이해하도록 한다. 또한 우리나라의 여러 기념일들의 특징과 의미를 외국의 경우와 비교하여 파악함으로써 그 문화적인 특성을 이해하도록 한다.</td></tr>
<tr><td rowspan="2">학습자료</td><td>교사</td><td colspan="5">- 컴퓨터 녹음 프로그램
- 동영상
- PPT 자료
- 학습지
- 세계지도</td></tr>
<tr><td>학생</td><td colspan="5">민속놀이 조사 과제</td></tr>
<tr><td rowspan="4">나만의 수업전략</td><td>수업 모형</td><td colspan="5">조사발표학습</td></tr>
<tr><td rowspan="2">학습 형태</td><td>활동 1</td><td>활동 2</td><td>활동 3</td><td colspan="2">심화활동</td></tr>
<tr><td>민속놀이 계절별 나누기</td><td>민속놀이 대륙별 나누기</td><td>민속놀이하는 사람에 따라 나누기</td><td colspan="2">모둠학습</td></tr>
<tr><td colspan="6">1. 제재 관련 생활경험 이야기
2. 조사자료 발표하기
3. 민속놀이 기준 정하기
4. 각 모둠별로 전문가를 한 명씩 두어 분류하기</td></tr>
</table>

<table>
<tr><th>학습 단계</th><th>학습 과정</th><th>교수 · 학습 활동</th><th>시간</th><th>자료 및 유의점</th></tr>
<tr><td rowspan="2">도입</td><td rowspan="2">주의집중
및
동기유발</td><td>◈ 학습동기 유발
– 노래를 함께 들어 봅시다. 어떤 내용을 노래하고 있습니까?
– 연날리기 노래입니다.
– 놀이와 관련된 다른 노래는 없을까요?</td><td>3분</td><td>• 동요 테이프
• PPT 자료</td></tr>
<tr><td>◈ 제재 관련 생활 경험 이야기
– 여러 가지 민속놀이를 해 본 경험이 있습니까?
– 지난 시간에 도서관에서 어떤 자료를 수집하였습니까?
– 우리 고장 및 다른 나라의 전통 민속놀이에 대해 수집하였습니다.
◈ 학습목표 확인하기
– 이번 시간에 공부할 문제를 말해 봅시다.
나라별로 기념일에 하는 민속놀이에 대해 알아보고 분류해 봅시다.</td><td>2분</td><td>※ 분류 기준을 명확히 제시하도록 한다.</td></tr>
<tr><td rowspan="2">전개</td><td rowspan="2">수업
하기</td><td>◈ 조사자료 발표하기
– 여러분이 조사한 민속놀이에는 어떤 것들이 있나요?
◈ 민속놀이 기준 정하기
– 여러분이 조사한 세계 여러 나라 민속놀이를 어떤 기준으로 나누면 좋을까요?
◈ 분류 기준 정하기
– 민속놀이를
① 계절별로 나누어 봅니다.
② 대륙별로 나누어 봅니다.
③ 놀이하는 사람에 따라 나누어 봅니다.</td><td>5분</td><td>• 메모지, 필기도구</td></tr>
<tr><td>◈ 학습과제 선정하기
– 학습과제가 주어진 전문가 활동지에서 한 가지를 정합니다.
〈활동 1〉 세계 여러 나라 민속놀이를 계절별로 나누어 봅시다.
〈활동 2〉 세계 여러 나라 민속놀이를 대륙별로 나누어 봅시다.</td><td>10분</td><td>※ 모든 학생이 참여하여 과제를 해결할 수 있도록 지도한다.</td></tr>
</table>

학습 단계	학습 과정	교수 · 학습 활동	시간	자료 및 유의점
		〈활동 3〉 세계 여러 나라 민속놀이를 놀이하는 사람에 따라 나누어 봅시다.		
정리	정리하기	◈ 각 모둠별로 전문가를 한 명씩 두어 과제 해결하기		–
		◈ 분류활동하기 – 각 활동별 모인 여러분이 전문가가 되어 활동과제를 해결해 봅시다.	10분	• PPT 자료
		◈ 전문가 활동하기 – 조사한 자료를 바탕으로 하여 민속놀이를 기준에 따라 분류하기	5분	–
		◈ 전문가 활동내용 통합하기 – 전문가 활동을 통해 정리된 내용을 모둠 친구들에게 전달해 봅시다. – 전달한 내용을 간단하게 표로 정리하고 발표해 봅시다.		–
		◈ 학습정리 – 세계 여러 나라의 민속놀이를 조사하여 기준에 따라 분류해 보았습니다. 같이 확인해 봅시다.	5분	–
		◈ 차시예고 – 다음 시간에는 여러 가지 민속놀이 도구를 실제로 만들어 보는 시간을 갖겠습니다.		–

활동지 세계 여러 나라의 민속놀이

◈ 친구들과 함께 다음 민속놀이를 해 보세요.

팽이치기

〈베트남〉

팽이는 우리나라의 것과 모양은 약간 다르지만 줄을 감아 돌리는 것과 찍기 후에 손바닥에 올려 세우고 그걸로 다시 상대방의 팽이 위에 올려 공격하는 방식은 우리와 똑같다.

따까우

〈베트남〉

여러 사람이 원형으로 둘러서서 한 개의 제기가 땅에 떨어지지 않도록 돌려가면서 공중에 높이 차올린다. 무릎으로 살짝 받아서 다시 발로 높이 차는 것이 기본동작이다. 뒷발로 차는 묘기도 볼 수 있다.

켄다마

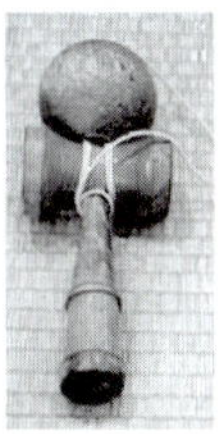

〈일본〉 –죽방울–

끈이 달린 나무 공을 공중에 던져서 받침 위에 살짝 얹는 놀이이다.

공기놀이

〈태국〉

우리나라 친구들이 하는 공기놀이와 아주 똑같으며, 5단에 이르기까지의 과정이 동일하다.

◈ 다른 나라와 우리나라의 전통놀이의 공통점과 차이점을 비교하여 생각해 봅시다.

참고자료 세계의 전통놀이

• **필리핀의 '티니클링(tinikling)'**

'티니클링'이란 목과 다리가 길고 점잖게 걷는 새의 이름입니다. 이 춤은 쌀을 미끼로 해서 이 새를 새틀로 잡으려고 하지만 먹이만 먹고 피하는 새의 동작을 표현한 춤입니다.

〈음악〉 3/4박자 〈스텝〉 홉, 점프

〈놀이 방법〉

- 2명이 대나무 장대 양 끝을 손으로 잡는다.
- 음악에 맞추어 제1, 2박에는 대나무 장대를 벌린 상태로 각목 양쪽에서 2회 친다.
- 제3박에는 각목의 중앙에서 대나무 장대를 마주 친다.
- 춤을 추는 사람은 대나무 주위를 돌아 춤을 추거나 대나무 사이를 닿지 않게 걸어가며 율동을 한다.

• **일본**

일본은 하네츠키, 연날리기, 팽이돌리기, 가루타, 스고로쿠(윷놀이와 비슷함) 등 여러 가지가 있다. 그러나 현재는 이러한 놀이들은 거의 행해지고 있지 않다.

• **베트남**

베트남의 민속놀이로는 따까우(제기차기), 팽이치기, 고무줄놀이, 연날리기, 꺼드엉(co tuong, 장기) 등이 있다.

• **태국**

태국의 민속놀이로는 땅따먹기, 나무배 놀이, 팽이 돌리기, 실뜨기, 비석치기, 공기놀이 등이 있다. 공기놀이는 우리의 공기놀이와 아주 똑같으며, 5단에 이르기까지의 과정이 동일하다. 비석치기(사방치기)는 편이 정해지면 손으로 비석을 던져 맞히면 이기는 놀이로 우리의 비석치기(사방치기)와 동일하다. 차이는 열대의 납작한 열매를 이용한다는 것이다.

나. 지도 영역-문화·다양성

○ 창의적 체험활동 교수 · 학습 지도안

<table>
<tr><td>영 역</td><td colspan="3">문화, 다양성</td><td>일 시</td><td colspan="3">○○○○년 ○○월 ○○일</td></tr>
<tr><td>단 원</td><td colspan="3">다문화교육</td><td>수업자</td><td colspan="3">○○○</td></tr>
<tr><td>학습주제</td><td colspan="3">세계의 의상</td><td>수업시간</td><td>40분</td><td>학년</td><td>전 학년</td></tr>
<tr><td>학습목표</td><td colspan="7">세계 여러 나라의 의상이 다양함을 설명할 수 있다.</td></tr>
<tr><td>학습의 주안점</td><td colspan="7">– 각 나라의 국기가 다르듯이 의상도 다르다는 것을 인형을 통해 인지하도록 함.
– 모둠원 간 상호작용을 통해 각 나라 의상의 특징을 찾아보고 느껴 보도록 함.
– 직접 의상을 입어 볼 수 있는 기회를 제공할 다문화박물관에 관한 흥미를 가지도록 함.
(각 나라의 국기가 다르듯이 의상도 다르다는 것을 인형을 통해 인지하도록 한다. 모둠원 간 상호작용을 통해 각 나라 의상의 특징을 찾아보고 느껴 보도록 하고 직접 의상을 입어 볼 수 있는 기회를 제공하여 다문화박물관에 관한 흥미를 가지도록 한다.)</td></tr>
<tr><td rowspan="2">학습자료</td><td>교사</td><td colspan="6">사진 파일, 활동지</td></tr>
<tr><td>학생</td><td colspan="6">필기도구 등</td></tr>
<tr><td rowspan="4">나만의 수업전략</td><td>수업 모형</td><td colspan="6">일반학습모형</td></tr>
<tr><td rowspan="2">학습 형태</td><td>도입</td><td colspan="3">전개</td><td colspan="2">정리</td></tr>
<tr><td>전체학습</td><td colspan="3">모둠학습</td><td colspan="2">전체학습</td></tr>
<tr><td colspan="7">1. 〈2009 인천 세계의상 페스티벌〉 사진을 제시함으로써 지역에서의 축제임을 알리고, 관심을 북돋을 수 있도록 한다.
2. 현재 알고 있는 다른 나라의 의상과 함께 세계 여러 나라의 의상에 대하여 탐색할 수 있는 기회를 다양한 자료와 함께 제공한다.
3. 실제로 다문화 의상 체험에 앞서서 다문화박물관 홈페이지를 방문함으로써 계획을 세울 수 있도록 한다.
4. 다문화박물관 홈페이지의 다양한 의상을 감상하는 기회를 통하여 학생들의 흥미와 동기를 북돋우며, 다음 차시의 수업과 연계될 수 있도록 한다.</td></tr>
</table>

▣ 학습평가계획				
평가목표	세계 여러 나라의 의상이 다양함을 설명할 수 있는가?			
평가방법	• 교사관찰평가: 수업 중 활동모습–활동지 활용 • 상호평가: 수업 중 모둠활동			
평가척도	내용	잘함	보통	부족
	• 세계 여러 나라 의상이 다양함을 알고 있는가? • 세계 여러 나라 의상의 특징을 찾을 수 있는가? • 모둠학습에 적극적으로 참여하는가?	◎	○	△

학습 단계	학습 과정	교수 · 학습 활동	시간	자료 및 유의점
도입	동기유발	◈ 2009 인천 세계의상 페스티벌! T: 이 사진은 어떤 사진입니까? S: 세계 여러 나라 전통의상 패션쇼를 하는 사진입니다. T: 다른 나라 의상을 알고 있거나 본 적이 있습니까? S: 네~ 일본은 기모노를 입습니다.	3분	★ http://blog.naver.com/eunwon820?Redirect=Log&logNo=120089339696
	학습목표 확인	◈ 학습목표 및 학습활동 확인하기 T: 오늘의 학습목표를 확인해 볼까요? 세계 여러 나라의 의상이 다양함을 설명할 수 있다.	2분	
전개	활동 1	◈ 탐험! 세계의상 박물관! T: 세계 여러 나라 의상을 감상하여 봅시다. – 각 나라의 국기와 함께 서 있는 인형 옷을 감상한다. T: 나라마다 의상이 차이가 있나요? S: 각 나라마다 국기와 음식 등이 다르듯이, 의상도 다양하고 가지각색입니다. T: 왜 의상은 각 나라마다 다를까요? S: 각 나라의 문화나 배경이 다르고 다양하기 때문입니다.	5분	★ 사진 파일

<table>
<tr><th>학습 단계</th><th>학습 과정</th><th>교수 · 학습 활동</th><th>시간</th><th>자료 및 유의점</th></tr>
<tr><td rowspan="2"></td><td>활동 2</td><td>◈ 세계 여러 의상의 특징 찾기
T: 각 모둠별로 두 나라를 선택하여 의상의 특징을 찾아보고 꾸며 보도록 하겠습니다.
– (영국, 멕시코, 케냐, 네덜란드 등의 나라 의상의 특징을 소개하는 글을 쓰고 꾸민다.)
T: 각 모둠별로 자기가 맡은 나라의 의상을 소개해 봅시다.
– 모둠별로 각 나라의 의상을 친구들에게 소개한다.</td><td>15분</td><td>★ 활동지
※ 각 나라 의상의 특징을 자유롭게 기술하고 느낀 점을 쓰도록 한다.</td></tr>
<tr><td>활동 3</td><td>◈ 가자! 다문화박물관으로~
T: 다문화박물관 페스티벌 중 하나인 세계 전통의상 체험은 그냥 눈으로 의상을 보는 데서 더 나아가 직접 입어 보는 즐겁고 특별한 체험입니다.
– 다문화박물관(http://www.multiculturemuseum.om)을 소개하고 체험학습 계획을 세우도록 한다.</td><td>7분</td><td>※ 다문화 박물관 소개를 통하여 체험학습에 흥미를 가지도록 한다.</td></tr>
<tr><td rowspan="2">정리</td><td>학습내용 정리하기</td><td>◈ 정리하기
T: 세계 여러 나라 의상을 감상하고 느낀 점은 무엇입니까?
S1: 각 나라마다 다양한 의상을 볼 수 있어서 재미있었습니다.
다른 나라 전통의상을 직접 입어 보는 기회를 접했으면 하는 바람입니다.
S2: 세계의 여러 나라는 의상이 다양함을 알 수 있었습니다.</td><td>7분</td><td rowspan="2">※ 다음 차시의 인지 여부를 확인한다.</td></tr>
<tr><td>차시예고</td><td>◈ 차시예고하기
T: 다음 시간에는 직접 세계민속의상을 직접 입고 체험해 보는 시간을 갖도록 하겠습니다.
– (다음 차시를 정확히 인지한다.)</td><td>1분</td></tr>
</table>

세계 여러 의상의 특징 찾기	6학년 (　)반
	(　　　) 모둠

◈ 여러분이 감상한 세계 여러 나라의 의상 중 인상 깊었던 나라의 의상을 두 개 골라 봅시다.

(　　　　　　　　　　,　　　　　　　　　　)

◈ 우리 모둠이 선택한 두 나라의 의상을 소개해 봅시다.

다. 지도 영역-반편견

○ 국어과 교수·학습 지도안

<table>
<tr><th>영 역</th><td colspan="2">반편견</td><th>일 시</th><td colspan="4">○○○○년 ○○월 ○○일</td></tr>
<tr><th>단 원</th><td colspan="2">첫째마당 2. 이야기 속으로</td><th>수업자</th><td colspan="4">○○○</td></tr>
<tr><th>학습주제</th><td colspan="2">이야기를 읽고 생각과 느낌을
친구와 비교해 보기</td><th>수업시간</th><td>40분</td><th>학 년</th><td colspan="2">6학년</td></tr>
<tr><th>학습목표</th><td colspan="7">세계 여러 나라의 이야기를 읽고 생각과 느낌을 비교하여 말할 수 있다.</td></tr>
<tr><th>학습의
주안점</th><td colspan="7">세계 여러 나라의 이야기를 읽고 생각과 느낌을 비교하여 말할 수 있도록 내용을 구성하여 수업한다.</td></tr>
<tr><th rowspan="2">학습자료</th><th>교사</th><td colspan="6">깨비키즈(http://www.kebikids.com/),
이야기 수수께끼 문제</td></tr>
<tr><th>학생</th><td colspan="6">골든벨 판, 사인펜</td></tr>
<tr><th rowspan="4">나만의
수업전략</th><th>수업 모형</th><td colspan="6">문제해결 학습모형</td></tr>
<tr><th rowspan="2">학습 형태</th><td colspan="2">활동 1</td><td colspan="2">활동 2</td><td colspan="2">활동 3</td></tr>
<tr><td colspan="2">이야기에 대한 생각이나
느낌을 말하는 방법
알아보기</td><td colspan="2">여러 나라의
이야기를 소개하기</td><td colspan="2">수수께끼 릴레이하기</td></tr>
<tr><td colspan="7">이야기에 대한 생각이나 느낌을 말하는 방법을 먼저 알아보고 모둠별로 여러 나라의 이야기를 소개한 후에 수수께끼 릴레이 활동을 실시하여 학습목표를 달성하게 한다.</td></tr>
</table>

<table>
<tr><th>학습 단계</th><th>학습 과정</th><th>교수 · 학습 활동</th><th>시간</th><th>자료 및 유의점</th></tr>
<tr><td rowspan="2">문제 확인 하기</td><td>동기유발</td><td>◈ 학습동기유발
• 이야기의 한 장면을 보여 주기
– 이야기를 간단히 소개시키기
– 이야기에 대한 생각이나 느낌 말하게 하기</td><td>3분</td><td rowspan="2">◆ 깨비키즈 (http://www.kebikids.com/)</td></tr>
<tr><td>학습문제 확인</td><td>◈ 학습문제 확인하기
세계 여러 나라의 이야기를 읽고 생각과 느낌을 비교하여 말할 수 있다.</td><td>1분</td></tr>
<tr><td>문제 해결 방법 찾기</td><td>학습활동 안내</td><td>◈ 학습활동 안내하기
【활동 1】 이야기에 대한 생각이나 느낌을 말하는 방법 알아보기
【활동 2】 여러 나라의 이야기를 소개하기
【활동 3】 수수께끼 릴레이하기</td><td>1분</td><td>※ 다양한 방법을 찾을 수 있도록 유도한다.</td></tr>
<tr><td>문제 해결 하기</td><td>학습활동 전개</td><td>◈ 학습활동 전개하기
【활동 1】
• 이야기에 대한 생각이나 느낌을 말하는 방법 알아보기
– 등장인물이 되어 말하기
– 글쓴이가 되어 말하기
– 출판사 사장이 되어 말하기
– 부모님이 되어 말하기
– 이야기가 만들어진 나라의 어린이가 되어 말하기
• 이야기에 대한 생각이나 느낌을 나타낼 때 주의할 점 알아보기
– 이야기의 전체 내용 생각하기
– 인물의 말과 행동 성격과 특징 생각하기</td><td>5분</td><td>–</td></tr>
</table>

학습 단계	학습 과정	교수 · 학습 활동	시간	자료 및 유의점
일반화 하기	학습활동 전개	**【활동 2】** • 세계 여러 나라의 이야기 소개하기 – 등장인물, 글쓴이, 부모님, 출판사 사장, 이야기가 만들어진 나라 어린이 등 역할을 정해 소개하고 친구의 생각과 비교해 보기 – 1모둠: 플랜더스의 개(벨기에) – 2모둠: 알라딘의 요술램프(이라크) – 3모둠: 헨젤과 그레텔(독일) – 4모둠: 피노키오(이탈리아) – 5모둠: 왕자와 거지(미국)	13분	◆ 모둠별 발표 자료 ※ 생각이나 느낌이 드러나도록 한다.
		【활동 3】 • 수수께끼 릴레이 하기 – 이야기에 대한 설명을 듣고 제목 맞히기 – 이야기에 대한 설명을 듣고 이야기와 관련된 내용을 맞히기	12분	◆ 이야기 수수께끼 문제 ◆ 골든벨 ※ 문제는 학생들이 쓴 독후 활동 결과물을 활용한다.
정리 확인 하기	정리평가	◈ 학습내용 정리하기 • 이야기 활동을 통한 소감 발표하기	4분	◆ 허용적인 분위기로 발표하도록 한다.
	차시예고	◈ 차시예고하기 • 차시 안내하기 – 이야기를 듣고 친구들과 의논하기	1분	–

활동지 다른 나라 이야기 소개하기

◈ 〈보기〉에 제시된 이야기와 관련된 인물 중에서 한 가지를 정하여, 내가 그 인물이 되었다고 생각하고 이야기를 소개해 보세요.

〈보기〉 등장인물, 글쓴이, 이야기가 만들어진 나라 어린이, 출판사 사장, 부모님

1. 이야기 제목:

2. 이야기가 만들어진 나라에 대해 간단히 소개해 보세요.

3. 내가 정한 인물이 되어 그 인물의 생각과 느낌이 드러나도록 이야기를 소개해 보세요.

( ) 가 되어

라. 지도 영역-정체성

○ 사회과 교수 · 학습 지도안

<table>
<tr><td>영 역</td><td colspan="3">정체성</td><td>일 시</td><td colspan="3">○○○○년 ○○월 ○○일</td></tr>
<tr><td>단 원</td><td colspan="3">2. 민족을 다시 통일한 고려
(2) 역경을 이겨 내며 꽃피운 고려문화</td><td>수업자</td><td colspan="3">○○○</td></tr>
<tr><td>학습주제</td><td colspan="3">북방민족의 침략과 극복</td><td>수업시간</td><td>40분</td><td>학 년</td><td>6학년</td></tr>
<tr><td>학습목표</td><td colspan="7">고려가 북방민족의 침략에 대항한 과정과 그 원동력을 설명할 수 있다.</td></tr>
<tr><td>학습의 주안점</td><td colspan="7">제재에서는 북방민족의 침략 배경, 과정, 고려의 항쟁에 대해 알아보는 활동을 통해 고려를 둘러싼 주변국들과의 균형을 유지하고, 북진정책을 펴면서 끊임없는 북방민족의 침략의 어려움을 극복한 용감하고 자주적인 나라 고려를 자랑스러워하고 조상들의 용기와 슬기를 본받으려는 태도를 갖는 데 주안점이 있다.</td></tr>
<tr><td rowspan="2">학습자료</td><td>교사</td><td colspan="6">- 시대별 낱말카드
- 고려항쟁 연표
- PPT
- 토론 읽기자료
- 학습지</td></tr>
<tr><td>학생</td><td colspan="6">필기도구, 사인펜 등</td></tr>
<tr><td rowspan="4">나만의 수업전략</td><td>수업 모형</td><td colspan="6">소집단 협동학습</td></tr>
<tr><td rowspan="2">학습 형태</td><td>활동 1</td><td>활동 2</td><td colspan="2">활동 3</td><td colspan="2">활동 4</td></tr>
<tr><td>북방민족의 침략 배경 및 과정</td><td>고려의 활약상</td><td colspan="2">북방민족 침략의 공통성</td><td colspan="2">비판적 의견 쓰기</td></tr>
<tr><td colspan="7">1. 시각화 자료를 통한 역사 이해-고려항쟁 확대연표 적용
2. 비판적 사고력의 신장-토론 읽기자료를 통한 비판적 글쓰기</td></tr>
</table>

학습 단계	학습 과정	교수 · 학습 활동		시간	자료 및 유의점
		교사	아동		
도입	전시학습 상기	◈ 시대 흐름 잡기 • 지금까지 학습한 내용을 시대 순으로 정리하기 – 지난 시간까지 우리가 배운 역사를 시대와 해당 국가별로 이야기해 볼까요?	• 지금까지 학습한 시대를 낱말카드를 보면서 대답하고, 시대에 해당하는 국가를 말한다. – 구석기→신석기→청동기(고조선)→…→고려	2분	• 시대별 낱말카드 • PPT 사진자료, 당시 국제정세 이야기 자료
	동기유발	• 고려항쟁에 관한 그림 또는 인물 둘러보기 – 이곳은 어디일까요? – 이곳과 관련된 역사인물은 누구일까요? – 다음은 어느 나라의 전성기를 나타낸 것일까요?	• 고려항쟁에 관한 그림 또는 인물 사진을 보며 답한다. – 낙성대 – 강감찬 장군 – 몽고 제국의 영역	3분	–
전개	학습문제 확인	◈ 학습문제 제시하기 – 고려가 북방민족의 침략에 대항한 과정과 그 원동력을 설명할 수 있다.		2분	• PPT 자료 • 고려항쟁 확대 연표
		• 학습문제 확인하기 – 고려는 고려를 둘러싼 주변국들과의 균형을 유지하고 북진정책을 펴면서 끊임없는 북방민족 침략의 어려움을 겪었습니다. 오늘은 이러한 어려움을 극복한 용감하고 자주적인 나라 고려에 대해 알아보도록 하겠습니다.			–

학습 단계	학습 과정	교수 · 학습 활동		시간	자료 및 유의점
		교사	아동		
	활동 1	◈ 북방민족의 침략 배경, 과정, 고려의 항쟁에 대해 알아보기 • 거란의 침략 알아보기 • 여진의 침략 알아보기 • 몽고의 침략 알아보기	• 북방민족 침략의 원인, 과정, 극복, 결과에 대한 설명을 듣는다.	15분	–
	활동 2	◈ 각각의 활약상 정리하기 • 서희의 담판 알아보기 • 강감찬 장군의 귀주대첩 알아보기 • 윤관의 여진정벌 알아보기	• 북방민족의 침략과 관련된 인물들의 활약상을 정리한다.	3분	–
	활동 3	◈ 북방민족 침략의 공통점 찾기 • 북방민족이 고려를 침략한 내용 정리하기 – 지금까지 북방민족의 고려 침략에 대하여 공부하였습니다. 학습지의 읽기자료를 정리해 봅시다. – 북방민족들은 자기 나라가 어떤 상황일 때 고려를 침략하였는지 공통점을 말해 볼까요?	• 북방민족들은 자기 나라가 어떤 상황일 때 고려를 침략하였는지, 그 공통점을 찾아 쓰고 발표한다. – 힘의 균형이 깨질 때 – 강성한 시기일 때	3분	• 학습지 • 토론 읽기자료
	활동 4	◈ 비판적 의견 쓰기 • 고려가 북방민족의 침략을 받기만 했다는 주장에 대한 비판적 글쓰기 – 항상 침략을 당하기만 하고, 북방 정벌은 하지 못했다는 주장에 대해	• 영수의 주장을 읽고 반대 의견을 생각한다. • 영수의 주장과 관련하여 북방민족의 침략에 대항한 고려에 대하여 모둠별로 토의하며, 의견을	8분	–

<table>
<tr><th rowspan="2">학습 단계</th><th rowspan="2">학습 과정</th><th colspan="2">교수 · 학습 활동</th><th rowspan="2">시간</th><th rowspan="2">자료 및 유의점</th></tr>
<tr><th>교사</th><th>아동</th></tr>
<tr><td></td><td></td><td>여러분은 어떻게 생각하나요? 이 의견에 대한 여러분의 생각을 말하여 모둠별로 서로 이야기해 보고 글로 써 봅시다.</td><td>공유한다.
• 자신의 의견을 글로 쓰도록 한다.</td><td></td><td></td></tr>
<tr><td rowspan="2">정리</td><td>학습정리</td><td>◈ 선생님을 이겨라!
• 북방민족에 대항하는 고려의 모습 정리하기
– ‘선생님을 이겨라’ 퀴즈게임으로 오늘 배운 내용을 정리해 볼까요?
– 가위바위보로 진 사람은 선생님이 낸 문제를 맞히도록 합니다.</td><td>• ‘선생님을 이겨라’ 가위바위보 게임하기
• 진 사람은 선생님이 내는 문제에 답하기</td><td rowspan="2">4분</td><td rowspan="2">–</td></tr>
<tr><td>학습활동 평가 및 반성</td><td>◈ 수업을 하면서 느낀 점 발표하기</td><td></td></tr>
</table>

평점	평가 기준
상	북방민족의 침략에 대항한 고려의 항쟁사와 시대상황, 공통점을 잘 말할 수 있으며, 충실성 · 일목요연성 · 창의성이 잘 드러나도록 비판적 의견을 글로 쓴다.
중	북방민족의 침략에 대항한 고려의 항쟁사와 시대상황, 공통점을 알고 말할 수 있으나, 충실성 · 일목요연성 · 창의성이 잘 드러나도록 비판적 의견을 글로 쓰지 못한다.
하	북방민족의 침략에 대항한 고려의 항쟁사와 시대상황, 공통점을 말하는 데 어려움이 있으며, 충실성 · 일목요연성 · 창의성이 잘 드러나는 비판적 의견을 글로 쓰지 못한다.

1-(2) 민족을 다시 통일한 고려 27~31쪽	북방민족의 침략과 극복	6학년 (　)반 (　)번
		이름(　　　　　)

※ 북방민족이 고려를 침략한 내용을 읽고 물음에 답하여라.

거란	고려가 건국될 무렵에 일어난 거란은 발해를 멸망시키고 세력을 키워, 중국 북부까지 지배한 뒤 나라 이름을 '요'라고 하였다. 세력이 더욱 강성해진 거란은 고려가 북쪽으로 영토를 넓히려는 정책과 송나라와 가깝게 지내는 정책에 불만을 품고, 3차례(993년, 1010년, 1018년)에 걸쳐 고려를 침입하였다. 1차 침입은 서희가 적장 소손녕과 담판하여 물러나게 하고 강동 6주를 얻었다. 2차 침입 때에는 고려 군대의 강력한 저항으로 철수하였으며, 2차 침입 때에는 소배압이 이끄는 10만 대군을 강감찬이 귀주에서 물리쳤다.
여진	동부 만주에 살던 여진은 고려 초기에는 고려를 상국으로 섬겼다. 고려는 여진을 회유하여 무역을 허락해 주고, 귀화인에게는 가옥과 토지를 주어 살게 하였다. 그러나 세력이 커지자 고려의 국경을 위협하였고, 결국 고려와 무력 충돌을 하게 되었다. 고려는 윤관으로 하여금 '별무반'이라는 특수 부대를 편성하여 지금의 함경도 지역에 있던 여진족을 물리치고 9성을 쌓게 하였다.
몽고	몽고는 중국을 정복하고 나라 이름을 '원'이라고 하였다. 강력한 군대로 아시아의 대부분과 유럽의 일부까지 지배했던 몽고는 고려를 점령하기 위하여 여섯 차례나 침략하였다. 고려는 몽고에 대항하기 위해 도읍을 강화도로 옮겨 강력하게 저항하였고, 삼별초 군대도 끝까지 싸웠다. 그러나 결국 고려는 몽고에 굴복하여 약 200년 동안 정치적 간섭을 받게 되었다.

1. 북방민족들은 자기 나라가 어떤 상황일 때 고려를 침략하였는지, 그 공통점을 찾아 써 보자.

2. 위의 내용을 참고하여 '영수'의 주장에 대해 비판하는 글을 써 보자.

영수: "고려 시대에는 국방을 튼튼히 하지 못해 거란과 여진의 침략을 받았어. 또, 몽고가 침략했을 때에는 강화도로 도읍을 옮겨서 싸웠지만, 결국에는 몽고의 간섭을 받고야 말았어. 항상 침략을 당하기만 하고 고구려의 광개토대왕처럼 북방정벌은 하지 못하다니 정말 가슴이 아파."

마. 지도 영역-협력

○ 사회과 교수 · 학습 지도안

<table>
<tr><td>영 역</td><td colspan="2">협력</td><td>일 시</td><td colspan="3">○○○○년 ○○월 ○○일</td></tr>
<tr><td>단 원</td><td colspan="2">1. 우리나라의 경제 성장
(2) 세계로 뻗어가는 우리 경제</td><td>수업자</td><td colspan="3">○○○</td></tr>
<tr><td>학습주제</td><td colspan="2">세계 속의 우리 경제</td><td>차 시</td><td>8/14</td><td>교과서</td><td>사회 26~35쪽
사탐 23~33쪽</td></tr>
<tr><td>학습목표</td><td colspan="6">자원이 부족한 나라가 살아가기 위해 무역과 기술이 필요함을 발표할 수 있다.</td></tr>
<tr><td>학습의 주안점</td><td colspan="6">다양한 사람과 상호작용하는 능력을 증진시키도록 하는 내용에 주안점을 둔다.</td></tr>
<tr><td rowspan="2">학습자료</td><td>교사</td><td colspan="5">피자 모형, 교사 제작 PPT, 활동지 1, 활동지 2</td></tr>
<tr><td>학생</td><td colspan="5">빙고판, 사인펜, 교과서, 보조교과서</td></tr>
<tr><td rowspan="4">나만의 수업전략</td><td>수업 모형</td><td colspan="5">문제해결 학습모형</td></tr>
<tr><td rowspan="2">학습 형태</td><td>문제의 직면</td><td>활동계획</td><td>활동의 전개</td><td>적용 및 발전</td><td>정리</td></tr>
<tr><td>전체학습</td><td>모둠학습</td><td>모둠학습</td><td>모둠학습</td><td>전체학습</td></tr>
<tr><td colspan="6">• 교수 · 학습의 효과를 높이기 위해 적절한 극화 및 멀티미디어 자료를 활용한다.
• 학교와 지역 사회의 특성, 학교 및 국가의 행사 등을 고려하여 초등학교 5학년이 속해 있는 지역 사회나 가정, 또래 등의 문화를 반영한 문화적으로 적합한 교재 교구 자료를 수집 활용한다.
• 학습 주제와 내용에 따라 직간접적인 체험활동을 위한 적절한 읽기 자료, 극화 자료, 멀티미디어 자료, 엽서, 사진, 동영상을 활용한 활동, 박물관 견학 및 공연 관람 등의 현장학습, 문화적으로 다양한 외래인사 초청 활동 등을 제공한다.</td></tr>
</table>

<table>
<tr><th colspan="5">▣ 학습평가계획</th></tr>
<tr><td>평가목표</td><td colspan="4">자원이 부족한 나라가 살아가기 위해 무역과 기술이 필요함을 발표할 수 있다.</td></tr>
<tr><td>평가방법</td><td colspan="4">• 교사관찰평가: 수업 중 활동모습–활동지
• 상호평가: 수업 중 모둠활동</td></tr>
<tr><td rowspan="2">평가척도</td><td>내용</td><td>잘함</td><td>보통</td><td>부족</td></tr>
<tr><td>• 무역이 필요한 까닭을 설명할 수 있는가?
• 우리나라가 무역을 통해 경제 발전을 이룩할 수 있었던 까닭을 말할 수 있는가?</td><td>◎</td><td>○</td><td>△</td></tr>
</table>

<table>
<tr><th>학습 단계</th><th>학습 과정</th><th>교수 · 학습 활동</th><th>시간</th><th>자료 및 유의점</th></tr>
<tr><td rowspan="2">도입</td><td>선수학습 상기</td><td>• 도시와 농촌에 사는 사람들이 필요한 물자를 얻는 방법 이야기하기
– 도시에서 생산된 공산품의 이동
– 농촌에서 생산된 농산물의 이동</td><td rowspan="2">4분</td><td rowspan="2">☞ PPT 자료
☞ 석유와 열대과일을 비롯한 그림들</td></tr>
<tr><td>학습문제 파악</td><td>◈ 학습문제 알아보기
자원이 부족한 나라가 살아가기 위해 무역과 기술이 필요함을 발표해 보자.</td></tr>
<tr><td rowspan="2">전개</td><td rowspan="2">학습활동</td><td>**【활동 1】 자원이 부족한 나라에서 필요한 경제 정책 알아보기**
• 자연에서 얻을 것이 풍부하지 않는 나라에서 부족한 자원을 알아보고 얻는 방법 토의하기
• 자원이 부족한 우리나라에서 필요한 자원을 얻기 위한 방법 토의하기</td><td>10분</td><td rowspan="2">※ 수입된 물건을 파악하여 자국 생산물이 아님을 강조
☞ 집에 있는 물건 중 외국에서 가져온 물건
☞ 수입국의 위치가 있는 지도</td></tr>
<tr><td>**【활동 2】 나라와 나라 사이에 무역이 필요한 까닭 알아보기**
• 생활에 사용되는 물건 중에서 수입된 물건 알아보기</td><td>15분</td></tr>
</table>

학습 단계	학습 과정	교수 · 학습 활동	시간	자료 및 유의점
		• 필요한 물건이 수입되지 않으면 어떤 일이 벌어질지 알아보기 • 중국, 미국, 러시아, 베트남 등 국가별로 수입 물건을 찾아보기 • 수입을 하는 가장 중요한 이유 알아보기 – 각 나라마다 생산되는 자원의 종류가 다름 – 각 나라마다 기술의 차이가 있음 – 자연환경의 차이가 있음 • 무역이 국민 생활에 필요한 까닭을 이야기하기 – 부족한 자원과 기술의 문제를 해결함		
정리	학습내용 정리	◈ 학습내용 정리하기 • 우리나라가 무역이 필요한 까닭을 이야기하기 – 천연자원이 부족함 – 자연환경이 차이가 남 – 우수한 기술을 가지고 있음	7분	–
	형성평가 및 과제제시	• 형성평가 – 무역이란 무엇인가? • 과제제시 – 물건의 원산지 조사하기(세 가지씩) – 시대에 따라 우리나라 수입품과 수출품은 어떻게 다른가 조사하기(60~70년대, 80~90년대, 2000년 이후)	4분	–

참고자료 무역의 정의 및 관련 사이트

1. 무역

국가 간의 상품 교환을 말한다. 초기의 무역은 서로의 산물을 교환하는 것이었다. 오늘날 우리가 사용하고 있는 넓은 뜻으로는 단순한 상품의 교환과 같이 보이는 무역뿐만 아니라 기술 및 용역과 같이 보이지 않는 무역 및 자본의 이동까지도 포함한다.

2. 관련 사이트

- http://www.kita.or.kr
- http://www.puam-e.es.kr/puam-pds/Upfiles/1/5/1/유통관광업/무역1.htm

다문화교육 사회 학습지	다문화 이해 교육 **무역의 필요성 알아보기**	학년 반
		이름( )

※ 다음 글을 읽고 물음에 답해 보시오.(1~3)

> 우리나라는 국토의 대부분이 넓은 평야를 이루고 있어 각종 농산물이 풍부합니다. 그러나 지하자원과 목재 등 자원이 매우 부족합니다. 집이나 가구를 만들 수 있는 원목도 부족하고, 각종 산업의 에너지 자원도 매우 부족한 실정입니다.
> 우리나라 사람들은 부족한 자원을 이용하여 새로운 상품을 만들기 위하여 부지런히 일하고 있습니다. 앞으로도 새로운 상품을 더욱 많이 개발하게 될 것입니다.

1. 우리나라에서 풍부한 자원은 무엇입니까?

2. 부족한 자원은 무엇입니까?

3. 부족한 자원을 구해서 쓸 수 있는 방법을 이야기해 봅시다.

4. 다음 토의 주제에 대해 잘못 말한 사람은 누구인지 찾으시오.

토의 주제: 우리나라 상품이 세계에서 인정받는 상품이 되도록 하기 위한 노력

① 혜정: 더 좋은 물건을 만들기 위해서 제품에 대한 연구를 해야 한다.

② 예리: 우수한 상품을 좀 더 싸게 만들어 다른 나라와의 경쟁에서 이겨야 한다.

③ 예슬: 더 튼튼하고 오래 쓸 수 있는 물건을 만들어야 한다.

④ 석환: 운동을 열심히 해서 세계적인 대회에서 금메달을 받아야 한다.

⑤ 영주: 독특하고 아름다운 디자인을 개발해야 한다.

바. 지도 영역-공통성·평등성

○ 창의적 체험활동 교수 · 학습 지도안

<table>
<tr><td>영 역</td><td colspan="4">평등성</td><td>일 시</td><td colspan="3">○○○○년 ○○월 ○○일</td></tr>
<tr><td>단 원</td><td colspan="4">3. 다양한 인종</td><td>수업자</td><td colspan="3">○○○</td></tr>
<tr><td>학습주제</td><td colspan="4">다양한 인종 알기</td><td>수업시간</td><td>40분</td><td>학 년</td><td>4학년</td></tr>
<tr><td>학습목표</td><td colspan="8">인종의 다양함을 알고, 모두 존중받아야 하는 이유를 말할 수 있다.</td></tr>
<tr><td>학습의 주안점</td><td colspan="8">– 인종의 다양함을 알기
– 모두 존중받아야 하는 이유 말하기
(인종의 다양함을 인식하고 모두가 존중받아야 하는 이유를 말할 수 있도록 하는 데 학습의 주안점이 있다.)</td></tr>
<tr><td rowspan="2">학습자료</td><td>교사</td><td colspan="7">PPT</td></tr>
<tr><td>학생</td><td colspan="7">학습지</td></tr>
<tr><td rowspan="4">나만의 수업전략</td><td>수업 모형</td><td colspan="7">일반수업모형</td></tr>
<tr><td rowspan="2">학습 형태</td><td colspan="2">도입</td><td colspan="2">활동 1</td><td colspan="2">활동 2</td><td>정리</td></tr>
<tr><td colspan="2">전체학습</td><td colspan="2">모둠학습</td><td colspan="2">개별학습</td><td>전체학습</td></tr>
<tr><td colspan="8">– 아이들이 '힐더월드'에 완전 감동하고 반해서, 노래가사를 찾아서 배움.
– 배우는 시간까지가 40분에 적당함(참고자료로 가사를 삽입함).</td></tr>
</table>

<table>
<tr><td colspan="5">▣ 학습평가계획</td></tr>
<tr><td>평가목표</td><td colspan="4">인종의 다양함을 알고, 모두 존중받아야 하는 이유를 말할 수 있다.</td></tr>
<tr><td>평가방법</td><td colspan="4">지필평가, 수행평가</td></tr>
<tr><td rowspan="2">평가척도</td><td>내용</td><td>잘함</td><td>보통</td><td>부족</td></tr>
<tr><td>• 인종의 다양함을 알기
• 모두 존중받아야 하는 이유 말하기</td><td>◎</td><td>○</td><td>△</td></tr>
</table>

학습 단계	학습 과정	교수 · 학습 활동	시간	자료 및 유의점
도입	동기 유발	◈ 다양한 세계지도 살펴보기 • 다양한 지도들이 무엇을 나타내는지 맞히기 – Quiz ①을 풀어 본다. • 인종지도를 보며 사진이 무엇을 나타내는지 맞히기 – Quiz ②를 풀어 본다.	4분	* PPT – 주의집중 – 세계 곳곳의 인종분포 알기
전개	학습 문제 확인	인종의 다양함을 알고, 모두 존중받아야 하는 이유를 말하여 봅시다.	1분	–
	활동 1	◈ 다양한 인종 알기 • 동영상 속에 등장하는 인물은 모두 몇 명인지 맞히기 – Quiz ③을 풀어 본다. – 학습지의 문제 1번을 풀어 본다. 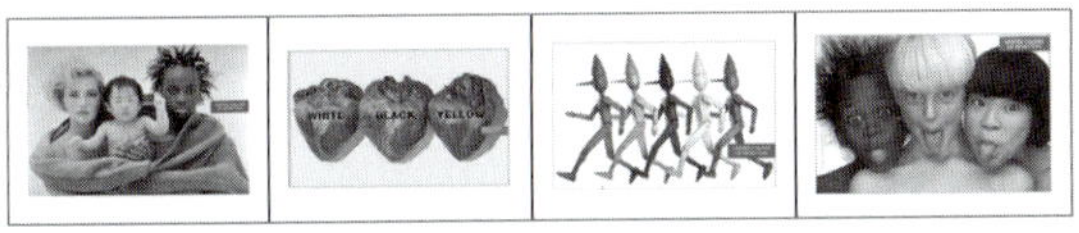 – 사진을 보고 느낀 점을 적는다.	10분	* 학습지 – 인종의 다양성 알기 – 모두 소중함을 인식하기
	활동 2	◈ 인종별 위인 알아보기 • 사진 속에 등장하는 인물이 누구인지 맞히기 – Quiz ④를 풀어 본다. – 학습지의 문제 2번을 풀어 본다. 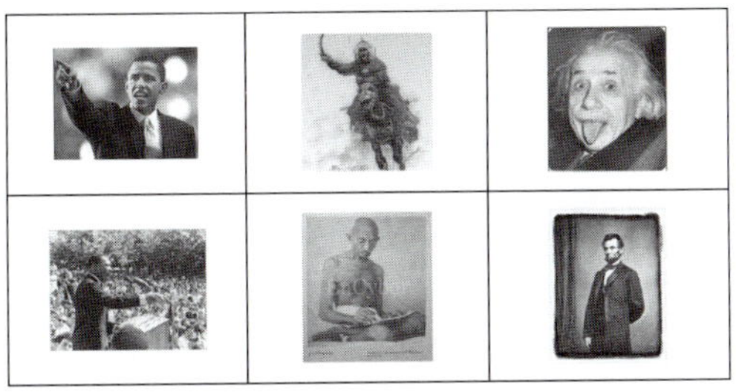 – 사진 속 위인 외의 위인을 인종별로 적고 발표해 본다.	10분	– 인종별 2명의 위인 제시 – 인종별 위인 1인 발표하기

학습 단계	학습 과정	교수 · 학습 활동	시간	자료 및 유의점
	활동 3	◈ 서로 다른 인종의 사람들을 대하는 올바른 마음 갖기 • 뮤직비디오 감상하기 – 학습지의 문제 3번을 풀어 본다. – 뮤직비디오가 전하고자 하는 내용을 말해 본다.	10분	–
정리	정리	◈ 학습활동 정리 • 퀴즈로 학습활동 정리하기 – 모든 인종이 평등한 존재임을 확인한다. • 학습지의 확인 문제 해결하기 – 학습지의 확인 문제 풀기	5분	– 평화와 공존의 마음 갖도록 유도

Chapter

10

다문화 학생을 위한 외국어교육

1. 다문화사회의 언어정책
2. 세계 속의 한국어교육
3. 국내의 한국어교육

Chapter 10

다문화 학생을 위한 외국어교육

이 장에서는 다문화 학생을 위한 한국어교육을 탐색하고 학습하며, 주요 내용인 다문화 학생을 위한 한국어교육을 알아보기 위해 세계 각 나라의 다문화 언어정책과 이중언어 교육의 배경 및 한국의 이중언어 교육, 세계 속의 한국어교육, 국내의 한국어교육 등에 대하여 단계별로 살펴보고자 한다.

1 다문화사회의 언어정책

가. 외국의 다문화 언어정책

1) 독일

독일은 그 어느 나라보다 민족주의가 투철한 나라로서, 1990년대 중·후반까지만 해도 독일의 이민정책은 매우 배타적이고 폐쇄적이어서 미주지역이나 유럽의 앞선 다문화정책과 비교해 볼 때, 덜 개방적이고 논의가 뒤늦게 이루어졌다. 2005년 1월 독일 이민법이 발표되어 독일에서 수요가 높은 고학력자 혹은 IT 분야와 같은 특정 분야의 전문가는 영구적 영주권이 주어지며, 독일 소재 대학을 졸업한 외국인은 1년 동안 취업을 할 수 있는 유예 기간도 주어졌으며, 새 이민법은 투자이민도 권장하였다. 독일의 다문화사회에 대한 전반적인 정책 개선은 최근에 이루어졌지만, 다문화가정의 자녀에 대한 교육정책은 1970년부터 대두되었다. 독일의 노르트라인-팔렌주에서는 이주민 가정 자녀 지원 지역사무소(RAA)를 1980년에 처음 설립하여 27여 개 지부를 두고 사업을 실행하고 있다. 특히 소수언어(모어)교육 장려는 정부에서 추진하여 이주민 가정의 독일어 습득 능력을 향상시키고, 외국인 가정의 순탄한 적응을 위해 운영되고 있다. 이 사업은 학령기 이전 단계의 조기 지원부터 시작하여 학령기부터 취업까지 전 과정을 폭넓게 추진하고 있으며, 특히 숙제지도 및 언어지도와 같은 학습능력을 증진시키는 데 초점을 두고 있다. RAA의 주요 언어 프로그램에 대한 내용은 〈표 10-1〉과 같다.

〈표 10-1〉 RAA의 주요 언어 프로그램

사업명	대상	목적	사업내용
손잡고 이끌기	1~3세 아동과 부모	다언어 교육	영유아와 함께하는 부모교육
손잡고 이끄는 여행	4~6세 아동	다언어 교육	이주민 가정 아동의 독일어 및 모국어 능력 향상
이주 아동 청소년 지원 사업	이주민 가정 청소년	언어 교육	언어능력 향상을 위한 교재 개발 및 프로그램 운영
함께 말하기	초등학생	언어 교육 및 숙제지도	언어능력 향상 및 숙제지도 프로그램
제2언어로서 독일어	교사	독일어교수법 지도	독일어 교수법 자료 개발

출처: 보건복지가족부(2009).

2) 미국

전통적 이민국가인 미국은 인종, 신념, 피부색, 국적과 상관없는 고용을 위한 적극적 차별 수정 정책(affirmative action)을 통해 국가주도형 사회통합 공공정책을 펼쳐 흑인과 인디언, 소수민족에 대한 보상적 성격의 교육복지 정책을 펼쳤으며, 이주민들의 언어에 관심을 갖고 영어 능력이 부족한 학생들을 대상으로 이중언어 교육을 실시하고 있다. 이는 학생들로 하여금 학교생활과 학업에 잘 적응하도록 하고, 다른 인종들이 가진 가치와 신념을 이해하도록 하기 위함이다.

미국의 공교육 ESL(English as a Second Language) 정책은 표준화된 공교육 정책 속에서 다양화된 맞춤형 수업의 실현을 목표로 하여, 주마다 표준화된 교육과정을 가지고 있으며, 실질적 프로그램 운영은 지역 학교 위원회 및 학교장을 중심으로 수업 운영 방침, ESL 교사배정, 학생선발 및 수업시간을 결정한다. ESL 수업은 주마다 상이한 프로그램의 혜택을 받게 되며 정규수업과 별도로 진행되고, 교사와 학교정책자의 재량에 따라 실질적 수업 운영과 평가가 이루어진다.

미국 이민자녀의 교육 프로그램인 Even Start 문해력 증진 프로그램은 부모와 자녀의 긴밀한 교육적 연계 속에서 가족 중심적 읽기와 쓰기 능력 향상을 지원하는 프로그램으로 저소득가정, 이민자 가정, 고등교육을 받지 못한 가정, 10대 청소년이 가장인 가정의 부모와 아동들의 교육지원을 목적으로 한다. 가정에 기반을 둔 프로그램으로 부모와 자녀의 문해력을 향상시켜 가정이 아동의 제1차 교육기관이며, 부모가 제1의 교사라는 메시지를 통해 가정교육의 중요성을 전달하고 있다. 이와 관련한 프로그램은 〈표 10-2〉와 같다.

〈표 10-2〉 뉴저지주 평등한 출발(Even Start) 프로그램

목표	세부 프로그램
성인 문해력/ 경력관리 교육	• 성인 문해력 증진
	• 성인 대상 기초교육 및 중등교육
	• 제2언어로서의 영어교육
	• 일반 교육발달 과정 자격증 준비반
부모교육	• 자녀의 교육지도를 위한 부모 대상의 고급 교육 프로그램
유아교육	• 미취학 아동의 성공적인 학교교육 준비를 돕는 과학적 읽기 활동
부모-자녀 간 상호작용적 문해력 증진 활동	• 부모와 자녀가 함께 읽고 쓰는 집단 활동: 함께 책 읽기를 통한 다양한 활동

출처: 전남대학교 출판부(2012).

3) 캐나다

캐나다는 1971년 세계 최초로 다문화주의를 공식적인 국가정책으로 채택하고, 영어와 프랑스어를 선택하고 있는 대표적 다문화 국가이다. 1988년「캐나다 다문화주의법(Canadian Multiculturalism Act)」제정을 통해 소수집단의 언어와 문화를 국가 정책적으로 적극 존중하여 통합사회 구축을 강조하고 있다.

캐나다의 대표적인 다문화교육 언어 정책은 이중언어 교육제도로서, 국무부 내 다문화주의국을 통해 인종 및 민족 관련 연구나 출판 · 방송 · 전시 등에 대한 자금 지원이 적극적으로 이루어졌으며, 서부 여러 주 공립학교에서 공용어와 비공용어 모두를 사용하는 이중언어 교육제도가 실시되었다. 오늘날 다문화정책의 가장 이상적 모델로 평가받고 있는 캐나다는 인터내셔널 센터에서 문화주간을 두어, 세계 각국의 문화와 언어를 소개하는 기회를 제공하고, 이러한 다문화 과정을 대부분 교사교육과정에 적용하여 학교 현장에 다문화교육이 뿌리 내릴 수 있도록 한다.

또한 유아 프로그램에서 자신의 모국어를 유지하며 제2외국어를 학습 · 발전시키는

이중언어 개발을 목표로 하며, 아동들이 직접 그림을 그려 넣고 서술하는 활동을 통해 이중언어 책자를 제작하기도 한다(오은순 외, 2007). 온타리오주의 원주민 소수민족어 교육(Heritage Language Education)에서는 원주민 학생들이 자신감을 다지고 건전한 자기정체성을 형성하도록 독려하며, 지역사회교육위원회는 학교 적응 및 학습지원 프로그램에 대한 정보를 제공하여 학생들이 학업성취를 돕고 있다. 마니토바주에서 이루어지고 있는 원주민을 위한 다문화교육 프로그램을 제시하면 〈표 10-3〉과 같다.

〈표 10-3〉 마니토바주 다문화교육 프로그램(2007년)

목표	세부 프로그램
고등학교 졸업률 증진	• 원주민 가정의 부모를 위한 자녀학습 지원 가이드 및 CD 제작 배포(2개 원주민어로 녹음)
	• 지역사회의 학교, 유관단체, 기관의 파트너십 형성을 통한 저소득층 가정 학교지원 협력 프로그램
	• 원주민 시각을 반영한 신사회과 교육과정 운영
	• 초 · 중 · 고 교육과정에 원주민 언어와 문화를 반영
	• 문화적 효능감 및 다양성 교육
	• 원주민 출신 교사 채용
	• 필수 학습기능 교육 강화
고등교육에의 접근성 증대	• UCN 대학 학부과정에 북부 원주민 연구과정 개설
	• 매니토바 학생 지원 프로그램
	• 원주민 성인을 위한 성인학습 센터 개설, 고등교육에의 접근 기회 확대
노동시장으로의 성공적 진입과 참여	• 원주민 대상 고용 훈련 서비스 제공
	• 원주민 고용훈련 센터 설치
원주민 교육과 고용 증진을 위한 연구 증진	• 원주민 출신 교사의 의무채용 비율 확정
	• 원주민 교육 · 연구단체 및 원주민 정체성 교육 지원

출처: 이형하 외(2015). 다문화사회와 다문화교육의 이해. 경기: 공동체.

나. 이중언어 교육의 이론적 배경

이중언어 교육에 관한 이론적 실제적 연구는 1950년대부터 꾸준히 이루어져 왔지만, 1990년대 이후 폭발적으로 증가하였다. 초기의 이중언어 교육은 두 방향을 띠었는데, 하나는 이민 온 소수민족들의 보호를 위해 그들에게 새로운 말을 가르쳐 언어의 통일을 꾀하려 했으며, 다른 하나는 소수의 국가 엘리트들의 물질적, 정치적 권력의 유지와 재창출을 목적으로 실시되었다. 미국 상 · 하의회에서 통과되어 1968년 1월 「이중언어 교육법」이 공포되어 미국의 초등학교에서 시행하게 되었다.

이 법안은 학생들의 중도탈락을 막기 위한 노력이며, 학습지진아를 위한 프로그램, 시골 벽지 어린이들을 돕기 위한 법안으로 모국어가 영어가 아닌 어린이들을 위한 이중언어 교육을 실시하기 위해 마련한 것이다. 그리하여 영어를 모국어로 하지 않는 미국 내 소수민족 어린이들에게 표준영어를 가르치기 위한 특별교육까지 시행하게 되었지만, 단일언어 교육의 결과는 실패로 나타났으며, 단일언어 교육이 그 원인이었다.

유네스코 어린이 헌장 제1조에 모든 어린이는 자기의 모어로 교육받을 권리가 있다고 명시되어서 소수민족 어린이에게 학교생활 시작부터 그들의 모국어 교육을 받을 권리가 있다고 해석되므로, 1968년부터 소수민족 어린이들에게 자기 부모에게서 처음 배운 모(母)어로 공부할 수 있게 해 주며, 표준영어는 하나의 과목으로 배우게 하여 학년이 올라갈수록 영어로 하는 과목 수를 늘리고 두 개의 언어를 모어와 같이 구사할 수 있는 이중언어 교육 정책을 시행하게 된 것이다. 그 이후 20세기 후반에 인구의 대이동이 있게 되면서 단일언어 사회를 판단하기가 점점 어려워지고 심지어 1980년대의 런던학교의 언어 인구 조사에서 학생들 사이에서 무려 172개의 언어가 사용된다는 것이 밝혀졌으며, 1993년 미국 캘리포니아주에서 520만 명의 학생 중 전 세계의 인종으로 구성된 170만 명이 영어가 아닌 다른 언어의 사용자인 것으로 나타났다.

영어와 함께 많은 다른 언어가 공존하는 교실은 북아메리카, 유럽, 호주의 많은 학교에서 피할 수 없는 현실이 되었으며, 다중언어를 교육의 자원으로 활용하는 것이 영국에서도 이미 20년이 되었다. 최근에는 언어를 하나의 사회적 자원으로 보고 개인적으로나 국가적으로 하나의 힘이요 능력이므로, 결과적 · 개인적 · 국가적으로 여러 언어를 구사할 수 있다는 것은 현대와 같이 전 세계가 개방되고 상호 교류하는 국제화 시대에 더없이 소중하고 필요한 자원이라는 인식이 확산되면서 세계 각국이 다중언어 교육을 위해 노력하고 있다. 그리하여 다언어 교육은 모든 사람이 인권과 개인과 사회의 이익을 위한 종합적 선택이 되었으며, 세계적 실체를 창조하고 이해하기 위해 다양한 렌즈를 가진 세계 시민증을 제공하기 위한 한 방법으로서도 훌륭한 대안이 될 수 있다.

다. 한국의 다문화 언어정책과 이중언어 교육

1) 한국의 다문화 언어정책

한국의 다문화 언어정책은 다양한 기관에서 관련 부서를 중심으로 수립되고 시행되어 왔는데, 다문화 언어정책을 수립하고 시행하는 관련 부처 간 조율과 통합이 요청되며, 이주민의 모국어 및 모국문화 유지를 위한 교육을 확대하고 그들의 다양성을 유지하고 발전시켜 사회적 역량으로 활용할 수 있어야 한다.

한국 사회에서는 다문화가족지원센터, 한국외국인근로자지원센터, 지역복지센터 등에서와 같이, 민간인 자원봉사나 그에 준하는 방식으로 한국어 문화교육이 이루어지는 경우가 많으며, 관할 기관도 분산되어 있어 이를 전달하는 기관이 설립되어 일관성 있고 효율성 있게 운영할 필요성이 있다.

한국의 다문화사회를 구성하는 이주민의 사회 적응력 향상과 사회적 역량 강화를 위해서 그 무엇보다도 한국어 의사소통 능력을 향상시키며, 한국 사회에 대한 문화적 숙달도를 향상시키는 것이 중요하다. 이를 위해 성인 이주민 대상의 한국어교육과 이주민 자녀 대상의 한국어교육을 함께 실시하여야 하며, 성인 이주민의 경우 정규 교육 내로 편입될 수 없는 특성을 살려 국가적 차원의 교육기관 설립, 교육자 양성, 교육내용 개발 등의 정책 마련이 필요하다.

이주민 자녀의 경우, 정규 기관의 한국어 전문 교사의 배치 및 지원, 교육자료 지원센터 설립 등의 방안을 모색해야 한다. 한국에서 이루어지고 있는 방과 후 학교 형태의 다문화가정 아동들을 위한 한국어교육의 구조적 개선이 필요하며, 방과 후 학교의 형태 외에 정규 교육과정에서 다문화가정 자녀들의 요구를 수용할 수 있는 방안을 모색해야 할 것이다. 또한 지역별 거점학교를 통한 방과 후 교실 운영 등 지방자치단체 단위의 지역으로 나누어 한국어 및 교과 교실 등의 운영이 필요하다.

거점학교의 운영은 강좌수강생의 인원 확보로서 숙달도에 따라 효과적으로 한국어와 교과에 대한 지도를 가능하게 한다. 학령기 다문화가정 아동들과 어머니의 요구를 만족시키기 위해 한국어와 교과 수학 능력을 함양할 수 있는 방안 마련이 필요하며, 다문화가정 어머니의 한국어 학습과 자녀의 교과 지도를 도울 수 있는 기회를 마련해야 할 것이다.

2) 한국의 이중언어 교육의 필요성

1990년 이후 현재까지 급격한 인구학적 변화로 한국의 단일언어 사회에 대하여 새롭게 규정하고, 급변한 언어적 및 문화적 사회현실에 대처할 수 있는 교육이 필요하다. 현재 우리나라는 사회통합의 한 방편으로 언어 · 문화적 동화주의 정책을 선택하고 있지만, 점차 다양한 이중언어 지원을 통해 인지적 및 정서적 발달에 불리함이 없이 자신의 잠재력을 키울 수 있어야 한다. 이러한 관점에서 우리나라의 이중언어 교육의 필요성과 방향을 제시하면 다음과 같다.

첫째, 다문화가정 아동의 언어지원, 언어 교육 방안 등을 학교에 빨리 적응시키기 위하여 일방적으로 실시하는 한국어교육의 시각에서 바라볼 것이 아니라, 이들이 지닌 이중언어 환경을 긍정적 잠재력으로 삼는 이중언어 교육 관점에서 조망해야 한다(고은, 2010).

둘째, 다문화사회에서 이중언어 교육은 문화 간 갈등을 해소하고 소통과 이해를 촉진시켜, 다른 측면에서 평등하게 상생하는 데 기여하였으며, 진정한 의미의 이중언어 교육은 다문화 시대의 시민교육으로서의 외국 언어문화 교육도 포함해야 한다. 다른 문화와 언어에 대한 관심과 이해를 통해 자기 자신과 타자를 바라보며, 다문화사회에서 상호 존중하고 협력할 수 있는 시민으로 발전할 것이다.

3) 한국의 이중언어 교육

최근 20년 동안 우리나라의 인구학적 변화는 문화적 · 언어적으로 다양한 사회에 대한 주된 논의의 특징은 이주배경을 지닌 사람들의 한국어교육을 강조하고 있다. 이중언어 교육도 소수집단의 언어를 사용하는 다문화가정 아동들에게만 초점이 맞추어져 있어 언어가 주류사회로 진입하기 위한 가장 유력한 통로이므로, 한국어를 습득하여 한국사회에 잘 적응하고 통합되는 것이 언어 교육의 핵심과제이다.

이중언어 교육을 시행하는 우리나라는 언어적 동화주의 정책으로 보일 수도 있겠지만, 이주민 인구 비율의 계속적인 증대와 예측불허의 속도로 진행되고 있는 지구화의 심화, 국경과 인위적 제도나 통제를 쉽게 넘나드는 정보통신기술의 초고속 발달로 이주, 이동 및 생활 세계의 확산과 확대 등이 몇몇 특별한 사람들에게 국한된 것이 아니라, 우리 모두에게 현실로 다가와서 진정한 다문화교육의 관점에서 조망하는 이중언어 교육에 대한 면밀한 이론적 및 경험적 고찰이 필요하다. 따라서 국제 결혼가정 아동을 대상으로 한 이중언어 교육, 이주노동자 가정 아동을 대상으로 한 이중언어 교육, 주류

집단 아동을 대상으로 한 이중언어 교육 등으로 나누어 살펴보고자 한다.

첫째, 국제결혼가정 아동을 대상으로 한 이중언어 교육이다. 국제결혼으로 이루어진 이주배경 가정 아동의 이중언어 교육의 문제는 이들의 제1언어 습득의 문제와 이들이 처한 이중언어 상황의 한국적 특수성이다. 국제결혼가정 아동은 태어나면서 한국어 언어 환경에 노출되어 한국어를 제1한국어로 습득하지만 언어의 발달은 언어 환경에서 받는 언어자극의 질에 따라 달라진다. 말을 처음 배우는 유아기 때 한국어가 서툰 외국인 어머니와 상호작용에서의 언어 자극이 제한적이어서 일반아동들에 비해 상대적으로 불리한 언어습득 환경에 노출되기 마련이다. 이러한 경우 한국어가 서툰 외국인이며, 사회경제적으로 열악한 환경에 있어 국제결혼 다문화가정 아동이 가정에서 읽기와 쓰기와 같은 이차적 언어능력을 계발하기가 쉽지 않다. 국제결혼가정 아동의 이중언어 교육에서 또 다른 문제는 언어 정체성 혼란을 야기 시켜 이들의 문화·언어적 정체성과 관련하여 자아정체성을 형성해 가는 시기에 다른 사람이 자신을 바라보는 시각에 따라서도 달라질 수 있기 때문에, 이들과 동질적이지 않다고 생각함으로 인해 차별과 정체성의 혼돈이 올 수 있다. 따라서 우리나라 다문화가정 아동이 처한 이중언어 상황의 한국적 특수성을 고려하여 이중언어 교육 프로그램을 개발하여야 할 것이다.

둘째, 이주노동자 가정 아동을 대상으로 한 이중언어 교육이다. 국제결혼가정 아동과 이주노동자가정 아동이 보여주는 가장 큰 차이점은 한국어 외의 다른 언어를 가정의 언어로 늘 사용하며, 중도입국아동의 경우 모어를 습득하고 있는 제1언어 습득과정에 있는데, 두 개의 언어가 상시 혼재하여 두 언어의 습득 정도와 양상이 이들의 언어발달, 인지발달 및 교과학습의 성취 정도에 많은 영향을 미친다. 이중언어 아동의 제1언어 능력이 너무 일찍 정체되는 위험을 사전에 방지하기 위해 제1언어의 개념 이해력이 아직 충분하게 발달되지 않은 아동은 우선 이 언어로 학교 수업을 받아야 하며, 제1언어로 이루어지는 수업은 아동이 학업성취를 촉진시키는 부가적 이중언어 능력을 획득할 수 있기 위해 처음 몇 학년이 지나도 지속되어야 한다. 이러한 부가적 이중언어 교육은 다른 일반아동과 다른 언어를 사용한다는 사실을 감추려 하거나 부끄럽게 사용하지 않으며, 또래와 잘 어울리면서 점진적으로 제2언어인 한국어를 습득하게 될 것이다.

4) 주류집단 아동을 대상으로 한 이중언어 교육

우리나라의 대부분 언어 교육은 다문화가정의 아동과 학생들이 한국어를 잘 습득하여 우리 사회에 잘 적응하는 것이 중요한 목적이 있지만, 다문화교육은 모(母)어를 사용하는 주류집단 학생들에게 다양한 문화를 이해하고, 인정 · 수용할 수 있는 열린 마음과 태도를 길러 주는 교육도 포함해야 할 것이다. 이중언어 교육은 이주배경 아동이나 학생을 대상으로 결혼이민 자녀의 한국어교육과 다문화가정 아동의 모(母)어 보존 교육 및 제2언어 교육을 넘어 주류집단인 한국인을 대상으로 한 외국어교육까지를 말한다. 어려서부터 여러 언어를 습득함으로써 다른 언어를 사용하는 사람들과 그 언어가 통용되는 사회와 문화에 대한 관심과 이해가 넓어지게 되며, 소통과 상호 이해의 기초를 마련하여 줄 수 있다.

2 세계 속의 한국어교육

해외에서 한국어교육의 역사는 19세기 후반 세계 열강에 의해 한국에 파견할 인재 양성 목적으로 1880년 일본 동경외국어대학, 1897년 러시아 상트페테르부르크대학, 우리나라의 경우 1959년 연세대학교 등에서 처음 시작하여 1988년 서울올림픽 이후 본격화되었다.

가. 동북아시아의 한국어교육 현황

1) 중국과 대만

1992년 한 · 중수교 이후 중국에서는 한국어교육이 비약적으로 발전하였다. 2015년 기준 전국 200개 대학에서 한국어과를 설립하였고, 이미 석 · 박사 과정을 갖춘 대학도 적지 않으며, 중국 · 한국어교육연구학회를 결성하여 긴밀한 네트워크를 형성하여 왔다. 〈표 10-4〉는 중국 내 한국어학과 설치 현황이다.

〈표 10-4〉 중국 내 한국어학과 현황

지역	국립대(4년제)	사립대(4년제)	국립대(3년제)	사립대(3년제)	합계
북경 지역	8	–	1	–	9
흑룡강 지역	6	4	6	2	18
길림 지역	10	7	1	–	18
요녕 지역	4	–	3	4	11
화북 지역	8	1	–	–	9
산동 지역	18	11	21	–	50
강서 지역	9	2	7	10	28
상해 지역	5	4	3	–	12
화남 지역	3	8	–	–	11
서남 지역	3	–	–	–	3
계	74	37	42	16	169

출처: 김영수(2015). 중국의 한국어 교육과정. 국제한국어교육학회 국제학술발표논집.

2) 일본

일본은 1990년대 이후 한국어교육 수요가 급증하고 강좌가 급격히 늘었으며, 2000년 한류 열풍으로 인해 폭발적으로 증가하였다. 2015년 한국어 학습자는 약 10만 명에 이르며, 1984년 일본 NHK가 라디오와 텔레비전을 통하여 한글 강좌를 시작하면서 1990년대에 대학에서 한국어 강좌를 개설하였다. 2002년 한·일 월드컵을 계기로 일반 대중의 한국어 학습 수요가 늘어났으며, 한류 열기로 그 인기는 다시 한번 폭발적 증가를 가져왔다(박종후, 2014).

3) 몽골

1990년 개방 이후 한국에 대한 몽골의 관심은 매우 높았으며, 몽골에서는 2009년 기준 23개 대학과 11개 초·중·고등학교에서 한국어교육을 실시하고 있다. 특히 약 1,300여 명의 고등학생이 한국어를 배우고 있으며, 한국의 대학들이 몽골에 한국어교육원을 설립하여 한국어교육을 실시하고 있다.

나. 동남아시아의 한국어교육 현황

1) 베트남

1992년 한국과 외교관계를 수립한 이후 중국처럼 사회주의 계획경제로부터 시장경제 체제로의 체제 변화를 실시하였으며, 1993년 하노이국립대학교 인문사회대학 내에 한국어 과정이 처음 부전공으로 개설된 이래 약 20여 개 이상의 대학에서 한국어 강좌를 개설하고 있다. 베트남에서의 한국어 학습 열풍은 한국기업 진출, 투자현황 등과 깊은 관련이 있으며, 2008년 베트남 교육부는 다양한 외국어를 구사할 수 있는 능력을 가진 인재양성을 목표로, 모든 고등학교에서 제2외국어 3개 과목 학습을 선택하도록 의무화하였다.

2) 태국

2001년 〈가을동화〉가 방영된 후 한국의 대중문화가 태국 사람들의 관심을 받은 후 음식과 패션, 한국제품 등에서 인기가 높아지면서 2005년 많은 대학기관이 한국어 전공을 설립하였는데, 26개 대학에서 한국어나 한국학 공부를 하고 있다(임형재, 2013). 또한 2010년부터 중등학교 교육과정에 한국어교육을 도입하여 치앙마이, 방콕 등의 고등학교에서 한국어를 활발히 가르치고 있다.

다. 중앙아시아의 한국어교육 현황

중앙아시아 3국(우즈베키스탄, 카자흐스탄, 키르기스스탄)은 1992년 한국과 수교하였으며, 각국에는 고려인들이 살고 그 사회에 경제와 사회적으로 큰 역할을 하여 한국어교육도 이들을 중심으로 이루어지고 있다. 외국인고용허가제 노동자송출국가에 해당하며, 우즈베키스탄은 2000년대 이후 한국어능력시험 응시자가 회당 600~2000여 명에 이를 만큼 한국어교육을 위한 연구대상 지역으로 지정되었다.

카자흐스탄은 1991년 아바이국립사범대학에서 한국어교육이 처음 실시된 이후 한국어 수요가 빠르게 늘어나 16개 대학에서 한국어교육이 진행되고 있으며, 한국어교육에 대해 많이 알려져 있지 않지만, 실제 한국어교육은 매우 활발하다.

키르기스스탄은 중앙아시아 이웃 두 나라에 비해 종교활동이 비교적 자유로운 편이어서 한국인들의 선교활동이 집중적으로 이루어지고 있으며, 대학이나 사설 교육기관의 한국어 강좌를 통해서 한국어와 한국문화를 알리고 있다.

라. 아시아 외 지역의 한국어교육 현황

1) 유럽

유럽 지역의 한국어교육 역사는 노르웨이 오슬로대학, 헝가리, 불가리아 등의 국가에서 2000년대 초반 시작되었지만, 대부분 1960년대부터 시작되었다. 유럽대학의 한국어교육은 의사소통의 목적보다 한국학 연구의 일환으로 진행되어 대부분 읽기 중심으로 이루어지고 있다. 학생 대부분이 한국학 학위과정을 밟으며, 기본적으로 1년여 기간 동안 한국 대학에서 교환과정이나 연수 과정을 밟는다. 한국어 교재도 전공과목과의 연계성을 고려하여 대부분 대학 자체 내에서 제작한 교재를 사용한다(연재훈 외, 2001).

2) 북미의 한국어교육

가) 미국

1943년 한국 파견 미군을 위한 외국어교육의 일환으로 워싱턴대학을 시작으로 한국어교육을 하였으며, 한국전쟁 전후 예일대학, 워싱턴대학, 하버드대학, 컬럼비아대학 등에서 정식 교과과정으로 한국학을 설치하였다. 1980년대 이민법이 개정되어 한국인의 미국이민이 증가하고, 한국어교육 수요가 늘어서 미국 140여 개 대학에서 한국어교육이 다양한 형태로 이루어지고 있으며, 70여 개 중 · 고등학교에서 제2외국어로 채택

되었고, 대학입학시험에서도 외국어 과목의 하나로 지정되었다(김영수, 유영미, 2015).

나) 캐나다

캐나다에서는 한국인 2세를 대상으로 초등학교에서 모국어로서 가르치는 한국어교육과 대학에서 가르치는 제2의 언어, 외국어로서의 한국어교육 등으로 나뉘는데, 토론토대학에서는 한국어교육 및 한국학이 한국 정부기관의 지원에 의하여 운영되고 있다. 중국학이나 일본학과 비교할 때, 한국 정부 지원이 끊기면 위축되는 상황이 발생하기도 하였다. 하지만 워털루대학은 대학 자체의 동기와 의지로 시작되어 위축됨 없이 운영되고 있다. 2000년대 중반 이후 캐나다 한국어 학습자는 빠른 속도로 늘어나고, 한류 열풍으로 중국계 수강생이 증가하고 있다.

다) 호주

호주는 1970~1980년에 ANU와 USyd에서 한국어과정이 개설되었으며, 1980년대 후반부터 전공 프로그램이 제공되었다. 서울올림픽을 통해 한국의 이미지가 격상되었지만, 한국학 학자들이 한국어 능력이 구비되지 않은 채 전공분야인 정치, 사회, 문화, 경제 등을 가르치는 실정이기 때문에, 이러한 사람들에게 한국어 능력을 갖추게 하는 것이 당면한 주요 과제이다.

3 국내의 한국어교육

제2언어로서 한국어(Korean as a second language) 교육은 한국 사회에 첫걸음을 내디딘 결혼이민자나 이주노동자, 외국인 자녀, 유학생 등을 대상으로서, 그 대상이 다양해지고 있다.

이들의 공통점은 한국어를 습득하고 한국 문화를 체득해서 한국 사회에서 거주 · 생활에 따라 학문을 하거나 취업하는 데 필수적으로 활용해야 한다는 점에서 교실 내에서 제한적인 한국어를 학습하고 있다. 단기적으로 한국문화를 체험하는 외국어로서의 한국어교육과는 다소 차이가 있다. 이러한 제2언어로서의 한국어 교육과정은 일반학생과 동일한 교육과정의 적용을 받는 다문화가정 학생들에게 적용될 수 있으며, 가정에서 한국어 구사 능력이 충분하지 않아 한국어 능력이 뒤떨어지는 경우가 많아 정규교육 궤도에 진입하기 전 단계에서 이들의 언어 및 학습 수준을 진단, 교육, 평가하는 시스템이 필요하다.

중도입국자녀나 외국인 근로자 자녀, 귀국학생 등 한국어 의사소통 능력이 학교 수업 이해에 현저히 못 미치는 학생들이나 제2언어로서의 한국어교육을 필요로 하는 외국인 노동자, 결혼이민자, 새터민 등을 대상으로 하는 한국어 능력 진단 평가지가 마련되었지만, 어느 단계, 어느 수준의 제2언어로서의 한국어 교육과정이나 한국어 문해력 향상 프로그램을 제공하여야 할 것이다.

아울러 다문화가정 자녀와 미래 글로벌 세대를 위한 다문화아동 언어 교육을 위한 한국어교육 등에 대한 연구도 기존의 국어교육이나 한국어 교육과는 다른 각도에서 연구되어야 한다(전은주, 2009). 다문화사회의 관점에서 민족주의에서 나온 언어 · 문화 정책보다 소수 이주민의 언어 · 문화를 존중하고, 세계 여러 민족 문화 속에서 우리의 언어 · 문화를 어떻게 가르치고 어떠한 방식으로 후세대에게 한국사회의 구성원으로서 정체성을 확립시켜 줄 것인가는 매우 중요하다.

또한 이민자들에 대한 제2언어로서 한국어교육의 중요성을 강조하거나 다문화가정 자녀들을 국어교육의 대상으로 보는 것을 넘어서, 언어를 통해 한국사회 구성원 간의 사회통합을 위한 발판을 마련하는 것이 필요하다. 소수민들의 한국사회 적응과 통합을 돕는 한국 언어 · 문화교육 정책을 펼치면서 소수민들의 언어 · 문화를 보존 · 발전시키는 노력해야 할 것이다. 일반 국민들도 국어가 개인의 효용을 넘어서 다양한 문화적 배경을 지닌 세계인들과 의사소통하고 상호 협력하는 매개체라는 중요성을 인식하며, 자국언어 · 문화 및 타 언어 · 문화에 대해 관심을 가지며, 이중 · 다중언어 능력의 향상을 도모하는 시도가 필요할 것이다.

가. 시기별 한국어교육의 발전 현황

한국어교육은 짧은 기간에 폭발적인 성장을 거듭하고 국내 한국어교육 발전의 계기가 되었으며, 한국의 경제성장, 서울올림픽 및 그 뒤를 이은 한류의 등장으로 한국어의 위상이 높아졌다. 서울 소재 대학을 중심으로 시작된 한국어교육 열풍은 짧은 시간 안에 서울과 수도권을 넘어 전국으로 확대되었다. 시기별로 국내 한국어교육을 분류하여 제시하면 다음과 같다.

첫째, 1단계 태동기로서, 1959년 한국어교육 시작부터 1988년 서울올림픽 개최 이전까지 주로 군사적 및 외교적 목적의 소수 학습자 대상이었다.

둘째, 2단계는 서울올림픽, 한 · 일월드컵, 공산국가들과의 외교 수립, 해외 한국인 교포들이 서울을 중심으로 학습자 집단을 형성하게 되었다.

셋째, 3단계 정체기로서, IMF 관리체제 시기부터 2000년 이전까지 한국이 경제적으로 어려운 상황이었으며, 더불어 한류가 본격화되지 않아 한국어 학습자가 감소하는 시기였다.

넷째, 4단계 2차 도약기로서, 이 시기에는 2000년부터 2010년 전후까지 중국의 경제 성장과 유학 열기, 한류 열풍을 타고 한국어 학습자가 전국 대학으로 확대되었다.

다섯째, 5단계 3차 도약 준비기로서, 유학생 수 보합세 유지 및 출신국의 다양화, 유학 목적의 세분화 시기로 분류할 수 있다.

나. 향후 한국어교육 시장 전망

앞으로 한국어교육이 더욱 뿌리를 굳건히 내리고 지속적으로 성장하기 위해서는 학습자 출신 국가의 문화적 배경과 개별적 학습 목적에 따라 교재와 교수법의 전문화, 학습자 문화에 대한 이해, 대조 언어학적 접근 등이 필요하며, 아시아 다른 나라의 언어, 특히 중국어와의 시장 경쟁도 점점 가열될 것이다. 그동안의 한국어교육 정책은 효율적인 한국어교육을 진행하는 데에만 마음을 기울이면 되었지만, 앞으로의 한국어교육은 비아시아권 지역에서 외국어 시장을 사이에 두고 아시아권의 다른 언어와 경쟁하게 될 것이다. 그럼에도 불구하고, 한국어와 한국문화 애호자가 많아져서 한국어교육 시장의 전망은 여전히 밝은 편이다.

다. 국내 대학 기관의 한국어교육

2016년 국내 대학 중 한국어교육에 뛰어든 어학연수생 중심형 기관은 110~120여 개이며, 한국 국내 대학 부설 한국어 교육기관은 한국어교육 진행을 목적으로 설립된

어학연수생 중심 교육을 진행하는 경우, 전공과정 유학생의 대학수학을 지원할 목적으로 한국어교육을 전공 수업에 덧붙여 진행하는 경우, 절충형 기관 운영형태 등으로 나뉜다. 이러한 한국어교육의 운영 방법을 제시하면 다음과 같다.

1) 전공과정 유학생 관리 강화

교육부가 2011년도부터 TOPIK(Test of Proficiency in Korean) 3급 이상의 외국인만 대학 입학을 허용하도록 각 대학에 권장하였으며, 대학평가에 반영하여 이에 따라 일반 한국어과정 외에 토픽교육을 병행하는 기관이 늘어나고 있다.

2) 한국어 자격 과정

한국어 자격과정에서의 정규과정은 1년 4쿼터제이며, 수준에 따라 1급에서 6급까지 구성하고 있다. 1급과 2급은 초급단계, 3급과 4급은 중급단계, 5급과 6급은 고급단계로 구분되며, 수업은 급마다 10주 200시간 수업을 기준으로 운영하고 있다.

평가는 대부분 중간고사와 기말고사를 실시하여 절대평가를 기준으로 일정 수준의 성적을 얻지 못하면 유급제를 실시한다. 그 외 교환학생 프로그램, 외부위탁 프로그램을 운영하며, 세부적 운영방식은 기관별로 약간의 차이가 있다. 교육부 통계(2015년 국내 외국인 유학생 현황)에서 유학생 100명 이상의 출신국별 유학생 현황은 〈표 10-5〉와 같다.

〈표 10-5〉 출신국별 유학생 현황

구분	100명 이상~1,000명 미만	1,000명 이상
아시아 (22개국)	말레이시아(991), 파키스탄(903), 인도(899), 카자흐스탄(700), 홍콩(691), 필리핀(653), 네팔(580), 방글라데시(510), 태국(464), 캄보디아(368), 싱가포르(340), 미얀마(324), 스리랑카(262), 터키(254), 키르기스스탄(234)	중국(54,214), 베트남(4,451), 일본(3,492), 몽골(3,138), 대만(1,994), 인도네시아(1,175), 우즈베키스탄(1,066)
유럽 (11개국)	러시아(895), 독일(616), 영국(271), 네덜란드(203), 스웨덴(184), 스페인(180), 핀란드(177), 폴란드(123), 이탈리아(113), 우크라이나(103)	프랑스(1,072)
아프리카 (8개국)	에디오피아(233), 카메룬(228), 가나(173), 나이지리아(188), 르완다(102), 모로코(105), 이집트(117), 케냐(146)	–
라틴아메리카 (3개국)	멕시코(260명), 브라질(220), 콜롬비아(102명)	–
북아메리카 (2개국)	캐나다(881)	미국(2,968명)
오세아니아 (2개국)	오스트레일리아(236), 뉴질랜드(106)	–
계	39개국	9개국

3) 법무부 사회통합프로그램(KIIP) 한국어교육

KIIP(Korean Immigration and Integration Program)는 이민자가 한국어와 한국문화를 최대한 빨리 익혀 국민과의 원할한 의사소통을 통해 지역사회와 신속한 융화가 될 수 있도록 하자는 취지에서 2010년 1월부터 본격적으로 시행되었다. 이 프로그램을 통해 재한외국인에 대한 각종 지원정책이 KIIP로 표준화되고, 이수한 이민자에게 국적 취득 필기시험 면제 등 다양한 인센티브를 제공하여 자발적이고 적극적인 참여도를 높이려는 목적으로 운영하고 있다. 또한 인터넷 사회통합정보망(www.socinet.go.kr)에 가입하는 재한외국인 모두 무료로 사회통합 프로그램 수업에 신청할 수 있으며, 신청 절차, 교육과정, 국제결혼 이수 대상 신청 절차 등을 구체적으로 안내하고 있다. 〈표 10-6〉은 사회통합 프로그램의 수업 단계이다.

〈표 10-6〉 사회통합 프로그램 수업 단계

구분	0단계	1단계	2단계	3단계	4단계	5단계
과정	한국어와 한국문화					한국사회의 이해
	기초	초급 1	초급 2	중급 1	중급 2	
이수시간	15시간	100시간	100시간	100시간	100시간	50시간
사전평가	구술 3점 미만 (지필점수 무관)	3~20점	21~40점	41~60점	61~80점	81~100점

이러한 사회통합프로그램의 수업을 이수하게 되면, 다음과 같은 혜택이 부여된다.

① 국적 필기시험 면제 및 국적 면접심사 면제
② 국적 심사 대기기간 단축
③ 점수제에 의한 전문인력의 거주 자격(F-2)변경 시 가점(최대 25점) 부여
④ 일반 영주자격(F-5) 신청 시 한국어능력 입증 면제
⑤ 국민의 배우자 및 미성년자녀 영주자격(F-5) 한국어능력 입증 면제
⑥ 외국인 근로자의 특정 활동(E-7) 변경 시 한국어능력 입증 면제
⑦ 장기체류 외국인의 거주(F-2) 자격 변경 시 한국어능력 입증 면제

0단계에서 4단계까지의 한국어와 한국문화 과정 수업 강사의 자격은 다음과 같다.

① 「국어기본법 시행령」에 따른 한국어 교원 3급 이상 자격 소지자

② 「국어기본법 시행령」 별표 1의 한국어교원양성과정(필수 이수시간 한국어 교원 양성과정 120시간) 이수자로서 정부기관 또는 시민 · 사회단체 등에서 이민자 대상 한국어 교육경력 500시간 이상 경력 확인 가능자
③ 초등학교 정교사(2급) 자격 이상을 소지하고, 초등학교 교사 2년 이상 경력 확인 가능자로서 「국어기본법 시행령」 별표 1의 (필수이수시간 120시간)을 이수한 자

5단계의 한국 사회 이해과정 강의를 위해 갖추어야 할 강사의 자격은 다음과 같다.

① 법무부장관이 정하는 교육기관에서 다문화사회 전문가 양성과정을 이수하고, 다문화사회전문가 2급 또는 1급의 자격을 취득한 자
② 법무부장관과 협의 또는 양해각서 체결을 거쳐 개설된 이민 · 다문화 관련 대학(원) 정규과정에서 지정된 교과목 및 학점을 이수하고, 다문화사회 전문가 2급의 자격을 취득한 자이며, 이 이외 유료 사설학원이나 종교단체, 다문화가족지원센터, 대안학교 등에서도 한국어교육을 진행한다.

4) 한국어교육의 개념과 대상

한국어교육은 우리가 우리말을 국어라고 부르는데, 외국인의 입장에서 한 나라의 언어를 교육하는 보통명사로, 외국인인 경우는 한국어교육으로 구별하여 용어를 사용한다. 이처럼, 국어와 한국어라는 용어의 의미는 다르게 사용되고 있다.

또한 한국어교육 대상은 다문화가정 학생, 탈북민 가정, 국제결혼가정, 중도입국가정, 외국인 가정 등이다. 외국인 가정 자녀는 이주노동자를 비롯하여 외국공관, 외국상사 주재원 등의 자녀로서, 한국어를 모르는 외국인이기 때문에 한국어교육 대상이 된다. 그들에게 제공되어야 할 한국어 프로그램은 외국어로서의 한국어(Korean as a

Foreign Language KFL)교육이다. 또한 그들이 한국어 소통이 가능할 경우 다른 학생과 마찬가지로 교육과정에 따라 교육을 받을 수 있다.

국제결혼가정 자녀는 한국어 수준에 따라 한국어교육과 국어교육을 병행하여 교육하는데, 한국어 수준이 현저히 낮은 학생은 제2언어로서 한국어(Korean as a Second Language: KSL) 교육 프로그램을 제공하는 것이 바람직할 것이다. 또한 국제결혼 자녀 중 한국어를 모어로 습득하였지만, 한국문화에 대한 이해도가 낮아 학습 결손이 발생하는 경우에는 학습목적의 한국어(Korean for Academic Purposes: KAP) 교육 프로그램을 제공하는 것이 바람직할 것이다.

중도입국가정 자녀는 일반가정 자녀와 같이 한국어를 능숙하게 사용하는 경우부터 한국어를 전혀 하지 못하는 경우까지 다양한 유형이 있을 수 있으므로, 전형적인 경우는 한국어를 모어로 배웠지만, 외국어 환경에 오래 노출된 까닭으로 한국어를 제대로 구사하지 못하는 경우라 할 수 있다. 그들에게 한국어 구사 정도에 따라 제2언어로서 한국어교육 프로그램을 적용할 필요가 있으며, 학습 한국어 프로그램을 통하여 학습부진을 보완하는 형태만으로 충분할 수 있다.

북한 이탈주민 가정 자녀의 경우, 어휘, 억양, 어법의 차이는 있지만, 기본적으로 우리말을 구사하는 데 어려움은 없다. 그들에게 제공할 프로그램은 전형적인 한국어교육이라기보다 학습부진을 해소하는 데 필요한 보충학습 프로그램이다. 사회문화적 원인으로 인한 차이로 한국어 사용에 어려움을 겪기 때문에 일반가정 학습부진 학생에게 제공하는 보충학습 프로그램과 구별된 프로그램을 마련할 필요가 있다.

그다음으로 한국어 교원 자격을 제시하면, 한국어 교원이 되기 위해서는 한국어 교원 자격을 갖추어야 한다. 한국어 교원 자격증은 국립국어원에서 발급하는데 학위과정과 양성과정의 두 가지 방법이 있다. 학위과정은 외국어로서의 한국어교육을 전공 또는 부전공으로 졸업한 자에 한하여 2급 자격증을 발급하며, 비학위과정에서는 120시간의 양성과정을 이수하고 한국어교육능력검정시험 합격자에 한하여 3급 자격증을 발급

한다. 외국인의 경우, 토픽 6급을 통과한 경우에 자격증 신청이 가능하며, 자세한 사항은 국립국어원 홈페이지의 한국어 교원 자격 심사란을 참고하면 된다. 한국어교육 장소는 〈표 10-7〉과 같다.

〈표 10-7〉 한국어교육 장소

담당 부처	운영기관	교육기관	교육대상	내용
문화체육관광부	세종학당 재단	세종학당	외국인, 재외동포	• 독립형 혹은 연계형 세종학당 운영비 지원, 교원파견, 세계한국어 교육자 대회 개최, 우수학습자 국내 초청연수, 학습교재 제공, 누리-세종학당 홈페이지 운영
외교부	한국국제 협력단 (KOICA)	현지대학 또는 교육기관	공적개발원조 수원국 외국인	• 코이카 봉사단원
	한국국제 교류재단	현지 대학	외국인, 재외동포, 한국인	• 해외대학의 한국학교수직 설치, 객원교수 파견, 현지교원 고용, 재외동포재단 지원
	재외동포 재단	한글학교	재외동포	• 재외공관에 등록한 민간 자생 한글교육에 운영비 지원, 교재지원, 한글학교 교사 초청 연수
교육부	국립국제 교육원	한국어능력 시험센터	재외동포, 외국인	• 재외 민간자생 한글학교에 교사 및 교재지원, 재외동포 국내초청교육, 한국어능력시험 주관
		한국교육원	재외동포	• 한국어 강좌 운영, 재외 민간자생 한글학교에 운영비 지원
		한글학교	재외국민	• 재외국민을 위한 정규 유치원, 초·중·고교 설립 및 운영, 교사 연수 등
	한국학 중앙연구원	현지대학	외국인, 재외동포, 한국인	• 한국학 교수 파견

5) 학교 교육과정과 한국어 교육프로그램

다문화가정 학생을 위한 한국어교육을 위해 개인별 요구와 학교 및 지역단위의 요구를 파악하여 맞춤형 교육 프로그램을 운영할 필요가 있으며, 국가 수준에서는 체계적인 한국어 교육프로그램 및 자료를 개발하여 보급한다.

지역교육지원청 수준에서는 한국어교육을 담당할 체계적으로 인력을 양성하고 배치하여 한국어교육 프로그램을 편성하고 운영하여야 한다. 국가 수준에서는 다양한 사업을 각 부처에서 시행 중에 있으며, 교육부에서는 한국어능력시험(TOPIK)을 국립국제교육원에 위탁하여 시행하며, 문화관광부 산하 국립국어원은 한국어 교원 자격을 관리하고, 외교통상부는 재외동포재단 등에 위탁하여 재외동포를 위한 한국어교육을 지원하고 있다.

다문화가정을 위한 한국어교육을 위해 교육부는 중앙다문화교육센터나 대학 등에 위탁하여 각종 한국어 교재 개발, 현직교원을 위한 연수 등을 지원하고 있다. 또한 보건복지부, 여성가족부, 노동부 등에서도 이주노동자나 국제결혼 이주자 및 자녀에 대한 지원책으로 한국어교육을 위한 정책적 및 재정적 지원을 다양하게 펼치고 있다. 한국교육개발원에서는 다문화가정 학생을 위한 KSl 교육과정 개발연구가 이루어져 국가 수준에서 제2언어로 한국어교육과정 표준화에 도움을 제공하였다.

정부와 교육청 수준의 한국어교육 프로그램을 개발하여 보급하고 있으며, 유아에서 초등학교에서 저 · 중 · 고학년 학생을 대상으로 한국어와 한국문화 전반에 대한 소양을 높이기 위한 목적으로 제작되고 있지만, 표준화된 교육과정을 충실히 반영한 단계별 교재 개발과 다양한 학습자 요구에 기초한 개발이 요구된다.

한국어교육과 관련하여 교사가 담당해야 할 역할로는 한국어교육에 대한 수요 분석, 한국어교육 프로그램의 구성, 한국어교육 교재의 개발 및 재구성, 한국어의 교수와 평가 등이다.

6) 한국어 교수 · 학습 및 단계별 성취기준

한국어의 교수 · 학습 내용은 생활 한국어교육과 학습 한국어교육으로 이루어진다. 생활 한국어교육은 일상생활과 학교생활에 필요한 기본적인 의사소통 한국어 능력을 함양하기 위한 내용으로 구성된다. 학습 한국어교육은 모든 교과 학습의 도구이자 기초가 되는 학습 도구로서의 한국어 능력이며, 각 교과 학습에 진입하고 적응하는 것을 돕는 교과 적응 한국어 능력을 함양하기 위한 내용으로 구성된다. 또한 이를 초급, 중급, 고급의 단계별로 각 교육 영역의 비중을 달리함으로써 점진적으로 한국어 능력이 향상되고 완성되어 나가도록 체계화하였다.

초급 단계인 1단계 및 2단계별 구체적인 총괄 수준 및 성취기준은 〈표 10-8〉, 〈표 10-9〉와 같다.

〈표 10-8〉 1단계(초급)의 총괄 수준 및 성취기준

【초급】 1단계 총괄 수준
기초 어휘로 이루어진 구, 절, 짧은 문장 단위의 일상적 표현들을 이해하고 사용할 수 있다. 대화 상대자가 천천히 분명하게 말하고 도와줄 준비가 되어 있으며, 기초적인 의사소통을 할 수 있다. 인사하기, 자기소개하기 등의 기초적인 언어 기능을 수행할 수 있으며, 그림, 실물, 동작 등 시각적인 단서와 함께 주어지는 간단한 지시에 반응할 수 있다. 주변 사람과 사물, 장소 등과 관련된 기본적인 어휘를 이해하고 사용할 수 있다. 구체적인 문화 산물을 접함으로써 문화를 인식할 수 있다.

언어 기능	【초급】 1단계 성취기준		
	초등학교	중학교	고등학교
듣기	1. 일상생활에서 반복적으로 자주 접하는 어휘에 소리를 연결 지을 수 있다. 2. 짧고 쉬운 낱말을 듣고 그 대상을 알 수 있다.	1. 한국어의 기본적인 음운을 식별할 수 있다. 2. 주변의 사람 · 사물을 나타내는 말을 듣고 그 대상을 알 수 있다.	1. 한국어의 자음과 모음의 소리를 식별할 수 있다. 2. 사물이나 사람을 나타내는 낱말을 듣고 그 대상을 알 수 있다.

언어 기능	【초급】 1단계 성취기준		
	초등학교	중학교	고등학교
	3. 기본적인 인사말을 듣고 이해할 수 있다. 4. 시각적인 단서와 함께 주어지는 간단한 지시를 따라 반응할 수 있다.	3. 인사말이나 자주 접하는 쉽고 간단한 문장을 듣고 이해할 수 있다. 4. 시각적인 단서와 함께 주어지는 간단한 지시를 이해하고 반응할 수 있다.	3. 일상생활의 쉽고 간단한 표현을 듣고 이해할 수 있다. 4. 시각적인 단서와 함께 주어지는 간단한 지시를 이해하고 반응할 수 있다.
말하기	1. 실물이나 그림을 보면서 대상의 이름을 말할 수 있다. 2. 일상생활에서 자주 사용하는 기본적인 인사말을 할 수 있다. 3. 기초어휘를 활용하여 간단한 질문에 답할 수 있다. 4. 한두 단어로 지시나 명령의 간단한 의사 표현을 할 수 있다.	1. 실물이나 그림을 보면서 낱말이나 짧은 문장을 말할 수 있다. 2. 일상생활에서 자주 사용하는 기본적인 인사말을 할 수 있다. 3. 기초적인 생활 어휘를 활용하여 간단한 질문에 답할 수 있다. 4. 한두 문장으로 지시나 명령의 간단한 의사 표현을 할 수 있다.	1. 실물이나 그림을 보면서 낱말이나 짧은 문장 단위로 말할 수 있다. 2. 일상생활에서 자주 사용하는 기본적인 인사말을 할 수 있다. 3. 사적이고 친숙한 짧은 질문에 답할 수 있다. 4. 짧고 간단한 표현을 사용하여 지시나 명령의 의사 표현을 할 수 있다.
읽기	1. 한글 자음과 모음, 받침 등의 글자를 식별하여 읽을 수 있다. 2. 소리와 철자의 관계를 이해하고 쉬운 낱말을 소리 내어 읽을 수 있다. 3. 시각적 단서와 함께 주어지는 쉽고 간단한 낱말을 읽고 의미를 이해할 수 있다. 4. 학교생활에서 자주 접하는 표지판을 읽고 의미를 이해할 수 있다.	1. 한글 자음과 모음, 받침 등의 글자를 식별하여 읽을 수 있다. 2. 소리와 철자와의 관계를 이해하고 낱말을 소리 내어 읽을 수 있다. 3. 일상생활에서 자주 접하는 쉽고 간단한 낱말을 읽고 의미를 이해할 수 있다. 4. 학교생활에서 자주 접하는 표지판이나 지시문 등을 읽고 이해할 수 있다.	1. 한글 자음과 모음, 받침 등의 글자를 식별하여 읽을 수 있다. 2. 소리와 철자와의 관계를 이해하고 낱말과 짧은 문장을 소리 내어 읽을 수 있다. 3. 일상생활에서 자주 접하는 쉽고 간단한 낱말을 읽고 의미를 이해할 수 있다. 4. 학교나 주변에서 자주 접하는 표지판이나 지시문 등을 읽고 이해할 수 있다.

언어 기능	【초급】 1단계 성취기준		
	초등학교	중학교	고등학교
쓰기	1. 한글 자모를 보고 따라 쓸 수 있다. 2. 그림이나 실물을 보고 그에 대응하는 낱자나 낱말을 쓸 수 있다. 3. 이름, 생일 등의 간단한 신상 정보를 쓸 수 있다. 4. 인사말과 같은 간단한 문장을 쓸 수 있다.	1. 한글 자모 결합 원리 및 획순에 맞게 바르게 쓸 수 있다. 2. 그림을 보고 그에 대응하는 낱말이나 짧은 표현을 쓸 수 있다. 3. 이름, 주소, 생일, 가족 등 간단한 신상 정보를 쓸 수 있다. 4. 인사말과 같은 간단한 문장을 쓸 수 있다.	1. 한글 자모 결합 원리 및 획순에 맞게 바르게 쓸 수 있다. 2. 그림이나 실물, 동작 등을 나타내는 낱말이나 어구를 쓸 수 있다. 3. 이름, 주소, 생일, 가족 등 간단한 신상정보를 바르게 쓸 수 있다. 4. 인사말과 같은 간단한 문장을 쓸 수 있다.

출처: 교육부(2017b). 한국어 교육과정. 교육부 고시 제2017-131호.

〈표 10-9〉 2단계(초급)의 총괄 수준 및 성취기준

【초급】 2단계 총괄 수준
일상생활과 학교생활에서 자주 접하는 기초적인 단어와 관습화된 어구로 이루어진 간단한 대화를 듣고 이해할 수 있다. 짧은 문장 수준의 간단한 지시나 명령을 듣고 반응을 보일 수 있으며, 일상생활에 관한 쉽고 간단한 대화를 할 수 있다. 물건 사기, 부탁하기 등과 같이 일상생활에 필요한 기초적인 언어 기능을 수행할 수 있으며, 자기 자신, 가족, 취미, 날씨 등과 같이 친숙한 화제나 예측이 쉬운 일상생활 장면에 관해 간단하게 말하고 쓸 수 있다. 발음 규칙을 어느 정도 이해하여 천천히 발화하면 비교적 정확하게 발음할 수 있다. 수업 시간에 자주 접하는 쉬운 교실 표현을 이해할 수 있다. 구체적인 문화 산물을 접함으로써 문화 내에서도 다양성이 존재함을 이해할 수 있다.

언어 기능	【초급】 2단계 성취기준		
	초등학교	중학교	고등학교
듣기	1. 일상생활에서 자주 접하는 어휘나 관습화된 어구를 듣고 이해할 수 있다.	1. 한국어의 음운 변화를 어느 정도 이해할 수 있다.	1. 한국어의 복잡한 음운 변화를 어느 정도 이해하고 식별할 수 있다.

언어 기능	【초급】 2단계 성취기준		
	초등학교	중학교	고등학교
	2. 주변의 사물과 사람에 관한 쉽고 간단한 말을 듣고 이해할 수 있다. 3. 일상생활을 화제로 한 쉽고 간단한 대화를 듣고 이해할 수 있다. 4. 수업 시간에 자주 접하는 쉬운 교실 표현을 듣고 이해할 수 있다.	2. 주변의 사물과 사람에 관한 간단한 설명을 듣고 이해할 수 있다. 3. 일상생활을 화제로 한 간단한 대화를 듣고 이해할 수 있다. 4. 수업 시간에 자주 접하는 쉬운 교실 표현을 듣고 이해할 수 있다.	2. 주변의 사물과 사람에 관한 설명을 듣고 이해할 수 있다. 3. 일상생활을 화제로 한 짧은 대화를 듣고 이해할 수 있다. 4. 수업 시간에 자주 접하는 쉬운 교실 표현을 듣고 이해할 수 있다.
말하기	1. 실물이나 그림을 보면서 쉽고 간단한 문장을 말할 수 있다. 2. 일상생활의 친숙한 화제에 관해 간단한 말로 묻고 답할 수 있다. 3. 개인 신상에 관해 쉽고 간단한 말로 묻고 답할 수 있다. 4. 수업 시간에 듣고 이해하지 못한 교실 표현에 대해 천천히 질문할 수 있다.	1. 실물이나 그림을 보면서 간단한 문장으로 말할 수 있다. 2. 일상생활의 친숙한 화제에 관한 간단한 대화를 할 수 있다. 3. 개인 신상에 관해 간단히 묻고 답할 수 있다. 4. 수업 시간에 듣고 이해하지 못한 교실 표현에 대해 질문할 수 있다.	1. 실물이나 그림을 보면서 한두 문장으로 말할 수 있다. 2. 일상생활에 관한 친숙한 화제에 대하여 짧은 대화를 할 수 있다. 3. 개인 신상에 관해 정보를 교환할 수 있다. 4. 수업 시간에 듣고 이해하지 못한 교실 표현에 대해 질문할 수 있다.
읽기	1. 쉽고 간단한 낱말이나 문장을 소리 내어 읽을 수 있다. 2. 일상생활과 관련된 친숙한 주제의 짧은 글을 읽고 이해할 수 있다. 3. 일상생활에서 자주 접하는 표지판, 지시문, 안내문을 읽고 의미를 파악할 수 있다.	1. 간단한 낱말이나 문장을 소리 내어 읽을 수 있다. 2. 일상생활과 관련된 친숙한 주제의 간단한 글을 읽고 이해할 수 있다. 3. 일상생활에서 자주 접하는 표지판, 지시문, 안내문 등을 읽고 의미를 파악할 수 있다.	1. 낱말이나 문장을 소리 내어 읽을 수 있다. 2. 일상생활과 관련된 친숙한 주제의 문단 수준의 글을 읽고 이해할 수 있다. 3. 일상생활에서 자주 접하는 표지판, 지시문, 안내문 등을 읽고 의미를 파악할 수 있다.

언어 기능	【초급】 2단계 성취기준		
	초등학교	중학교	고등학교
	4. 수업 시간에 자주 접하는 쉬운 교실 표현을 읽을 수 있다.	4. 수업 시간에 자주 접하는 쉬운 교실 표현을 읽을 수 있다.	4. 수업 시간에 자주 접하는 쉬운 교실 표현을 읽을 수 있다.
쓰기	1. 글씨를 획순에 맞게 바르게 쓸 수 있다. 2. 짧고 쉬운 낱말을 받아쓸 수 있다. 3. 마침표, 물음표, 느낌표의 이름과 쓰임을 알 수 있다. 4. 수업 시간에 자주 접하는 쉬운 교실 표현을 쓸 수 있다.	1. 글씨를 획순에 맞게 바르게 쓸 수 있다. 2. 어휘나 짧고 쉬운 표현을 받아쓸 수 있다. 3. 마침표, 물음표, 느낌표 등의 문장부호의 이름과 쓰임을 알 수 있다. 4. 수업 시간에 자주 접하는 쉬운 교실 표현을 쓸 수 있다.	1. 글씨를 획순에 맞게 바르게 쓸 수 있다. 2. 어휘나 짧고 쉬운 표현을 받아쓸 수 있다. 3. 여러 가지 문장 부호의 이름과 쓰임을 알 수 있다. 4. 수업 시간에 자주 접하는 쉬운 교실 표현을 쓸 수 있다.

출처: 교육부(2017b). 한국어 교육과정. 교육부 고시 제2017-131호.

중급 단계인 3단계 및 4단계별 구체적인 총괄 수준 및 성취기준은 〈표 10-10〉, 〈표 10-11〉과 같다.

〈표 10-10〉 3단계(중급)의 총괄 수준 및 성취기준

【중급】 3단계 총괄 수준
일상생활이나 학교생활과 관련된 간단한 대화를 듣고 내용을 이해할 수 있으며, 상황과 목적에 맞는 쉽고 간단한 대화가 가능하다. 간단한 명령이나 요청을 할 수 있고, 지난 일에 대해 말할 수 있으며, 어렵지 않은 내용의 전화 대화도 가능하다. 간단하고 직접적인 정보 교환이 가능하며, 짧게 질문하고 대답하는 정도로 대화를 이어 갈 수 있다. 자주 가는 장소에서 반복적으로 사용되는 어휘와 표현을 듣고 이해할 수 있다. 빈도수가 높은 관용어를 이해할 수 있으며, 비교적 복잡한 음운 변화를 이해하고 개별 음운을 정확하게 발음할 수 있다. 수업 시간에 쓰는 교실 표현을 이해하며, 학업에 기본이 되고 바탕이 되는 사고 도구 어휘를 이해하고 사용할 수 있다. 다른 문화의 사람들과 상호작용하면서 타 문화를 인식할 수 있다.

언어 기능	【중급】 3단계 성취기준		
	초등학교	중학교	고등학교
듣기	1. 일상생활과 관련된 친숙한 주제의 짧은 대화를 듣고 대강의 내용을 파악할 수 있다. 2. 지나간 일에 대한 짧고 쉬운 문장을 듣고 의미를 파악할 수 있다. 3. 짧고 간단한 전화 대화를 듣고 대강의 내용을 파악할 수 있다. 4. 교실 표현 및 기본적인 학습 도구 표현을 듣고 이해할 수 있다.	1. 일상생활과 관련된 친숙한 주제의 대화를 듣고 주요 내용을 이해할 수 있다. 2. 지나간 일에 대한 이야기를 듣고 대강의 내용을 파악할 수 있다. 3. 간단한 전화 대화를 듣고 주요 내용을 파악할 수 있다. 4. 교실 표현 및 기본적인 학습 도구 표현을 듣고 내용을 이해할 수 있다.	1. 일상생활과 관련된 친숙한 주제의 담화를 듣고 내용을 이해할 수 있다. 2. 지나간 일에 대한 이야기를 듣고 중심 내용을 파악할 수 있다. 3. 간단한 전화 대화를 듣고 주요 내용을 파악할 수 있다. 4. 교실 표현 및 기본적인 학습 도구 표현을 듣고 내용을 파악할 수 있다.
말하기	1. 하루 일과를 짧고 간단한 문장으로 말할 수 있다. 2. 필요할 때 도움을 요청하거나 제안하는 말을 할 수 있다. 3. 짧고 간단한 전화 대화를 할 수 있다. 4. 교실 표현 및 기본적인 학습 도구 표현을 간단하게 말할 수 있다.	1. 하루 일과를 시간적 순서에 따라 말할 수 있다. 2. 도움을 요청하거나 제안하는 말을 할 수 있다. 3. 간단한 전화 대화를 할 수 있다. 4. 교실 표현 및 기본적인 학습 도구 표현을 말할 수 있다.	1. 일상생활의 일과를 기술하여 말할 수 있다. 2. 도움을 요청하거나 제안하는 말을 상황에 맞게 할 수 있다. 3. 간단한 전화 대화를 할 수 있다. 4. 교실 표현 및 기본적인 학습 도구 표현을 구분하여 말할 수 있다.
읽기	1. 쉽고 간단한 문장을 소리 내어 알맞게 끊어 읽을 수 있다. 2. 친숙한 주제의 짧고 쉬운 글을 읽고 이해할 수 있다. 3. 쉽고 짧은 글을 읽고, 사건의 순서를 이해할 수 있다.	1. 쉽고 간단한 문장을 소리 내어 알맞게 끊어 읽을 수 있다. 2. 친숙하고 일반적인 주제의 글을 읽고 주요 내용을 이해할 수 있다. 3. 간단한 글을 읽고 사건의 순서를 이해할 수 있다.	1. 문장을 소리 내어 알맞게 끊어 읽을 수 있다. 2. 친숙하고 일반적인 주제의 글을 읽고 주요 정보와 세부 정보를 파악할 수 있다. 3. 간단한 글을 읽고 사건의 순서를 이해할 수 있다.

언어 기능	【중급】 3단계 성취기준		
	초등학교	중학교	고등학교
	4. 교실 표현 및 기본적인 학습 도구 표현이 사용된 문장이나 짧은 글을 읽고 이해할 수 있다.	4. 교실 표현 및 기본적인 학습 도구 표현이 사용된 짧은 글을 읽고 이해할 수 있다.	4. 교실 표현 및 기본적인 학습 도구 표현이 사용된 간단한 글을 읽고 내용을 파악할 수 있다.
쓰기	1. 문장을 받아 쓸 수 있다. 2. 일상생활에서 필요한 내용을 간단하게 기록할 수 있다. 3. 하루의 일과를 간단한 문장으로 쓸 수 있다. 4. 교실 표현 및 기본적인 학습 도구 표현을 사용하여 문장이나 짧은 글을 쓸 수 있다.	1. 문장을 어려움 없이 받아 쓸 수 있다. 2. 일상생활에서 필요한 내용을 간단하게 기록할 수 있다. 3. 하루의 일과를 간단한 여러 개의 문장으로 쓸 수 있다. 4. 교실 표현 및 기본적인 학습 도구 표현을 사용하여 짧은 글을 쓸 수 있다.	1. 문장을 어려움 없이 받아 쓸 수 있다. 2. 일상생활에서 필요한 내용을 간단히 기록할 수 있다. 3. 자신의 경험을 시간의 순서에 따라 문단 수준의 길이로 쓸 수 있다. 4. 교실 표현 및 기본적인 학습 도구 표현을 사용하여 짧은 글을 쓸 수 있다.

출처: 교육부(2017b). 한국어 교육과정. 교육부 고시 제2017-131호.

〈표 10-11〉 4단계(중급)의 총괄 수준 및 성취기준

【중급】 4단계 총괄 수준
일상생활 및 학교생활과 관련되는 일반적인 주제나 상황에 대해서는 의사소통에 문제가 없는 수준이다. 개인, 친구, 가족 등 일상적이고 친숙한 화제에 대해서는 정확히 이해가 가능하다. 일상생활에서 흔히 쓰이는 고빈도 어휘와 관용적인 표현들을 상황과 목적에 맞게 사용할 줄 알며, 지나간 일과 앞으로 할 일 등에 관해 묻고 답할 수 있다. 한두 문단 수준의 글을 읽고 핵심을 파악할 수 있으며, 쉽고 간단한 표현으로 대상을 비교하여 말하거나 쓸 수 있다. 학업에 기본적으로 필요한 사고 도구 어휘를 대체로 이해하고 사용할 수 있으며, 여러 교과에서 기초 지식 어휘로 사용하는 범용 지식 어휘에 대해서도 이해할 수 있다. 다른 문화의 사람들과 상호작용하면서 자신의 문화와 다른 문화를 대조해 볼 수 있다.

언어 기능	【중급】 4단계 성취기준		
	초등학교	중학교	고등학교
듣기	1. 짧고 간단한 이야기를 듣고 사건이 일어난 순서를 알 수 있다. 2. 이유를 묻고 답하는 대화를 듣고 내용을 이해할 수 있다. 3. 대상을 비교하는 간단한 말을 듣고 내용을 이해할 수 있다. 4. 사고 도구 어휘와 범용 지식 어휘 표현을 듣고 대체로 이해할 수 있다.	1. 이야기를 듣고 사건이 일어난 순서를 알 수 있다. 2. 인과 관계가 잘 드러나는 대화를 듣고 내용을 이해할 수 있다. 3. 대상을 비교하는 말을 듣고 내용을 이해할 수 있다. 4. 사고 도구 어휘와 범용 지식 어휘 표현을 듣고 내용을 이해할 수 있다.	1. 이야기를 듣고 사건이 일어난 순서에 따라 내용을 정리할 수 있다. 2. 인과관계가 잘 드러나는 글을 듣고, 그 내용을 이해할 수 있다. 3. 대상을 비교하는 말을 듣고 차이점에 주목하여 내용을 이해할 수 있다. 4. 사고 도구 어휘와 범용 지식 어휘 표현을 듣고 내용을 파악할 수 있다.
말하기	1. 상황에 맞게 대화를 할 수 있다. 2. 어떤 사실에 관해 이유를 묻고 답할 수 있다. 3. 지나간 일과 앞으로 할 일에 대해 간단히 묻고 답할 수 있다. 4. 사고 도구 어휘와 범용 지식 어휘 표현을 사용하여 간단히 말할 수 있다.	1. 상황에 맞게 적절한 대화를 할 수 있다. 2. 사실에 관해 이유를 묻고 답할 수 있다. 3. 지나간 일과 앞으로 할 일에 대해 묻고 답할 수 있다. 4. 사고 도구 어휘와 범용 지식 어휘 표현을 사용하여 간단히 말로 설명할 수 있다.	1. 상황과 목적에 맞는 대화를 자연스럽게 구사할 수 있다. 2. 어떤 사실에 대해 근거를 들어 주장하는 말을 할 수 있다. 3. 지나간 일과 앞으로 할 일에 대해 자세히 묻고 답할 수 있다. 4. 사고 도구 어휘와 범용 지식 어휘 표현을 사용하여 정확하게 말로 설명할 수 있다.
읽기	1. 글의 의미를 생각하면서 낭독할 수 있다. 2. 이야기를 읽고 인물, 사건, 배경을 파악할 수 있다. 3. 설명하는 글을 읽고 중심 내용을 파악할 수 있다.	1. 글의 의미를 살려 효과적으로 낭독할 수 있다. 2. 이야기를 읽고 인물, 사건, 배경을 파악할 수 있다. 3. 설명하는 글을 읽고 중심 내용과 세부 내용을 파악할 수 있다.	1. 글의 분위기를 살려 효과적으로 낭독할 수 있다. 2. 이야기를 읽고 인물, 사건, 배경을 파악할 수 있다. 3. 설명하는 글을 읽고 중심 내용과 세부 내용을 파악할 수 있다.

언어 기능	【중급】 4단계 성취기준		
	초등학교	중학교	고등학교
	4. 사고 도구 어휘와 범용 지식 어휘가 사용된 문단 수준의 글을 읽고 핵심 내용을 대체로 파악할 수 있다.	4. 사고 도구 어휘와 범용 지식 어휘가 사용된 한두 문단 수준의 글을 읽고 핵심 내용을 파악할 수 있다.	4. 사고 도구 어휘와 범용 지식 어휘가 사용된 두세 문단 수준의 글을 읽고 핵심 내용을 파악할 수 있다.
쓰기	1. 하루 일과를 간단히 기록할 수 있다. 2. 친숙한 주제의 짧은 글을 읽고 중요한 내용을 간추려 쓸 수 있다. 3. 자기를 소개하는 글을 쓸 수 있다. 4. 사고 도구 어휘와 범용 지식 어휘를 사용하여 문단 수준의 글을 쓸 수 있다.	1. 겪은 일이 잘 드러나게 짧은 글을 쓸 수 있다. 2. 친숙한 주제에 대한 짧은 글을 읽고 요약하여 쓸 수 있다. 3. 자신과 가족을 소개하는 글을 쓸 수 있다. 4. 사고 도구 어휘와 범용 지식 어휘를 사용하여 한두 문단 수준의 글을 쓸 수 있다.	1. 겪은 일이 잘 드러나게 짧은 글을 쓸 수 있다. 2. 친숙한 사회적 주제에 대한 짧은 글을 읽고 요약하여 쓸 수 있다. 3. 주변의 친숙한 인물이나 사물을 소개하는 글을 쓸 수 있다. 4. 사고 도구 어휘와 범용 지식 어휘를 사용하여 한두 문단 수준의 글을 매끄럽게 쓸 수 있다.

출처: 교육부(2017b). 한국어 교육과정. 교육부 고시 제2017-131호.

고급 단계인 5단계 및 6단계별 구체적인 총괄 수준 및 성취기준은 〈표 10-12〉, 〈표 10-13〉과 같다.

〈표 10-12〉 5단계(고급)의 총괄 수준 및 성취기준

【고급】 5단계 총괄 수준
일상생활 및 학교생활과 관련된 의사소통 주제나 상황에 대해 자유자재로 대화를 이어 갈 수 있다. 어렵지 않은 사회적 주제에 대해 상황과 목적에 맞게 대화할 수 있으며, 다른 사람의 의견과 비교·대조하여 자신의 의견을 말할 수 있다. 일반적 주제에 관한 이야기를 듣고 중심 내용과 세부 내용을 파악하여 요약할 수 있다. 억양에 나타난 의미 차이를 파악하여 발화 상황에 맞게 어조를 바꾸어 말할 수 있다. 교과 학습에 필요한 기본적인 학습 도구 어휘에 대해 이해하고 사용할 수 있다. 교과별 핵심 주제와 내용에 대해 대강 이해할 수 있다. 문화 간 차이를 심도 있게 분석하고, 문화 간 감정 이입을 경험함으로써 문화적 상대성을 정립할 수 있다.

언어 기능	【고급】 5단계 성취기준		
	초등학교	중학교	고등학교
듣기	1. 간단한 대화를 듣고 다음에 이어질 내용을 예측할 수 있다. 2. 간단한 대화를 듣고 상황과 목적을 이해할 수 있다. 3. 공공장소에서의 안내 방송을 듣고 대강의 내용을 파악할 수 있다. 4. 교과 학습 내용을 듣고 핵심 내용을 대강 이해할 수 있다.	1. 주어진 내용을 듣고 다음에 이어질 내용을 예측할 수 있다. 2. 간단한 대화를 듣고 상황과 목적을 이해할 수 있다. 3. 공공장소에서의 안내 방송을 듣고 자신에게 필요한 내용을 파악할 수 있다. 4. 교과 학습 내용을 듣고 핵심 내용을 대체로 파악할 수 있다.	1. 주어진 글의 내용을 듣고 다음에 이어질 내용을 예측할 수 있다. 2. 대화를 듣고 상황과 목적을 이해할 수 있다. 3. 공공장소에서의 안내 방송을 듣고 자신에게 필요한 내용을 구체적으로 정리할 수 있다. 4. 교과 학습 내용을 듣고 핵심 내용을 대체로 파악할 수 있다.
말하기	1. 쉽고 간단한 말로 대상을 비교하고 대조할 수 있다. 2. 자주 쓰이는 관용적인 표현을 상황에 맞게 사용할 수 있다. 3. 친숙한 주제에 대하여 자신의 의견을 발표할 수 있다.	1. 쉽고 간단한 말로 대상을 비교하고 대조할 수 있다. 2. 자주 쓰이는 속담이나 관용 표현을 적절하게 활용하여 말할 수 있다. 3. 친숙한 사회적인 주제에 대하여 자신의 의견을 발표할 수 있다.	1. 대상을 비교하고 대조하여 설명할 수 있다. 2. 자주 쓰이는 속담이나 관용 표현을 상황에 맞게 말할 수 있다. 3. 친숙한 사회적인 주제에 대하여 자신의 의견을 발표할 수 있다.

언어 기능	【고급】 5단계 성취기준		
	초등학교	중학교	고등학교
	4. 교과 학습 상황에서 자신의 의견을 대체로 말할 수 있다.	4. 교과 학습 상황에서 자신의 의견이나 주장을 대체로 말할 수 있다.	4. 교과 학습 상황에서 자신의 의견이나 주장을 말할 수 있다.
읽기	1. 짧고 간단한 글을 읽고 글의 구조를 파악할 수 있다. 2. 글에 나타난 글쓴이의 의도를 파악할 수 있다. 3. 중요한 내용에 밑줄을 그으며 글을 읽을 수 있다. 4. 교과 학습에서 접하는 도표, 그래프 등의 정보를 읽고 대강 이해할 수 있다.	1. 간단한 글을 읽고 글의 구조를 파악할 수 있다. 2. 글에 나타난 글쓴이의 관점이나 의도를 파악할 수 있다. 3. 글에 나타난 사회문화적 배경을 대체로 파악하며 읽을 수 있다. 4. 교과 학습에서 접하는 도표, 그래프 등의 정보를 읽고 이해할 수 있다.	1. 글을 읽고 글의 구조를 파악할 수 있다. 2. 글에 나타난 글쓴이의 관점이나 의도를 파악할 수 있다. 3. 글에 나타난 사회 문화적 배경을 파악하며 읽을 수 있다. 4. 교과 학습에서 접하는 도표, 그래프 등의 정보를 읽고 해석할 수 있다.
쓰기	1. 친구나 가족에게 마음을 전하는 편지를 쓸 수 있다. 2. 책을 읽고 자신의 감상을 글로 쓸 수 있다. 3. 중심 문장과 뒷받침 문장으로 이루어진 한 문단 수준의 글을 쓸 수 있다. 4. 교과 학습과 관련하여 비교·대조하는 수준의 글을 간단히 쓸 수 있다.	1. 친구나 가족에게 마음을 전하는 글을 쓸 수 있다. 2. 책을 읽고 자신의 감상을 글로 쓸 수 있다. 3. 중심 문장과 뒷받침 문장으로 이루어진 한두 문단 수준의 글을 쓸 수 있다. 4. 교과 학습과 관련하여 비교·대조하는 수준의 글을 쓸 수 있다.	1. 친구나 가족에게 마음을 전하는 글을 쓸 수 있다. 2. 책을 읽고 자신의 감상을 글로 쓸 수 있다. 3. 중심 문장과 뒷받침 문장으로 이루어진 문단을 중심으로 글을 쓸 수 있다. 4. 교과 학습과 관련하여 비교·대조하는 수준의 글을 쓸 수 있다.

출처: 교육부(2017b). 한국어 교육과정. 교육부 고시 제2017-131호.

〈표 10-13〉 6단계(고급)의 총괄 수준 및 성취기준

【고급】 6단계 총괄 수준
일상생활 및 학교생활과 관련된 주제나 상황에 대한 의사소통에 전혀 문제가 없으며, 상당한 수준의 사회적 주제나 상황에 대해서도 잘 이해하고 표현한다. 추상적이고 비유적인 개념을 이해하고 표현할 수 있으며, 낯선 표현과 소재를 중심으로 한 대화에도 능동적으로 참여할 수 있다. 들은 내용에 대해 자신의 생각과 주장을 명료하고 조리 있게 표현할 수 있으며, 언어를 사용할 때 나타나는 오류를 스스로 인지하고 수정할 수 있다. 교과별 학습 내용의 대부분을 큰 어려움 없이 이해할 수 있다. 자신에게 적합한 다양한 활동을 통해 문화 간 의사소통 기술을 개발하고, 다른 문화에 대해 스스로 학습하는 방법을 터득함으로써 다른 문화를 다원론적 시각에서 수용할 수 있다.

언어 기능	【고급】 6단계 성취기준		
	초등학교	중학교	고등학교
듣기	1. 이야기를 듣고 주제를 파악할 수 있다. 2. 공식적 상황에서 발표를 듣고 주요 내용을 이해할 수 있다. 3. 친숙한 주제의 발표를 듣고 대강의 내용을 이해할 수 있다. 4. 교과 학습 내용을 듣고 이미 알고 있는 내용과 새롭게 안 내용을 연결 지을 수 있다.	1. 이야기를 듣고 주제를 파악할 수 있다. 2. 공식적 상황에서의 발표, 강연을 듣고 주요 내용을 이해할 수 있다. 3. 친숙한 주제의 강연이나 발표를 듣고 대강의 내용을 이해할 수 있다. 4. 자신의 배경 지식을 적절히 활용하여 교과 내용을 깊이 있게 이해할 수 있다.	1. 이야기를 듣고 주제를 파악할 수 있다. 2. 공식적 상황에서의 다양한 담화(발표, 강연 등)를 듣고 주요 내용을 이해할 수 있다. 3. 다양한 주제의 강연이나 발표를 듣고 대강의 내용을 이해할 수 있다. 4. 자신의 배경지식을 활용하여 교과 내용을 깊이 있게 이해할 수 있다.
말하기	1. 문법적 오류를 스스로 수정하여 말할 수 있다. 2. 소집단 대화를 통해 과제를 수행할 수 있다. 3. 대화 내용에 알맞은 억양, 어조, 속도, 강세, 몸짓 등으로 말할 수 있다.	1. 문법적 오류를 스스로 수정하여 정확한 발음으로 말할 수 있다. 2. 소집단 대화에 능동적으로 참여하면서 과제를 수행할 수 있다. 3. 대화 내용에 알맞은 억양, 어조, 속도, 강세, 몸짓 등을 적절하게 사용하여 말	1. 문법적 오류를 스스로 수정하여 정확한 발음으로 말할 수 있다. 2. 소집단 대화에 능동적으로 참여하면서 과제를 수행할 수 있다. 3. 대화 내용에 알맞은 억양, 어조, 속도, 강세, 몸짓 등을 적절하게 사용하여 자

<table>
<tr><th rowspan="2">언어 기능</th><th colspan="3">【고급】 6단계 성취기준</th></tr>
<tr><th>초등학교</th><th>중학교</th><th>고등학교</th></tr>
<tr><td></td><td>
4. 교과 내용과 관련하여 조사한 내용을 친구들이 이해하기 쉽게 발표할 수 있다.</td><td>할 수 있다.
4. 교과 내용과 관련하여 조사한 내용을 효과적으로 발표할 수 있다.</td><td>신의 생각을 효과적으로 전달할 수 있다.
4. 교과 내용과 관련하여 조사한 내용을 효과적으로 발표할 수 있다.</td></tr>
<tr><td>읽기</td><td>1. 맥락적 단서를 활용하여 낯선 어휘의 의미를 예측하면서 읽을 수 있다.
2. 이야기를 읽고 서로 다른 문화를 비교하여 이해할 수 있다.
3. 주장하는 글을 읽고 주장과 근거의 적절성과 타당성을 판단할 수 있다.
4. 다양한 매체를 활용해 필요한 정보를 조사하고 수집하여 정리할 수 있다.</td><td>1. 맥락적 단서나 어휘 분석을 활용하여 낯선 어휘의 의미를 예측할 수 있다.
2. 문학 작품을 읽고 당시의 시대상과 역사적 · 문화적 배경을 파악할 수 있다.
3. 주장하는 글을 읽고 주장과 근거의 적절성과 타당성을 판단할 수 있다.
4. 다양한 매체를 활용해 필요한 정보를 조사하고 수집하여 재구성할 수 있다.</td><td>1. 맥락적 단서나 어휘 분석을 활용하여 낯선 어휘의 의미를 예측하며 읽을 수 있다.
2. 문학 작품을 읽고 당시의 시대상과 역사적 · 문화적 배경을 파악할 수 있다.
3. 주장하는 글을 읽고 주장과 근거의 적절성과 타당성을 파악할 수 있다.
4. 다양한 매체에서 필요한 정보를 조사하고 수집하여 재구성할 수 있다.</td></tr>
<tr><td>쓰기</td><td>1. 시작, 중간, 끝의 구성을 갖춘 글을 쓸 수 있다.
2. 컴퓨터 워드 프로세서를 사용하여 글을 쓸 수 있다.
3. 쟁점이 드러나는 글을 읽고 주장하는 글을 쓸 수 있다.
4. 교과 학습에서 배운 내용을 자신의 말로 쉽게 풀어 설명하는 글을 쓸 수 있다.</td><td>1. 시작, 중간, 끝의 구성을 갖춘 글을 쓸 수 있다.
2. 컴퓨터 워드 프로세서를 사용하여 글을 쓸 수 있다.
3. 쟁점이 드러나는 글을 읽고 주장하는 글을 쓸 수 있다.
4. 배운 내용을 자신의 말로 쉽게 풀어 설명하는 글을 쓸 수 있다.</td><td>1. 시작, 중간, 끝의 구성을 갖춘 완결된 형식의 글을 쓸 수 있다.
2. 컴퓨터 워드 프로세서를 사용하여 글을 쓸 수 있다.
3. 쟁점이 드러나는 글을 읽고, 주장하는 글을 쓸 수 있다.
4. 수업 시간에 배운 교과 학습 내용을 자신의 말로 쉽게 풀어 설명하는 글을 쓸 수 있다.</td></tr>
</table>

출처: 교육부(2017b). 한국어 교육과정. 교육부 고시 제2017-131호.

Chapter

11

다문화 학생을 위한 상담

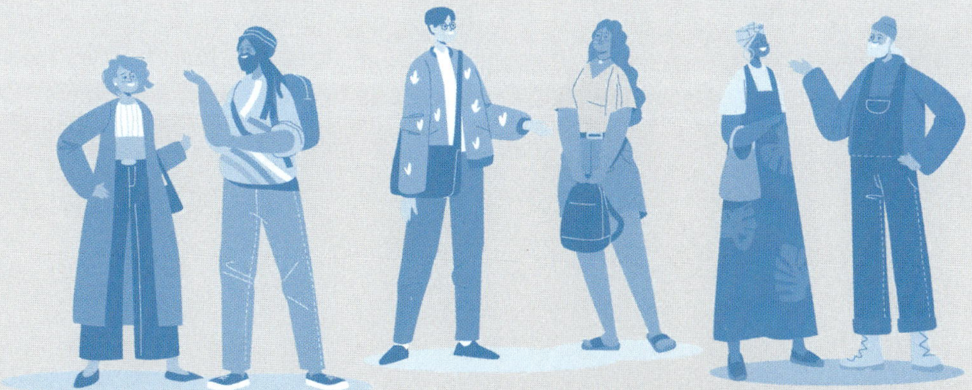

Chapter 11

다문화 학생을 위한 상담

이 장에서는 다문화 학생을 위한 상담을 탐색하고 학습하며, 주요 내용인 다문화가정 학생을 위한 다문화 상담의 의미(정의, 목적, 유형 및 원리), 다문화 상담 역량, 한국에서의 다문화 상담, 다문화 상담의 실제 등에 대하여 살펴보고자 한다.

1 다문화 상담의 의미

가. 다문화 상담의 정의

다문화 상담의 정의는 폴 페데르센(Paul Pedersen)에 의하면, 둘 이상의 서로 다른 문화적 배경 혹은 서로 다른 세계관을 가진 사람들이 조력자의 관계에 함께 있는 것이라고 하였다. 이러한 다문화 상담의 정의는 다문화의 개념을 어느 범위까지 규정하느냐에 따라 달라질 수 있다.

또한 다문화 상담(multicultural counseling)은 조력하는 역할이자 과정으로 정의될 수 있는데, 내담자의 생활 경험 및 문화적 가치와 일관된 상담목표와 양식들을 사용한다. 내담자의 정체성을 개인, 집단, 보편적 측면을 포함하는 것으로 인정하고, 조력과정에서 개인적, 문화 특수적 전략과 역할을 사용하며, 내담자와 내담자 체계를 평가하고 진단함에 있다. 상담에서 다문화적 접근은 내담자의 문화적 경험과 가치들을 존중하고 내담자의 전통적 문화의 기반 위에서 새 문화가치를 수용하며, 발전적인 자아를 형성할 수 있도록 돕는다. 다문화를 '다양한 문화'라고 한다면, 다문화 상담이란 서로 다른 문화적 배경을 가진 두 사람 이상이 조력의 관계에 있는 것을 의미한다. 여기서 다문화의 개념을 좀 더 확대하면 민족에 대한 것뿐만 아니라, 신체의 장애 유무, 다양한 연령, 다양한 성적 취향까지 포함할 수 있다.

다문화 상담에 대한 관심은 제2차 세계대전 후 신생국들의 출현을 맞아 서로 다르 문화와 그 독특성을 인정하자는 취지로 싹텄지만, 1960년대 미국과 유럽 등지에서 전개된 인권운동과 함께 상대적으로 차별을 받고 있는 북미 흑인들 및 소수인종에 대한 조명과 함께 시작되었다. 법 아래 동등한 정치적 정의 실현의 구현을 위해 다문화주의자들은 교육과 상담 과정에서 문화적 차이로 인한 피해사례에 주요 관심을 두며, 이때 상담학자들은 내담자들과의 횡문화적(cross-cultural) 차이에 주목하게 되었다. 또한 인권존중의 시민정신으로 다양성을 향한 교육의 필요성이 대두된 것이 다문화 상담이 발전하는 계기가 되었다.

나. 다문화 상담의 목적

개인심리학 체계와 열등감(inferiotity feeling)이라는 용어를 도입했던 알프레드 아들러(Alfred Adler)는 상담의 목적은 사회적 관심, 열등감 극복, 생활양식 수정, 동기의 변화, 공동체감 증진, 평등성 자각이라고 제안하였는데, 다문화 상담이 추구하는 목적과 적합하게 연계될 수 있다.

첫째, 다문화가정의 자녀들이 세대 간의 차이, 문화적인 차이, 경제적인 상황으로서, 유아기 및 청소년기의 중요한 주변인으로부터 사랑과 관심, 존중을 받지 못하면 사회적 갈등의 불씨인 반사회적 행동이나 범죄의 원인이 된다. 이에 효과적인 다문화 상담을 통해 적절한 사회적 관심(social interest)을 주어 이를 예방할 수 있어야 한다.

둘째, 결혼이민자, 외국인근로자, 북한이탈주민, 다문화가정의 아동 등은 문화적·경제적 차이에서 오는 열등감을 느끼는 경우가 많은데, 다문화 상담의 목적은 내담자가 피해의식, 패배감, 열등감을 극복하며, 자신이 가진 자원을 확인하고 자심감을 느끼도록 도와주고 정서적 지지와 존중에 있다.

셋째, 개인의 생활양식을 수정하여 현실에서 벌어지는 일에서 의미를 찾는 핵심 신념은 본인의 생활양식을 결정하며, 개인의 모든 행동을 통합하고 연결한다. 여러 가지 문화적인 배경, 가치관, 인종, 언어, 생활양식의 차이로 인해 열등감을 느끼는 사람은 자아, 타인, 인생에 대한 가치와 시각이 왜곡하며, 개인의 현실에서 벌어지는 일에 대해 긍정적 판단을 하지 못하게 되어 핵심 신념까지 잘못될 가능성이 높다. 인생을 살아가는 대부분의 생활이 왜곡되므로 효과적 다문화 상담으로 개인 생활양식을 수정하는 것이 필요하다.

넷째, 개인의 부적절한 행위는 행위를 유발하는 동기에 문제가 있는데, 개인의 동기 변화를 형성하여 내담자들의 동기와 행동을 포함한 총체적 변화를 시도하여 효율적 행동을 실행하는 데 목적이 있다. 예를 들어, 다문화가정 자녀의 경우 자신의 존재를 인정받기 위해 친구들에게 무엇인가를 선물하는 데 많은 돈을 쓰게 되어 부모와 자녀 사이에 불화를 일으키는 요인이 되는데, 상담을 통해 내담자를 지지하여 타인에 대해 왜곡된 생각을 바로 잡고 동기의 변화를 형성해 가야 한다.

다섯째, 다문화 상담은 여러 가지 문화적인 배경, 가치관, 인종, 언어, 생활양식 등의 차이로 마음의 문을 열지 않는 사람들은 공동체에서 받아들여지지 않는 두려움과 연관되어 불안을 느끼지 않도록 공동체 증진을 통해 공동체에 대한 소속감을 자각하도록 도우는 것이 목적이다. 다문화 상담자는 상담을 통해 사회적 관계를 시도하게 되고, 격려해 주고 지도해 주어 공동체 증진감(feeling of community)을 기르게 하여 가족과 사회 안에서 안정감, 수용, 존중 등을 느낄 수 있게 도와주어야 한다.

여섯째, 다문화 상담은 다문화주의를 존중하고 경쟁적이며 개인 중심주의적인 문화를 경계하고, 사회구성원에 대한 평등의식을 도와주는 데 목적이 있다. 다문화 상담자는 내담자가 평등의식을 갖도록 돕고, 불평등한 상황을 바꾸어 가도록 도와주어 내담자 및 주변인들의 평등의식을 고취하고, 더불어 사회 전체 구성원 전체가 평등의식을 갖도록 노력해야 한다.

다. 다문화 상담의 유형

고영남(2012)은 다문화 상담의 유형을 내담자의 발달연령, 구성인원, 조력 욕구, 문제 내용 등에 따라 〈표 11-1〉과 같이 유형화하였다.

〈표 11-1〉 다문화 상담의 유형

구분	내용
내담자의 발달연령	아동 상담, 청소년 상담, 성인 상담, 노인 상담
내담자의 구성인원	개인 상담, 집단 상담
내담자의 조력 욕구	문제 예방 상담, 발달과 성장 상담, 문제 해결 상담
내담자의 문제 내용	정신 건강 상담, 진로 상담, 성 상담, 성장 상담, 비행 상담, 학습 상담, 가족 상담, 위기 상담, 종교 상담

출처: 고영남(2012). 생활지도와 상담. 서울: 교육과학사.

〈표 11-1〉에서와 같이, 첫째, 상담은 내담자의 발달연령에 따라 아동 상담(3~12세), 청소년 상담(12~18세), 성인 상담(19~60세), 노인 상담(60세 이상) 등으로 구분할 수 있다. 또한 다문화 상담도 동일하게 적용되지만, 문화적인 배경, 가치관, 인종, 언어, 생활양식 등에서 크게 차이를 보이는 성인 상담의 경우에는 내담자의 발달연령, 한국에 온 배경, 문화적 특성, 경제적 수준, 연령에 따른 기대 수준 등을 다양하게 고려하여 상담하여야 한다.

둘째, 다문화 상담에서는 개인의 문화적 배경과 문화적 역량을 고려하여 상담을 진행해야 한다. 학생들을 대상으로 하는 상담을 비롯하여 다문화교육을 위한 다문화 집단상담을 진행할 때도 내담자의 연령, 문제 유형, 문제 심각성 등에 따라 내담자의 인원을 조정하게 되는데, 보통 8~12명이 적당하다.

셋째, 다문화 상담에서는 문제예방 상담이 많은 편이며, 발달과 성장 상담은 내담자의 잠재력을 개발하고 성장을 도모하고자 하는 상담이다. 또한 문화적인 배경, 가치관, 인종, 언어, 생활양식 등의 차이로 잠재력을 개발하지 못하고 있는 내담자의 잠재력을 발견하여 방법을 제시해 주고, 지원 정책을 소개하여 관련 기관과 연계하여 주어야 한다.

넷째, 다문화 상담은 내담자의 문제 내용에 따라 정신 건강 상담, 진로 상담, 성 상담, 성장 상담, 비행 상담, 학습 상담, 가족 상담, 위기 상담, 종교 상담 등으로 구분하는데, 주로 심리 정서적 요소뿐만 아니라 내담자의 생활 전반에 다양한 어려움이 가중되어 있는 내용도 포함하며, 다문화 상담에 있어 다양한 영역의 전반적 상담이 되도록 해야 한다.

라. 다문화 상담의 원리

1) 촉진적 관계 형성의 원리

다문화 상담이란 문화적 배경, 가치관, 생활양식의 차이로 인해 어려움을 겪는 내담자가 전문적 훈련을 받아 문화적 역량과 상담 능력을 갖춘 상담자에게 조언을 구하고 서로 신뢰하는 것이다. 문화적 적응 문제를 포함하여 여러 가지 어려움을 해결하는 상호적 과정은 다음과 같은 원리에 따라 진행된다.

첫째, 진정성을 가지는 개별화의 원리로 문화적 배경, 가치관, 생활양식 등의 개인차를 고려하여 내담자에게 진정성 있는 상담을 전개하며, 상담자는 내담자와 같이 문화적 배경을 가진 집단에 대한 편견을 버리고 내담자의 말을 경청하고 관심을 갖는다. 행동에 주의를 기울여 세심하게 관찰하여 내담자의 감정 변화를 민감하게 포착한다. 또한 상담자와 내담자의 견해 차이가 있을 때는 내담자의 문화적 역량에 맞추어 적절하고 친절하게 상담을 진행한다.

둘째, 문화적 배경, 가치관, 인종, 언어, 종교, 생활양식의 차이로 인해 사회적 거리감을 가지고 있는 사람들을 상담할수록 라포를 많이 형성해야 깊이 있는 상담이 가능하며, 신뢰관계로 발전할 수 있다. 이를 위해 상담자는 내담자가 마음을 열고 상담에 적극적으로 참여할 수 있도록 우호적이고 온화한 분위기를 만들도록 노력하며, 내담자가 기대했던 반응을 보이지 않아도 인내심을 가지고 경청하며, 내담자의 정서변화에 민감하여 적절하게 반응하고 내담자의 반응에 적극적으로 관여한다.

셋째, 무조건적 긍정적 존중을 통한 수용(acceptance)의 원리로서, 이는 내담자에 대한 긍정적 태도나 입장을 의미하며, 아무런 조건 없이 인간이라는 존재 자체의 존엄성을 인정하는 것이다. 무조건적 수용은 따뜻한 마음(온정), 행복해지기를 원하는 마음(보살핌), 나와 똑같은 가치를 가진 사람으로 스스로 결정할 수 있다는 믿음(존중)으로 구성된다. 내담자만이 갖는 독특한 개성과 자질을 이해함에 따라 그를 존중하는 마음이 생기며 상담자는 효과적으로 관심을 기울이는 행동과 능력에 대한 믿음 등을 통해 내담자에 대한 존중을 나타낼 수 있다.

넷째, 자기결정의 원리로서, 다문화 상담의 최종결정권은 내담자가 갖는데 상담할 때 상담자와 내담자의 의견이 다를 수 있고, 상담자가 이를 이해하지 못할 때가 있다. 일방적으로 지시를 내리기보다 내담자가 충분히 생각하고 결정할 수 있도록 조언해 주고 격려해 주며, 기다려 주어야 한다.

다섯째, 비밀보장의 원리로서, 이는 상담자와 내담자가 서로 신뢰하는 마음으로 함께 어려움을 해결하면서 어떤 경우라도 상담을 통해 알게 된 내담자의 비밀을 보장해 주어야 한다. 특히 다문화 상담자는 내담자가 비밀을 터놓을 수 있는 유일한 존재인 경우가 많으며, 문제를 빨리 해결하기 위하여 타인에게 내담자의 비밀을 이야기하는 경우에는 상담자와 내담자의 신뢰 관계가 깨지는 것은 물론, 내담자의 어려움이 더 가중되기도 하므로, 내담자의 비밀을 항상 철저히 보장해 주어야 한다.

2) 다문화 상담에서의 고려할 점

다문화 상담에서 특히 고려해야 할 점은 다음과 같다.

첫째, 다문화 상담은 문화적 이슈와 아동 · 청소년 발달 문제가 공존하는데, 내담자에게 문화적 이슈는 너무나 당연하고 그에 파생된 문제를 정확히 파악하는 것이 중요하다. 내담자가 겪고 있는 어려움, 부모가 겪게 되는 어려움 등이 내담자에게 끼치는 영향, 상담자가 지도하는 과정에서 느끼는 어려움 등을 이해할 필요가 있다. 상담자로서 문화적 이슈와 발달적 이슈를 정확하게 이해하고 구분한 다음 통합적으로 접근해야 한다.

둘째, 다문화 상담에서는 경험의 차이를 어떻게 수용하며 문화적 차이가 가장 빈번하게 나타나는 문제로서, 내담자는 경험의 개방과 심리적 정화에 초점을 두며, 나아가 삶의 일부인 차이와 차별을 수용할 수 있게 도와야 한다. 즉, 자신의 경험에 대한 수용이 있어야 한다.

셋째, 상담의 목표는 문화적 정체성의 형성을 돕는 것으로, 경험적 차이에 대한 수용을 통해 자신이 가진 고유한 특성을 인정하고 문화적 다양성에 대한 긍정적인 이해와 수용을 증진하는 데 있다. 자신에 대한 이해와 수용, 이중문화에 대한 인정과 수용, 부모가 속한 문화에 대한 이해와 수용 등은 자아정체성 형성의 발판이 된다.

2 다문화 상담 역량

가. 다문화 상담 역량의 의미

다문화적 상담 역량(multicultural counseling competence)을 갖춘 상담자가 되기 위해서는 성, 인종, 민족, 성적 경향성, 장애, 사회경제적 지위, 연령, 종교, 가족구조 등 광범위한 문화적 정체성이 내담자와 상담자, 슈퍼바이저에게 미치는 영향에 대해 인식하고, 이에 대한 부정적인 영향력을 감소시키는 노력을 할 수 있어야 한다. 상담자의 역량을 측정하는 데에는 Katz(2012)가 발표한 '다문화상담 역량 및 표준'을 사용하기도 한다. 이는 소수자인 내담자와 함께 상담을 진행할 때 필요한 역량과 표준을 측정하기 위한 일련의 평가도구이다. 하혜숙 등(2011)은 다문화 상담자가 갖추어야 할 다문화 상담 역량으로 문화적 유능성: 인식, 문화적 유능성: 지식, 문화적 유능성: 기술 등이 요구됨을 제안하였다.

1) 문화적 유능성: 인식

다문화 상담자는 자신의 가치 · 고정관념 · 편견 등이 내담자에게 미칠 수 있는 다양한 영향을 인식해야 하고, 문화적인 배경, 가치관, 인종, 언어, 생활양식 등에서 상담자와 내담자 사이에 존재하는 차이를 거부감 없이 받아들일 수 있어야 하며, 차이를 이탈로 보지 않는 마음가짐이 필요하다.

2) 문화적 유능성: 지식

다문화 상담자는 다양한 문화를 가진 내담자들을 효과적으로 상담하기 위해서 다양한 역사적, 사회적, 종교적, 정치적, 경제적인 배경에 대해 지속적으로 관심을 가져야 하며, 여러 가지 배경이 개인, 집단의 행동이 어떻게 영향을 미치는지 파악하고 이에 대해 상담자를 포함한 자국민이 편견과 차별을 가지고 있지 않은지 살펴보아야 한다. 이러한 내담자의 문화 지식을 가지고 있을 때 내담자와 라포 형성에 도움이 되며, 내담자의 문화를 고려하여 질 높은 상담을 진행하는 데 유용하다.

3) 문화적 유능성: 기술

다문화 상담자는 수용능력을 가지고 상담자 자신의 문화적 특징을 유지하며, 내담자의 문화적 정체성을 환영하고 이해하고 배려하여 내담자가 기대한 것과 다른 방식의 행동을 보일지라도 긍정적 태도로 수용하며 장점을 찾아내는 자세가 필요하다. 상담의 전문가로서 다양한 언어적 · 비언어적인 상담기술을 통해 내담자와 메시지를 정확하고 충분하게 주고받을 수 있어야 하며, 가장 적합하고 효과적인 방법으로 상담을 할 수 있어야 한다. 또한 문화적으로 다양한 내담자에 대하여 상담자 자신이 가진 조력 방식과 한계점의 영향을 예상할 수 있어야 한다.

나. 다문화 상담자가 지켜야 할 윤리적 태도

노안영(2005)은 상담자가 지켜야 할 윤리적 책임으로 다음과 같은 사항을 제시하였다. 다문화 상담자 및 전문적인 상담자로서 반드시 이러한 윤리적 책임과 의무를 지켜야 한다.

첫째, 상담자는 상담의 전문성 유지와 한계를 인식하는 것이 필요하며, 전문인으로서 책임감과 뛰어난 상담 기술 및 윤리적 태도를 가지고 내담자를 조력해야 한다. 하지만 상담 전문가로서 범위를 벗어나거나 자식의 역량을 벗어날 경우 자신의 한계를 인식하여 부적절한 조력 활동을 계속하지 말고, 내담자를 적합한 다른 상담자에게 의뢰해 주어야 한다.

둘째, 상담자는 상담전문가로서 내담자에게 상담료를 요구할 자격이 있지만, 내담자에게 불필요한 오해를 사지 않고 내담자도 상담의 과정을 충분히 이해하고 상담에 들어갈 수 있도록 상담 시작 전에 상담목표, 방법, 규칙, 비용, 예상효과, 한계 등에 대한 정보를 충분히 제공하고, 사전 동의를 얻어야 한다.

셋째, 상담을 진행할 때 항상 기억해야 할 윤리적 문제는 내담자의 비밀을 유지해 주어야 한다. 내담자와의 신뢰가 있어야 진실한 상담이 가능하고 비밀을 항상 지켜 주어야 할 책임과 의무가 있으며, 미리 내담자에게 비밀유지의 한계를 이야기해 주고 조심스럽고 지혜롭게 제한적 범위 내에서 내담자의 비밀을 공개해야 한다.

넷째, 상담자는 내담자의 이중관계, 다중관계를 금지해야 한다. 상담자가 내담자에게 두 가지 혹은 그 이상의 역할을 동시에 수행할 때, 이중관계, 다중관계가 발생한다. 그 예로, 감독자와 상담자의 역할, 친구와 상담자의 역할, 친인척과 상담자의 역할, 연인과 상담자의 역할 등으로 상담 진행 시 감정이입, 편견, 선입견으로 상담 결과에 부정적 영향을 끼치므로, 가급적 다른 상담자에게 의뢰하는 것이 효과적이다.

다섯째, 상담자는 항상 상담전문가로서 윤리적 책임감과 의무를 기억해야 하며, 내담자와의 사이에 상담의 범위를 넘어서는 일들이 발생하지 않도록 일정한 제한을 두어 상담을 진행하여야 한다. 예를 들면, 내담자와 금전 거래, 영업 및 동업, 연인 관계 등의 개인적 관계를 갖지 않아야 하며, 내담자의 복지와 이익을 증진시켜 성장과 발달을 도모하고 내담자가 적극적으로 자신의 의사를 표현하며, 상담에 참여할 수 있도록 내담자의 권리와 자유를 보장해 주어야 한다.

3 한국에서의 다문화 상담

가. 한국적 다문화 상담의 필요성

1) 한국사회의 다문화 현상과 문화적인 갈등

행정안전부(2021)에서 발표한 자료에 의하면, 2020년 실태조사 기준으로 국내 외국인 주민 자녀는 266,321명으로서, 2025년에는 어린이 5명 중 1명은 다문화 자녀가 될 것이라 추측해 볼 수 있다. 이들이 약 10~20년 내에 성인이 되어 결혼하게 되면 한국사회가 다문화사회로 빠르게 변화할 것이다.

하지만 한국 사람들은 오랫동안 오천 년 역사를 가진 단일민족이라는 문화적 긍지를 지니고 살아왔기에, 이러한 갑작스러운 다문화사회로의 변화는 문화적인 편견, 선입견, 배타성, 폐쇄성 등을 불러일으켰으며, 다양한 문화적 갈등이 일어나고 있는 실정이다. 이러한 한국의 다문화 상황을 이해하고 문화적 갈등으로 상처받은 사람들의 마음을 치료하고 해결해 나가야 하며, 문화적 감수성과 문화적 역량을 키워 줄 수 있는 한국적 다문화 상담이 필요할 것이다.

2) 다문화가정의 다양한 심리적 문제 경험

결혼이주여성의 경우 언어적 문제, 외국인에 대한 차별, 문화의 차이, 부부폭력과 갈등, 고부간의 갈등 등으로 무기력, 우울, 분노, 불안 등의 심리적 문제를 겪고 있으며, 자녀들이 경험하고 있는 민족적 · 인종적 차별대우와 외국인 배척 현상은 다문화가족 자녀의 심리발달 문제와 문화충동으로 인한 사회적 문제가 발생할 수 있다.

3) 청소년 시기의 정체성 혼란

청소년 시기는 자아정체성이란 과업을 가지고 있어 정체성 위기를 맞는 청소년은 불안감을 느끼며, 약물이나 알코올 남용, 만성적 비행, 병리적 성격장애를 가져올 수 있어 정체성 문제와 이중문화에 따른 정체성 혼란으로 더욱 심각한 문제가 될 수 있다.

이상과 같이, 한국 국민들이 한국 사회의 다문화 현상을 받아들일 자세와 준비가 되어 있지 않은 상태에서 현실적인 필요에 따라 다양한 문화적 요소를 가진 구성원들을 받아들임에 따라 다양한 갈등과 충돌이 일어날 수밖에 없는 실정이다. 이와 같은 한국의 다문화 현상으로 인한 다양한 문제를 해결하고 대처하기 위하여 한국의 상황을 파악하고 한국사회의 다양한 다문화 구성원을 이해하고 공감하여야 하며, 이들의 어려움을 함께 해결해 갈 수 있는 한국적 다문화 상담이 필요할 것이다.

나. 한국적 다문화 상담의 방향

양승민(2008)은 한국적 다문화 과제 아홉 가지를 제안하였으며, 이를 토대로 한국적 다문화 상담의 방향을 제시하면 다음과 같다.

첫째, 다문화 상담자의 태도에 관한 측면으로서, 다문화 상담을 통해 결혼이민여성들이 경험한 한국의 생활과 다른 관계 경험을 할 수 있도록 배려하며, 잘못의 지적, 다그침, 무시하지 않고, 긍정적이며 수용적인 태도로 내담자의 입장과 어려움을 공감하여 삶에 대한 희망을 갖도록 격려하여야 한다.

둘째, 다문화 상담자의 역할에 관한 측면으로서, 다문화 상담을 통해 내담자에 대한 균형 잡힌 이해를 토대로 다문화가정 구성원 각자의 기대와 요구를 정확히 파악하고,

기대와 현실을 합리적인 수준에서 절충할 수 있도록 도와서 결혼이주여성들이 자신의 국가보다 질적으로 더 나은 삶을 기대할 수 있도록 하여야 한다.

셋째, 다문화 상담의 목표와 내용에 대한 측면으로서, 다문화 상담을 통해 불평등하고 제한적인 외부 상황으로 인해 위축된 결혼이 긍정적인 자아개념과 희망적인 삶의 태도를 갖도록 도와야 한다.

넷째, 다문화 상담의 형식에 대한 측면으로서, 다문화 상담 과정에서 다문화가족을 대상으로 한 예방적 교육, 관계증진 프로그램, 부부관계 증진 프로그램, 부부성장 프로그램, 부부를 위한 집단상담, 상담훈련, 집단상담 프로그램 등을 적용하여야 할 것이다.

다섯째, 다문화 상담의 장소에 대한 측면으로서, 찾아가는 가정방문 서비스 등의 다문화 상담을 통해 다문화가족 내의 문제를 발견하고 해결하며, 농촌지역의 불편한 교통이나 영유아 자녀의 동반 등의 어려움을 도와주는 기회를 부여해야 할 것이다.

다. 한국적 다문화 상담의 주요 내용

최충옥 등(2012)은 다문화가정 학생들이 겪는 고충을 이질감, 분노, 부담감, 소외감, 두려움, 열등감 등의 정서적 고충과 언어 문제로 인한 위축, 규칙과 관습 이해의 어려움, 학력 격차로 인한 부적응 등의 학교 적응상의 고충, 행동적인 고충, 정체성 확립에서의 고충 등으로 구분하였다. 이와 관련한 내용을 구체적으로 제시하면 다음과 같다.

1) 정서적 고충: 이질감, 분노, 부담감, 소외감, 두려움, 열등감

이질감이란 자신의 특성이 주변 사람들과 다르다고 지각할 때 느끼는 불편한 감정을 의미한다. 한국의 다문화가정 자녀들은 자국인들에 비해 이질감을 느끼는 요소들이 많으며, 상담을 통해 이질감을 느끼고 받은 스트레스와 상처들을 치료하고 반편견 교육, 인권교육, 다문화 집단상담 등을 통해서 다문화가정 자녀들과 자국인 출신 학생들이 거부감 없이 어울릴 수 있도록 노력해야 할 것이다.

분노란 위협을 당하거나 해를 입는 상황을 지각할 때 나타나는 일반적이고 정상적인 감정으로서, 불안, 초조, 심장박동과 심폐운동의 증가, 심리적·언어적 공격성, 폭력, 부정적 관점 형성 등을 말한다. 분노는 자기 내적일 수도 있고 외적일 수도 있으며 강하거나 약할 수도 있고, 의식적일 수도 무의식적일 수도 있다. 자신의 의지와 상관없이 낯선 한국에 중도 입국한 다문화가정 자녀들도 있으며, 이들 중 부모의 이혼 및 재혼을 경험하기도 하며, 특히 북한 이탈주민 가정의 자녀들은 한국에 들어오기까지 생사를 건 사투를 겪었으며, 가족이나 동료와 헤어지거나 끔찍한 사고를 당하는 것을 목격한 경우도 있다. 이러한 상처로 인해 분노를 느끼는 다문화가정 자녀들을 위로하고 지지하여 치료해 주는 것이 바로 상담이 되어야 할 것이다.

부담감이란 무언가 짐스럽고 마음이 불편한 느낌을 말하며, 다문화가정은 여러 어려움을 겪고 자녀들이 심리적 부담감과 가정 불화 등을 함께 겪는 경우가 많다. 이때 많은 상처와 부담감을 느껴 자존감이 낮아지고 여러 가지 심리적 갈등이 일어나게 되며, 문제행동을 일으키는 요인으로 작용할 수 있으며, 공항 장애로 이어지기도 한다. 다문화 상담을 통해 다문화가정 자녀의 형편을 잘 살피고 적극적 격려와 위로를 통해 부담감을 덜 수 있게 도와주고, 긍정적 정체성을 형성해 가도록 이끌어 준다.

소외감이란 다문화가정 학생들은 학교나 가정에서도 소외감을 느낄 경우가 많은데, 언어의 미숙함, 문화적 차이, 피부색, 생김새, 국적의 다름 등으로 소외를 당할 뿐만 아니라 교사나 친구들이 특별히 소외시키지 않아도 동일 문화를 갖지 못한 자신의 처지를 생각하며, 스스로 소외감을 느끼고, 심지어 가정에서 많은 사랑과 배려를 받아야 함에도 일부 가족 및 친척들에게 소외감을 느끼기도 한다. 다문화 상담을 통해서 이들의 상황을 잘 이해하고 배려와 공감하여 소외감을 극복할 수 있게 도움을 준다.

두려움이란 사람의 무의식에 깊이 내재된 본능적 기제로서, 지나친 두려움은 긴장을 높여 집중력을 떨어뜨리고 과도한 행동을 하게 한다. 다문화가정 자녀들은 자신의 가정환경이 알려질까 봐 걱정하며, 다른 사람이 편견을 가지고 자기를 대할 것이라는 부정적 자의식을 가지고 두려움을 느끼게 된다. 다문화 상담을 통해 두려움이 당연한 무의식 작용이라는 것을 이해하고 반복적 자기 암시를 통해 체계적 둔감화를 도모하며, 적극적인 마음을 가질 수 있게 도와주어야 한다.

열등감이란 자신이 남보다 부족하다는 생각으로 절망적인 느낌이 드는데, 일종의 컴플렉스로 작용하여 평범한 일에도 상처를 받아 자신의 능력조차 발휘하지 못하게 된다. 다문화 상담을 통해 문화적 차이가 부끄러운 일이 아니며, 열등감을 줄 수 있는 환경을 개선해 나가도록 노력해야 한다.

2) 학교 적응상의 고충

첫째, 언어 문제로 인한 위축이다. 다문화가정 자녀의 경우 받아쓰기의 어려움, 문장력의 미숙함, 낮은 수업 이해도, 사회교과와 국어 학습의 어려움, 산만한 수업태도, 학습에서의 무력감 및 자신감 저하, 비전의 부재 등의 문제를 겪는다. 이는 학습부진으로 이어지게 되어 소극적인 행동을 하며, 소외감을 느끼고 학교폭력의 원인 및 중도탈락으로 이어지기도 한다. 다문화 상담을 통해 이를 극복하도록 하며, 한국어 능력이 발달할 수 있도록 기관과 연계해 주는 것도 필요하다.

둘째, 규칙과 관습 이해의 어려움이다. 엄마의 한국어 능력이 부족하여 학교에서 오는 여러 가지 안내장을 이해하지 못하여 자녀 지도가 어려움을 겪게 된다. 이들의 입장에서 학교와 사회의 규칙과 관습을 잘 이해할 수 있도록 도와주어야 하며, 학교와 사회가 다문화가정을 위해 이중언어로 표기해 줄 수 있는 분위기를 갖도록 힘써야 한다.

3) 행동적인 고충

다문화가정의 자녀들이 겪는 정서적인 고충과 학교 적응상의 고충은 위기 행동의 표출이나 일탈행동으로 이어지기도 한다. 특히 청소년 시기의 위기행동 표출이나 일탈행동이 지속되면 도박, 거짓말, 게임 중독, 본드, 조직 폭력 가입 등으로 이어져 정체성 혼란 · 불안과 두려움 · 우울증 · 신경성 질환 · 공격적인 행동 등의 증상을 보이기도 한다. 다문화 상담을 통한 사회적인 보호나 최대한 법적 · 사회적 · 정서적 지원을 받을 수 있도록 도와주어야 한다.

4) 정체성 확립에서의 고충

정체성은 상당 기간 동안 일관되게 유지되는 고유한 실체로서, 자신에 대한 주관적 경험들이 농축된 것이며, 인생을 살아가면서 선택하는 수많은 결정에 중대한 영향을 끼치게 된다. 다문화가정 자녀의 경우 다른 문화적인 배경, 가치관, 인종, 언어, 생활양식 등으로 인해 놀림, 차별, 따돌림을 경험하게 되고, 이로 인해 정체성 혼란이 올 수 있다. 이러한 정체성 혼란은 오랫동안 밖으로 표출되지 않는 경우가 많아 간과하기 쉽지만, 자녀들의 인생에 막대한 영향을 끼친다. 다문화 상담을 함으로써 마음을 여는 대화를 통해 심정을 이해해 주고, 지지하며 격려해 주어 긍정적 정체성을 형성해 가도록 도와야 한다.

라. 한국 다문화가정 자녀 상담의 원리

다양한 어려움을 겪고 있는 한국사회의 다문화가정 자녀들을 상담하는 상담자는 일정한 지향점을 가지고 나아가는 올바른 방향성이 있어야 하며, 최충옥 등(2012)은 다문화가정 자녀 상담의 원리를 부모 세대 문화 고려, 지속적이 언어습득 프로그램 전개, 소외계층의 특성 고려, 돌봄과 훈육 사이의 합리적 판단, 사회적인 지지체계 활용 병행, 강점 개발 중심의 관점 보유로 주장하였다.

1) 결혼이민자 부모의 문화를 고려

다문화가정 자녀의 상담은 결혼이민자 부모의 문화를 함께 고려하여 학생이 보이는 행동이 결혼이민자 부모의 입장에서 어떻게 이해되고 평가되는지 파악해야 한다. 때로는 이상하게 생각되는 행동이 결혼이민자 문화에서 올바른 것으로 이해되는 경우도 있으므로, 상담자가 교정을 요청하면 다문화가정 자녀는 정체성에 혼란을 가져올 수 있다. 상담을 통해 결혼이민자 부모의 문화에서 올바른 것으로 판단되지만, 한국 사회에서 생활하는 데 오해를 불러일으키는 소지가 있으면 어려움을 가중시키므로, 자녀와 부모에게 이 부분을 충분히 설명해 주고 현명한 판단을 내리게 해야 할 것이다.

2) 지속적인 언어습득 프로그램 병행

다문화가정 자녀가 겪는 여러 가지 문제 중 한국어의 미숙함과 연관이 있는데, 의사소통 및 대인관계 어려움, 수업내용을 이해하고 학습 발달을 이루어 가는 데도 어려움을 겪는다. 이러한 경우 부정적 정서를 갖게 되며, 놀림과 소외와 학교폭력의 원인이 되기도 한다. 이에 다문화 상담을 통해 다문화가정 자녀가 겪고 있는 모든 문제 해결뿐만 아니라 언어발달이 지속적으로 이루어지도록 도와야 한다.

3) 저소득층 및 소외계층의 특성을 고려

다문화가정 자녀는 생활을 하면서 겪고 있는 문화적 차이와 여러 가지 어려움 외에도 저소득층 또는 소외계층이 겪어야 하는 어려움을 동시에 겪게 된다. 다문화 상담을 통하여 문화적인 차이에 대한 심리·정서적인 부분의 상담뿐만 아니라 한국 다문화가정이 처한 어려운 경제적 형편에서 오는 특성과 이로 인해 다문화가정 자녀들이 겪어야 하는 이중적 어려움의 특성을 잘 고려하여 상담을 진행하여야 한다.

4) 돌봄과 훈육 사이의 합리적 판단

다문화가정의 자녀를 사회적 편견과 차별로부터 보호하기 위해 관심과 애정을 기울이다 보면, 교사의 관심과 보살핌에 기대어 과제수행을 게을리하거나 수업태만, 학교 및 학급의 규칙 위반 등의 문제가 나타난다. 교사는 잘못된 행동에 대해 시정과 효율적 관리로 위로와 격려, 훈육과 교칙 적용을 상황에 맞게 합리적으로 판단하여 지혜롭게 병행하여야 한다.

5) 사회적인 지지체계 활용 병행

다문화 상담자는 한국 정부와 기관 및 민간단체가 다문화가정 자녀들을 지원하는 다양한 서비스를 파악하여 내담자인 다문화가정 자녀와 부모에게 가장 적합한 지원 서비스를 연계해 주는 역할을 해야 하며, 상담과 지원을 병행함으로 효과적이고 효율적인 상담을 실행해야 할 것이다.

6) 강점 개발 중심의 관점 보유

2006년 4월 한국 정부가 다문화, 다민족 사회로의 전환을 선언하면서 결혼이주여성 및 다문화가정 자녀들을 위한 지원정책을 체계적으로 실행해 왔다. 이에 다문화 상담자도 내담자인 다문화가족 및 다문화가정의 자녀들을 돌봄의 대상으로 여기기보다는 다문화가정의 자녀들이 가지고 있는 다양한 문화적 경험 · 언어 · 개인적 특성과 자질 등의 강점을 개발해 주고, 이들이 한국 사회에서 긍정적인 역할 수행과 보람을 느끼고 살아갈 수 있도록 사회적 욕구 · 존경의 욕구 · 자아실현의 욕구를 충족하며, 행복한 삶을 영위하여 글로벌 시대에 한국의 큰 인적자산이 되도록 이끌어야 할 것이다.

4 다문화 상담의 실제

가. 다문화 상담의 기법

다문화 상담자는 효과적이고 효율적인 상담기법을 갖추어야 한다. 예를 들어, 너무 이른 조언, 명령 · 지시 · 경고 · 위협 · 비난 · 논리적 통제 및 질문, 상담자 과도한 진술, 관심 분산 등은 효율적 상담을 방해하며, 공감적 이해, 존중, 순수성, 질문, 재진술, 구조화, 역할 연습 등은 다문화 상담을 할 때 유용한 상담기법이 될 수 있다.

첫째, 상담기법은 공감적 이해로서, 이는 상담자가 다문화가정 부모와 자녀의 입장이 되어 이들의 세계를 이해하고, 상담자의 일처럼 느끼는 것으로 공감적 자세를 보여주면 대부분의 내담자는 자신의 상담자에게 이해받는다는 느낌을 가지며, 라포 형성으로 신뢰하고 상담에 참여할 수 있게 한다.

둘째, 상담기법은 존중으로서, 다문화 상담에서의 존중은 다양한 문화를 가진 내담자가 기존 문화체계에서 이해되지 않거나 거부당할 행동을 해도 한결같은 믿음으로 상대방의 존재를 믿고 신뢰한다. 내담자가 자신의 행동과 상관없이 존재를 전적으로 믿고 신뢰하며, 상담자가 원하는 것을 선택하고 행동해야 한다는 의무감을 가지고 진심으로 상담에 참여하게 된다.

셋째, 상담기법은 순수성으로서, 다문화 상담에서의 순수성은 상담자가 다양한 문화를 가진 내담자들과 함께 상담을 진행하며, 느끼고 경험하는 감정이나 태도를 내담자에게 있는 그대로 진솔하게 인정하고 개방함으로써 내담자도 상담자에게 순수성을 갖게 된다. 하지만 상담자는 순수성을 유지하며 내담자의 성장을 촉진하기 위해 높은 수준의 자각, 자기수용, 자기 신뢰, 인간에 대한 애정을 갖는 것이 중요하다.

넷째, 상담기법은 질문으로서, 다문화 상담에서의 질문은 상담자가 내담자의 문제, 내담자가 처한 다양한 상황, 내담자의 변화 가능성 등을 탐색하여 내담자에게 있는 여러 가지 문제를 극복하고 문화적 역량을 갖게 함에 있다. 개방적 질문과 폐쇄적 질문에 따라 내담자의 대답과 자기탐색 정도가 달라진다. 상담영역의 확장, 정보의 탐색, 진솔성 및 신뢰관계의 확보 등을 위해서는 개방적 질문이 효과적이며, 내담자의 정보의 확실성을 보장받고 싶거나 내담자의 결단을 촉구해야 할 때에는 폐쇄적인 질문이 필요하다.

다섯째, 상담기법은 재진술으로서, 재진술은 한국어로 원활하게 의사소통을 하지 못하는 내담자와 상담을 할 경우에 재진술을 통해 내담자가 상담자의 말을 정확히 듣고 이해했는지 확인할 수 있다. 상담자가 내담자의 말을 정확히 듣고 이해했는지 확인할 수 있다. 재진술을 할 때에는 핵심적인 내용에 초점을 맞추어 간결하게 표현해야 하며, 상담자의 가치판단을 주입시키기보다는 내담자가 말한 내용을 있는 그대로 표현해 주고, 상담자가 내담자의 말을 정확하게 표현한 것인지에 대해 내담자의 피드백을 구해야 한다.

여섯째, 상담기법은 구조화로서, 구조화는 상담자가 내담자에게 상담과정, 상담방식, 제한조건, 방향, 상담시간과 공간, 내담자의 행동, 상담자의 역할 등에 대해 구체적 정보를 주는 것이다. 내담자가 지키기 어려운 사정이 있으면 상담자의 여건이나 효과적인 상담과정을 지장 없는 범위 내에서 적절하게 조율하여 결정하는 것을 의미한다. 상담 초기에 구조화가 부드럽고 확고하게 이루어지면 내담자는 상담자가 체계적인 계획을 가지고 있다는 것을 알고 신뢰하게 된다.

일곱째, 상담기법은 역할 연습으로서, 역할 연습은 내담자가 겪는 현실적 문제 장면을 상담자와 내담자가 실제에 가깝게 연출하는 모의 행동 과정을 의미한다. 이것을 통해 내담자는 자신의 현실적 상황을 보다 객관적으로 생각하고 느낄 수 있게 되며, 자신의 감정이나 생각을 행동으로 옮길 때 어떤 일이 발생될 것인지 미리 예측할 수 있다.

나. 다문화 상담의 절차

다문화 상담의 절차 및 주요 내용을 제시하면 〈표 11-2〉와 같다.

〈표 11-2〉 다문화 상담의 절차 및 주요 내용

절차	주요 내용
1단계	문화적으로 적절한 상담관계 형성
2단계	상담 문제 확인
3단계	문화적 변인들의 영향 평가
4단계	상담목표의 설정
5단계	문화적으로 적절한 상담 개입의 실시
6단계	의사결정
7단계	실행과 추수지도

출처: 한국교육학술정보원(2019). 다문화 학생 진로 · 진학지도 및 상담의 이해.

〈표 11-2〉에서와 같이, 1단계에서 상담자의 문화적 역량을 높여 간다는 것은 문화적 차이로 인해 갈등이 발생할 때 소수집단의 입장에 서서, 그들의 필요를 충족시킬 수 있는 자원과 문화적 지식을 지속적으로 개발해 나가는 것을 의미한다.

2단계에서 문화적으로 적절한 상담 관계를 형성한다는 것은 내담자가 상담자에게 무엇을 요구하는지를 탐색하여 적절한 라포를 형성하고 상담을 진행한다. 너무 가적인 관계를 맺거나 지나친 친밀 관계를 형성하거나 상담 이후의 관계를 약속하는 것 등은 하지 말아야 할 것이다.

3단계에서 내담자의 세계를 이해하면서 문제를 진단한다는 것은 내담자가 겪고 있는 내용, 강도, 빈도, 문제의 원인과 맥락 등을 개인적 수준에서 진단하며, 가정환경, 병리적 문제, 특별한 문화적 차이 등을 내부자적 관점에서 진단해야 하며, 필요에 따라 표준화된 심리검사를 통해 내담자의 성격 · 방어기제 · 문제행동의 요인 등을 파악해야 할 때도 있다.

4단계에서 필요한 도움을 충분히 받을 수 있도록 지지 체제를 구축한다는 것은 내담자가 직면한 문제에 매몰되지 않고 문제를 해결해 나가며 긍정적인 정체성을 가지고 사회에서 역할을 수행해 갈 수 있도록 도와주는 개인이나 집단을 만들어 준다. 예를 들어, 개인 간의 협력이나 기관들과의 연계를 통해 이루어지는데 교사 및 동료 학생들을 포함한 학내 지지체제, 학부모 지지체제, 지역사회 및 기관과의 지지체제를 구축하여 준다.

5단계에서 심리 상담을 실시한다는 것은 전문적 훈련을 받은 다문화 상담자가 내담자의 마음을 열고 상담을 목적으로 깊은 대화를 나누며, 내담자의 심리 상태를 보다 세밀하게 알 수 있고 내담자에게 가장 알맞은 상담 기법 및 지원체제를 구축할 계획을 세운다. 개인상담 및 상황에 따른 집단상담으로 접근하기도 한다.

6단계에서 의사결정에 함께 참여한다는 것은 심리상담 과정의 의사결정, 지원체제 선택, 심리상담의 지속여부 선택 등의 의사결정을 할 때 다문화가정 학부모 내담자가 참여하는 것이다. 의사결정에 자유롭게 참여할 수 있도록 의사결정 전에 가족의 승인을 얻는 것이 좋으며, 간혹 가족 구성원 중에 일부를 상담과정 및 의사결정 과정에 참여시키는 것도 고려한다.

7단계에서 상담이 끝난 후에도 추수지도(follow up)를 실시한다는 것은 상담이 끝나도 상담자가 내담자의 문제해결과 성장을 위하여 계속해서 노력하며, 다문화가정 학부모나 자녀들의 상담에서 내린 결론을 실행해 가는 과정에서 예상하지 못한 어려움에 직면할 수 있다. 이에 상담자는 계속해서 내담자의 진전을 검토하고 계속된 상담을 해야 할 필요성을 느낄 때, 상담을 다시 진행할 수 있다는 것을 알려 주어야 한다.

다. 다문화 상담의 방법

다문화 상담이론에서는 기존의 상담이론들이 여러 문화권의 다양성을 고려하지 않은 보편적이고 일반적인 적용에 초점을 맞추며, 소수 인종이나 민족을 비판적으로 묘사하는 등의 한계가 있다는 지적을 하고 있다. 따라서 다문화 상담이론에서는 내담자 개인의 삶이 그 사람이 속한 공동체적 문화배경과의 상호작용에서 형성된 것임을 인정하면서, 상담자와 내담자도 어느 한쪽이 우월한 권력을 갖는 것이 아니라 다양성 속에서의 조화를 이룬 조력관계로 상담이 이루어져야 한다고 강조한다.

다문화 상담이론은 사람들이 다양한 사회적 요소와 상호작용을 통해 그들의 세계를 구성한다는 사회적 구성주의에 기초한다. 따라서 바람직한 상담이론은 개인의 문제와 관련된 사회문화적 요인을 다루는 것이 필요할 것이다. 즉, 다문화적 상담에서는 내담자의 인종과 민족, 성, 종교, 주된 문화에서의 역사적 경험, 사회경제적 지위, 정치적 관점, 생활양식, 지리적 조건을 다양한 시각에서 탐색한다. 하지만 이러한 탐색이 객관적인 입장에서 이루어지려면 상담자와 내담자의 문화가 서로 다를 때 나타날 수 있는 편향에 대한 어려움을 효율적으로 해결해야 한다. 상담자와 내담자의 문화 차이가 크거나 상담자가 내담자와의 문화 차이를 고려하지 못하고 상담을 할 때, 실제 상담의 효율성은 떨어지고, 도움이 되기보다는 도리어 피해나 어려움을 가져올 수도 있다. 이에 다문화 상담이론에서는 상담자의 조력자로서의 역할을 강조하고 있다.

다문화 상담은 한 사회 내에서 하위문화집단에 대한 상담적 접근의 전문성을 확장시키는 데 기여할 뿐만 아니라, 나아가 전통 문화적인 특성에 적합한 토착화 상담이론과 방법을 개발하는 데도 도움을 줄 수 있다.

1) 집단상담

집단상담은 상호작용을 목적으로 함께 모인 둘 또는 그 이상의 사람들의 작업으로서 보통 8~16명의 사람들이 참여한다(방기연, 2020). 참여자들이 원을 그리고 앉아 몸을 가리는 테이블이 없는 것이 보통이며, 간혹 의자에 앉기보다 바닥에 둥그렇게 원을 그리고 앉는 경우도 있다. 몸을 가리지 않아 상대방을 쳐다보고 비언어적인 행동을 서로 관찰할 수 있다.

집단의 종류를 구분하는 방법은 크게 일반적 집단과 목적적인 집단으로 나뉘며(김진숙 외, 2019), 일반적 집단은 자기 성장 집단, 참만남 집단 등으로 불리며, 집단 작업을 통해 자기 자신의 이해를 높이고, 심리사회적 성숙을 목표로 한다. 목적적인 집단은 약물남용이나 폭력가해 및 피해에서 벗어나기 위한 발표력 및 사회성 향상 등의 목적으로 집단 작업을 진행하는 것을 의미한다.

집단상담의 장점은 상담자뿐만 아니라 다수의 집단원에게 내담자가 도움을 받을 수 있다는 것이며, 참여한 여러 집단 구성원이 내담자 한 명을 도울 수 있어, 내담자가 다른 사람으로부터 배우고 새로운 행동을 실천하고 지지를 받을 수 있는 환경을 만드는 데 도움이 될 수 있다. 또한 개인상담 안에서도 상담자가 내담자를 도움으로써 내담자의 시각을 변화시키거나 개인관계 기술습득을 도울 수 있다.

집단은 보통 일주일에 1회 혹은 2회 정도 만나고, 1회기는 보통 90~120분 정도 진행한다. 집단 진행이 계획되어 있고 진행에 있어 집단 리더가 보다 적극적으로 개입하는 집단을 구조화된 집단이라 하며, 4주 혹은 8주에 걸쳐 만난다. 그렇지 않은 집단을 비구조화된 집단이라 하며, 비구조화된 집단은 집단 역동에 의해 진행하고 16시간 혹은 30시간 정도를 지속적으로 진행한다.

집단특성이 같은 특성을 많이 공유하면 초기 친밀감을 형성하는 데 도움이 되지만, 같은 특성을 공유하여 서로 자극을 적게 받고 상호작용의 학습의 한계가 있다. 또한 서로 다른 집단 구성원의 특성은 초기 관계 맺기는 어렵지만, 상호작용 속에서 다양한 학습이 일어날 수 있다(정성란 외, 2013).

다문화 상담에서 상담자가 적절히 개입하지 않으면 집단상담 경험 후에 타 문화에 대한 배척적인 태도를 나타낼 수 있다. 예를 들어, 탈북 청소년과 남한 청소년이 함께 또래 상담자 양성 집단에 참가하였다고 가정해 보자. 남한 청소년은 구조화된 집단 프로그램으로 갈등 유형과 갈등 대처 전략을 학습하여 또래 청소년에게 도움을 제공하는 상담자 양성을 목표로 한다(이상희, 2013). 탈북 청소년의 갈등은 생존과 관련되어 갈등 대처 전략도 생존 전략과 동일시되는 경향이 있으며, 탈북 청소년의 경험을 들은 남한 청소년들은 이질감을 느끼거나 위협감을 느낄 수 있다.

상담자가 탈북과정에 대하여 혹은 남한 청소년들의 환경에 대하여 적절히 설명해 주지 않으면 집단은 서로의 다름만을 확인한 채 종결될 수 있기 때문에 상담자의 적절한 개입이 필요하다.

2) 가족상담

두 사람 이상의 가족원을 대상으로 문제를 해결하기 위해 진행하는 집단상담, 한 사람을 상담하여 상담자가 체계이론적 관점을 갖고 접근하는 상담을 가족상담이라고 한다(정문자 외, 2012). 가족상담의 대상은 자녀들의 정서적, 행동적 문제 및 학교 부적응, 우울증, 불안, 감정의 심한 기복, 성적인 문제, 가족원 간의 의사소통 문제, 알코올 및 마약중독, 반복되는 경제적 무절제, 가정 폭력 및 강한 적개심과 화를 처리하지 못하는 경우, 가정생활에 대한 지속적인 불만족, 죽음 · 이혼 · 질병 · 실직 등의 위기, 자녀의 결혼, 부모의 은퇴 등의 가족생활 주기 변화에 있어 적응상의 어려움이 있을 때 결혼이나 가정생활을 좀 더 향상시켜 보고자 할 때 등이다.

가족상담의 개념 중 가장 많이 활용되는 가계도는 가족관계를 묘사하는 도표이다. 여성은 원, 남성은 사각형으로 활용하며, 결혼은 수평선으로 표시하고 결혼선에서 수직선으로 자녀를 나타내어 원과 사각형으로 연결한다. 가계도는 주요한 사건, 가족 구성원의 출생과 상실, 의사소통과 관계유형, 직업 등 가족의 연대기적 청사진을 보여주며, 가족 구성원의 문화적 배경을 확인하고 가족의 갈등이나 의사소통 패턴에 미치는 영향을 확인하는 데 활용할 수 있다.

가족상담은 사람에게 집중하기보다 문제행동과 그 문제 행동을 해결할 수 있는 자원에 집중하게 된다. 개인상담이 어떠한 원인에 의해서 이러한 문제행동을 할까에 초점을 두지만, 가족상담은 왜 그랬을까는 상담자가 가설을 세울 수 있고 가족 구성원들의 의사소통 구조를 바꾸거나 환경을 바꾸는 것, 어떻게 하면 그 문제 증상을 없앨 수 있을까에 초점을 둔다. 즉, 실천적 제안의 직접적인 문제를 해결하는 방법을 활용한다.

가족상담은 모든 가족이 참여해야 한다고 믿는 경우가 많다. 모든 가족이 참여하면 좋지만, 각자 만나는 회기가 있을 수도 있으며, 가족의 일부가 혹은 단 한 명이 참여하여도 개인이 아닌 가족에 초점을 맞추면 가족상담이라 할 수 있다.

3) 부부상담

부부는 남편과 아내를 이르는 말로서, 법률상 혼인 관계에 있는 남녀를 뜻하며, 개인이나 가족으로 존재하지만 고유한 공동체로도 존재한다. 부부관계는 각자 개별적인 정체성과 개성을 가지며, 때로는 부부의 목적을 우선적으로 하며, 개별적 정체성을 뒤로 미루는 능력을 요구한다. 부부상담은 가족상담과 다르게 자녀 문제보다 부부 두 사람의 문제로 상담이 진행되며, 가치관과 욕구의 차이가 드러나면 이를 수용하는 것과 더불어 새로운 해결책을 찾는 작업을 진행할 필요가 있다.

상담자는 내담자의 가치체계를 수용하여 보다 권한을 많이 가지고 있는 남편과 상담자는 어떻게 관계를 맺을 것인가 고려하여 부부가 남녀 역할에 대한 개념이 자신의 것과 다를 때도 수용할 필요가 있다.

가족상담에서 가족생활주기를 고려하듯이, 부부상담에서도 부부의 발달 주기를 고려하여 신혼기, 중년기, 노년기의 부부관계마다 경험하는 갈등과 발달 과제를 잘 수행하고 있는지를 확인하고 정상적인 경험으로 개념화해 줄 필요가 있다.

라. 정체성 형성을 위한 집단상담 프로그램 운영의 실제

정체성 형성을 위한 집단상담 프로그램 운영의 실제에 대한 구체적인 내용을 제시하면 〈표 11-3〉과 같다.

〈표 11-3〉 정체성 형성을 위한 집단상담 프로그램 운영

학습 주제	학습 활동	기대효과
오리엔테이션	• 프로그램 소개(수업내용, 목표 등) • Ground Rule 정하기 • 캐릭터 이름표 만들기를 통한 자기소개	프로그램 구조화, 친밀감 형성
자기 이해하기	• 마을 그리기를 통해 자신의 성격 이해하기 • 마을의 형태와 구조물을 자유롭게 선택하도록 하여, 자신의 취미, 관심사를 자연스럽게 표현하도록 함 (예) 마을에 공항을 그린 친구와 도서관을 그린 친구가 서로를 이해하는 시간을 가질 수 있음	서로의 마음을 비교하면서 같은 점과 다른 점을 찾아보며, 자신을 이해하는 시간을 가짐
타인 이해하기	• 친구 얼굴 그리기 • 원의 형태로 둘러앉아 돌아가면서 친구의 얼굴 한 부분씩을 그려 초상화 완성하기 (예) 한 사람의 얼굴을 6~8명의 친구가 한 부분씩 그려주기를 함	상대방의 얼굴을 살펴보면서 서로 다름을 자연스럽게 느낄 수 있고 친밀감을 높임
긍정적 상호작용	• 석고붕대를 활용한 가면 만들기 • 2인 1조로 상대방 얼굴 석고로 본떠 주기 • 석고붕대를 활용한 가면 꾸미기	접촉을 통해 타인을 배려하고 이해하는 마음을 키움
상호 연결하기	• 사진 콜라주 활동 • 모둠 구성원의 얼굴 부분 사진을 활용해 한 사람의 얼굴 표현하기 • 모둠원의 신체 부위 1개 이상 반드시 포함	우리는 각자이지만 하나로 자연스럽게 이어질 수도 있음을 알게 됨

출처: 한국교육학술정보원(2019). 다문화 학생 진로 · 진학지도 및 상담의 이해.

〈표 11-3〉에서와 같이, 정체성 형성을 위한 집단상담 운영 프로그램 5회기는 오리엔테이션, 자기 이해하기, 타인 이해하기, 긍정적 상호작용, 상호 연결하기이며, 학습주제별 학습활동과 기대효과를 제안하였다. 이러한 다문화 학생 대상 집단상담을 통해 프로그램 구조화, 친밀감 형성, 서로의 마음을 비교하면서 같은 점과 다른 점을 찾아보며 자신을 이해하는 시간 가지기, 상대방의 얼굴을 살펴보면서 서로 다름을 자연스럽게

느끼고 친밀감을 높일 수 있을 것이다. 또한 접촉을 통해 타인을 배려하고 이해하는 마음을 키우며, 우리는 각자이지만 하나로 자연스럽게 이어질 수 있음을 기대할 수 있을 것이다.

Chapter

12

다문화교육 프로그램의 실제

1. 다문화교육 프로그램의 이해
2. 교육부의 다문화교육 프로그램
3. 여성가족부의 다문화교육 프로그램
4. 법무부의 다문화교육 프로그램

Chapter 12

다문화교육 프로그램의 실제

이 장에서는 다문화교육 프로그램의 실제를 탐색하고 학습하는 데 초점을 두며, 주요 내용인 다문화교육 프로그램의 이해, 교육부의 다문화교육 프로그램, 여성가족부의 다문화교육 프로그램, 법무부의 다문화교육 프로그램 등을 살펴보고자 한다.

1 다문화교육 프로그램의 이해

가. 다문화교육 프로그램의 의미

다문화교육 프로그램은 유아기부터 성인에 이르기까지의 전체를 대상으로 민족, 인종, 계층, 성별, 지역 등 다양한 집단의 문화를 이해하는 능력과 가치를 존중하는 태도를 기르는 것이다. 또한 문화적 차이에 의해 발생하는 편견이나 갈등 문제를 적극적으로 대처하는 능력과 문화적 다양성의 존중과 이해를 돕기 위한 다문화 관련 프로그램 및 전시 체험물, 문화행사 프로그램 등 학습 환경을 조성하는 체험형 프로그램 모두를 포괄한다. 교육이 이루어지는 장(場)을 중심으로 교육의 형태를 분류하면 교육은 가정교육, 학교교육, 사회교육으로 구분할 수 있다(권정숙 외, 2008).

다문화 프로그램은 사전에 계획된 다문화 교육의 학습결과를 성취하기 위해 목표, 내용, 방법, 평가, 대상, 활동, 장소, 시기, 매체 등의 모든 교육 요소를 유기적으로 조직화한 시스템이며, 현장에서의 다문화교육을 실현하기 위한 체계적인 계획이다. 교육 프로그램은 교육과정(curriculum)과 유사하다. 하지만 교육과정이 주로 학교교육 체제에서 사용되고 융통성 측면에서 폐쇄적이며 규범적이고 필수적인 반면, 특히 평생교육과 사회교육 분야에서 사용되는 프로그램은 내용과 형식이 유연하고 선택적이며 상황에 따른 맞춤식 교육이 가능하다는 차이점이 있다(박성열, 2005).

현재 우리나라에서 이루어지는 다문화교육은 주로 다문화가정 학생들을 위한 한국어교육 운영, 다문화 가정용 한글 교재 발간 등과 같이 단순히 다문화가정 학생의 적응에만 초점을 둔 소극적인 다문화교육에 머물러 있어 진정한 의미의 다문화교육을 실행하기에는 한계가 있다. 적극적이고 실제적인 다문화교육이 이루어지기 위해서 다문화가정 학생의 적응에만 관심을 둘 것이 아니라, 일반가정 학생들과 다문화가정 학생들의 '관계'로 그 범위를 넓혀야 한다(최성보 외, 2011). 실제 교육현장에서 개별 학교 단위로 실행되고 있는 다문화교육 프로그램들은 주로 다문화가정 자녀들을 대상으로 동화주의의 관점에서 일시적이고 단기적으로 진행되는 경우가 많으며, 프로그램의 목표 및 설계에 대한 체계적인 접근도 부족하다(황규호, 양영자, 2008; 조영달 외, 2010). 이러한 접근방식은 소수집단만을 변화와 적응의 대상으로 간주하고, 소수 문화집단 학생들의 긍정적 자아정체성을 저해할 수 있으며(Banks, 2002), 지속적인 교육 효과를 기대하기 어렵다(Banks, 1991; Gay, 2004)는 점에서 한계를 갖는다. 따라서 다문화교육의 실효성을 높이기 위해서는 모든 학생을 대상으로 다문화적 관점에서 지속적으로 다문화교육이 이루어질 필요가 있다(Savage & Armstrong, 2000; Banks, 2002).

나. 다문화교육의 내용과 프로그램 현황

다문화교육의 목표는 문화의 다양성 수용과 세계 공동체를 위한 역할 수행이다. 이러한 목표를 달성하기 위한 내용으로는 가정 · 사회집단 · 국가 간에 존재하는 다양한 문화의 가치 · 태도 · 행위를 인식하고, 경험을 통하여 공동체 사회의 실현에 기여할 수 있는 것들이 포함된다. 또한 다문화교육은 각 사회집단의 구성원이 고유한 특성을 지니고 있는 동시에 공통점을 가지고 있다는 인식에서 출발한다. 이러한 인식을 기초로 다양한 구성원이 모두 함께 살고 있음을 느끼고 수용해야 한다는 의미에서 문화 · 협력 · 정체성 형성 · 평등 · 다양성 등을 주요 학습내용으로 한다(이해주 외, 2002).

국제결혼과 외국인 노동자의 급증에 따라 정부에서는 결혼이주여성과 혼혈인, 외국인 노동자 등이 직면한 문제를 정책의제로 채택하고, 그에 대한 해결책을 강구하고 있다. 정부 부처를 중심으로 한 관련 내용을 구체적으로 제시하면 다음과 같다(김갑현, 2007).

첫째, 2000년대 이후로 주로 여성 단체 공동협력 사업의 일환으로 이주여성 노동자와 성 산업 유입 이주여성 보호를 위한 민간단체 사업을 지원하는 한편, 성폭력 · 성매매 외국인 여성과 상담원의 의사소통을 위해서 동시통역 서비스를 제공하고, 이들을 위한 별도의 쉼터를 설치한 데에서부터 출발하였다. 이는 2005년에 이르러 인권 피해 여성 보호 이외에 결혼이주여성의 생활 적응 사업에 대한 지원과 결혼이주여성 지원 사업, 결혼이민자 가족을 찾아가는 민들레 교실, 국제결혼 부부교육 프로그램 등의 사업을 추진하면서 인권 피해 여성을 넘어서 가족정책 차원에서 결혼이주여성 정책의 기반을 구축하기 시작하였다.

둘째, 문화관광부에서는 2005년부터 문화소외계층에 결혼이주여성을 포함시켜 사회문화 예술교육, 지방 문화원 문화체험 프로그램 등을 통해 한국어교육과 문화예술체험 사업을 벌이고 있다. 결혼이주여성을 대상으로 한 구체적인 프로그램은 한글(또는 한국어) 교육, 우리 전통문화와 예절 체험, 문화유적 답사 등이 주를 이루었으며 예술치료와 자국어 연극 등이 일부 포함되었다.

셋째, 교육부에서는 국제결혼 가족과 외국인 노동자 등 다문화가정 자녀의 교육권 확보와 교육적 성취, 학교생활 적응을 정책의제로 삼아 내용 개선과 이들에게 특화된 지원체계 마련 등에 관심을 두면서 다문화가정에 대한 지역단위의 종합 지원 프로그램인 결혼이주여성과 그 자녀를 대상으로 하는 사업으로 다문화교육에 초점을 둔 연구학교 및 중점학교를 운영하고 있다. 또한 미취학 아동의 경우에는 어머니 교육과 연계하여 시행하는 한편, 결혼이주여성을 대상으로 한국어교육, 가족생활과 일상생활 적응을 위한 교육, 역사 · 문화 체험 등을 기본으로 하는 직업 능력 개발 프로그램과 연계하고 있다.

넷째, 각 지방단체에서는 외국인 주부들의 인권과 가정에 관심을 갖고 그들을 돕기 위해 한글학교, 부부 캠프, 요리 강습 등을 실시하고 있다.

다섯째, 결혼이민자가족지원센터는 중앙부처와 지방자치단체 이외에 결혼이주여성을 대상으로 한 사업을 시행하기 위해 설립된 기관으로 2006년 6월 말 개소하였다. 결혼이주여성의 안정적 정착과 한국 문화 적응, 가족생활 적응과 가족관계의 증진 등을 목표로 하여, 기초지방자치단체와 여성회관, 건강가정 지원센터, 종합사회복지관, 지방 문화원, 이주여성과 외국인 노동자 관련 활동을 추진해온 NGO 등의 다양한 기관에서 그 기능을 담당하고 있다.

여섯째, 시민단체, 종교단체 및 평생학습도시에서의 평생교육기관 등에서는 외국인 노동자나 외국인 주부들을 대상으로 한글교육, 시민교육, 인권 관련 교육을 실시하고 있다.

다. 다문화교육 프로그램의 문제점과 과제

2006년 정부에서 발표한 여성결혼이민자 가족과 혼혈인·이주자 사회통합 지원방안은 인권 침해적인 결혼 과정과 국적 문제, 결혼 후 가족갈등 문제(빈곤, 언어소통, 자녀양육, 가정폭력 등), 체류 자격, 복지 수혜 자격 문제 등에 대한 종합적인 대책을 마련하는 데 중점을 두었으며, 이들에 대한 적응교육 대책은 아직 미비하다고 볼 수 있다. 지방자치단체나 민간단체가 실시하는 일부 프로그램들은 외국인 주부들이 우리나라 말과 글을 익히고 문화적 차이를 극복하는 데 다소나마 도움이 되고 있지만, 몇 가지 문제점 및 한계점을 가지고 있다(김갑현, 2007).

첫째, 지방자치단체와 여성 복지를 담당하는 실무자의 외국인 주부에 대한 관심과 문제의식에 따라 프로그램의 유무나 그 내용에 많은 차이가 있다.

둘째, 외국인 주부가 우리나라에 잘 적응하고 안정적으로 가정을 꾸리기까지 이들을 도와주는 공식적인 기관이 거의 없는 현실에서 실시되고 있는 현 사회복지서비스 프로그램들은 내용적으로 많은 한계를 가지고 있다.

셋째, 외국인 주부를 위한 프로그램이 지역에 따라 전무하거나 미약한 실정이며, 프로그램에 참여하는 대상 또한 매우 한정적이기 때문에 참여율, 참여 대상에 관한 문제가 발생하고 있다.

이러한 문제점 및 한계점을 극복하기 위한 당면 과제를 제시하면 다음과 같다.

첫째, 다문화교육에 참여하는 성인학습자의 해당 국가에 대한 충분한 이해와 공감이 선행되어야 하며, 이를 반영한 교육 프로그램이 체계적으로 개발되고 제공되어야 한다.

둘째, 다문화교육은 문화적 충격을 최소화하기 위해 기본적인 언어 교육뿐만 아니라, 다양한 그들의 문화를 이해하고 수용하는 마음이 선행되어야 한다.

셋째, 다문화교육 프로그램은 기본적인 언어 교육과 문화체험 교육을 넘어서 요구분석을 통해 그들이 진정으로 원하는 맞춤형 교육이 가능하도록 행 · 재정적 지원이 요구된다.

넷째, 삶에 필요한 기술은 가르치는 기초적인 문해교육에서 삶에 필요한 다양한 기능까지 포함하는 기능적 문해교육까지 그 범위를 세분화하고 전문화할 필요가 있다.

다섯째, 문화와 삶의 양식이 다른 배경을 가지고 있는 다문화 인구에 대한 교육적 요구분석뿐만 아니라, 이들에 대한 교육적 상담과 컨설팅이 매우 중요하다.

여섯째, 현재 다문화교육 프로그램의 대부분에 한국인 강사를 활용하고 있다. 하지만 향후 외국인으로서 한국 문화에 적응한 다문화 배경을 가진 자국 강사도 발굴하고 육성할 필요가 있다.

일곱째, 다문화교육 프로그램 요구조사, 기획, 운영, 평가 등에 이르는 전반적인 내용을 전담할 수 있는 프로그램 전문가가 필요하다.

여덟째, 다문화교육을 전담하고 지원하는 다문화교육지원센터 및 추진체제를 구축하여 다문화가족의 어려움을 해결하는데 초점을 두어야 할 것이다.

아홉째, 단순한 언어 교육을 넘어서 국제적 수준의 고품격 다원적 시민성을 배양할 수 있는 프로그램을 개발하고 제공하여야 할 것이다.

2 교육부의 다문화교육 프로그램

세계화에 따라 국가 간 인구 이동이 활발해지면서 우리나라는 다문화사회로 접어들었다. 지난 2006년 다문화가정 자녀 교육지원 대책이 수립된 이후 「초 · 중등교육법」 개정, 「다문화가족지원법」 신설, 다문화 특성화학교 및 대안학교 설립, 다문화 학생 특별학급 및 무학년제 한국어 교실 운영 등 다문화 학생의 교육권을 보장하고 다문화교육 지원을 위한 다양한 정책이 추진되어 왔다(교육부, 2021). 하지만 이러한 제도적 기반 마련에도 불구하고 여전히 다문화 학생의 교육격차가 사회적 이슈로 대두되고 있다. 교육통계에 의하여 최근 10년간 다문화 학생 현황을 살펴보면 다문화 학생 수는 2012년 46,954명에서 2021년 160,056명으로 매년 1만 명을 초과하는 추세이며, 전체 학생수가 감소함에 따라 전체 학생 중 다문화 학생이 차지하는 비율 또한 2012년 0.7%에서, 2017년 1.9%, 2021년 3.0%로 지속적으로 증가하고 있다. 따라서 다문화사회에서 가장 필요한 것은 다문화 학생이 개인적 배경의 차이로 인해 차별받지 않고 동등하게 교육 기회를 제공받을 수 있도록 돕는 교육이다. 이에 교육부에서는 2021년 2월 교육에서의 평등을 실현하기 위하여 2021년 다문화교육 지원계획을 발표하였다(교육부, 2021).

2021년 다문화교육 지원계획에서는 정책 개편과 신설 제도의 도입을 통해 다문화 학생의 교육관과 행복권을 보장하는 교육부 지원사업을 제안하고 있다. 이 사업은 2006년에 처음 수립된 「다문화가정 자녀 교육지원 대책」으로부터 시작하여 학생, 교원, 학부모, 지역사회 등 학교와 연계된 모든 구성원이 다문화교육에 참여할 수 있도록 돕는 다문화교육 지원 계획으로 확정되었다. 이 사업의 궁극적인 목표는, 첫째, 학생별 맞춤형 교육 수요의 충족과 사각지대 지원을 통한 다문화 학생교육 기회 보장 및 교육자 격차 해소, 둘째, 다양한 배경과 문화를 가진 학생들이 함께 살아가는 교육 환경 조성이다. 구체적인 다문화가정 학생과 다문화가정 학부모의 지원 사업을 제시하면 다음과 같다.

가. 다문화가정 학생 대상 교육프로그램

1) 학교교육 준비 지원: 확대된 징검다리과정

초등학교 입학, 편입학 예정인 다문화 학생들을 대상으로, 학교생활 조기 적응 지원 프로그램은 다음과 같다. 먼저 초등학교의 경우, 생활영역과 학습 영역으로 교육내용이 구성되며, 대상에 따라 국내 출생 학생용과 중도입국 · 외국인 학생용 두 종류로 나뉜다. 반면 중학교의 경우, 생활영역과 또래 문화기반 의사소통 영역과 체험활동 기반 학교생활 영역으로 프로그램이 구성되며, 학생들은 이 과정을 통해 자기표현 능력 개발과 흥미, 적성, 진로, 진학에 관한 다양한 정보를 얻을 수 있다.

특히 신체적, 정서적, 환경적 변화를 겪고 있는 다문화 학생 대상으로 징검다리과정을 시범운영하였으며, 교육부 다문화교육 지원계획의 시범 결과와 프로그램 구성을 제시하면 〈표 12-1〉, 〈표 12-2〉, 〈표 12-3〉, 〈표 12-4〉와 같다.

〈표 12-1〉 2019년 초등학교 징검다리과정 시범적용 결과

◈ **시범적용 시기/대상**: 2019. 1.~2./27개교의 238명

◈ **운영 성과**

- [높은 만족도] 학부모 4.89점, 학생 4.83점, 교사 4.63점(5점 만점)
- [학생] 입학 후 학교에 아는 사람이 있다는 편안함을 느끼고, 운영 교사와 이중언어 강사를 통해 학교생활의 어려움을 빠르게 해소하는 데 도움을 받고 있음
- [교사] 학생들에 대한 사전 파악으로 맞춤형 교육을 위해 미리 계획할 수 있음

〈표 12-2〉 2020년 중학교 징검다리과정 프로그램 구성

구분	또래문화 기반 의사소통 영역	체험 · 활동 기반 학교생활 영역
활동 목적	• 나와 타인 이해, 친구 관계 형성 및 유지 능력 향상, 표현 능력 개발	• 흥미 및 적성, 진로 및 진학, 중학교 수업 및 생활 이해
활동 내용	• 짝 대화, 모둠 대화 등 • 발표 · 역할극 등 수행평가 활동, 공감 감성 듣기, 나 전달법 등	• 학교시설 탐방, 교육활동 사전 체험 • 선택수업 신청 등 자유학기 관련 활동, 창의적 체험활동 관련활동 등

출처: 교육부(2020a). 2020년 다문화교육 지원계획.

징검다리과정은 2019년에 초등학교 27개교 238명을 대상으로 시범 적용되었으며, 2021년에는 초등학교 정식 운영, 중학교 시범 적용으로 확대되었다. 또한 2학기에 편입학하는 다문화 학생을 고려하여 기존 1, 2월에만 실시되었던 징검다리과정의 운영 시기가 입학 전(1~-2월), 2학기(7~8)로 확대되었다. 학제 차이로 2학기 편입학생이 많아 1~2월로만 운영 시기를 한정할 경우, 현장수요를 충분히 반영하기에 어려움이 있다(징검다리과정 개발 현장간담회, 2019. 9. 20.).

2) 언어 및 학습지원: 맞춤형 한국어교육 제공/기초학력 지원

〈표 12-3〉 언어 및 학습지원: 맞춤형 한국어교육 제공 / 기초학력 지원

한국어 학급	• 학교 내에 설치된 특별학급으로, 입국 초기 학생, 중도입국 학생, 외국인 학생(유아) 등을 대상으로 한국어 집중교육과 한국 문화 적응 프로그램 실시 • 다문화 학생이 다수 재학하는 학교에 우선 지정 • 별도의 선정 기준에 따라 특정 학교에 배정 • '찾아가는 한국어교육'을 통해 학생들에게 교육 제공 • 한국어 학급 또는 지역 다문화교육지원센터 이용

대학생 멘토링	• 다문화 학생에게 학습 · 숙제지도 · 고민 상담 등 체계적, 개별적 학습 지원 제공 • 1:1 학생 멘토의 사전교육을 필수로 이수하도록 함 * 입국 초기 중도입국 · 외국인 학생 대상의 모국어 멘토링을 위해 외국어 능력을 갖춘 대학생을 멘토로 선발 • 2020년 멘티 소속기관이 국 · 공립 유치원으로 확대되어 6~7세 아동도 멘토링 가능
교과 보조교재 개발과 보급	• 중학교 수학, 과학 교과의 주요 개념과 어휘를 알기 쉽게 설명한 교재 개발 • QR 코드, 교육 영상 콘텐츠 연결 등 다양한 서비스를 제공함으로써 학습효과 제고

출처: 교육부(2020a). 2020 다문화교육 지원계획.

3) 진로교육 및 정서 지원

〈표 12-4〉 진로교육 및 정서 지원

이중언어 강점개발 지원	• 다문화 학생의 이중언어 학습 장려를 위해 전자책 형태의 이중언어 교재 개발 후 웹, 애플리케이션을 통해 제공 • 음원 실행 · 상호작용적 활동 · 학습이력 관리 등의 기능을 통해 다문화 학생의 이중언어학습 효과 제고
진로교육 프로그램 운영	• 이주배경 청소년의 특성과 발달단계를 고려한 통합 진로교육 프로그램 개발 • 통합 프로그램에 참여하기 어려운 중도입국 초등학생을 대상으로 진로 교육 심화 프로그램 추가 개발 예정
진로멘토링	• 한국에서 활동하는 귀화 한국인 중 전문가 등 우수 인재를 멘토로 선정 후, 원격 영상 진로 멘토링 사업과 연계하여 운영 • 멘토링 신청 학교에 진로수업 개방과 다문화 학생뿐만 아니라 모든 학생이 함께 참여할 수 있도록 대상 확대
정서 검사 및 지원	• 학생 정서 · 행동 특성 검사 시, 한국어 검사지 외 다국어 검사를 개발하여 다문화 학생들의 정서 접근성을 제고 • 지역사회 내 다문화아동 · 청소년지원 기관과 연계하여 학교 내 정서 지원이 필요한 학생들에 대한 전문 지원 강화

출처: 교육부(2020a). 2020 다문화교육 지원계획.

나. 다문화가정 학부모 대상 교육 프로그램

1) 학부모의 참여 기회 확대: 다문화 관련 교육 프로그램과 활동 참여

다문화교육 정책학교를 중심으로 학부모가 참여하는 다문화교육 프로그램이 운영되고 있다. 또한 이주여성이 찾아가는 다문화교실 프로그램, 학부모 대상 다문화교육, 다문화가정 학부모와 비다문화가정 학부모가 함께하는 간식 만들기 프로그램 등의 체험활동 중심 학부모 교육이 이루어지고 있다.

2) 학부모를 위한 정보제공: 안내 책자 제공

다문화 학부모의 자녀 진로지도를 위한 학급별 진로 관련 내용을 담은 안내 책자 '드림 레터'를 연 4회 보급하고 있다. 또한 드림 레터의 기획 및 모니터링 단계에서 다문화 학부모를 참여시켜 다문화 학생 진로교육 관련 관심 및 요구 사항을 적극적으로 반영하고 있다. 다문화 학생 및 학부모 방문이 잦은 기관(다문화가족지원센터, 한국건강가정진흥원, 무지개청소년센터, 다누리 콜센터 등)에 공교육 진입 안내자료를 배포하고 있다. 초등학교 입학 예정 대상인 만 6세 자녀 학부모에게는 12월 및 2월 적기 입학을 위한 추가적인 안내를 하고 있다.

교육에서의 평등을 실현하기 위해서는 모두에게 교육받을 수 있는 동등한 자격을 부여하고, 기회를 제공하며, 누구나 원하는 결과를 얻을 수 있도록 격차를 해소해야 할 것이다(교육부, 2021). 제3차 다문화가족정책 기본계획(2018-2022년)에 의한 2021년 다문화교육 지원계획의 다문화 과제 현황은 〈표 12-5〉와 같다.

〈표 12-5〉 교육부의 다문화 과제 현황

세부과제명	소요예산(백만 원)		과제 수(개)	
	'20년	'21년	'20년	'21년
1. 다문화가족 장기정착 지원	–	–	–	–
2. 결혼이민자 사회 · 경제적 참여 확대	6	4	1	1
3. 다문화가족 자녀의 안정적 성장지원과 역량 강화	14,650	14,502	9	9
4. 상호 존중에 기반한 사회적 다문화 수용성 제고	500	400	2	2
5. 협력적 다문화가족 정책 운영을 위한 추진체계 강화	2,879	2,753	1	1
계	18,035	17,659	13	13
(대책과제: 귀한여성 및 한국 국적 자녀 지원) 세부과제명				
1. 귀환여성 및 한국 국적 자녀 현지 지원	3,987	17,147	3	3
계	3,987	17,147	3	3

다. 교육부 주요 사업내용

다문화가정 학부모 및 학생을 위한 교육부 주요 사업내용은 다음과 같다.

첫째, 결혼이민자 사회 · 경제적 참여 확대이며, 그 방안으로 학점은행제 및 독학학위제 홍보자료 각 10부 배포(총 4,560부), 홈페이지 및 관련 홍보자료(PDF) 링크, 228개 다문화가족지원센터에 2021년 학점은행제 길잡이, 2021년 독학위제 학위취득 시험 요강 및 리플릿을 배포하였다.

둘째, 다문화가족 자녀의 안정적 성장과 역량 강화로서, 청소년기 다문화 학생 특성을 고려한 상담이 제공될 수 있도록 진로 · 전문상담교사 대상 맞춤형 원격 연수 지원, 제9회 전국 이중언어 말하기 대회(11) 개최를 통해 이중언어 학습동기 고취 및 재능개발 지원, 다문화 학생의 학교 조기적응과 기초학습을 지원하기 위한 다문화 학생 대학생 맨토링(4,000여 명) 사업 내실화, 원격영상 진로멘토링(80회)으로 다문화 학생 강점을 살린 진로탐색을 지원하며, 온라인 전문상담 및 다국어 진로소식지(4개 언어) 제공, 법무부 정보연계를 통한 중도입국자녀 공교육 진입 지원 강화 등이다.

셋째, 상호 존중에 기반한 사회적 다문화 수용성 제고로서, 학교 현장의 다문화교육을 활성화하기 위하여 다문화교육 정책학교(유 · 초 · 중등) 운영 지원, 다문화교육 선도인력으로 '다문화교육 중앙지원단' 구성 및 활용 등이다.

넷째, 협력적 다문화가족 정책 운영을 위한 추진체계 강화로서, 컨설팅 및 권역별 협의회를 통한 지역 다문화교육지원센터 운영 · 지원 및 센터 운영 자율성 확대를 통해 지역 여건에 맞는 다문화교육 추진 지원 등이다.

이상과 같이, 교육부에서는 국제결혼 가족과 외국인 노동자 등 다문화가정 자녀의 교육권 확보와 교육적 성취 및 학교생활 적응을 정책의제로 삼아 내용 개선과 특화된 지원체계 마련하고 있으며, 다문화가족 전반의 사회통합에도 노력을 기울이고 있다.

라. 유·초등학생 다문화 프로그램의 실제

1) 유아 전통놀이 프로그램

놀이중심 유아 다문화 프로그램에서는 전통 문화에 관심을 가지고 친숙해지도록 도우며, 우리 민족문화에 대한 자긍심을 형성하도록 한다. 또한 집단놀이 경험을 통해 집단 구성원으로서의 정체감을 획득하며, 친구들과 협동하고 자신의 감정을 조절하고 규칙을 지키는 등 사회성과 공동체 의식을 갖도록 하는 데 목적을 지닌다(김혜숙, 2020). 구체적인 유아 전통놀이 프로그램은 〈표 12-6〉, 〈표 12-7〉과 같다.

〈표 12-6〉 1차시-한국의 전통놀이 제기차기

<table>
<tr><th colspan="3">1차시-한국의 전통놀이 제기차기</th></tr>
<tr><td>활동 주제</td><td colspan="2">• 전통놀이의 실제-한국의 제기차기</td></tr>
<tr><td>활동 목표</td><td colspan="2">• 나라마다 전해져 오는 전통놀이가 있음을 안다.
• 한국의 전통놀이 중 제기차기 방법에 대해 알고 놀이한다.</td></tr>
<tr><td>지도 요소</td><td colspan="2">• 문화, 정체성</td></tr>
<tr><td>활동 과정</td><td>활동 내용</td><td>활동자료</td></tr>
<tr><td>도입
전개
정리</td><td>• 우리나라의 전통놀이에 대해 이야기 나눈다.
–'제기차기'에 대해 이야기 나누기
–'제기차기' 방법에 대해 알아보기

• 활동의 유의점
–스스로 제기차기를 어려워하는 경우 제기에 끈을 연결하여 끈을 잡고 활동하도록 한다.

• 확장 활동
–동전과 비닐을 활용하여 직접 제기를 만들어 본다.
–우리나라 제기차기와 비슷한 다른 나라의 전통놀이를 알아보고 활동한다.

• 활동 방법
–친구들과 함께 제기를 차 본다.
–여러 가지 방법으로 제기를 차 본다.</td><td>그림 자료, 제기, 줄</td></tr>
</table>

〈표 12-7〉 2차시-러시아의 전통놀이 쿠차말라

<table>
<tr><th colspan="3">2차시-러시아의 전통놀이 쿠차말라</th></tr>
<tr><td>활동 주제</td><td colspan="2">• 전통놀이의 실제-러시아의 쿠차말라</td></tr>
<tr><td>활동 목표</td><td colspan="2">• 러시아의 다양한 전통놀이에 대해 안다.
• 러시아 전통놀이 중 쿠차말라 방법에 대해 알고 안전하게 놀이한다.</td></tr>
<tr><td>지도 요소</td><td colspan="2">• 다양성, 문화</td></tr>
<tr><td>활동 과정</td><td>활동 내용</td><td>활동자료</td></tr>
<tr><td>도입
전개
정리</td><td>• 러시아에 대해 이야기 나눈다.
– 러시아의 전통놀이에는 무엇이 있을까요?
– 쿠차말라 놀이 방법과 규칙에 대해서 이야기 나누기

• 활동의 유의점
– 안전하게 활동할 수 있도록 소수의 인원으로 놀이할 수 있도록 한다.
– 역할을 서로 바꿔 가며 놀이할 수 있도록 유도한다.

• 확장 활동
– 러시아의 다양한 전통놀이를 해본다.
– 러시아의 전통인형 마트료시카를 만들어 본다.

• 활동 방법
– 친구와 함께 쿠차말라 놀이를 한 후 느낀 점에 대해서 이야기 나눈다.</td><td>세계지도,
러시아
전래놀이
그림 카드</td></tr>
</table>

이와 같이, 전통놀이를 통해서 전신을 움직이며 즐겁게 놀이함으로써 기초체력을 기르고 대·소근육 운동능력, 눈과 손의 협응력, 균형 감각, 리듬감 등의 운동능력과 신체적 건강이 증진될 수 있다. 이 외에도 수, 공간, 시간, 거리, 높이, 분류, 서열화 개념 등과 관련된 다양한 경험을 제공할 수 있어 인지적 개념형성과 발달 촉진에도 도움이 될 수 있다.

2) 초등학교 프로그램 특징

현재 우리나라에서 초등학교에 재학하고 있는 다문화아동 수는 점차 증가하고 있는 추세이다. 이처럼 다문화아동이 점차 증가하고 있는 상황에서 학교 내의 구성원들이 서로 존중하며, 더불어 살아갈 수 있는 능력을 조기에 함양하기 위한 다문화교육 프로그램 적용은 매우 큰 의의가 있다고 볼 수 있다(이형하 외, 2015).

가) 초등 다문화교육 프로그램의 내용

초등교육과정에서의 다문화교육 프로그램은 교과와 창의적 체험활동 시간 등을 활용하여 효과적으로 운영될 수 있으며, 지역사회의 여건을 활용하여 교과 간 통합 등을 통해 아동이 서로의 차이를 인식함과 동시에 다양한 모습과 특성을 지닌 자신들에게 가치를 부여할 수 있도록 학교의 교육 중심으로 지도되어야 한다. 초등 다문화교육 프로그램에서 지도되어야 할 다문화교육의 내용을 다문화 관련 지식, 기능, 가치 · 태도 면으로 구분하여 제시하면 다음과 같다.

첫째, 다문화 관련 지식 영역에서는 나라별 문화 차이 등을 알게 지도할 수 있다. 구체적인 초등 다문화교육 프로그램을 제시하면 〈표 12-8〉과 같다.

〈표 12-8〉 초등 다문화교육 프로그램의 내용–지식

범주	하위요소	내용
문화 일반 이해	문화의 의미	공통적인 생활양식으로서의 문화
	문화의 특징	문화가 가지고 있는 보편성과 다양성
다문화현상 이해	세계화	세계화가 다문화현상에 끼친 영향
	세계의 다양한 문화	세계 여러 문화의 공통점과 차이점
	세계 공동체	협력과 공존이 요청되는 상호의존적인 세계

범주	하위요소	내용
한국의 상황 이해	한국 문화	고유한 한국 문화의 구성요소와 그 특징
	한국 사회의 변화	다문화적인 특징이 나타나고 있는 한국 사회

둘째, 다문화 관련 기능 영역에서는 언어 및 생활양식 등의 차이에서 오는 문제와 해결 방법 등을 스스로 찾아보게 하여 문화적 갈등과 충돌 문제에 대해 지혜롭게 대응할 수 있는 능력을 길러 주어야 할 것이다. 구체적인 초등 다문화교육 프로그램을 제시하면 〈표 12-9〉와 같다.

〈표 12-9〉 초등 다문화교육 프로그램의 내용–기능

범주	하위요소	해설
의사소통 능력	한국 말과 글	한국어 습득 및 표현 능력
	의사소통	언어와 상징을 통한 의사소통 능력
다문화현상 분석 능력	조사	다문화현상 이해를 위한 적절한 자료 수집
	해석	다양한 관점에서 다문화현상 분석 및 해석
	민주적 절차 준수	대화, 타협, 다수결의 원리 등 준수
대인 및 집단 기능	의사결정	개인 의사결정 및 집단 의사결정
	갈등 해결	문화적 갈등의 합리적, 평화적 해결

셋째, 다문화 관련 가치 · 태도 영역에서는 서로 다른 문화, 언어, 생활 습관 등에서 오는 차이를 알고 상대를 존중하여 적극적인 태도를 길러 줄 수 있다. 구체적인 초등 다문화교육 프로그램을 제시하면 〈표 12-10〉과 같다.

〈표 12-10〉 초등 다문화교육 프로그램의 내용—가치 · 태도

범주	하위요소	해설
정체성 확립 및 상호존중	자아정체성	자신에 대한 긍정적, 다중적 자아상 확립 및 타인의 정체성 존중
	자문화 의식	자국 문화에 대한 자부심 확립
다문화현상 이해	이질적 외모	이질적 외모에 대한 거부감 및 편견 해소
	타 문화	타 문화에 대한 편견 해소 및 포용
	사회적 소수자	계층, 성, 장애 등으로 인한 사회적 소수자 포용

나) 교수 · 학습 방법

초등 다문화교육 프로그램은 국어, 도덕, 사회 등과 같은 교과 교육에서는 물론 창의적 체험활동 등의 시간을 활용한다. 하지만 학교의 특색과 지도의 대상별 특성 및 요구, 필요 등에 따라 가장 효율적인 지도 시간 및 방법을 설정하여 지도하여야 한다.

초등교육과정에서 학교 교육과정과 연계하여 다문화교육 프로그램을 구성 · 운영한 사례를 제시하면 〈표 12-11〉과 같다.

〈표 12-11〉 초등교육과정에서의 다문화교육 프로그램 구성 사례(대전 홍룡초등학교)

○ 다문화교육 프로그램의 과제 설정

함께 소통하고 공감하는 '다문화 숲'		
나무야 안녕?	쑥쑥 자라서	우리 숲이 되자!
• 나무야 마음 활짝	• 다양한 나무가 모여	• 예쁜 꽃과 열매
• 한국어 양분으로 튼튼	• 함께 크자	• 모두 함께, 숲
학교생활 적응에 필수적인 도움	함께 '다름'을 배우고 이해	소통과 공감으로 나아가기
1-1. 나무야 마음 활짝 ▸ 다문화 특별학급의 학교생활 적응 프로그램	**2-1. 다양한 나무들이 모여** ▸ 전체 학생의 다문화 이해 및 인식개선 프로그램	**3-1. 예쁜 꽃과 열매** ▸ 교류하고 소통할 수 있는 어울림 프로그램
1) 마음 열기 2) 학습보충 3) 한국 생활문화 이해	1) 교실 다문화 이해교육 2) 온오프 미디어 다문화	1) 재능 나눔 2) 마음 나눔
1-2. 한국어 양분으로 튼튼 ▸ 다문화 특별학급의 한국어 교육 시스템 구축기	**2-2. 함께 크자** ▸ 다양성 및 다름을 재미있게 접근	**3-2. 모두 함께, 숲** ▸ 학부모, 지역사회가 함께 소통
1) 교실 시스템 2) 한국어 공부하기	1) 놀이와 노래로 다문화 2) 작품에 담는 다문화	1) 부모님, 친구와 함께 2) 학부모 프로그램 3) 학교 · 지역사회 함께

○ 다문화교육 프로그램의 연간 지도 계획(5학년)

교과	단원	학습주제	편견영역
도덕	1-5. 우리는 하나	• 북한 동포들과 살아가려면 필요한 자세	타인존중
국어	2-4. 우리가 사는 세상	• 듣는 이의 나이, 관심사, 발표 상황을 생각하며 이에 알맞은 발표하는 방법 알기	다양성
	2-5. 깊은 생각 바른 판단	• 문제에 대한 해결 방안을 제시하는 방법 알기	반편견 다양성
	2-6. 깊은 생각 바른 설득	• 나와 의견이 다른 사람을 설득하는 방법 알기	타인존중
생활의 길잡이	1-3. 갈등을 대화로 풀어 가는 삶	• 갈등을 해결하는 바람직한 태도 (여학생 옷 색깔이 모두 분홍색)	반편견 다양성
사회과 탐구	2-3. 대한민국의 발전과 오늘의 우리	• 소수자를 배려하는 방법 알기 (북한이탈주민, 혼혈친구에 대해 배려하는 내용 포함)	세계문화 이해
미술	1-4. 광고 읽기	• 생활 속 다양한 광고 탐색하기 (도시 거리의 사람들의 피부색이 모두 황인종)	세계문화 이해
실과	2-4. 쾌적한 주거 환경	• 교실 밖 작업 여행 (해충 방제 전문가, 환경 미화원이 모두 남성)	다양성 반편견

출처: 교육부(2013). 2013년 제5회 다문화교육 우수사례 공모전 수상작품집.

다) 초등 다문화교육 프로그램의 국어과 지도 사례

말하기, 듣기, 쓰기, 읽기, 국어지식, 문학 등의 영역으로 구성되어 있어 다양한 영역의 지도를 통해 다문화와 관련된 내용을 이해하고 상호 견해를 발표하여 공유하거나, 서로 의사소통이 잘되지 않았을 때 겪을 수 있는 불편 등의 상황을 구성하여 지도해 볼 수 있다. 국어과 지도 사례를 살펴보면 <표 12-12>와 같다.

〈표 12-12〉 초등 다문화교육 프로그램의 국어과 지도 사례

○ 교수 · 학습지도안

<table>
<tr><th rowspan="2">학습 단계</th><th colspan="2">교수 · 학습 활동</th><th rowspan="2">시간 (분)</th><th rowspan="2">자료 및 유의점</th></tr>
<tr><th>교수활동</th><th>학습활동</th></tr>
<tr><td rowspan="3">도입</td><td>◈ 동기유발
• 다문화 TV 광고 동영상 보기
• 왜 이런 광고가 나올까?</td><td>• 동영상 시청
• 광고 의도 파악하기</td><td>5</td><td>• 다문화 관련 TV 광고</td></tr>
<tr><td>◈ 학습목표 안내</td><td>• 학습목표 읽기</td><td rowspan="2">2</td><td rowspan="2">–</td></tr>
<tr><td colspan="2">◈ 다른 문화 친구와 서로 다름을 인정하고 더불어 살아가는 방법과 열린 마음을 가질 수 있다.</td></tr>
<tr><td rowspan="2">전개</td><td>◈ 내용 탐색 1
• 역할극 하기
– 친구가 준비한 역할극 보기
– 역할극 본 후 이야기 완성
• 내용 파악
– 질문하기 위한 내용 정하기</td><td>• 역할극 시연
• 역할극 감상
• 학습지 1번(개인)
• 학습지 2번(개인)
• 사라와 경찰관에게 할 질문 정하기</td><td>20</td><td>• 역할극 대본
• 학습지</td></tr>
<tr><td>◈ 내용 탐색 2
• '내가 만약 대통령이었다면' 흑인이 뒷자리에 앉아야 하는 법(규칙)을 어떻게 할까?
• 사라에게 휴대폰이 있다면 어떤 응원 문자메시지를 보낼까?</td><td>• 학습지 3번
• 학습지 4번</td><td>8</td><td>• 학습지</td></tr>
<tr><td>정리 및 평가</td><td>◈ 학습활동 정리하기
• 오늘 공부를 하고 난 후 느낌, 생각을 발표해 보기
◈ 참여 태도 평가
• 학습지 아래의 평가표 작성 후 제출하기</td><td>• 느낀점 발표하기
• 실천의지 및 태도 평가
• 마무리</td><td>5</td><td>• 다문화에 대한 개방적 인식 노력</td></tr>
</table>

○ 학습지

◉ 주인공에게 질문 정하기	
인물	• 질문 내용
사라(전체)	
경찰관 (모둠활동)	
◉ 내가 만일 ~라면!	
• 내가 만일 대통령이라면 흑인들이 버스의 뒷좌석에 앉아야 하는 법(규칙)을 어떻게 하였겠습니까?	
• 나라면 ( ) 하겠습니다. 왜냐하면 (①) 때문입니다. (②) 때문입니다. (③) 때문입니다.	

출처: 경기도 다문화교육센터(2014). 교실에서의 다문화교육.

초등학교 아동기의 다문화교육 프로그램을 통해 다문화아동과 함께 학교생활을 하는 아동들은 자신과 다른 문화경험을 하고 있는 다문화아동을 이해하고 더불어 살아가는 지혜와 철학을 경험하기 위한 기초 기능을 습득해 나가야 한다.

라) 다문화아동과 일반아동을 위한 통합문화예술교육 프로그램 활동

다문화와 비다문화 아이들을 대상으로 함께하는 공간을 마련하고, 서로에 대한 상호이해, 의사소통을 통하여 아이들이 하나가 될 수 있도록 한다(조원탁, 이영하, 2020).

다문화통합문화예술교육은 다문화자녀만을 대상으로 하는 것이 아니다. 문화의 통합은 그들이 해결하고 고쳐야 하는 것이 아니라, 우리가 함께 나아가야 할 문제이다. 따라서 다문화자녀를 위한 다문화 통합문화예술 교육은 한국 아이들과 다문화자녀가 함께하는 것이 일차적인 목표이다. 다문화아동과 일반아동을 위한 통합문화예술 교육 프로그램은 〈표 12-13〉과 같다.

〈표 12-13〉 다문화아동과 일반아동을 위한 통합문화예술 교육 프로그램

차시	프로그램명	학습내용
1	오리엔테이션	자기소개하기, 모둠 정리하기
2	즐거운 뱀 주사위 놀이	뱀 주사위 놀이를 응용한 규칙 정하기
3	다른 빛깔 같은 우리	다문화 영상물 감상 및 발표
	오색빛깔 과일	과일 맛을 색깔로 표현하고, 맛 색깔로 과일 덧칠하기
4	인형 만들기	폐자재를 활용하여 자신 캐릭터 만들기
5	수묵으로 그려 본 내 얼굴	자신과 친구의 얼굴을 수묵 액자에 담기
6	영강 친구 노래 만들기(학교종)	친구의 장단점으로 노래 개사하기
7	간판 만들기(1): 야외체육대회	친구얼굴 특징을 살려 그리기
8	간판 만들기(2): 조별 간판 시안	모둠별 영강 간판 캐릭터 그리기
9	간판 만들기(3): 시안 작업 초본	공동 간판 캐릭터 그리기
10	간판 만들기(4): 시안 작업 마무리	최종 시안 만들기
11	부비부비 페스티벌 초대장 만들기	결과발표회 초청장 만들기
12	부비부비 페스티벌, 파티	수업과정 발표하기, 간판 걸기, 다과

이와 같이, 다문화 통합문화예술 교육 프로그램을 통해 학생들은 서로가 소통하며 같은 공간에서 무언가를 함께 경험하게 되며, 곧 작은 사회가 이루어진다고 볼 수 있다. 작은 사회 안에서의 경험은 이후 성인이 되었을 경우에도 간접적으로 섞이고, 통합되면서 서로에 대해 익숙해진다. 또한 '간판 만들기'라는 활동을 통해 함께 목표점을 두고 진행하기 때문에 성취감이나 자존감을 높이는 것은 물론이고, 서로에 대한 친밀감이 형성되어 더욱 가까워질 수 있는 가능성을 제공하게 된다.

○ [활동] 다문화 통합문화예술 교육 프로그램 교수학습지도안 작성해 보기

<table>
<tr><td>수업일시</td><td></td><td>대상</td><td></td><td>지도교사</td><td></td><td>장소</td><td></td></tr>
<tr><td>단원(차시)</td><td colspan="5"></td><td>교과서</td><td></td></tr>
<tr><td>학습주제</td><td colspan="5"></td><td>자료번호</td><td></td></tr>
<tr><td>학습목표</td><td colspan="7"></td></tr>
<tr><td>다문화교육</td><td>지도요소</td><td colspan="4"></td><td>수업유형</td><td></td></tr>
</table>

단계	학습 과정	교수 · 학습 활동	시량 (분)	자료 및 유의점
도입	동기 유발			
전개	활동 안내 및 수행			
정리	학습 정리 차시 예고			

3 여성가족부의 다문화교육 프로그램

가. 결혼이주여성

이주(migration)란 지리적 이동성 및 영토 이동성을 가지는, 이주 후 귀환하거나 그렇지 않은 자들의 이동을 말한다. 즉, '이주'는 공간적 이동성을 가지며 여러 가지 이유로 국경을 넘어서는 사람들의 인구 이동의 한 형태로 이들의 거리적 · 시간적 체류 거주형태의 변화로 정의해 볼 수 있다(심이리나, 2009). 한국 사회에서 내국인 남성과 외국인 여성의 결혼이 시작된 것은 1990년 초 농어촌 청년들의 결혼 문제를 해결하기 위한 것이었다. 하지만 초기 내국인 남성의 배우자였던 조선족 여성들이 노동 이주의 방편으로 결혼을 선택, 입국 후 체류 자격을 얻으면 일자리를 찾아 가정을 떠나는 사례가 늘었다. 이렇게 국제결혼을 통해 한국 사회로 들어와 합법적으로 한국지역에 체류하고 있는 한국 국적을 취득했거나 혹은 하지 못한 이주여성을 통틀어 결혼이주여성이라 한다.

1) 유입 배경 및 현황

한국에서는 2000년대 이후 국내에 거주하는 결혼이민여성과 외국인 이주노동자의 수가 급격히 증가하며 다문화주의라는 개념이 부상하게 되었다. 이 중 한국의 다문화 교육정책은 대부분 국제결혼 가정의 가족 지원사업에 집중하며 출발하였다. 현재의 다문화 정책은 2011년 개정을 통해 지원대상을 결혼 목적이 아닌 외국인 근로자, 북한 이주민, 유학생 등 당초 지원 대상에서 제외되었던 외국인으로까지 확장하였지만, 한국의 다문화주의 담론과 정책은 여전히 결혼이주여성과 그 가족을 주요 대상으로 삼는다(안경환, 2013).

이주의 역사가 시작된 이래 이주의 비율이 증가하고 있다는 점에서 이주민은 급격하게 늘어날 것이며 이로 인한 지구 내 개별 국가에서의 문화 다양성도 증가할 것으로 예상된다. 그렇다면 지구촌의 이주는 어떤 유형으로 나타날까? 최근의 이주가 세계화 과정에서 촉발되었다는 점에서 이주의 유형은 경제적인 특성에 영향을 많이 받는다고 볼 수 있다. 이러한 점에서 임채완, 전형권(2006)은 이주를 합법적인 노동 이주, 숙련된 장기 이주 등 여섯 가지 유형으로 구분하여 제시하였으며, 구체적인 내용은 〈표 12-14〉와 같다.

〈표 12-14〉 지구촌 이주자의 유형

이주 유형	이주의 특징
합법적인 노동 이주	• 체류 국가의 합법적인 허락하에 노동에 종사하는 이주자임 • 주로 아시아권의 인구가 유럽이나 다른 아시아 지역으로 이주하는 모습이 많이 나타남
불법적인 노동 이주	• 일반적으로 합법적인 체류 허락하에서 노동에 종사하다가 허락받은 기간이 끝났거나 비자 만료된 후에 불법 체류자가 될 때 많이 나타나는 유형임 • 밀입국과 같은 계획적인 불법 입국 후에 노동을 하는 경우도 있음 • 보통 미등록 체류자인 경우도 있고, 불법 체류자인 경우도 있어서 나라마다 규모를 정확하게 파악하기 어려움
난민 이주	• 자신의 나라에서 정치적 경해나 박해로 인해 피난을 온 이주자임
독립적인 여성 이주	• 세계 서비스 사업을 행하는 여성들의 이주를 말함 • 여기에는 공개구혼 무역이나 여성의 성 산업도 해당됨 • 크게 의미를 확장하면 결혼으로 이주하는 여성도 포함할 수 있음
숙련된 단기 계약 이주	• 대부분 프리랜서나 다국적기업의 일원으로 이주하면서 노동하는 경우를 말함 • 거주하는 곳에서는 단지 체류자이고 자신의 고국에서 국민으로서의 참정권을 영위하고, 이주하여 노동하는 대가도 충분히 받음

이주 유형	이주의 특징
숙련된 장기 이주	• 장기 체류자이면서 거주하는 곳에 시민권을 가질 정도로 전문적인 기술 등으로 이주자인 해당국에서 선호받는 유형의 노동자임 • 투자 이민자의 경우도 이 유형에 해당됨

이 여섯 가지 유형 중에서 어떤 이주민이 많은지는 각 국가별 이주의 역사와 인구 구성, 경제적 발전 수준 등에 따라 다르다. 한국의 경우는 세계화 이후 부족한 일손을 보충하기 위한 이주와 부족한 결혼 배우자를 구하기 위한 결혼 이주가 많은 편이며, 난민 이주, 망명 이주의 경우에는 대부분 수용국 노동시장에 편입된다는 측면에서 노동력 이동과 밀접한 관계가 있다.

2) 결혼 이주여성과 다문화교육 프로그램

국제결혼을 통해 한국에서의 새로운 문화에 적응 · 정착해야 하는 결혼이주여성을 위해 정부부처 및 지자체별로 다양한 다문화 프로그램을 실시하고 있다. 다문화 프로그램은 한국어교육 프로그램을 포함하여 문화 · 예술 프로그램 등 각 분야에 대한 프로그램들이 시행되고 있는데 대부분이 결혼이주여성의 문화 적응을 위한 한국어교육 프로그램과 문화 프로그램 위주로 구성되어 있다.

정부 부처별 다문화교육 프로그램을 보면, 우리나라에서 이주민을 대상으로 정부 부처에서 지원을 시작한 시점은 여성가족부에서 결혼이주여성들의 어려움을 해소하고 안정적인 문화 적응을 위해 결혼이주여성을 대상으로 한국어교육, 한국 문화교육 등을 실시한 2005년으로 볼 수 있다. 비슷한 시기에 여성가족부뿐만 아니라 여러 정부 부처에서 결혼이주여성들과 그 가족들을 대상으로 지원 프로그램을 운영하기 시작하였다. 문화교육의 경우, 한국에서의 생활문화와 전통문화를 알려 줌으로써 한국 사회에 원만한 적응을 목표로 두고 있으며, 실질적인 프로그램 운영은 중앙정부와 지역 문화 단체 및 기반 시설과의 연계 혹은 중앙정부와 지역 여성 단체 및 이주여성 지원기관과의 연계를 통해 이루어지고 있다. 주로 소외 계층 평생교육, 여성결혼이민자 문화예술교육, 이주자 한국 문화 교육 등으로 지원 사업에 대한 이행 기관을 선정하여 시행하여 왔다(오현승, 2013).

다문화교육 프로그램을 실시하는 기관은 정부기관 및 봉사 단체 등 다양하다. 하지만 여성가족부의 지원을 받는 전국 건강가정지원센터 다문화교육 프로그램의 규모가 가장 크다고 볼 수 있다. 유형별 여성가족부 산하 건강지원센터 다문화교육 프로그램을 제시하면 〈표 12-15〉와 같다.

〈표 12-15〉 결혼이주여성 대상 다문화교육 프로그램

구분	프로그램명	프로그램 내용
문화적응 직접지원 프로그램	결혼이주여성 한국어 교육반	• 한국 문화적응에 직접적 지원을 하는 한국어 프로그램
	다문화 한국어교육 및 자격증반	• 한국 문화적응에 직접적 지원을 하는 한국어교육 및 자격증 취득 프로그램
문화적응 간접지원 프로그램	가족과 이웃과 함께하는 나들이	• 한국 문화 적응에 간접적 지원을 하는 이웃과 함께하는 나들이 프로그램
	문화체험 DMZ 탐방	• 한국 문화적응에 간접적 지원을 하는 DMZ 탐방 프로그램
	다문화 축제	• 한국 문화적응에 간접적 지원을 하는 다문화가정의 축제
	다문화 화합 한마당	• 한국 문화적응에 간접적 지원을 하는 다문화가정의 화합한 마당
	다문화가족과 함께하는 Hi Seoul 나들이	• 한국 문화적응에 간접적 지원을 하는 다문화가족의 서울 나들이 프로그램
	공주한옥마을체험 프로그램	• 한국 문화적응에 간접적 지원을 하는 공주한옥마을 체험 프로그램

구분	프로그램명	프로그램 내용
	다문화가족 한국문화체험	• 한국 문화적응에 간접적인 지원을 하는 한국문화체험 프로그램
일반 다문화 프로그램	결혼이주여성 리본공예교육	• 한국 문화적응 지원과는 무관한 일반 다문화 프로그램인 리본공예교육
	다문화 요리교실	• 한국 문화적응 지원과는 무관한 일반 다문화 프로그램인 요리교육
	이웃과 함께하는 전통부채 만들기	• 한국 문화적응 지원과는 무관한 일반 다문화 프로그램인 전통부체 만들기 교육
	문화예술 가족합창반	• 한국 문화적응 지원과는 무관한 일반 다문화 프로그램인 가족합창반 교육
	문화예술 오카리나반	• 한국 문화적응 지원과는 무관한 일반 다문화 프로그램인 오카리나 교육
	비즈로 액세서리 만들기	• 한국 문화적응 지원과는 무관한 일반 다문화 프로그램인 비즈로 액세서리 만들기 교육
	토피어리 만들기	• 한국 문화적응 지원과는 무관한 일반 다문화 프로그램인 토피어리 만들기 교육

출처: 한국건강가정진흥원(2021). 홈페이지 https://www.kihf.or.kr/를 참조하였음.

여성 결혼이주자를 위한 생애 주기별 서비스를 살펴보면, 2008년 정부가 새로이 구성되면서 정부 조직이 개편되었으며, 이에 따라 여성 결혼이주자 관련 부처별 업무도 변화하였다. 여성가족부가 여성부로 축소된 것이 주요한 변화 중의 하나이다. 여성가족부가 여성부로 축소됨에 따라 여성가족부에서 담당하던 결혼이주자 가족 업무가 보건복지가족부로 이관되었으며, 여성부는 인권 문제와 관련된 이주여성 긴급지원, 이주여성을 위한 폭력 관련 상담 및 쉼터, 국제결혼 희망자 교육 등의 업무만을 담당하게 되었다. 농림부의 여성결혼이주자가족 지원 사업도 보건복지부로 이관되었다. 이렇게 부처별 담당업무가 변화하면서 보건복지부가 결혼이주자 가족지원의 주관 부처가 되었으며, 법무부는 외국인 정책을 총괄하는 부처가 되었다. 하지만 2010년부터 청소년,

가족 업무가 여성가족부로 이관되어 여성가족부로 부처명도 변경되었다. 따라서 결혼이주자 지원의 주관부처는 여성가족부이며, 여성 결혼이주자 및 가족지원 관련 부처별 주요 업무는 〈표 12-16〉과 같다.

〈표 12-16〉 여성가족부의 결혼이주여성 및 가족지원에 대한 현황

부처	주요 내용
여성가족부	• '07년 1월부터 미성년자 양육 시 기초생활보장제도 적용 • 건강검진 서비스 시범 실기 • 국제결혼중개 업체 관리 및 윤리의식 향상 교육 실시 • 결혼이주 예정 여성에게 한국생활 정보제공 및 상담 실시 • 다양한 매체를 통한 한국어교육 • 찾아가는 임신 · 출산 지원 • 종합 생활정보 제공 • 위기개입 및 가족통합교육 실시 • 아동양육지원 서비스 제공 • 취업 역량 강화 교육 실시 • 다문화사회 통합 선도자 육성 • 이주자 적합 직종 인력양성 및 취업 연계 • 다문화 정책 추진 기반 마련 · 다문화가족지원센터 확대 • 지역사회 협력 네트워크 강화 • 대국민 다문화 인식 향상을 위한 교육 · 홍보 강화 • 이주여성긴급 지원센터 1577-1366 운영 • 이주여성쉼터 운영 • 국제결혼 희망자 사전교육(법무부, 보건복지부 공동사업)

출처: 이선주 외(2008). 여성결혼이주자를 위한 사회서비스 현황과 정책과제.

나. 다문화가정 부부교육 프로그램

다문화가정이란 한국인과 외국인이 결혼하여 구성한 가족을 지칭하며, 그동안 사용되었던 '국제결혼가정', '혼혈 가정', '코사인(Kosian)', '온누리안(Onnurian)' 등의 용어가 차별과 편견을 조장할 우려가 있다는 여론에 따라 이를 시정하기 위해서 2006년부터 바꾸어 부르게 된 용어이다(박대식, 2010). 다문화가정 부부의 특징을 살펴보면, 국적이 다른 남녀가 가정을 이루고 있으며, 주로 아시아 전 지역의 여성들이다. 이들은 부부간의 높은 연령 차이와 낮은 학력을 보이고, 대체로 도시지역에 거주하는 것으로 나타났으며, 농 · 어촌지역에서도 많은 가정을 이루고 있다(최미나, 2011).

1) 부부교육 프로그램의 목적 및 필요성

다문화가정의 부부관계에서 가장 많은 영향을 주는 요인은 효과적인 의사소통과 문화 적응에 대한 개방적인 태도이며, 이를 어떻게 해결하는 경험을 가지느냐에 따라 부부갈등에서 벗어나 부부생활의 발달 주기로 잘 적응해 나가는 것으로 나타났다(장은정, 2007; 최지영, 2013). 또한 의사소통에 있어서 단순히 결혼이주여성의 한국어 습득 능력을 향상시키는 등의 의사소통 방법을 포함한 의사소통의 문제를 해결해야 할 것이다(서정순, 2010). 부부간의 관계에 영향을 미칠 수 있는 문화적 경험의 차이로 문화적 갈등 혹은 충돌을 경험하는 것은 문화적 배경의 특정 행동으로 인한 오해와 차이를 해결하는 것에 초점을 두어야 한다. 문화의 영향을 상대방의 관점에서 인식하는 관점을 가지고 상대를 더 잘 이해하고 차이를 받아들이고자 한다면 의사소통의 문제에도 긍정적인 영향을 미칠 수 있다.

이러한 부부간의 문화적 충돌로 인한 갈등과 관계 단절은 심리적인 요인이 많은 부분을 염두에 두고, 각 개인의 세계관과 가치관의 차이를 이해하고 받아들이는 것은 부부갈등에 있어서 죄책감을 줄이고 보다 관계 개선적인 행동을 할 것인지를 결정할 수 있도록 한다(Hays, 1996). 다문화가정 부부가 직면하는 언어적 의사소통의 어려움과 서로 다른 문화적 배경은 이들이 가정을 건강하게 유지하는 데 커다란 장애물이

된다(양점도, 김춘택, 2006; 이해경, 전혜인, 2013). 또한 부부관계에서 악화된 관계를 해결하고 개선하기 위하여 접근하고 이용할 수 있는 사회적 역량이 부족할 경우 더욱 심각한 가정문제인 가정해체로 이어질 수 있다(김계하 외, 2013).

이와 같이, 부부교육 프로그램은 부부간 효과적인 의사소통을 촉진시켜 부부갈등을 해결하는 것을 목적으로 한다. 다문화가정 부부를 위한 관계 중심 부부 소통, 부부와 자녀, 더 나아가 다른 가족 구성원에 대한 이해 등의 다양한 프로그램은 부부의 친밀감을 향상시켜 줄 뿐만 아니라 건강한 다문화 사회의 구성에도 영향을 미칠 수 있다.

2) 부부교육 프로그램의 실제

결혼은 당사자 간의 결합을 넘어서 서로 다른 문화적 배경과 가치관이 융합되는 과정이기 때문에 행복한 가족관계를 유지한다는 것은 굉장히 어려운 일이다. 따라서 부부의 건강한 관계를 위해서는 의사소통이 필요하며, 부부 의사소통이란 부부 각자의 경험과 가치관을 바탕으로 결혼생활이라는 공유된 장에서 언어적 · 비언어적 메시지를 통해 서로가 영향을 주고받는 과정을 의미한다(모의회, 김재환, 2002).

결혼 초기 단계의 의사소통은 배우자를 이해하는 것에 초점을 두고, 의사소통의 과정에서 매우 중요한 듣기, 표현하기, 문제해결 기술 등을 상대방에 맞게 조절하는 것이 반드시 필요하다. 이러한 요인은 부부가 친밀하고 건강한 관계를 형성하는 데 촉진제의 역할을 한다(방현주, 이기숙, 2002).

이러한 관계 중심적인 의사소통은 부부의 협력적인 교류를 통해 이루어질 수 있으며, 넓게는 부부를 중심으로 한 가족 구성원과 주위 사람들의 의사소통에도 영향을 미친다. 부부의 관계를 견고하게 하고 이를 기반으로 부부간의 의사소통을 촉진하는 방식으로 제공되는 중재로서, 메리지 앤카운터(Calvo, 1975)와 이마고 부부대화법(Hendrix, 1999), ENRICH(Olson et al., 1982) 등이 있다. 특히 이마고 부부대화법은 부부가 반영(mirroring), 인정(validation), 공감(empathizing)으로 서로에 대한 친밀감을 높이고 신뢰감을 쌓음으로써, 협력적인 의사소통에 이를 수 있게 한다. 이마고 부부대화법의 요소 및 주요 내용을 제시하면 〈표 12-17〉과 같다.

〈표 12-17〉 이마고 부부 대화법의 요소 및 주요 내용

구분	내용
반영	• 반영은 배우자의 말을 정확하게 다시 들려주는 것을 말하는데, 다시 말해 상대방이 한 말을 그대로 자신의 말로 비추는 것을 의미한다.
인정	• 말하는 사람의 말의 논리가 이치에 적합하다고 가정하는 의사소통의 방법이다.
공감	• 공감은 상대방이 경험한 감정을 반영하고 이에 공감적으로 참여하는 과정을 의미한다.

출처: Hendrix(1999). *Imago Relationship Therapy*. John Wiley & Sons Inc.

〈표 12-17〉에서와 같이, 이마고 부부 대화법은 구체적으로 프로그램 초기에 부부가 대화하는 과정에서 자신의 생각과 느낌을 표현하며, 이를 바탕으로 상대방을 있는 그대로 인정하도록 하여 부부가 서로 협력적인 의사소통을 할 수 있도록 구성되었다. 또한 관계 중심 의사소통의 개념을 접목시켜 상대방의 성장 과정, 주위 사람들 등과 같은 배우자의 주변 배경을 함께 살펴보고, 이를 통해 배우자에 대해 더 깊이 이해하는 것을 목적으로 한다. 프로그램을 통해 형성된 원만한 부부관계에 주위 사람들의 사회적 지지를 받으며, 부부가 동반성장을 도모하도록 한다.

다문화가정을 위한 관계 중심 부부소통 프로그램은 부부갈등과 부부갈등 해결을 위한 내용으로 구성되어 참가자가 프로그램에 집중할 수 있도록 가족의 지지를 이끌어 내고자 개발된 프로그램이다. 이에 대한 구체적인 내용을 제시하면 〈표 12-18〉과 같다.

〈표 12-18〉 관계 중심 부부소통 프로그램

구성	회기	주제	구성요소	실행전략
상호 이해	1	나와 나라	• 나는 누구인가? • 오리엔테이션 및 프로그램 소개 • 배우자 소개하기 • 가족의 이해 늘리기	• 자신과 부부 소개, 차이점 발표 • 프로그램 참여를 위한 지원(문자, 전화) • 라포 형성(함께 밥 먹기) • 가족 초대하기
	2	나의 모습 찾아가기	• 문화 차이 알아가기 • 신체적, 정서적 접촉(율동, 댄스) • 심리검사를 통해 부부성향 알기 • 자녀에 대한 불안감 해소	• 문화적 촉진자 활용 • 출신국 문화영상 보기 • 한국문화 영상 보기, 심리검사 • 자녀를 위한 수업(언어, 진로탐색) 진행전문가 초대
부부 대화	3	감정과 생각	• 부부 친밀감을 위한 활동(댄스, 명상) • 강의(감정과 생각을 구별하기) • 감정표, 생각표 국가별 단어 구성하여 자료 만들기 • 느낌과 생각 표현하기(시연) • 부부 얼굴을 눈 감고 만져 보기를 통한 느낀 점 발표하기	• 신체적, 정서적 친밀감 향상을 위한 전략 • 댄스, 명상 음악 준비 • 남편들도 배울 수 있는 아내의 모국어 단어
	4	부부대화 방법 1	• 부부대화 방법: 반영 • (반영) 말하는 사람이 표현한 것을 받는 시람이 되돌려 주는 방법 • 부부갈등을 실제로 다루기 • 상대방 말에 집중하기	• 대화 노트(부부문제 내용, 해결방식, 해결 내용을 구체적으로 표기한 노트) • 실제 부부대화 모습 동영상 보여 주기 • 자녀를 위한 수업 운영
	5	부부대화 방법 2	• 부부대화법: 인정 • 말하는 내용을 인정해요! • 느낌 대화 편지 쓰기(시연) • 부부갈등을 실제로 다루기	• 부부대화 사례(영상 보여 주기) • 실제적 대화 사례
	6	부부대화 방법 3	• 부부 친밀감을 위한 활동 • 발 마사지 후 느낀 표현 • 부부대화법: 공감	• 발마사지 자료 • 명상 음악 준비 • 대화 전략에 대한 연습

구성	회기	주제	구성요소	실행전략
			• 그때 당신의 심정을 알겠어! 나라도 그랬을 거예요! • 서로 느낌 편지 쓰기 및 시연 • 부부갈등을 실제로 다루기 • 자녀와 함께 대화하기	• 자녀를 위한 수업(언어, 진로탐색) 운영
갈등 해결	7	부부갈등 마주하기	• 부부갈등 강의(갈등 유형) • 춤 동작을 통해 자신의 문제 바라보기 • 부부갈등 직면하기 • 부부갈등의 실타래 함께 풀기	• 춤 동작 치료 전문가 초대 • 부부갈등 사례(영상 보여 주기) • 개별 지원
	8	갈등 풀어내기	• 부부갈등 대처(대처 방법) • 부부갈등 해결하기(시연) • 갈등때 헝클어진 실타래 함께 풀기 및 대처하기(시연)	• 부부 친밀감을 위한 활동(댄스, 명상) 음악 • 헝클어진 실타래 지원 • 자녀 교실 운영
미래에 대한 기대	9	건강하게 소통하기	• 건강하게 싸우기 • 부부 회복탄력성 강화 • 부부 변화 탐색 • 칭찬해 주기, 역할 분담하기 • 미래에 대한 계획 세우기 • 합리적인 부부대화 시연 • 부부 성생활 이해하기	• 건강하게 싸우는 사례 영상 • 칭찬 스티커 • 가계부 • 설명 교육자료 영상
	10	친밀한 부부로 나아가기	• 가정 예산 계획 세우기 • 부부의 꿈과 비전 • 협력적 부부대화 경험 • (부부 갈등해결 부분경험 나누기)	• 부부 액자 지원 • 대화 노트(부부문제 내용, 해결 방식 및 내용) 최종 확인
가족으로 확대	11	부부에서 가족	• 가정으로 확대 및 가족과의 연결 • 가족대화(자녀 언어, 진로탐색 후 부모와 함께 대화하기) • 수료식	• 가족이 함께 준비한 수료식(부모에게 편지 쓰기), 편지지 지원 • 언어, 진로탐색, 여가교실 전문가 초대

출처: 김금희(2016). 다문화가정 부부를 위한 관계중심 부부소통 프로그램 개발. 인하대학교 대학원 박사학위논문.

이러한 프로그램의 내용을 중심으로 다문화가정 부부들이 언어와 문화 차이로 인해 부부 의사소통과 부부갈등을 해결하는 데 어려움을 줄이며, 부부들 스스로 긍정적인 의사소통을 하고 갈등, 조정, 관리해갈 수 있도록 체계적인 지원이 필요하다.

교육이나 지원 프로그램의 참여를 필요로 하는 다문화가정 또는 다문화가정의 구성원을 위한 지원 프로그램이 접근성을 높일 수 있는 노력도 함께 이루어져야 할 것이다. 또한 다문화가정의 특수성이나 특별한 요구에 따른 어려움을 가진 개별 부부를 직접적으로 지원할 수 있는 현장기반의 실제적인 프로그램을 마련하는 것과 동시에 이러한 프로그램의 접근성을 높이기 위해 인식의 개선을 통한 프로그램의 참여율을 높이는 다양한 지원책을 마련하는 등의 다차원적이고 다양한 수준의 지원이 필요할 것이다.

제3차 다문화가족정책 기본계획(2018-2022년)에 따른 2021년도 시행계획의 다문화 과제 현황은 〈표 12-19〉와 같다.

〈표 12-19〉 여성가족부 다문화 과제의 현황

세부과제명	소요예산(백만 원)		과제 수(개)	
	'20년	'21년	'20년	'21년
1. 다문화가족 장기정착 지원	330,086	351,0131	18	17
2. 결혼이민자 사회 · 경제적 참여 확대	19,590	20,112	10	9
3. 다문화가족 자녀의 안정적 성장지원과 역량 강화	18,964	19,077	13	13
4. 상호 존중에 기반한 사회적 다문화 수용성 제고	1,459	3,114	9	9
5. 협력적 다문화가족 정책 운영을 위한 추진체계 강화	–	–	7	7
계	370,299	393,516	58	56
(대책과제: 귀한여성 및 한국 국적 자녀 지원) 세부과제명				
1. 귀환여성 및 한국 국적 자녀 현지 지원	200	200	1	1
계	200	200	1	1

출처: 여성가족부(2021). 제3차 다문화가족정책 기본계획(2018~2022).

다. 여성가족부의 주요 사업내용

다문화가정 학부모 및 학생을 위한 여성가족부 주요 사업내용(여성가족부, 2021)은, 첫째, 결혼이주여성 인권 강화 및 국제결혼 피해예방 지원으로 결혼이주여성 초기정착 및 고충상담을 위해 사례관리사 확대(2020년 174명→2021년 208명), 국제결혼중개업 미등록업체 등의 불법광고 신고창구 마련 및 위반업체에 대한 처분 강화로 상시 점검 체계 강화, 폭력피해 이주여성의 생활, 체류 등 복합적 문제를 지원하는 '폭력피해이주여성상담소(9개소)' 및 '보호시설(32개소→33개소)' 운영 강화, '多 함께 프로그램'(결혼이민자, 한국인배우자와 배우자의 부모가 함께 듣는 상호이해 교육프로그램) 운영 확대(2020년 32개소→2021년 228개소) 등의 다문화가족 지원센터 내 가정폭력 방지 및 피해자 연계 지원 기능 강화이며, 결혼이민자 법률상 혼인을 하지 않고 사실혼 관계에서 한부모가 된 경우에도 한부모가족 지원을 받을 수 있도록 제도 개선, 한국생활가이드북, 다누리포털 등을 통한 다문화가족 정보제공 및 코로나-19 관련 주요 방역지침 12개 언어로 제작 · 배포(베트남어, 중국어, 타갈로그어, 몽골어, 러시아어, 태국어, 캄보디아어, 일본어, 우주베키스탄어, 라오스어, 네팔어, 영어) 등이다.

둘째, 결혼이민자의 자립역량 강화 및 사회적 참여 기회 확대이다. 주요 내용은 결혼이민여성의 미래설계, 역량 강화, 취업 연계를 위한 '자립지원패키지' 전국적 확대 운영(196개소→203개소), 취업을 위한 직업교육훈련프로그램(세일터 결혼이민여성 특화 직업교육훈련 28개 운영), 정책과정에 다문화가족이 참여하여 소통하는 '다문화가족 참여회의' 구성원 다양화 · 확대 운영 지속, 2020년 신규 설치한 다문화가족 교류 · 소통공간(80개소) 통한 자조모임 등의 다양한 다문화가족 참여 프로그램 마련 및 추진이다.

셋째, 다문화가족 자녀의 역량 제고 및 안정적 성장을 위한 기관 연계 강화이다. 주요 내용은 다문화가족 자녀가 이중언어로 소통할 수 있는 환경 조성 및 자녀의 사회성, 리더십 개발을 위한 '다재다능 프로그램' 운영 확대(196개소 → 203개소), 사회공헌 사업활용, 다문화가족 자녀 대상 진로컨설팅, 진로진학 지도 및 결혼이민자 자녀 지도 역량 강화 추진 등 이주배경 청소년 지원을 위한 레인보우스쿨(25개소)을 한국어 특화형, 진학준비형, 진로특화형으로 세분화하여 정착단계발 지원 강화, 안정적 심리 · 정서지원을 위해 상담통역지원사 양성 · 지원 및 심리사회적척도를 개발 · 보급하여 진로와 심리진단의 지원 등이다.

넷째, 상호 존중에 기반한 다문화 수용성 제고를 위한 환경 개선 노력이다. 주요 내용은 시행 중인 법령, 사회적 파급효과가 큰 주요 정책을 대상으로 특정 다문화 영향평가(가칭) 도입 추진, 누구든지 특정 문화, 인종, 국가 관련 혐오 발언으로 차별이나 편견을 조장하지 않도록 하는 법적 근거 마련 추진, 다문화 이해교육 표준강의안 3종(교육자, 시설종사자, 청소년과정) 수정 개발 및 보급 등의 대상별 찾아가는 다문화 이해교육 내실화 등이다.

다섯째, 대책 과제로서, 귀환 여성과 한국 국적 자녀의 안정적 체류, 의료 · 교육 등 기본권 보장을 위한 현지 및 맞춤형 프로그램 운영과 법적 근거(현재 재한외국인인 결혼이민자만 「다문화가족지원법」 적용을 받아 귀환 다문화가족 지원 근거 마련을 위한 「다문화가족지원법」 상 특례 추가) 마련 등이다.

4 법무부의 다문화교육 프로그램

법무부(2018)의 외국인 정책 시행계획 평가 및 추진과제 연구에 의하면, 중앙행정기관의 외국인 정책에 대한 일반적인 특징은 다음과 같다.

첫째, 법무부가 107개 프로그램을 가지고 있어 전체 중 46.5%의 프로그램을 가지고 있었다. 그 외 문광부 22개(9.6%), 교육부 19개(8.3%), 고용노동부 13개(5.7%) 등이었다.

둘째, 5개 분야 중에서 통합 분야 59개(25.7%), 개방 분야 56개(24.3%)로 나타났다. 반면, 협력 분야는 28개(12.2%)로 다섯 분야 중에서 가장 적은 과제 수를 가지고 있었다.

셋째, 전체 외국인을 대상으로 하는 프로그램이 109개(47.4%)였다. 그리고 특정 집단에 특화된 프로그램으로는 결혼이민자 및 가족(17건, 7.4%), 외국인 노동자(19건, 8.3%) 등이 운영되고 있었다. 특히 외국인 고급인력 및 유학생(27건, 11.7%), 외국인 관광객 및 투자자(19건, 8.3%) 등을 대상으로 하는 프로그램이 생각보다 많았다.

중앙행정기관의 외국인 정책의 유사 중복성을 분야별 프로그램으로 분석한 결과를 제시하면 다음과 같다.

첫째, 외국인을 대상으로 채용 및 일자리 관련 프로그램은 교육부(8개), 미래창조과학부(4개), 외교부(3개), 법무부(4개), 문광부(2개), 산업통산자원부(4개), 보건복지부(2개), 고용노동부(4개) 여성가족부(1개), 중소기업청(1개) 등 10개 부처에 33개 프로그램이 실시되었다. 이는 채용 및 일자리 관련 프로그램은 근래 전정부적으로 강조를 하고 있다는 점이 반영된 것으로 이해된다. 하지만 앞으로 일자리 주무부처인 고용노동부를 중심으로 유사 및 중복 채용 및 일자리 관련 프로그램의 정비가 필요해 보인다.

둘째, 이주민 관리(단속, 통계 등) 프로그램은 교육부(3개), 외교부(1개), 법무부(37개), 행정안전부(2개), 문광부(3), 보건복지부(1개), 고용노동부(7), 여성가족부(2개), 해양수산부(2개), 국민안전처(2개), 경찰청(3개) 등 11개 부처가 관련되어 있었다. 외국인을 체계적으로 관리하는 프로그램의 필요성은 앞으로 더 중요해질 것인데, 지나치게 많은 부처가 관련되어 있어 유사 및 중복의 가능성이 높다. 앞으로 법무부와 행정안전부를 중심으로 이주민 관리 관련 프로그램이 정비될 필요가 있다.

셋째, 복리 및 처우개선 관련 프로그램은 교육부(2개), 법무부(14), 행정자치부(1개), 문화체육관광부(1개), 산업 통산자원부(1개), 보건복지부(4개), 여성가족부(4개) 등 7개 부처에서 실시되고 있다. 복지 서비스의 성격상 다양한 부처가 관여하는 것은 당연하나 보건복지부와 여성가족부를 중심으로 복지 서비스의 중복급여의 가능성을 지속적으로 감독하여 내국인에 대한 역차별의 소지를 없앨 필요가 있다.

넷째, 다문화 거버넌스 관련 프로그램은 교육부(1개), 외교부(2개), 법무부(8개), 행정자치부(1개), 문화체육관광부(3개), 고용노동부(1개) 등 5개 부처에서 실시되고 있다. 현재는 법무부와 문광부가 다문화 거버넌스 관련 프로그램을 다수 운용 중에 있다. 앞으로 외국인 정책의 거버넌스가 중요시될 텐테 어디를 핵심 기능을 담당하게 할 것인가 하는 외국인 정책 추진체계에 대한 명확한 방향 제시가 있어야 할 것이다.

제3차 다문화가족정책 기본계획(2018~2022년)에 따른 2021년도 시행계획의 다문화 과제 현황은 〈표 12-20〉과 같다.

〈표 12-20〉 법무부의 다문화 과제 현황

세부과제명	소요예산(백만 원)		과제 수(개)	
	'20년	'21년	'20년	'21년
1. 다문화가족 장기적 지원	비예산	비예산	1	1
2. 결혼이민자 사회 · 경제적 참여 확대	424	100	2	2
3. 다문화가족 자녀의 안정적 성장과 역량 강화	–	–	–	–
4. 상호 존중에 기반한 사회적 다문화수용성 제고	314	314	3	3
5. 협력적 다문화가족 정책 운영을 위한 추진체계 강화	비예산	비예산	1	1
계	738	414	7	7

출처: 여성가족부(2021). 제3차 다문화가족정책 기본계획(2018~2022).

가. 다문화교육 법무부 주요 사업 내용

다문화가정 학부모 및 학생을 위한 법무부 주요 사업 내용은, 첫째, 외국인이 언어 · 문화적 차이나 사회적 편견 등을 스스로 극복하여 건전한 사회 구성원으로 자립할 수 있도록 하기 위한 사회통합교육, 자조모임 등의 운영 활성화이다.

둘째, 내 · 외국인이 상호 존중하고 더불어 살아가는 사회환경 조성을 위한 법정기념일 '세계인의 날'을 2008년부터 매년 5월 20일에 기념식을 개최해 오고 있다. 다양성의 존중과 화합을 통한 발전의 공동 가치를 다시 한번 되짚어 보는 '세계인의 날'은 국민과 외국인이 더불어 살아갈 수 있는 사회환경이 조성되고, 국적과 인종 등의 차이에 따른 차별과 편견이 해소되길 기념하는 날이다.

이러한 내용과 관련한 법무부의 주요 결혼이주여성 및 가족지원 현황은 〈표 12-21〉과 같다.

〈표 12-21〉 법무부의 주요 결혼이주여성 및 가족지원 현황

부처	주요내용
법무부	• 결혼이주자 출입국 · 체류 관리 • 결혼이주자 네트워크 • 국제결혼 희망자 사전교육(여성부, 보건복지가족부 공동사업) • 외국인 종합안내센터(www.hikorea.go.kr.1345) • 사회통합프로그램 이수제 • 다문화 거점대학(ABT 대학: Active Brain Tower) 선정 • 정부합동 고충 상담회 • 세계인의 날 기념행사 주관

이 외에도 외교부, 국방부, 행정안전부, 문화체육관광부, 농림축산식품부, 산업통상자원부(KOTRA), 보건복지부, 고용노동부, 국토교통부, 중소벤처기업부, 방송통신위원

회, 경찰청, 농촌진흥청, 소방청 등에서도 다문화 관련 다양한 사업을 추진하고 있다.

나. 법무부 다문화교육 프로그램의 실제

법무부 다문화교육 프로그램의 실제와 관련하여 다문화가족 생애 주기별 정부지원 프로그램 내용은 〈표 12-22〉와 같다.

〈표 12-22〉 다문화가족 생애 주기별 정부 지원 프로그램 내용

<table>
<tr><th>구분</th><th>단계</th><th>프로그램 내용</th></tr>
<tr><td rowspan="2">1</td><td>1단계</td><td>◈ 국제결혼 과정의 인권보호와 교육프로그램
• 18세 미만 및 집단맞선 소개 금지, 국제결혼중개업 등록 시 자본금 요건(1억 원 이상) 도입('12년)
• 결혼중개업자 전문지식 및 윤리의식 향상교육 실시
• 결혼중개업제도, 인권보호, 소비자보호, 상담실무 등 교육
• 결혼이민(예정)자 현지사전교육 운영
– 베트남, 몽골, 필리핀 현지에서 표준교재(한국문화, 한국어 등)를 활용한 한국 입국 전 정보제공(3개국 5개소 실시)</td></tr>
<tr><td>2단계</td><td>◈ 입국 초 가족관계 형성기
① 결혼이민자의 조기적응 및 안정적 생활지원
• 한국어교육, 다문화가족통합교육, 다문화가족 취업연계 및 교육지원, 개인 · 가족상담 등 종합 서비스 제공
② 다양한 매체를 통한 한국어교육
• 집합교육: 수준별로 세분화된 교육프로그램 실시 중
• 방문교육: 다문화가족지원센터에서 '찾아가는서비스' 실시
• 방송교육: EBS 방송교육
③ 위기개입 및 가족통합교육 실시
• 가정폭력 피해 상담 · 보호를 위해 이주여성 긴급전화 및 전용 쉼터, 법률구조기관 등 관련 기관 간 연계 강화
• 다문화가족의 생활 적응과정에서 발생하는 각종 고충상담 및 생활정보 제공을 위해 다누리콜센터 실시</td></tr>
</table>

구분	단계	프로그램 내용
	3단계	◈ 자녀양육 및 정착기–다문화가족 자녀의 양육 · 교원 지원 • 부모와 자녀 양육 능력 향상을 위해 부모교육 서비스 실시 • 학업성취가 낮고 자아 · 정서 · 사회성 발달에서 어려움을 겪고 있는 다문화가족 자녀 • 다문화가족 자녀 언어발달 지원 • 보육시설에서 사회정서 증진 프로그램 등 다문화 프로그램 실시
	4단계	◈ 역량 강화기–다문화가족의 경제 · 사회적 자립 지원 • 다문화가족 취업 연계 및 취업 기초소양교육 실시 • 통 · 번역 요원 및 다문화 강사 등 결혼이민자 적합 직종 개발 강사로 활동할 수 있도록 지원 • 국가별 결혼이민자 자조모임 지원
	전 단계	◈ 다문화역량 강화–대국민 인식개선 및 홍보 • 다문화가족 모니터링단 운영 • 다문화가족 포털사이트 '다누리' 운영 • 다문화 인식개선을 위한 콘텐츠 개발 및 보급
2	「다문화가족지원법」 제4조	◈ 다문화가족 실태조사 실시(「다문화가족지원법」 제4조) • 전국 규모의 다문화가족 실태를 조사 · 분석해 정책수립에 필요한 기초 통계자료 확보 및 맞춤형 서비스 개발 • 조사항목(「다문화가족지원법 시행규칙」 제2조 제3항) – 성별, 연령, 학력, 취업상태 등 가족구성원의 일반특성에 관한 사항 – 소득, 지출, 자산 등 가족의 경제상태에 관한 사항 – 자녀양육, 가족부양 등 가족행태 및 가족관계에 관한 사항 – 의식주, 소비, 여가, 정보 이용 등 생활양식에 관한 사항 – 가족 갈등 등 가족문제에 관한 사항 – 다문화가족 지원 관련 교육 · 상담 등 서비스 수요에 관한 사항 – 그 밖에 다문화가족의 현황 및 실태파악에 필요한 사항

출처: 이순배 외(2014). 한국사회의 다문화현상 이해. 경기: 양서원.

참고문헌

강원도교육청(2021). 2021 모두를 위한 다문화교육 계획. 강원도교육청 민주시민교육과.

강윤희(2020). 일본의 다문화 정책 연구: 외국인수용정책과 대외국인 사회통합정책을 중심으로. 한국외국어대학교 대학원 석사학위논문.

강일국(2014). **다문화사회와 교육 강해**. 서울: 강현출판사.

강혜정(2021). 영국의 교육분야 다문화 정책의 특징과 시사점 연구. **한국이민정책학회보**, 4(1), 61-78.

강휘원(2006). 한국 다문화사회의 형성 요인과 통합 정책. **국가정책연구**, 20(2), 5-34.

경기도교육청(2021). 경기 다문화교육 추진계획. 경기도교육청 민주시민교육과.

경기도 다문화교육센터(2014). **교실에서의 다문화교육**.

경기도 다문화교육센터 외(2009). **다문화교육의 이론과 실제 개정판**. 서울: 양서원.

경상남도교육청(2021). 2021 다문화교육 지원 계획. 경상남도교육청 교육과정과.

경상북도교육청(2021). 2021 다문화교육 지원 계획. 경상북도교육청 교육복지과.

경상북도교육청연구원(2020). 독일의 다문화교육 현황. http://school.gyo6.net/gber.

고영남(2012). **생활지도와 상담**. 서울: 교육과학사.

고은(2010). **다문화가정 아동의 언어교육지원 체계 구축을 위한 모형 제안**. 한국연구재단.

광주광역시교육청(2021). 2021년 다문화교육 지원 계획. 광주광역시교육청 민주시민교육과.

교육과학기술부(2008). 2008년도 다문화가정 학생 교육지원 계획. 서울: 교육과학기술부.

교육과학기술부(2009). 다문화가정 학생교육을 위한 시도교육청 맞춤형 사업 지원계획.

교육부(2013). 2013년 제5회 다문화교육 우수사례 공모전 수상작품집.

교육부(2015). 교육부 고시 제2015-80호(2015. 12.) 2015 개정 교육과정.

교육부(2017a). 2017년 다문화교육 지원 계획 발표 보도자료(2017. 01. 13.). 세종: 교육부.

교육부(2017b). 한국어 교육과정. 교육부 고시 제2017-131호. 세종: 교육부.

교육부(2018). 2018년 다문화교육 지원 계획. 세종: 교육부.

교육부(2019a). 2019년 다문화교육 지원 계획. 세종: 교육부.

교육부(2019b). 범교과 학습 주제 교수학습 자료. 세종: 교육부.

교육부(2020a). 2020 다문화교육 지원계획. 세종: 교육부.

교육부(2020b). 특별 활동 · 재량활동 교육과정의 편성과 운영. 서울: 교육부.

교육부(2021). 출발선 평등을 위한 2021년 다문화교육 지원계획. 세종: 교육부.

교육인적자원부(2007). 2007년도 다문화가정 자녀 교육지원 계획. 서울: 교육인적자원부.

구정화, 박윤경, 설규주(2014). **다문화교육의 이해와 실천**. 서울: 동문사.

권정숙, 김청자, 서재복, 이석열, 이정원, 장선철(2008). **교육학개론**. 서울: 태영출판사.

김갑현(2007). 국제결혼 이주여성 대상 교육 프로그램을 중심으로. 한국교원대학교 대학원 석사학위논문.

김계하, 선정주, 오숙희(2013). 여성결혼이민자 남편의 스트레스, 자존감 및 무력감. **지역사회간호학회지**, 24(1),

29-39.
김금희(2016). 다문화가정 부부들 위한 관계중심 부부소통 프로그램 개발 및 효과. 인하대학교 대학원 박사학위논문.
김눈송이(2012). 중학교 2학년 교과서의 문화내용 분석: 다문화적 관점을 중심으로. 부경대학교 대학원 석사학위논문.
김미윤(2004). 비판적 다문화교육의 관점에서 본 청소년참여의 과제. **청소년문화포럼**, 10(1), 124-137.
김범수, 김현희, 정명희(2010). **알기쉬운 다문화교육**. 서울: 양서원.
김선미(2000). 다문화교육의 개념과 사회과 적용에 따른 문제. **사회과교육학연구**, 4, 63-81.
김선미(2011). 영국의 다문화교육 정책 전개의 특성. **교육문화연구**, 17(1), 59-78.
김성혁, 안옥희, 최혜정, 박연숙, 백선숙, 전미순(2019). **다문화의 이해와 건강**. 서울: 학시자.
김영수(2015). 중국의 한국어 교육과정. **국제한국어교육학회 국제학술발표논집**.
김영수, 유영미(2015). 중국과 미국의 한국어 교육과정 비교-연변대학교와 럿거스대학교를 중심으로 -. 한국어교육학회, 150, 359-375.
김영옥(2002). **유아를 위한 다문화교육**. 서울: 정민사.
김영옥, 서현, 박형신, 정상녀, 윤경선, 박미자, 이나영(2008). **유아 다문화교육의 통합적 적용**. 서울: 학지사.
김영희(2018). 다문화 프로그램 운영 및 효과 분석: 대구시교육청 지정 다문화 연구학교를 중심으로. 한국교원대학교 교육정책전문대학원 석사학위논문.
김용신(2009). **다문화교육론 서설**. 서울: 한국학술정보(주).
김유경, 조애정, 최현미, 이주연(2008). 다문화시대를 대비한 복지정책방안 연구: 다문화가족을 중심으로. 2008-14 연구보고서. 서울: 한국보건사회연구원.
김정호(2008). 중국의 소수민족교육과 다문화교육. **사회과교육**, 47(1), 103-131.
김정효(2011). 교사의 다문화 역량의 강화 방안 연구: 미술교과를 중심으로. **문화예술교육연구**, 6(1), 71-97.
김종우, 이용환(2009). 전문대학 교수의 교수능력과 수행기준 개발. **농업교육과 인적자원개발**, 14(1), 111-138.
김지영(2009). 한국, 미국, 일본의 사회교과서에 나타난 다문화교육 비교분석. 한양대학교 대학원 석사학위논문.
김진숙 외(2019). **집단상담: 과정과 실제**. 서울: 센게이지러닝코리아.
김한길(2017). 한국의 다문화교육 정책 문서에 나타난 다문화 교육 성격의 변화 양상 분석. 서울대학교 대학원 석사학위논문.
김향지(2009). 다문화교육 정책의 국제비교를 통한한국 다문화가정 장애아동 교육지원 방안. **유라시아연구**, 8(3), 225-255.
김혜미, 이진경(2019). 다문화 사회: 한국과 중국의 사례 연구. **사회과학연구**, 12(1), 37-67.
김혜숙(2020). **놀이중심 유아 다문화**. 경기: 양서원.
김혜순(2008). 결혼이주영성과 한국의 다문화사회 실험. **한국사회학**, 42(2), 36-71.
네이버지식백과사전(2021). https://www.dic.naver.com.
노안영(2005). 중도와 통합에 근거한 역설적 상담에 의한 미해결 문제의 해결. **동서정신과학**, 6(2), 119-140.
노혜란, 최미나(2004). 인적자원개발을 위한 교수역량 모델 개발. **직업능력개발연구**, 7(2), 1-28.
다문화가족포털사이트(2021). 다누리. http://www.liveinkorea.kr.

대구광역시교육청(2021). 2021 함께하는 다문화교육 계획. 대구광역시교육청 생활문화과.

대전광역시교육청(2010). 2021학년도 다문화교육 지원 계획. 대전광역시교육청 유초등교육과.

류방란(2012). **중등교육 학령기 다문화가정 자녀 교육 실태 및 지원방안**. 한국교육개발원.

모경환(2009). 다문화교육 교사연수 프로그램 효과 분석. **한국교원교육연구**, 26(2), 75-99.

모경환, 최충옥, 김명정, 임정수 역(2008). **다문화교육 입문**. 서울: ㈜아카데미 프레스.

모경환, 황혜원(2007). 중등교사들의 다문화적 인식에 대한 연구. **시민교육연구**, 39(3), 79-100.

모의회, 김재환(2002). 의사소통과 부부적응의 관계에 대한 자기존중감의 매개효과. **한국심리학회지상담 및 심리치료**, 14(4), 887-900.

문미숙, 박창언(2009). 다문화 연구학교 교육과정 재구성 실태 분석. **초등교육연구**, 22(2), 369-386.

박대식(2010). 농촌의 다문화가정 생활 실태와 정책 방향 개선. **국토: planning and policy**, 342, 31-38.

박명희, 김경식(2012). 다문화교육 강좌를 통한 예비교사들의 다문화 역량 변화. **다문화교육연구**, 5(1), 155-175.

박미경(2012). 근거이론에 의한 유아교사의 다문화교육 효능감 형성과정 분석. 이화여자대학교 대학원 박사학위논문.

박성열(2005). **지식기반사회의 평생교육 이해와 평생교육 프로그램 개발**. 서울: 집문당.

박성혁(2008). 다문화교육 정책 국제비교 연구. 교육과학기술부.

박성혁, 곽한영(2009). 다문화교육정책 국제비교를 통한 우리나라 다문화 교육정책의 방향 모색. **시민교육연구**, 41(2), 97-127.

박윤경(2006). 민족 및 인종 편견감소를 위한 초등 다문화교육: 아동 문학을 활용한 간접 접촉. **초등사회과교육**, 18(1), 27-45.

박윤경(2008). 다문화교육의 원리와 쟁점들: 교육적 함의. **교수논문집**, 13, 103-119.

박재윤(2008). 교육분야 세계화의 쟁점과 과제. **한국교육개발원 연구보고서 제5권 18호**, 한국교육개발원.

박재의(2009). 초등학교 다문화 교육과정 발전 방향 연구. 경북대학교 대학원 박사학위논문.

박정희(2014). 초등교사의 다문화교육역량 척도 개발 및 타당화. 이화여자대학교 대학원 박사학위논문.

박종후(2014). **마쓰모토 가쓰미(松本克己)의 世界言語のなかの日本語ー日本語系統論**. 경기: 도서출판 박이정.

박찬옥, 지성예, 김미경, 이부미, 채영란, 김현정, 김순자(2011). **유아 다문화교육**. 서울: 창지사.

박혜숙, 성정혜, 신승이, 임정희, 정정희, 조귀영, 허금희, 허현점(2021). 다문화의 이해와 건강. 경기: 양성원.

방기연(2020). **다문화 상담**. 경기: 공동체.

방월정(2015). 한국과 중국의 다문화교육과 정책에 관한 비교 연구. 서울교육대학교 교육전문대학원 석사학위논문.

방현주, 이기숙(2002). 부부관계 향상 프로그램을 통한 결혼초기 부부의 의사소통 능력 증진에 관한 연구: 유아기 가족의 부부를 중심으로. **대한가정학회**, 39-54.

법무부(2018). 외국인정책 시행계획 평가 및 추진과제 발굴 연구.

법제처(2021a). 결혼중개업의 관리에 관한 법률. 법률 제16413호, 2019. 4. 30., 타법개정, 국가법령정보센터.

법제처(2021b). 교육기본법. 법률 제18456호, 2021. 9. 24., 일부개정, 국가법령정보센터.

법제처(2021c). 국적법. 법률 제16851호, 2019. 12. 31., 타법개정, 국가법령정보센터.

법제처(2021d). 농어업인 삶의 질 향상 및 농어촌지역 개발 촉진에 관한 특별법. 법률 제17618호, 2020. 12. 8., 타법개정, 국가법령정보센터.

법제처(2021e). 다문화가족지원법. 법률 제17281호, 2020. 5. 19., 일부개정, 국가법령정보센터.

법제처(2021f). 다문화가족지원법 시행규칙. 보건복지가족부령 제163호, 2021. 4. 2., 타법개정, 국가법령정보센터.

법제처(2021g). 다문화가족지원법 시행령. 법률 제31516호, 2021. 3. 2., 타법개정, 국가법령정보센터.

법제처(2021h). 복권 및 복권기금법. 법률 제17146호, 2020. 3. 31., 일부개정, 국가법령정보센터.

법제처(2021i). 재한외국인 처우 기본법. 법률 제14974호, 2017. 10. 31., 일부개정, 국가법령정보센터.

법제처(2021j). 재한외국인 처우 기본법 시행령. 법률 제28111호, 2017. 7. 26., 타법개정, 국가법령정보센터.

법제처(2021k). 초·중등교육법. 법률 제17664호, 2020. 12. 22., 일부개정, 국가법령정보센터.

법제처(2021l). 초·중등교육법 시행령. 법률 제31790호, 2021. 6. 22., 일부개정, 국가법령정보센터.

법제처(2021m). 출입국관리법. 법률 제18295호, 2021. 7. 13., 일부개정, 국가법령정보센터.

변수정 외(2014). 동아시아 국자의 다문화가족 현황 및 정책 비교 연구. 한국보건사회연구원.

보건복지가족부(2009). 외국인 근로자 등 소외계층 무료지원 지원범위 확대. 보도자료 2009. 5. 8.

부산광역시교육청(2021). 2021년 다문화교육 지원 계획. 부산광역시교육청 교육혁신과.

서덕희, 김옥선, 나장함, 배영주, 석주연, 정은희(2015). **다문화 사회와 교육**. 경기: 교육과학사.

서범석(2010). 다문화 교육정책의 현황과 발전 방향 탐색. 한양대학교 대학원 박사학위논문.

서울특별시교육청(2021). 2021학년도 다문화교육 기본 계획. 서울특별시교육청 민주시민생활교육과.

서윤호(2010). **다문화주의와 문화 다양성**. 서울: 법학연구소.

서정순(2010). 다문화가정 남편들의 결혼만족도에 관련된 사회인구학적 변인과 결혼배경 및 부부간의 의사소통과 부부갈등. 충북대학교 대학원 석사학위논문.

서종남(2012). **다문화교육: 이론과 실제**. 서울: 학지사.

설규주(2004). 세계시민사회의 대두와 다문화주의적 시민교육의 방향. **사회과교육**, **43**(4), 31-54.

설규주(2010). **다문화교육의 이해와 실천**. 서울: 동문사.

설동훈(2006). 선진 외국의 다인종 다문화정책 사례. 지방의 국제화 웹진(http://webzine.klafir.or.kr), 2006년 6월호.

세종특별자치시교육청(2021). 2021학년도 다문화교육 업무 계획. 세종특별자치시교육청 민주시민교육과.

송병순, 임종익, 안병환, 이영호, 우은복, 김철훈(2007). **교육사회학**. 서울: 문음사.

송연현(2012). **다문화사회의 법제와 인권 패러다임**. 한국연구재단.

송윤선 외(2019). **다문화가족복지와 상담**. 경기: 공동체.

신재한, 김재광, 김현진, 윤영식(2014). **다양성과 차이를 존중하는 다문화 수업 설계의 이론과 실제**. 경기: 교육과학사.

심이리나(2009). 러시아 거주 독일인 디아스포라의 국제이주에 관한 연구. 전남대학교 대학원 석사학위논문.

안경환(2013). **다문화 사회로 가는 한국 다문화교육의 이해**. 서울: 서울대학교 출판문화원.

양승민(2008). 한국적 다문화상담의 모색을 위한 농촌지역 결혼이민여성들의 스트레스요인과 반응에 관한 연구. 연세대학교 대학원 박사학위논문.

양영자(2008). 한국 다문화교육의 개념 정립과 교육과정 개발 방향 탐색. 이화여자대학교 대학원 박사학위논문.
양점도, 김춘택(2006). 농촌 외국결혼이주여성의 결혼만족도에 관한 탐색적 연구. 복지행정논총, 16(1), 1-20.
여성가족부(2021). 제3차 다문화가족 정책 기본계획(2018~2022).
연재훈 외(2001). 북한에서의 문법 연구와 문법 교육. 한국연구재단.
오은순(2007). 다문화교육을 위한 교수·학습 지원 방안 연구. 서울: 한국교육과정평가원.
오은순(2008). 다문화교육을 위한 교수·학습 지원 방안. 교육연구정보 제52호, 강원도교육과학연구원.
오은순 외(2010). 다문화가정 학생을 위한 혁신적인 학습 환경 사례 연구. 한국교육과정평가원.
오현승(2013). 결혼이주여성의 문화적응 스트레스와 다문화 프로그램 참여에 관한 연구. 숙명여자대학교 대학원 석사학위논문.
왕시영(2016). 중국 민족구역자치제도에 관한 연구. 전남대학교 대학원 석사학위논문.
울산광역시교육청(2021). 출발선 평등을 위한 2021년 울산 다문화교육 지원 계획. 울산광역시교육청 민주시민교육과.
원진숙(2012). 다문화적 한국어 교수 역량 강화를 위한 초등 교사 양성 및 커리큘럼 개발 방향. 한국어교육학회 학술발표논문집, 189-210.
유네스코 아시아, 태평양 국제이해교육원 편(2008). 다문화 사회와 국제이해교육. 경기: 동녘.
윤갑정, 김미정(2010). 다문화시대 유아교사에게 요구되는 문화적 역량의 구성요소에 관한 연구. 유아교육연구, 30(3), 169-194.
윤은영(2015). 다문화가정 아동의 부모-자녀관계가 문화적응에 미치는 영향. 숙명여자대학교 대학원 박사학위논문.
은지용(2009). 다문화적 인성 발달 이론에 기반한 다문화 학습 모험 탐색. 시민교육연구, 107-139.
이경선(2012). 델파이 조사를 통한 유아교사의 다문화역량의 중요도. 문화예술교육연구, 7(4), 155-170.
이경윤(2012). 다문화시대 문화를 넘어서 그리고 한국. 서울: 이담출판.
이기용(2013). 중등학교 교사의 다문화 교수 역량에 대한 인식 분석. 중등교육연구, 61(3), 469-791.
이기용(2014). 중등학교 교사용 다문화 교수 역량 척도 개발 및 타당화. 한국교원교육연구, 31(4), 423-444.
이기용(2015). 중등학교 교사의 다문화 역량 척도 개발에 관한 연구. 다문화와 평화, 9(2), 82-111.
이기용(2018). 다문화사회 교수방법론. 경기: 공동체.
이기용, 이건남(2013). 초등학교 교사의 다문화 교수역량 척도 개발. 실과교육연구, 19(3), 125-142.
이명종(2013). 한국 다문화교육 정책의 내용 및 실태분석. 중부대학교 대학원 석사학위논문.
이민경(2009). 프랑스 이주민 정책과 다문화 교육. 무지개 청소년 센터.
이병준, 김성숙, 김성재, 김소희, 김정희, 이강순, 이은적, 이에스더, 이모영, 팽영일, 윤갑정(2009). 문화적 역량의 개념 및 구성요소에 관한 연구. 한국연구재단.
이상희(2013). 초등교사의 다문화교육역량지표 개발 및 타당화. 강원대학교 대학원 박사학위논문.
이선주, 양애경, 장미혜, 최현미, 송성실, 송유나(2008). 여성결혼이주자를 위한 사회서비스 현황과 정책과제. 한국여성정책연구원.
이순배, 공명숙, 김정훈, 조윤희, 남윤정(2014). 한국사회의 다문화현상 이해. 경기: 공동체.
이숙경(2015). 우리나라 다문화교육 정책의 발전방안에 대한 고찰-2009년과 2014년 비교. 목원대학교 산업정보언론대학원 석사학위논문.
이원희(2008). 다문화 시대의 초등 교육과정. 대구광역시교육청.
이정선 외(2010). 초등학교 다문화교육의 이해-이론과 실제. 서울: 동문사.
이진영(2006). 중국 민족주의의 발전과 21세기 동아시아 평화. 국제평화호, 3(2), 115-153.
이해주, 최운실, 권두승(2002). 평생교육 프로그램 개발. 서울: 여민사.
이형하, 박상희, 송선화, 김정오, 김훈희, 권충훈, 최희철(2015). 다문화사회와 다문화교육의 이해. 경기: 공동체.
이혜경, 전혜인(2013). 결혼이주여성이 지각한 사회적 지지가 결혼만족도에 미치는 영향: 문화적응 스트레스의 매개효과를 중심으로. 한국가족복지학, 18(4), 413-432.
이홍민(2012). 역량평가: 인적자본 역량모델 개발과 역량평가. 서울: 리드출판.
인천광역시교육청(2021). 2021학년도 다문화교육 지원 계획. 인천광역시교육청 동아시아시민교육과.
일본 출입국관리청(2021). http://www.immi-moj.go.jp/index.html.
임채완, 전형권(2006). 재외 한인과 글로벌 네트워크. 서울: 한울아카데미.
임형재(2013). 새로운 한국어 커뮤니티와 문화접변에 대한 소고. 중한언어문화연구, 13, 217-243.
장영희(1997). 유아를 위한 다문화교육의 개념 및 교수방법에 대한 이론적 고찰. 성신연구논집, 35, 295-314.
장은정(2007). 국제 결혼한 한국 남성의 결혼적응에 관한 연구. 중앙대학교 대학원 박사학위논문.
장인실(2006). 미국 다문화교육과 교육과정. 교육과정연구, 24(4), 27-53.
장인실, 김경근, 모경환, 민병곤, 박성혁, 박철희, 성상환, 오은순, 이윤정, 정문성, 차경희, 차윤경, 최일선, 함승환, 허창수, 황매향(2013). 다문화교육의 이해와 실천. 서울: 학지사.
전남대학교 출판부(2012). 전남대학교 60년, 이런저런 이야기: 1952-2012. 전남대학교 60년사 편찬위원회.
전라남도교육청(2021). 2021 전남 다문화교육 지원 계획. 전라남도교육청 혁신교육과.
전라북도교육청(2021). 2021년 전북 다꿈교육 추진 계획. 전라북도교육청.
전은주(2009). 한국어교육 실태와 발전 방안 연구. 한국연구재단.
정금희, 남경아, 김영희, 박혜숙, 김선희(2012). 문화와 간호. 강원: 엑스엘엠아카이브.
정문자 외(2012). 가족치료의 이해. 서울: 학지사.
정성란 외(2013). 집단상담. 서울: 학지사.
정성진(2012). 유아교사의 다문화교육 역량강화 집단상담 프로그램 개발 및 효과 검증. 전북대학교 대학원 박사학위논문.
정수정(2014). 독일의 이주배경 청소년 직업진로 지원정책. 국회다문화사회포럼 이주 배경청소년정책토론회-독일 사례 비교를 통한 이주배경 청소년 진로지원 정책 모색. 2014. 11. 20. 국회의원회관.
정영근(2003). 중등교사의 교육적 의미와 역할 과제. 한독교육학연구, 8(1), 89-109.
정해수(2016). 한국의 이중언어교육 정책에 관한 비교사례 연구: 프랑스와 일본 사례를 중심으로. 경기대학교 대학원 박사학위논문.
제명(2015). 중국 소수민족정책 실태와 발전방향에 관한 연구. 전북대학교 대학원 석사학위논문.
제주특별자치도교육청(2021). 2021년 다문화교육 시행계획. 제주특별자치도교육청 국제교육협력과.
조경자, 이주옥(2010). 유아다문화교육. 서울: 동문사.
조연순, 최규리, 조영은(2012). 예비 초등교사가 발견한 학생 창의성의 특성 및 교사의 역할. 교육과학연구,

43(4), 137-164.

조영달, 박윤경, 성경희, 이소연, 박하나(2010). 학교 다문화교육의 실태 분석. **시민교육연구**, 42(1), 151-184.

조영달 외(2006). 다문화가정 교육 지원을 위한 자료 개발 연구. 교육인적자원부, 정책연구 2006-지정-21.

조원탁, 박순희, 서선희, 안효자, 송기범, 이형하(2014). **다문화사회의 이해와 실천**. 경기: 양서원.

조원탁, 이영하(2020). **다문화사회와 다양성**. 서울: 양서원.

중국통계청(2011). 국제 이민자 유입으로 중국 이민정책에 도전. http://www.stats.gov.cn/english/newsandcomingevents/t20110429_402722638. htm; accessedJune 24, 통계청, 인구동태통계연보. http://kosis.nso.go.kr.

차윤경(2008). 세계화 시대의 대안적 교육모델로서의 다문화교육. **다문화교육연구**, 1(1), 1-23.

최미나(2011). 다문화가정 부부 관계 향상을 위한 프로그램. 전주대학교 대학원 박사학위논문.

최미리(2010). 중국의 소수민족 정책 사례 연구. 이화여자대학교 대학원 지역연구.

최성보, 임지은, 주현준(2011). 다문화 인식에 영향을 미치는 변인 간의 구조 분석. **한국교육연구**, 23(4), 305-330.

최종렬 외(2008). **다문화주의의 이론적 패러다임과 국가별 유형 비교**. 한국여성정책연구원 · 한국사회학회.

최지영(2013). 다문화가정 한국인 남편의 부부갈등 경험과정에 관한 질적 연구. 충남대학교 대학원 박사학위논문.

최충옥, 모경환, 김연권, 박성혁, 조남심, 오은순, 설규주, 차조일, 한용택, 우희숙, 서종남(2012). **다문화교육의 이론과 실제**. 서울: 양서원.

최현정(2011). 유아교사를 위한 다문화교육 연수프로그램 구성 및 적용 효과. 중앙대학교 대학원 박사학위논문.

충청북도교육청(2021a). 2021학년도 다문화학생 교육지원 세부계획(안). 충청북도교육청 학교자치과.

충청남도교육청(2021b). 2021학년도 다문화교육 추진 계획. 충청남도교육청 미래인재과.

하윤수(2009). 미국 다문화교육의 동향과 사회과 교육과정. **사회과교육**, 48(3), 117-132.

하혜숙 외(2011). **다문화상담—이론과 실제**. 서울: 학지사.

한겨레(2017). 중국 '이민 수용국'으로 변신 시도하나. http://www.hani.co.kr/arti/international/hina/81664.html#csidxde63ca975c0472e9ef0bb1936ec593e.

한경구(2008). 다문화사회란 무엇인가? **다문화사회의 이해**. 유네스코아시아 · 태평양 국제이해교육원 편. 경기: 동녘.

한국건강가정진흥원(2021). 홈페이지 https://www.kihf.or.kr/.

한국교육학술정보원(2019). **다문화학생 진로 · 진학지도 및 상담의 이해**.

한국사회과교육연구회(2011). **다문화교육의 이론과 실제**. 서울: 이담.

한석실(2008). 다문화시대 유아교육자의 역할. **제32회 유아교육학술대회 및 연수**, 97-116.

한승준(2008). 동화주의 위기론과 다문화주의 대안론-프랑스의 선택을 중심으로. 한국정책학회 하계학술대회, 99-126.

한예림(2010). 초등학교 교사의 다문화가정 인식에 관한 연구. 중앙대학교 대학원 석사학위논문.

한현우, 이병준(2011). 다문화역량 측정도구 개발 연구—평생교육과 인적자원개발을 중심으로-. **문화예술교육연**

구, 6(2), 63-82.

행정안전부(2021). 2020년 지방자치단체 외국인 주민 현황 통계 발표. 행정안전부 사회통합지원과, 2021. 11. 17.

황규호, 양영자(2008). 한국 다문화교육 내용선정의 쟁점과 과제. **교육과정연구**, 26(2), 57-85.

Bacote, J. (1998). *The Process of Cultural Competence in the Delivery of Healthcare Services*. In Transcultural C.A.R.E. Associates.

Baker, G. (1994). *Planning and Organizing for Multicultural Instruction*. CA: Addoson-Wesley.

Banks, J. A. (1988). *Multiethnic Education: Theory and Practice*. Boston: Allyn and Bacon.

Banks, J. A. (1991). *Teaching Strategies for Ethnic Studies (8th ed.)*. Boston: Pearson.

Banks, J. A. (2002). *An Introduction to Multicultural Education (3rd ed.)*. Boston: Allyn and Bacon.

Banks, J, A. (2004). *Introduction*. In J. A. Banks & C. A. M. Banks(eds). *Handbook of research on multicultural education (2nd ed.)*. San Francisco: Jossey-Bass.

Banks, J. A. (2005). *Multicultural education: Characteristics and goals*. In J. A. Banks & C. A. M. Banks(Eds.), *Multicultural education-issues and persperctives (5th ed.)*. Boston: WILEY.

Banks, J, A. (2006). *Race Culture and Education*. New York: Routeldge.

Banks, J, A. (2008). *An Introduction to Multicultural Education (4th ed.)*. Boston: Allyn and Bacon.

Banks, J., & Banks, C. (Ed.)(2004). *Handbook of Research on Muticultural Education*. Jossey-Bass.

Bennett, C. I. (2007). *Comprehensive Multicultural Education: Theory and Practice (6th ed.)*. MA: Allyn and Bacon.

Bennett, C. I. (2011). *Comprehensive Multicultural Education: Theory and Practice*. Boston: Pearson.

Bennett, J. M., & Bennett, M. J. (2004). *Developing intercultural sensitivity: Anintegrative approach to global and domeatic diversity*. In D. Landis, J. M. Bennett, & M. J. Bennett (Eds.), *Handbook of interculural training*. London: Sage Publishing.

Brach, C., & Fraser, I. (2000). Can cultural competency reduce racial and health disparities? A review and conceptual model. *Medical Care Research and Review*, *57*, 181-217.

Brown, E. (2004). What precipitates chang in cultural diversity awareness during a multicultural course: The message or the method? *Journal of Teacher Education*, *55*(4), 325-340.

Calvo, G. (1975). *Marriage encounter: Official national manual*. St.Paul. MN: Marriage Encounter, Inc.

Cammpbell, D. E. (2004). *Choosing Democracy: A Practical Guide to Multicultural Education*. New Jersey Pearson Education. Inc.

Cross, T., Bazron, B., Dennis, K., & Issacs, M. (1989). *Towards a Culturally Competent System of Care*. Washington, DC: Child Development Center, Georgetown University.

Ebert, T. (1991). Political semiosis in/of American cultural studies. *The American Journal of Semiotics*, *8*(1), 113-135.

Elton-Chalcraft, S. (2008). *It's not just about Black and White, Multicultural and Religious Education [Online]*. Available at: http://myleaming.cumbria.ac.uk.

Ephraim, G. (2001). *Multicultural Teaching Competence as Perceived by Elementary School*. Blacksburg, Virginia.

Gay, G. (2004). Beyond brown: Promoting equality through multicultural education. *Educational Leadership*, *19*(3), 192-216.

Gibson, G. (1996). Approaches to Multicultural education in the United States: Some concepts and assumptions. *Anthropology and Education Quarterly*, *7*, 7-18.

Glazer, N. (1997). *We are All Mulriculturalists Now*. Masschusetts & London: Harvard University Press.

Gordon, L. (2001). Multicultural competence: Beyond the basics original research article. *Journal of the American Dietetic Association*, *101*(5), May, 520.

Gorski, P. L. (2009). What we are teaching: An analysis of multicultural teacher education coursework syllabi. *Teaching and teacher Education*, *25*, 309-318.

Greertz, C. (1973). *Interpretation of Culture*. New York: Basic Books.

Hays, P. A. (1996). Addressing the complexities of culture and gender in counseling. *Journal of Counseling and Development*, *74*, 332-338.

Hendrix, H. (1999). *Imago Relationship Therapy*. John Wiley & Sons Inc.

Jenks, C., Lee, J. O., & Kanpol, B. (2001). Approaches to multicultural education in preservice teacher education: Philosophical frameworks and models for teaching. *Urban Review*, *33*(2), 87-105.

Jones, R. (1999). 'Teaching racism or tackling it?' UK: Trentham Books Ltd.

Katz, A. D. (2012). The development of a technique to measure psychot herapists' multicultural counseling awareness using direct and indirect measures. The University of Wisconsin-Madison.

Kincheloe, J. L., & Steinberg, S. R. (1997). *Changing multiculturalism*. Buckingham: Open University Press.

Ladson-Billings, G. (2003). New directions in multicultural education: Complexities, doundaries, and critical race theory. In C.M. Banks (Eds.), *Handbook of researcb in multiculyural education* (2nd ed). San Franisco, CA: Jossey-Bass.

LeVline, R. A. (1986). *Properties of Culture: An Ethnographic View, in Culture Theory: Essays on Mind; Self and Emotion*. Cambridge, England: Cambridge University Press.

Lynch, M. (2000). Globalization and international democracy. *International Studies Review*, *2*(3), 91-101.

McClelland, D. (1973). Testing for competence rather than for intelligence. *American Psychologist, January*, 1-14.

McLaren, P. (1994). *Revolutionary multiculyuralism*. Boulder, CO: Westview Press.

McLaren, P. (1995). White terror and oppositional agency, Towards a critical multiculturalism. In C. Sleeter, & P. McLaren (Eds.), *Multicultural education, critical pedagogy, and tbe politics of difference*. New York: State University of New York Press.

McPhatter, A. R. (1997). Cultural competence in child welfare: What is it? How do we achieve it? what happens without it? *Child Welfare, Jan/Feb*, 255-278.

Milner, H. R. (2006). Preservice teachers' learning about cultural and racial diversity: Implications for urban education. *Urban Education, 41*(4), 343-375.

Mushi, S. (2004). Multicultural competencies in teaching. *A Typology of Classroom Activities, 15*(2), 179-194.

NCATE (2006). *National Council for Accreditation of Teacher Education. Professional standards for the accreditation of schools, colleges, and departments of education.* Retrieved September 8, 2010, from http://ncate.org/documents/standards/unit_stnds_2006.pdf.

Olson, D. H., Fourier, D. G., & Druckman, J. M. (1982). *Prepare-enrich counselors manual.* MN: Prepare-Enrich.

Pope, R., Reynolds, A., & Mueller, J. (2004). *Multicultural Competence in Student Affairs.* Jossey Bass Higher and Adult Education Series.

Popkewitz, T. P. (1988). Culture, pedagogy, and power: Issuers in production of values and colonization. *Journal of education, 170*(2), 77-90.

Prichard, K. W., & Buxton, T. H. (1973). *Concepts and Theories in Sociology of Education.* Nebraska: Professional Educators Publcations, Inc.

Ramsey, P. G., Vold, B. E., & Williams, R. L. (1989). *Multicultural Education: A Source Books.* New York: Garland publishing.

Ramsey, P., Williams, L. R., & Vold, E. B. (2003). *Multicultural education: A source Book.* New York: Routledge Folmer.

Rosenthal, D. A. (1987). Ethnic Identity Development in Adolescence, In J. S. Phinney and M. J. Rotheram (Eds.), *Children's Ethnic Socialization: Pluralism and Development.* Newbury Park, CA: Sage.

Saldana, D. (2001). *Cultural Competency: A Practical Guide for Mental Health Service Providers.* Hogg Foundation for Mental Health: The University of Texas at Austin.

Savage, T. V., & Armstrong, D. G. (2000). *Effective teaching in elementary social studies (4th ed.).* Upper Saddle River, NJ: Merrill.

Sims, R. (1982). *Decolonizing methodologies: Research and indigenous peoples.* London: Zed Books.

Sleeter, C. E., & Grant, C. A. (2007). *Making choices for multicultural education: Five approach to race, class, and gender (5th ed.).* Hoboken: Wiley.

Smith, K. S., & Simpson, R. D. (1995). Validating teacher competencies for faculty members in higher education: A national study using the delphi method. *Innovative Higher Education, 19,* 223-234.

Spanierman, L. B., Euna, O. P. Paul, H., Heville, H. A., Michael, M., Caroline, V. W., Dillon, F. R., & Rachel, N. (2011). The Multicultural teaching competency scale: Development and initial validation. *Urban Education, 46*(3), 440-464.

Spencer, L. M., & Spencer, S. M. (1993). *Competence at Work: Models for Superior Performance.* John Wiley & Sons.

Sue, D. W. (2001). Multidimensional facets of cultural competence. *The Counseling Psychologist, 29*(6),

790-821.

Sue, D. W., & Sue, D. (2008). *Counseling the cultural diverse: Theory and practice*. NJ: John Wiley Sons, Inc.

Taylor, E. B. (1871). *Primitive Culture*. New York: Harper Torchbooks.

Travares, H. M. (2007). Making diversity desirable: Scientism and the hetishizing of difference. *College Quarterly*, *10*(4), 1-9.

UN (2017). International Migrant 2017.

UN (2019). International Migrant 2019.

UNESCO (1995). *Our Creative Diversity: Report of the World Commission on Culture and Development*.

Vassallo, B. (2012). Am I culturally competent? A study on multicultural teaching competencies among school teachers in Malta. *The Journal Multiculturalism in Education*, *8*(October).

Vickers, D. A. (2008). Social Justice: A concept for undergraduate nursing curricula. *Southem Online Journal of Nursing Research*, *8*(1). Availableat: www.snr.org/Publicactins/SOJNR_articles2/Vo108Num01Art06.html.

Washington Post (2016). The increasingly diverse United States of America. *Retrieved November 25*, 2016, from https://www.washingtonpost.com/graphics/national/how-diverse-is-america.

Washington Post (2020). 'Teaching for Black Lives'-a handbook to fight America's ferocious racism in (virtual or face-to-face) classrooms, *Retrieved June 1*, 2020 from https://www.washingtonpost.com/education/2020/06/01/teaching-black-lives-handbook-fight-americas-ferocious-racism-virtual-or-face-to-face-classrooms.

Webster (1993). *An american Dictionary of the English*.

찾아보기

인명

ㄱ

ㄴ

ㄷ

ㅁ

저자 소개

■ **이 기 용**

경북대학교 대학원 교육학박사

현, 안동대학교 교수

■ **강 정 숙**

중원대학교 대학원 교육학박사

현, 한국교통대학교 강사

■ **권 하 정**

중원대학교 대학원 교육학박사

현, 강릉원주대학교 강사

■ **신 재 한**

경북대학교 대학원 교육학박사

현, 국제뇌교육종합대학원대학교 교수

다문화사회와 교육

1판 1쇄 인쇄 – 2022년 2월 18일
1판 1쇄 발행 – 2022년 2월 22일

저　　자 - 이기용 강정숙 권하정 신재한
발 행 인 - 강철원
발 행 처 - 양성원
주　　소 - 경기도 파주시 검산로 173번길 29-20
전　　화 - 031-946-3861(代)
팩　　스 - 031-946-3864
이 메 일 - tnwpub@naver.com
홈페이지 - tnwpub.co.kr
출판등록 - 2015년 8월 31일 제 2015-000211 호

ISBN 979-11-6126-431-8

정가 22,000원